中国社会科学院语言研究所 主办
中国语言学会语音学分会 会刊
PHONETICS DIVISION OF THE CHINESE LANGUAGE SOCIETY

中国语音学报

第18辑

CHINESE JOURNAL OF PHONETICS

中国社会科学出版社

图书在版编目（CIP）数据

中国语音学报．第18辑／中国社会科学院语言研究所主办．—北京：
中国社会科学出版社，2022.12
ISBN 978－7－5227－2085－2

Ⅰ.①中… Ⅱ.①中… Ⅲ.①汉语—语音学—文集 Ⅳ.①H11－53

中国国家版本馆CIP数据核字(2023)第111848号

出 版 人 赵剑英
责任编辑 张 林
责任校对 季 静
责任印制 戴 宽

出 版 中国社会科学出版社
社 址 北京鼓楼西大街甲158号
邮 编 100720
网 址 http://www.csspw.cn
发 行 部 010－84083685
门 市 部 010－84029450
经 销 新华书店及其他书店

印 刷 北京君升印刷有限公司
装 订 廊坊市广阳区广增装订厂
版 次 2022年12月第1版
印 次 2022年12月第1次印刷

开 本 787×1092 1/16
印 张 13.25
插 页 2
字 数 351千字
定 价 79.00元

《中国语音学报》编辑委员会

中国语言学会语音学分会委员会

目　录

音段研究

应用研究

书　评

综　　述

实验音系学综述

陈忠敏

摘　要　本文介绍实验音系学研究的历史，以及它在音系学领域所做的贡献。本文指出实验音系学在五个方面具有自己鲜明的特点。第一，实验音系学认为语言学属认知科学范畴，语言尽管具有复杂性，但也是一种自然现象，受心理认知规律和物理规律制约，所以可以用实验的方法研究和解释共时语音系统和语音的普遍演变规律等。第二，把语音作为自然现象，因此实验音系学的研究理论和方法跟成熟的科学学科，如数学、物理、化学一样是非常明确的，提出假设、采集数据、分析验证，或修改假设、再立论、再预测，循环反复，直到立论更完善。第三，实验音系学研究的范围比传统的语音学或形式音系学要宽广，研究范围除了包括传统语音学的内容外，还包括语音产出、传播、感知的神经认知机制，以及跟语音有关的表情、体态信息关系、社会语音学等内容。第四，实验音系学并不是只研究和描写语言的共时音系结构，还研究历时音变，即研究和解释形成共时语音系统的原因。所以实验音系学的研究著作里往往包含共时和历时两方面的内容，用音变遵循的自然规则来解释共时音系形成的原因。第五，实验音系学倾向于研究世界语言语音系统、语音类型以及语音演变的一般和共性规律。这些一般和共性规律在没有谱系关系的众多语言里和这些语言的历史上会不断重现。本文列举实验音系学四项研究成果，来具体说明实验音系学与形式音系学的不同，它们分别是：1. 阻塞音倾向于清音化；2. 语音系统形成的机制；3. 突生塞音的解释；4. 语音阶层性感知问题。最后阐述实验音系学在汉语语音研究中所取得的一些成绩。整篇文章分为五大部分：1. 实验音系学的定义以及历史；2. 实验音系学研究的历史；3. 实验音系学研究举例；4. 实验音系学在中国；5. 结语。
关键词　实验音系学，语音量子理论，范畴化感知，阶层性感知，样例模式

A REVIEW OF EXPERIMENTAL PHONOLOGY

CHEN Zhongmin

Abstract This paper introduces the history of experimental phonology and its contribution to the field of phonology. In this paper, I point out that experimental phonology has its own distinctive features in five aspects. First, experimental phonologists view language as a phenomenon of nature, albeit a particularly complex one. Language as a cognitive system imputed to individuals is thus to be explained in terms of general facts about the physical world; in terms of specific capabilities of the human species which arose through evolution; and in terms of the interactions of the organism with its environment. Therefore, it is possible to study and explain phonological systems and universal evolution laws of phonology by experimental methods. Second, On the basis of this viewpoint, experimental phonologists believe the research theories and methods of experimental phonology are as clear as those of mature scientific disciplines, such as mathematics, physics and chemistry. Hypotheses are proposed, data are collected and analyzed, hypotheses are verified or modified, and then the theory is established, and then the prediction is made again and again until the theory is more perfect. Third, the scope of experimental phonology is broader than that of traditional phonetics or formal phonology. The scope of experimental phonology includes not only the content of traditional phonetics, but also the neurocognitive mechanism of speech production, transmission and perception, as well as the relationship between expression and posture information related to speech and social phonetics. Fourth, experimental phonology does not only study and describe the synchronic phonological system of a language, but also studies diachronic changes. That is to study and explain the formation of synchronic speech system. Therefore, the research works of experimental phonology often include synchronic and diachronic content, and explain the formation of synchronic phonology by the natural rules of sound change. Fifth, experimental phonology tends to study the sound systems and types of the world's languages, as well as the general laws of sound evolution. These general and universal laws are repeated throughout the history of many languages without genetic relationships. In this paper, four types of studies of experimental phonology are presented to illustrate the differences between experimental phonology and formal phonology. They are as follows: 1. The tendency of obstruent consonants to be voiceless; 2. The formation mechanism of the sound system; 3. Explanation of emergent stops; 4. The gradient perception of sound category. Finally, some achievements of experimental phonology in the study of Chinese are discussed. The whole article is divided into five parts: 1. The definition and history of experimental phonology; 2. The history of experimental phonology; 3. Examples of experimental phonology studies; 4. Some achievements of experimental Phonology in China; 5. Conclusion.

Keywords Experimental phonology, Quantal theory, Categorical perception, Gradient perception, Exemplar model

1. 实验音系学的定义以及历史

实验音系学（Experimental Phonology）的术语和研究方向一般认为可以从 Ohala 和 Jaeger 在 1986 年编写第一部《实验音系学》（*Experimental Phonology*）论文集算起。其实 Ohala 早在 20 世纪 70 年代就提出实验历史音系学（Experimental Historical Phonology）这一术语和概念（Ohala，1974），以后的实验音系学涵盖当初他提出的实验历史音系学的内容，所以实验音系学的提出应该从 20 世纪 70 年代算起。实验音系学是指根据科学的普遍原理，用实验的手段来研究和解释普遍的语音演变和语音系统规则。也就是说，实验音系学的研究不再仅仅是揭示语音的生理、物理、感知属性，也不是仅仅“补听官之缺”，而是一个独立的研究领域，研究内容包括揭示和解释人类语音系统的倾向性、语音演变的普遍规则等问题。此学说的开创者和提倡者，著名语言学家 John J. Ohala 曾把语音学研究分为两种，一种是分类语音学（Taxonomic Phonetics），其主要目的是根据发音生理机制对语音进行描写、分类和命名。另一种是科学的语音学（Scientific Phonetics），研究范围从说者的大脑启动到听者的大脑解码整个语音的产生、传播、感知过程。科学的语音学不断吸收新材料、新方法、新思想，与此同时修正和摒弃旧理论、旧方法，去研究和解释语音的共时结构规律和历史演变的一般法则（Ohala，1990、1993）。显然实验历史音系学属于后者。在他眼里，语音学与音系学本属一家，彼此无法分离（Ohala，1990）。

实验历史音系学/实验音系学这一概念和术语虽然在 20 世纪七八十年代提出，但是其研究传统却有很长的历史。早期的语音学家自觉或不自觉地用一般科学原理和知识通过实验手段来解释语音的普遍现象。

在论述实验音系学之前还要对“语音学”（Phonetics）和“音系学”（Phonology）这对概念做一个说明。通常认为语音学是研究人类语言声音的一门科学，其分支分为语音产出研究（又称发音语音学）、语音传播研究（又称声学语音学）和语音感知研究（又称听觉语音学）。一般认为，音系学是研究特定语言语音系统以及语音系统规则的一门学科。不过语音学和音系学的研究对象都是语音，直到 20 世纪 30 年代初，布拉格学派才把语音研究分为语音的和音位的，布拉格学派代表人物 Nikolay Sergeyevich Trubetskoy 认为语音学是研究言语动作和行为的学科，而音位学（以后又称音系学）是研究语言中语音系统和结构的学科。以后的结构主义和转换生成学派更把两者截然分离，认为语音学只是处理具体语音的发音、传播的物理和生理属性。比如在语音传播中关注语音的声学单位：声波、共振峰、时长、振幅、频率等。在语音实际发声中关注语音的共鸣特点、肌肉运动和其他发音体的构造。而把音系学界定为一种抽象的认知系统，处理心理潜意识的语法规则（Odden，2005）。语音学与音系学这种分离的局面随着实验音系学的兴起已有所弥合，实验音系学其实是语音学和音系学的整合。语言中的语音格局和音系的形成显然是受到语音产生和感知的物理定律制约的，实验音系学就是要揭示这些规律，解释语音格局和音系形成的原因。

2. 实验音系学研究的历史

语音研究在早期并不区分语音学和音系学。可以把实验音系学的研究大致分为三个不同的发展阶段。

2.1 实验音系学的启蒙时期

第一阶段是实验音系学的启蒙时期，也就是20世纪40年代语图仪发明前。

在荷兰行医的瑞士医生 Johan Conrad Amman（1669—1724）曾尝试用一套不同等级的语音标记来教聋哑人或听力有障碍的人说话，并指出了一些常见的病理语音现象，用今天的眼光来看，他是一位早期的病理语音学家。他注意到在连续的语音中，鼻音的发音部位往往会跟后接塞音的发音部位趋同，用今天的音变术语来讲就是"部分逆同化音变"（partially regressive assimilation）。于是他提出语音特征"自然"等级分类，这种等级分类不仅是音变的研究，而且在病理语音学领域也起作用。他认为语言中语音的替换是有难易层级，层级越低越容易，低层级的是发音部位的替换，如前所说的鼻音部位与后接塞音趋同。高层级的是发音方法的替换，比如用辅音替换元音，鼻音替换擦音等，这些高层级的替换就比较困难，很难发生。

奥匈帝国时期的律师、物理学家、工程师同时也是语言学爱好者 Wolfgang von Kempelen（1734—1804）在1791年设计了一套原始的语音合成器，并详细说明他的设计理念和方案。他1791年发表的《人类语言机制》（*Mechanismus der menschlichen Sprache*）一书里有语音合成器的设计理念和设计图。虽然他的语音合成器只能产生一些静态音段，比如元音和一些擦音，但是他的语音合成器理念对以后的语音学家产生了重大的影响。比如以后 Alexander Graham Bell 的语音合成器、日本学者千叶勉和梶山正登有关元音物理属性与发音生理过程的论述（Chiba & Kajiyama，1941），甚至 Fant 关于语音产生声学原理的阐述（Fant，1970），都可以看出 Wolfgang von Kempelen 的影响。

Johannes Müller（1801—1858）是德国的生理学家，第一次通过离体的喉结构来观察声带振动的状况。他用实验的手段显示，控制声带的紧张度和增加声门下气流可以调节基频（F0）的变化，并认为与气流的强度相比，调节声带的紧张度对基频改变的作用更大。

声学语音学家第一人应该是 Hermann von Helmholtz（1821—1894）。他不仅是医生、生理学家，同时也是物理学家和发明家。在声学研究上，他提出了如何用数学公式推导出不同腔体的共鸣频率、人类发声的基频和各谐波频率。最为人称道的是以他的名字命名的"赫姆霍兹共鸣器"（Helmholtz-Resonator）。自然界的声音（包括语音）都是由好多频率的波复合而成。能不能通过一个仪器的过滤，只听到其中重要频率的声音？Helmholtz 就设计了一套大小不一的共鸣器，声音通过这些共鸣器，滤掉其他频率的声音，只保留要听到频率的声音。这种玻璃球共鸣器有两个端口，一端尖而小的塞入人耳，然后用蜡密封，一端大的接收不同频率的声音，此共鸣器有自己的固有频率，只有当接收的外来声音频率与固有共鸣频率相同，或数学上与固有共鸣频率相关，玻璃球内的空气才会振荡，发出共鸣。不同的玻璃球有不同的固有共鸣频率，据此来分析声音的基频和谐波频率。后来他又发明了可变式共鸣器，即共鸣器的形状大小可以改变，换言之，共鸣频率可变化。Helmholtz 认为不同元音的音色由不同的共鸣腔决定，而不同的共鸣腔会产生不同的共振频率（resonant frequencies），以后又叫作共振峰（formants）。换句话说，在那个时候他已经知道共振峰的不同决定了元音的音色。

法国语言学家 Abbé J.-P. Rousselot（1846—1924）被誉为实验语音学之父。他与以前的学者不同，是一位名副其实的专业实验语音学家，他与另一位语音学家 Rosapelly 一起完善了浪纹计清晰度的研究，浪纹计技术的改进，大大促进了实验语音学研究的发展。他的博士论文（Rousselot，1891）就是利用当时最为先进的浪纹计研究的言语发音，以及发音与音变的关系。浪纹计所显示的周期性声波振动就是发元音时声带振动的波形，据此可以换算出基频。我国语言学家刘复（1891—1934）的博士论文就是用 Rousselot 改良后的浪纹计来研究的汉语方言声调，在他的博士论文《汉语字声实验录》（1924 年出版名为《四声实验录》）里第一次阐明基频是汉语声调的物理属性。1897 年 Rousselot 著《实验语音学原理》（*Principes de phonetique experimentale*）被认为是实验语音学领域的开山之作。

这一阶段的实验音系学研究者除了少数是专业的语音学家外，多数是医生、生理学家、物理学家等。他们用实验的手段来探索人类语音的普遍特点和语音演变的普适规律，这些研究特点是符合实验音系学所提倡的理念的。

2.2 实验音系学的声学分析和感知研究

第二阶段是实验音系学声学分析和感知研究阶段。20 世纪 40 年代随着语图仪的发明，声学语音学的研究从此蓬勃开展，其研究成果极大促进了人们对语音系统以及音变研究的深入了解。其中 R. Jakobson 等人的语音区别性特征、Kenneth N. Stevens 的语音量子理论以及 Haskins 实验室的语音感知研究成果最引人瞩目。我们将着重讨论他们的贡献。

2.2.1 Jakobson 等人的区别性特征

R. Jakobson、G. Fant 和 M. Halle 根据语音声学属性提出了语音区别特征（distinctive features）（Jakobson，Fant & Halle，1951）。13 对区别性特征是：[±vocalic]、[±consonantal]、[± continuant]、[± checked]、[±strident]、[± voice]、[± diffuse]、[±grave]、[±flat]、[±sharp]、[±tense]、[± nasal] 和 [± compact]。特征前的"+/−"是表示此特征的"有/无"赋值，每种特征都呈现二元对立。区别特征的提出是对语音研究的深入，对一种语言语音系统的本质做了更深层次的揭示，对某些普遍性的音变现象也做了很好的解释。具体来说有这样一些意义：

第一，在此以前，音位是语音分析的最小单位，但是，如果进一步分析会发现，一个语言里承担区别功能的是更小的一些单位，即语音特征的不同。如一种语言里/p-b/、/t-d/、/k-g/的区别是 [±vocalic] 特征的不同。推而广之，一种语言里全部的音位对立都可以分解和归纳为数量更少的区别特征的对立。语音特征的发现不仅仅使得语音研究的单位数量大幅减少，同时也揭示了一个语言语音系统的本质。把语音系统的分析推进到特征层面，元辅音音位的内在联系就被呈现出来了，也使语音系统的描写呈现结构性特点。

第二，Jakobson 等人的 13 对区别特征是根据语音的声学特征同时参照相应的发音生理特征建立起来的，区别性特征把传统的元辅音分类的界限打破了。例如 [±grave] 特征就是根据声学特点把音分为两类，能量集中在低频区的叫 [+grave]，反之集中在高频区的叫 [-grave]。根据此声学特征把/i、e、j、t、d、s/分为一组，因为它们共享 [-grave] 特征，另一组是/u、o、w、p、b、f、k、g、x/，它们共享 [+grave] 特征。把这些音分类为上述两大组在传统的元辅音系统里是无法做到的，但是把它们分为这两大组是有内在的声学依据的。

第三，区别特征还能更好地说明音变。元音/i、e/与辅音/t、d、s/亲近，在元音/i、e/的环境里，其他辅音往往会变为/t、d、s/；元音/u、o/与辅音/p、b、f、k、g、x/亲近，在元音/u、o/的环境里，其他辅音往往会变为/p、b、f、k、g、x/。如在世界语言里下列（1）、(2）音变是常见的：

（1）/xu/ > /fu/，/ku/ > /pu/

（2）/pi/ > /ti/，/ki/ > /ti/

而（3）、(4）音变是非常罕见的：

（3）/xu/ > /su/，/ku/ > /tu/

（4）/ti/ > /pi/，/ti/ > /ki/

（1）、(2）音变的结果，两个音段都满足共享 [+grave] 或者共享 [−grave]，而（3）、(4）音变的结果，两个音段并不共享 [+grave] 或 [−grave] 特征，产生的音变结果当然就不和谐了，所以这种音变的方向是罕见的。

2.2.2 语音量子理论

语音量子理论（Quantal theory of speech）是由麻省理工学院教授 Kenneth N. Stevens 提出的（Stevens，1972），以后在1989年、2010年的文章里他又对量子理论做了进一步的阐述（Stevens，1989；Stevens & Keyser，2010）。量子理论的基本思想是：发音共鸣腔的改变与所产生的声学产出不是线性对应的。共鸣腔的改变与所对应的声学产出是有这样的非线性对应（Stevens，1989），如图1所示。

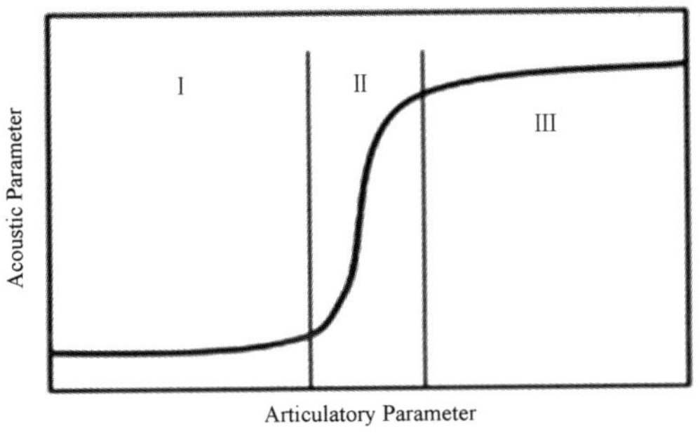

图1 共鸣腔的改变与所对应的声学产出非线性对应示意图（Stevens & Keyser，2010，图1）

图1的横坐标表示发音部位的变化参数（articulatory parameter），纵坐标则表示对应的声学参数（acoustic parameter）变化。从横坐标来看，Ⅰ阶段和Ⅲ阶段里尽管发音部位的参数是在变化，但是对应的纵坐标中的声学参数并没什么变化，或几乎没变化。所以阶段Ⅰ和阶段Ⅲ是声学参数的稳定段（stable region）。但是横坐标Ⅱ阶段，随着发音部位参数的变化，对应纵坐标声学参数也发生了很大的变化，所以横坐标Ⅱ是声学特征的过渡段（transition region）。从Ⅰ阶段到Ⅲ阶段发生了语音突变。Stevens 认为一个语言中的元音系统首选稳定段音类，发音人在稳定段范围内发音不必十分精确到位，但是能产出较为稳定的、可接受的声学效果。另外，两个稳定段中间由不稳定隔开，这两个稳定段音类的声学特点就更具有区别性，稳定段与不稳定段的交替形成了语音突变的声学结果，这种具有突变的音段音位是一个语言里音位系统的最佳序列（optimization of the phonemic inventory）。从发音部位及声学参数两方面来考察稳定段的音到底是哪些。Stevens 认为对于元音来说，收紧点后的腔体（后腔）形成的最低共振，即元音的第二共振峰（F2），如果与邻近的共振峰（F1 或 F3）形成双高峰，那就是量子元音（quantal vowels）的必备条件。语言中最常见的三个顶点元音/i、u、a/都处在稳定段，满足量子元音的必备条件。语音量子理论的提出不仅是发音与声学对应关系的重大发现，而且还可以解释语音系统的本质及语音变化的很多现象（李智强，2014；鲍怀翘，2015）。其意义有如下几点。

第一，处于声学参数不敏感的发音部位是双唇、硬腭、软腭，以及咽腔上部，这些部位收紧是音段的稳定部位，元音/i/、/u/、/a/的发音收紧点正是落在这些稳定部位，这就解释了为什么世界绝大多数语言都有着三个最为重要的周边元音（peripheral vowels）。

第二，除了三个周边元音外，其他重要的语音特征也可以在这些稳定部位得以落实。这些不同的稳定段所提供的声学参数正是人类感知语音区别特征的重要依据，Stevens 本人就以此为依据来建立自己的语音区别特征（Stevens，2003）。

第三，发音动作与声学参数不是一一线性对应的。在Ⅰ和Ⅲ稳定段范围内，发音动作不必十分到位和精确，因为在这个稳定段内所产生的声学参数是差不多的。换句话说，在一种语言里，落在稳定段的音类，发音动作的变异不会引起声学参数的剧烈变化，人们对这些变异的感知也是不敏感的。处在发音稳定段的不同音类，如图1的Ⅰ部位和Ⅲ部位，才是语音感知空间突然跳跃的类别，也是切分不同音段发声（不同的发音部位）、声学（不同的声学表现）以及感知（不同的感知类别）的重要依据。

第四，语音音类（范畴）感知空间的突然跳跃与人类特有的共鸣腔特点具有密不可分的关系。喉头下沉，形成人类特有的、与口腔大致成直角和等距离的咽腔；

颌骨由于进化而退缩，与此同时，舌骨、舌体后退，舌则可以更自如地在咽腔处收紧并在共鸣腔内灵活运动。其中舌体能在口腔与鼻咽腔成90度直角处隆起或收紧是产生/i、u、a/三个距离最大元音的关键（Lieberman，1984）。

第五，语音量子理论还可以解释许多音变现象。两个相邻的音段AB在发音时必定会产生协同发音（co-articulation），不过到底是A影响B，还是B影响A？语音量子理论有一个较为合理的解释：一般来说，收紧点较紧的那个声学参数易变，收紧点较松的那个声学参数较稳定。这就解释了在语言里，辅音+元音的组合中往往是辅音不稳定变化大，而元音的变化小较稳定的现象。如我们常见的腭化音变：

/k kʰ g/ >/tɕ tɕʰ dʑ（tʃ ʧʰ ʤ）/__/i，y/

腭化音变是前高元音使得前面的辅音往硬腭方向变，而前高元音本身并不发生改变。用量子理论来解释就是因为辅音收紧点通常比元音的紧，不稳定，易变；元音收紧点松，较为稳定，况且高元音/i/、/y/也正好处于量子理论的稳定段，在音变的过程中是起主导作用的。

量子突变理论所涉及的内容主要是发音体运动和对应的声学参数的非线性（nonlinearity）关系，但是这种关系其实也制约着听者的音类（范畴）感知。一个语言里元音格局选择量子元音与其说是基于说者，还不如说是基于听者的要求。言语交际和传达想要准确和清晰，就要求说者选择清晰度最高的音类。

2.2.3 Haskins 实验室的语音感知研究

20世纪40年代以后，随着语图仪在语音分析中的应用，人们对语音声学特点的掌握突飞猛进。语音学家可以通过控制一定的声学参数来研究语音的感知特点。语音感知研究需要语音学家、心理认知学家、工程师等通力合作，设计硬软件和实验方案做感知实验。美国Haskins实验室聚集了这方面的人才，如Franklin Cooper（1908－1999）、Alvin M. Liberman（1918－2000）和Pierre Delattre（1903－1969）。他们利用自己发明的名叫The Pattern Playback的机器做了很多语音感知实验，做出许多开创性的研究成果，例如塞音的范畴感知（Categorical Perception of Stops）。

1957年，Liberman等人用The Pattern Playback合成第一、第二共振峰的方法，组成14个CV变量连续体刺激（stimuli），每个刺激都是在辅音＋元音接合处第二共振峰的音轨（F2 transition）发生等量变化（Liberman等，1957）。14个刺激物每次打乱让被试做辨认实验（identification test）和区分实验（discrimination test），判断到底听到的是/ba/、/da/还是/ga/。测试结果表明被试只在/b/、/d/、/g/三个音位的界限（phoneme boundaries）有较好的区别敏感度，而对一个音位中的差异不敏感，这就是辅音的范畴感知特点。以后不同语言清浊塞音的对立，如/p－b/、/t－d/、/k－g/也具有这种特点。语音范畴感知的发现告诉我们，人类感知语音并不是对声音简单的客观接受，而是一种主观的范畴感知。如果是简单的客观接受，应该是任何的差异都能感受到，而不是范畴感知那样只能感知不同范畴之间的差别。在相同的言语社团里人们关注范畴之间的不同，而忽略范畴内的变异，只有这样，人类语言交际才得以进行和成功，否则整个言语交际就会混乱无章，人们也无法互相传递言语信息。

Haskins实验室的科学家Alvin M. Liberman等人在20世纪60年代中后期提出了肌动理论（Motor theory）（Liberman等，1967），以后Liberman等人对该理论又做了重大修改（Liberman & Mattingly，1985）。由于语音感知和声学特征缺乏一致性（lack of invariance），语音声学信号的不可切割性（nonsegmentability）以及语音传送信息的相对高效性（the relatively high efficiency of transmission of information），他们认为听者能够“雇佣”自己声腔大小的信息以及发音运动特性来对听到的语音进行分析和解码。该理论强调听者是根据自己的发音动作来进行语音解码和感知的。肌动理论的提出是语音感知研究中里程碑式的成就。近年来，脑科学及神经科学的最新研究成果也支持肌动理论（Watkins & Paus，2004，Möttönen & Watkins，2009），认为听者语音感知的机制和听者自己的发音机制是紧密相连的；人类语言的发音和语音的感知是独特的，跟其他动物的发声和感知是不同的；听者利用自己的语言发音机制来过滤外来的语言变异，以达到语言交际的目的。肌动理论对机器言语识别等人工智能研究和应用具有启发作用。

上述研究虽未标榜是实验音系学，但是其研究的理念、方法以及范式都与实验音系学相吻合。

2.3 实验音系学的倡导阶段

第三阶段是1974年Ohala提出实验历史音系学（Experimental historical phonology）开始，并于1986年与Jaeger编著《实验音系学》（*Experimental Phonology*）至今。20世纪80年代开始，两年一度的实验室音系学（Laboratory Phonology）会议对实验音系学的发展起到一个推波助澜的作用。这一时期的实验音系学家来自不同的领域，如有的来自音系学、语音学、心理学，也有的来自神经科学、电子工程学、计算机科学等，他们共同关注语音科学，并都有相同的理念，即提出实验音系学（Experimental Phonology）或实验室音系学（Laboratory Phonology）的口号和理念来研究人类语音。他们的研究有以下的一些特点。

第一，他们都认为人类语言属于人的认知范畴。人类语音尽管具有复杂性，但也是一种自然现象，受心理认知规律和物理规律制约，所以可以用实验的方法研究和解释语言的语音系统以及语音的普遍演变规律等。

第二，把语音作为自然现象，所以实验音系学的研究理论和方法跟成熟的自然科学学科，如数学、物理、化学一样是非常明确的，提出假设、采集数据、分析验证，或修改假设、再立论、再预测，循环反复，直到立论更完善。

第三，研究的范围比传统的语音学或形式音系学要宽广，除了包括传统语音学的内容外，还包括语音产出、传播和感知的认知神经机制，以及跟语音有关的表情、体态信息关系以及社会语音学等内容。

第四，实验音系学并不是只研究和描写语言的共时音系结构，还研究历时音变，即研究和解释形成共时语音系统的原因。所以实验音系学的研究里往往包含共时和历时两方面的内容，用音变遵循的自然规则来解释共时音系形成的原因。比如第九届实验音系学会议的中心议题就是“音系的变化”。所以实验音系学的研究以解释力见长，这种解释力既包括共时语音系统的解释、共时语音类型的解释，也包括历时音变的解释。

第五，实验音系学倾向于研究世界语言的语音系统、语音类型以及语音演变的一般和共性规律。这些一般和共性规律在没有谱系关系的众多语言里和这些语言的历史上会不断重现。只有去掉个别的、特殊的语音现象才可以用语音产生和感知的物理和认知规律来解释，才可以在实验室里重现音变（Ohala，1989、1993）。

3. 实验音系学研究举例

3.1 阻塞音倾向于清音化

阻塞音包括塞音、塞擦音和擦音三类。世界语言中塞音、塞擦音和擦音都是常见的音类，都有清音化的倾向。这种清音化倾向可以从两方面看：第一，语言里的辅音序列如果有浊阻塞音的，必定有清阻塞音；但是反之则不然，很多语言只有清阻塞音，没有浊阻塞音。第二，即使语言里有浊阻塞音，也有清化倾向。很多语言历史上有浊阻塞音现在往往清音化；反之则不然，即历史上是清阻塞音、现在变为浊阻塞音的现象非常罕见。这种不对称（asymmetry）倾向是跨语言、跨区域和跨文化的，背后必定有阻塞音清化的制约机制。传统的形式学派音系学对此只有规则的表述，缺乏合理的解释。如在Chomsky和Halle的经典著作只用公式作如下表述（Chomsky & Halle，1968）：

$$[u\ \text{voice}] \rightarrow [-\text{voice}]\ /\ \underset{[-\text{son}]}{\underline{\qquad}}$$

这一公式的意思是无标记的非响音

性浊音变为非浊音。实验音系学根据发浊阻塞音物理学中的空气动力制约（aerodynamic voicing constraint）指出这种音变的原因（Ohala，1983），发浊阻塞音时，持阻或摩擦段声带要振动，声门上下要有一定的气压差（ΔP_{glot}），才能有气流通过两片靠拢的声带引起伯努利效应（Bernoulli effect），使得声带振动。但是一旦声门上有阻塞或收紧点，就会引起声门上阻塞点或收紧点后压力的升高，声门上下的气压差就会随之消失，这样就无法使得声带振动，浊阻塞音就会变为对应的清阻塞音。

发浊阻塞音的空气动力制约原因还可以解释为什么世界语言里浊塞音发音部位分布的不均衡现象。世界语言里有清浊塞音对立的语言往往舌根浊塞音缺乏。这是因为舌根塞音收紧点靠后，与声带距离近。根据物理学波义尔定律（Boyle's Law），容积的大小与压力成反比，容积小压力更容易升高，在持阻阶段声门与收紧点之间的空间一下子就充满高压，这样就无法满足驱动声带振动所需的气压差，所以舌根浊塞音最难保留。

3.2 语音系统形成的机制

形式音系学主张“音系—语音”是二分的，认为音系完全是一个深层的形式化（formal）模块，而语音则是表层的物理、生理表现（Chomsky & Halle，1968）。如果这样的话，怎样去解释语音物理或生理表现如何影响形式化模块，或形式化模块如何制约物理、生理的表现？这些问题，形式音系学只是用规则或者规则顺序来回答，但是更深层次的问题是：执行这些规则和规则顺序的内在机制是什么？形式音系学并没有回答。Ohala等实验音系学家认为一个语言中的语音类型以及音系结构主要是由历史音变造成，音变的启动往往是由听者的“矫正不足”（hypocorrection）或“过度矫正”（hypercorrection）导致的（Ohala，1993）。比如不送气清塞音后接高元音或近音往往会变为同部位的塞擦音或送气清塞音。如/t/+/i/>/tʰi/或/t/+/i/>/tɕi/。Ikalanga语是原始班图语（Bantu）的子语言，原始班图语/t/后接高元音/i/或/u/，但在Ikalanga语中都变为了送气的/tʰ/，浊塞音/d/后接高元音/i/则变为塞擦音/dz/（Mathangwane，1996），见表1；但非高元音则不变，如表2。

表1 原始班图语/t/、/d/后接高元音在Ikalanga语中的音变

原始班图语	Ikalanga语	语义
＊timɑ	tʰimɑ	“井”
＊tudi	tʰudzi	“肩膀”
＊tum	tʰum	“缝”

表2 原始班图语/t/、/d/后接非高元音在Ikalanga语中的表现

原始班图语	Ikalanga语	语义
＊－tɪma	tima	“心”
＊－tʊndʊ	tudu	“篮子”

Mvumbo语也是班图语系下的一个子语言，原始班图语系的塞音后接高元音在Mvumbo语里都变为塞擦音，见表3；非高元音前则不变，见表4（Guthrie，1967－1970）。

表3 原始班图语塞音后接高元音在Mvumbo语中的表现

原始班图语	Mvumbo语	语义
＊－buma	b͡vumo	“水果”
＊－dib	d͡ʒiwo	“关闭”
＊－tiitʊ	t͡ʃir	“动物”
＊－kiŋgo	t͡ʃiuŋ	“颈”
＊－kuba	p͡fuwo	“鸡”

表4 原始班图语塞音后接非高元音在Mvumbo语中的表现

原始班图语	Mvumbo语	语义
* -bod	buo	“腐烂”
* -dɪ	di	“吃”

高元音包括舌位较高的半元音(glide),在共鸣腔内会形成一定程度的收紧。当塞音爆破后紧接的是有一定收紧点的高元音(半元音),会在高元音或半元音的前部产生一定程度的噪音声源。听者就会将这种同部位的噪音声源误判为擦音成分,从而感知为塞擦音,如上述Mvumbo语里发生的*-bu->-b͡vu-音变。另一种可能的音变是高元音(半元音)在共鸣腔内由于有一定的收紧程度,声门上气压就会上升,声门上的高压对声带的振动是不利的,声带振动的时间会延迟,也就是VOT的数值会变大。VOT数值的大小是清不送气/送气塞音的重要声学指标,一般来说,0毫秒<VOT<30毫秒会感知为不送气清塞音,VOT>30毫秒会感知为送气塞音。不送气清塞音在高元音(半元音)前,VOT数值增大,就有可能变为清送气塞音。如上述Ikalanga语里发生的*ti->t^hi-。低元音在口腔内不会有收紧点,就不会产生噪音,所以听者也就不会有送气音和塞擦音的感知,也就不会出现上述音变。

这些音变在汉语方言里也是常见的。清塞音爆破后,高元音或近音发音部位收紧点较紧,会产生摩擦噪音,或延迟后面音段声带振动的起始时间(有较大的VOT数值),听者误判这些为塞音音段本身的特征,把产生的摩擦噪音嫁接在塞音上,就会感知为送气塞音或塞擦音,再由听者口中说出,就会有送气塞音或塞擦音的变异。

3.3 突生塞音(emergent stops)的解释

与传统形式音系学或优选论不同,实验音系学对语音系统的形成和音变的倾向性更注重从发音生理、声学和感知上去解释,而不是从功能解释。突生塞音音变的解释是一个典型例子。

突生塞音原本是指鼻辅音与口腔辅音之间增生一个与鼻音同部位的塞音。如古英语里 þunrian > þundrian (thunder“雷”),英语 Thom + son > Thompson,拉丁语里 temlo > templum,希腊语里 mrotos > mbrotos,阿拉伯语里 alhamra > Alhambra。产生此类突生塞音的原因,Ohala认为是发音音姿的时间错位(wrong timing)造成的(Ohala,1997)。以nr>ndr音变为例,可分解为下列三阶段图,见图2。

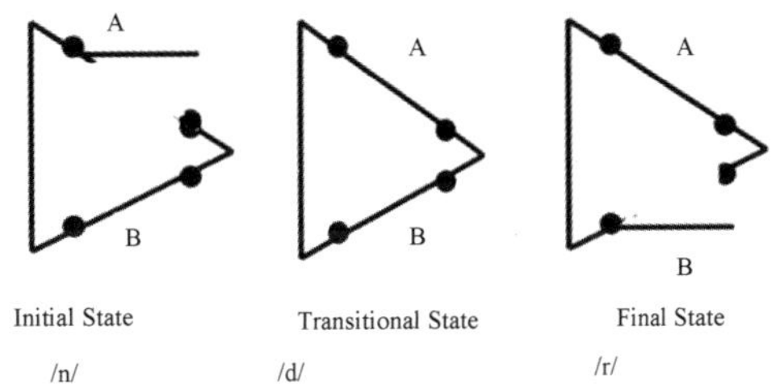

图2 nr>ndr增音音变演示

根据图2,发n时鼻腔(A)打开,就是左边的initial state(开始阶段)图示;发r时则鼻腔要关闭,口腔得打开(B),是右边的final state(最后阶段)图示;在发完n后鼻腔关闭,此时口腔尚未打开,也就是A和B两个阀门都没有打开,就是中间的transitional state(中间阶段)图示。这个音姿正好就是d的发音音姿,所以就会有突生增音d。突生塞音的发音部位跟前面鼻音的部位相同,而不是跟后面的辅音相同,这是突生塞音的一个显著特点。

有人通过调查和研究南美洲众多印第安语,发现鼻音有多种变体。如果鼻音后面是个纯口元音,鼻音与口元音间会产生一个与鼻音同部位的塞音,否则就是鼻化元音。如南美语言Karitiâna语中的/m/会有如下的变体分布(Storto,1999),见表5。

表5 Karitiâna 语中/m/变体出现的环境

变体出现的环境	例子	释义
/m/→[mb] /ṽ_v, #_v	/ãmo/→[ãmbo]	爬
→[bm] /v_#, v_ṽ	/kam/→[kabm]	现在
→[bmb] /v_v	/apimik/→[apibmbik]	钻孔
→[m] 其他情况下	/ãmãŋ/→[ãmãŋ]	种植

有人认为 Karitiâna 语的/m/有这么复杂的变体是为了保持口元音与鼻化元音的区别性。如果没有增生塞音，元音与鼻音就会直接“接壤”，元音会有一定程度的鼻化，也就是说鼻化元音与口元音的区别就不够显著。增生同部位的塞音，可以阻断鼻化向元音部分延伸，口元音与鼻化元音的区别也就更明显了，所以这种突生塞音是提供了口元音与鼻化元音的保护环境（environmental shielding）（Stanton，2018）。表6是用优选法做的分析（Stanton，2018）。

表6 /ma/、/mã/优选项表

/ma/ /mã/	$N_{ASALISE}$	$N_{AS}D_{UR\ 100\%}$	M_{AX}[−nas]	* C_{ONTOUR}
a. [ma] [mã]	*!			
b. [mᵃ̃a] [mã]		*!		
☞c. [mba] [mã]				*
☞d. [mã] [mã]			*	

表6中/ma/和/mã/可以有 a、b、c、d 四个候选项。候选项 a 违反了鼻化[$N_{ASALISE}$]规则，因为鼻音后元音或多或少是要鼻化的；候选项 b 违反了鼻音长度[$N_{AS}D_{UR}$100%]的区别规则，因为鼻音后元音鼻化程度的多寡（比如50%鼻化与100%鼻化）不满足音类最佳区别度原则；候选项 c 和 d 是最佳候选项，其中候选项 c 是鼻音和元音间突生塞音（赋值为 * C_{ONTOUR}）。突生增音虽然是无中生有，但是能阻断鼻音对元音的鼻化，口元音与鼻化元音的最佳区别性得以增强，是一种增强区别候选项（enhancement candidate）。增强区别候选项能保持输入和输出的一致性，符合忠实性规则。候选项 d 不违背鼻化规则和鼻音程度规则，但是与忠实性规则不符，即输入项中有［−nasal］与［+nasal］对立，但是输出项则取消了这种对立，违背了输出项无鼻化 M_{AX}［−nas］的制约规则。c、d 两者相较，候选项 c 则更有优势胜出，所以按照优选论约束限制（constraint）的排序和等级，* C_{ONTOUR}要排在 M_{AX}［−nas］下面。只有这样候选项 c 才能胜出。

优选论的分析显然是根据结论倒推出优选项排序规则，具有一定的任意性。第一，世界语言里鼻音前后具有口元音/鼻化元音的对立并不少见，如汉语上海方言就有/ma/和/mã/对立：“买” ma^6 ≠ “孟” $mã^6$。鼻音与元音间并不需要用突生塞音来增强鼻音后元音的区别性；第二，候选项 c 和 d 的排序也有任意性。保持音类的区别性固然是一种选项，但是语言中音类的合并也不乏其例，此时选项 d 的约束限制排列和等级则要低于候选项 c。这种因结论倒推来改变排序规则的做法很难说明规则的普遍适用性。第三，候选项 c 中在鼻音与元音间突生塞音可以阻断鼻辅音对元音的鼻化影响。不过阻断鼻辅音对元音影响的方法可以有多种。增生的音类就发音方法而言可以是增生擦音、塞擦音；就发音部位而言也可以增生与鼻辅音不同部位的其他塞音。为什么这些语言里突生的是塞音，而且突生塞音的发音部位与鼻音同部位？这些在优选论里是缺乏解释的。

上述现象实验音系学用发音音姿的时间错位（wrong timing）能很好解释。根据图2，发 m 时鼻腔（A）打开，就是左边的 initial state（开始阶段）图示；发口元音时则鼻腔要关闭，口腔得打开（B），是右边的 final state（最后阶段）图示；在发完 m 鼻音后鼻腔关闭，此时口腔尚未打开，也就是 A 和 B 两个阀门都没有打开，就是中间的 transitional state（中间阶段）图示，这个音姿正好就是塞音 b 的发音音姿，所以就会有突生增音 b。根据图2所示，时间错位所产生的突生音只可能是塞音，而且只可能是与鼻辅音同部位的塞音。这样就能圆满解释了突生音的发音方法和部位问题。

3.4 语音的阶层性感知问题

离散数学是20世纪60年代Chomsky提出的生成音系学研究的经验基础。生成音系学假设音段与音段间的关系以及音系规则都是范畴化的（categorization），比如一个语言的辅音系统如果有清浊塞音的区别在生成音系学里的特征标注是［±voice］，即在这个语言的塞音要么是清塞音，要么是浊塞音，不存在中间状态。实验音系学研究根据实验数据，做统计分析，发现音系规则并非是范畴化的。比如英语中的清浊塞音区别并非只有［±voice］一对特征，清浊塞音区别的特征是众多的。有VOT音征、发声态音征、后接元音基频高低的音征等，还有是否有低频周期性频谱能量、爆破刹那时的能量大小、持阻时长不同、后接元音F1的音轨不同、爆破后元音的F1能量大小等。此外有人发现英语清浊塞音的区别还有舌根推进/舌体下沉与否的区别（Ahn，2018）。各音征在不同的传播媒介中传送和抗噪的特性、能力各异，所以在实际的言语交际中清浊塞音的区别特征不是固定不变的，也不是有与无的不同，而是呈现阶层性（gradient）差异。基于样例模式（Examplar Based Model）的语音感知理论（Pierrehumbert，2001；Johnson，1997、2006）认为一个语言里的音类/音位的认知是人们对此音所有经历的汇集，汇集中的变异随言语交际经历的不同而呈动态分布，所以音类的汇集是漂移的，不是固定不变的。样例模式理论是种动态的语言观，也符合社会语言学关于语言是一种有序异质系统（orderly heterogeneous system）的观点。拉波夫在研究“近似合并”（near merger）时发现这样的事实，通过最小对立元测试，本地人无法知道两个元音的区别，但是用频谱仪测试元音的共振峰F1和F2值可以得出两者之间存在“近似合并”的关系（Labov，1994）。而正是通过这种细微的共时语音的近似合并，人们才能知道英语相关元音的历史演变，即用共时细微的语音变异来解释历史上的语音变化。实验音系学就是用科学而客观的实验研究和统计的方法弥补了传统音系学在材料和书籍采集上存在的缺陷。

4. 实验音系学在中国

我国的语音研究，特别是汉语的语音研究有自己的传统，这个传统就是共时语音系统描写与历时比较结合密切。历时比较是指与古音（主要是中古音）比较，共时比较是与其他汉语方言语音比较。

4.1 汉语语音的声韵调描写法

汉语语音中音节显赫度高，音节不仅是语音分析的单位，也是构词法、语义、句法分析的单位，因为每个音节相当于一个语素。语音分析都是从音节入手的，分为声母、韵母和声调三部分。各地方言语音的声韵调分析一般不采取严格的对立互补音段分析法，而是采取不充分的非区别性分析法。比如广州话按照严格的对立互补和区别性原则声调只能分出六类：

诗 si^{55} ≠史 si^{35} ≠试 si^{33} ≠时 si^{31} ≠市 si^{13} ≠事 si^{22}

但是顾及历史来源和与各地方言语音的对应，我们采用不充分的非区别性分析，把广州话的声调分析为9类：带有-p、-t、-k韵尾的入声韵短促调，外加一类有元音长短的入声韵短促调也算作不同的声调。又比如，普通话声母系统里/ts-/组、/tʂ-/组、/k-/组与/tɕ-/组声母分明是互补的，前者配开口呼、合口呼韵母，后者配齐齿呼、撮口呼韵母。但在设立拼音字母里仍分为z-、zh-、k-、j-四组声母，背后的理由也是考虑到不同历史来源（j-组声母既来源于精组声母，也来源于见组声母），把它们分为四组也利于与其他方言语音的对应和历时比较。语音共时描写和分析带有历时比较成分是汉语音韵学的传统，传统音韵学里声韵调分析法本身就具有共时与历时结合的成分，这一点与实验音系学研究方法不谋而合。

4.2 吴方言全浊声母音系学地位的讨论

20世纪八九十年代很多学者对汉语吴方言古全浊声母今读音的性质做了很多的

研究，取得丰硕成果。吴语浊声母不仅是语音问题，还涉及浊声母的演变、浊声母与清声母的关系、浊声母与声调的关系、声调发生学等音系学问题。吴语的三套塞音，清不送气、清送气和浊，在首字或单念的情况下 VOT 数值都是大于或等于零，其中清不送气塞音与浊塞音从 VOT 数值看不出区别。石锋通过对吴语苏州话浊塞音的分析，发现苏州话浊塞音与清不送气塞音尽管 VOT 数值无区别（都是大于或等于零），但还是可以通过后接元音起点的音高、音强以及后接元音的音长辨别前面声母的清浊。他认为吴语的浊声母正处于清化过程中（石锋，1983）。曹剑芬、Ladefoged 和 Maddieson 认为吴语里所谓的浊塞音声母其实是人们对清辅音后元音前半部的气嗓音发声（breathy voice）的一种嫁接误判（Cao & Maddieson，1992；Ladefoged & Maddieson，1996）。陈忠敏用电子声门仪和瞬间频谱图分析上海话清浊塞音后接元音的发声态，发现与相应的清塞音比较，浊塞音后接元音的气嗓音发声贯穿整个韵母，不过后接声母处最显著，气嗓音程度高，以后逐渐回归常态发声（normal voice）（陈忠敏，2010）。之后他又用发声生理以及声带振动的空气动力学原理来说明浊塞音有引起气嗓音的倾向，气嗓音再引起低调，并在此基础上提出声调高低来源及演变的模式为：浊辅音→气嗓音→低调（Chen，2015；陈忠敏，待刊）。这样就把音段的声学和生理特征与超音段的产生连接了起来。

4.3 以音节为切入点的音法学研究

“凡是在历史上发生过的音变，都要叫它在实验室里重现”，Ohala 这一激荡人心的宣言（Ohala，1989、1993）也深深影响着中国学者的实验音系学研究。朱晓农近二十多年来提倡用实验的方法研究历史音变，发表了多篇文章，并提出了“音法学”的概念。音法学研究的范围比传统的语音学或音系学来的广泛。它包括基础音法学（发音生理、声学传播、听觉感知），也包括传统的音系学内容，还包括演化音法学（语音演变研究）（朱晓农，2011）。“音法学”更多关心语音演化，以音节为切入点来建立共时音法类型，进而来研究语音演化，即作者所强调的“音法演化”。音法学研究中的声调研究较有特色，提出了六大发声态与声调的关系以及各种发声态的演化网（周颖异、朱晓农 2020）。

5. 结语

实验音系学不仅把传统的语音学和音系学做了整合，同时把语言中的语音看作人类复杂的认知现象来研究。人类的语音与其他的认知现象一样，既受制于自然规律，也与人类活动的社会因素有关。所以我们可以像研究其他认知现象一样，用科学的实验方法来研究人类的语音。与此同时，共时的语音结构是历时演化的结果，实验音系学中的“音系”研究范围就涵盖共时和历时两方面的研究，这样能更科学和合理地去解释共时语音系统的形成，以及解释人类语言音系结构的倾向性等问题。从20世纪70年代开始至今的五十年间，实验音系学取得令人瞩目的成就，越来越多的语音学家认同实验音系学的理念和研究方法，但是作为一个研究流派，其理论和方法还需要在研究中不断修正、完善和发展。这些都需要研究者有宽广的知识结构和丰富的想象能力，正如 Ohala 所说的那样：

All who would be the Galileos, Newtons, Harveys, Lavoisiers, and Pasteurs of phonology can still get in at the beginning where imagination and a breadth of knowledge counts for more than narrowly focussed technical knowledge（Ohala，1987）。

所有立志成为音系学界伽利略、牛顿、哈维、拉瓦锡和巴斯德的人，在开始进入这个领域时，想象力和知识的广度远比狭隘的技术知识更重要。

6. 致谢

本研究得到国家社科基金重大项目“上海城市方言现状与历史研究及数据库

建设”（19ZDA303）资助，谨表感谢。

参考文献

Ahn, S. (2018). The role of tongue position in laryngeal contrasts: An ultrasound study of English and Brazilian Portuguese. *Journal of Phonetics*, *71*.

Cao, J., & Maddieson, I. (1992). An exploration of phonation types in Wu dialects of Chinese. *Journal of Phonetics*, *20*.

Chen, Z. (2015). Breathy voice and low tone. *Journal of Chinese Linguistics*, *43(1A)*.

Chiba, T., & Kajiyama, M. (1941). *The vowel, its nature and structure*. Tokyo: Kaisekian.

Chomsky, N., & Halle, M. (1968), *Sound pattern of English*. New York: Harper & Row.

Fant, G. (1970). *Acoustic theory of speech production* (2nd ed.). The Hague: Mouton and Co.

Guthrie, M. (1967 – 1970). *Comparative Bantu*. Farnborough: Gregg.

Jakobson, R., Fant, G., & Halle, M. (1952). *Preliminaries to speech analysis*. Cambridge: MIT Press.

Johnson, K. (1997). The auditory/perceptual basis for speech segmentation. *Ohio State University Working Papers in Linguistics*, *50*.

Johnson, K. (2006). Resonance in an exemplar-based lexicon: The emergence of social identity and phonology. *Journal of Phonetics*, *34*.

Labov, W. (1994). *Principles of linguistic change*. Vol. 1: *Internal factors*. Oxford: Blackwell.

Ladefoged, P., & Maddieson, I. (1996). *The sounds of the world's languages*. Oxford: Blackwell.

Liberman, A. M., & Mattingly, I. G. (1985). The motor theory of speech perception revised. *Cognition*, *21*.

Liberman, A. M., Cooper, F. S., Shankweiler, D. S., & Studdert-Kennedy, M. (1967). Perception of the speech code. *Psychological Review*, *74*.

Liberman, A. M., Harris, K. S., Hoffman, H. S., & Griffith, B. C. (1957). The discrimination of speech sounds within and across phoneme boundaries. *Journal of Experimental Psychology*, *54*.

Lieberman, P. (1984). *The biology and evolution of language*. Cambridge: Harvard University Press.

Mathangwane, J. (1996). *Phonetics and phonology of Ikalanga: A diachronic and synchronic study*. PhD dissertation, University of California, Berkeley.

Möttönen, R., & Watkins, K. E. (2009). Motor representations of articulators contribute to categorical perception of speech sounds. *Journal of Neuroscience*, *29(31)*.

Odden, D. (2005). *Introducing phonology*. Cambridge: Cambridge University Press.

Ohala, J. J. (1974). Experimental historical phonology. In J. M. Anderson & C. Jones (Eds.) *Historical linguistics*. Amsterdam: North-Holland.

Ohala, J. J. (1983). The origin of sound patterns in vocal tract constraints. In P. F. MacNeilage (Ed.), *The production of speech*. New York: Springer-Verlag.

Ohala, J. J. (1987). Experimental phonology. *Proceedings of the 13th Annual Meeting of the Berkeley Linguistics Society*.

Ohala, J. J. (1990). There is no interface between phonology and phonetics: A personal view. *Journal of Phonetics*, *18*.

Ohala, J. J. (1993). The phonetics of sound change. In C. Jones (Ed.), *Historical linguistics: Problems and perspectives*. London: Longman.

Ohala, J. J. (1997). Emergent stops. *Proceedings of the 4th Seoul International Conference on Linguistics*.

Ohala, J. J., & Jaeger, J. J. (Eds.). (1986). *Experimental phonology*. Orlando: Academic Press.

Pierrehumbert, J. B. (2001). Exemplar dynamics: Word frequency, lenition, and contrast. In J. Bybee & P. Hopper (Eds.) *Frequency effects and the emergence of lexical structure*. Amsterdam: John Benjamins.

Stanton, J. (2018). Environmental shielding is contrast preservation. *Phonology*, *35*.

Stevens, K. N. (1972). The quantal nature of speech: Evidence from articulatory-acoustic data. In P. B. Denes & E. E. David Jr. (Eds.) *Human communication: A unified view*. New York: McGraw Hill.

Stevens, K. N. (1989). On the quantal nature of speech. *Journal of Phonetics*, *17*.

Stevens, K. N. (2003). Acoustic and perceptual evidence for universal phonological features. *Proceedings of the 15th International Congress of Phonetic Sciences*.

Stevens, K. N., & Keyser, S. J. (2010). Quantal theory, enhancement and overlap. *Journal of Phonetics*, *38*.

Storto, L. R. (1999). *Aspects of a Karitiana grammar. PhD dissertation*, MIT.

Watkins, K. E., & Paus, T. (2004). Modulation of motor excitability during speech perception: The role of Broca's area. *Journal of Cognitive Neuroscience*, 16(6).

鲍怀翘：《再谈语音量子理论》，《中国语音学报》2015年第5辑。
陈忠敏：《吴语清音浊流的声学特征及鉴定标志——以上海话为例》，《语言研究》2010年第3期。
陈忠敏：《重论浊阻塞音、气嗓音与低调的关系》，待刊。
李智强：《区别特征理论的语音学基础》，《中国语音学报》2014年第4辑。
石锋：《苏州话浊塞音的声学特征》，《语言研究》1983年第1期。
周颖异、朱晓农：《江西修水渣津赣语的十六调系统》，《中国语文》2020年第5期。
朱晓农：《语言语音学和音法学：理论新框架》，《语言研究》2011年第1期。

陈忠敏
博士，复旦大学中文系/现代语言学研究院教授，主要研究领域为语音学、历史语言学、汉语方言学。
Email：zhongminchen@ fudan. edu. cn

普通话中的语音增强现象

李智强

摘　要　语音增强理论认为，语言中音系对立的构建是由具有普遍意义的区别特征完成的。每个区别特征都有明确的生理—声学特性和与之相匹配的听觉感知模式。在语音实现过程中，由于受到语音环境或韵律因素的影响，区别特征的听觉显著性需要通过另外的发音动作来增强，以达到保持音系对立的目的。本文讨论普通话中的语音增强现象，包括擦音的区别特征及增强动作，舌尖元音的音系地位，低元音舌体运动对鼻韵尾部位特征的增强作用。我们看到不同语言对同一个区别特征可以有不同的语音增强方式，这跟语言特定的音系对立关系紧密联系。
关键词　语音增强，擦音，舌尖元音，低元音，鼻韵尾

ENHANCEMENT IN MANDARIN CHINESE

LI Zhiqiang

Abstract According to the Speech Enhancement theory, there is a universal set of distinctive features that define the phonological contrasts observed in the languages of the world. Each of these features is defined by an articulatory action in producing the segment and by a particular acoustic pattern and auditory impression. In speech production, the perceptual saliency of a contrast specified by a feature is often enhanced by introducing articulatory gestures in addition to the defining gesture for the feature. These gestures strengthen the defining acoustic properties and/or introduce additional properties to increase the perceptual contrast of the feature. In this squib, we first discuss enhancing gestures in the production of Mandarin fricatives, and revisit the phonological status of apical vowels, following the enhancement-based analysis of the fricatives. The three strident fricatives in Mandarin and their affricated cognates are distinguished by two distinctive features, [anterior] and [distributed]. In featural terms, the alveolar /s/ is [+anterior] while the retroflex /ʂ/ is [−anterior]. A similar contrast between /s/ and /ʃ/ in English is enhanced by the lip rounding gesture in the production of the [−anterior] fricative /ʃ/, but a different strategy is adopted in Mandarin because the lip rounding gesture is contrastive in defining unrounded and rounded pairs of fricatives. The vocal-tract configuration for /ʂ/ shows a somewhat retroflexed shape for the tongue blade, leading to a relatively longer front cavity, whose resonance is associated with F3. For the [+anterior] fricative /s/ the frication noise is centered at high frequencies in the F5 region. For the [+distributed] palatal fricative /ɕ/, a more fronted tongue body position is more compatible with the long constriction formed by the tongue blade against the palate. In light of the enhancement-based analysis, we propose that, despite the surface variations of the three vowels /ɿ/, /ʅ/ and /i/ following /s/, /ʂ/ and /ɕ/ respectively, the underlying representation of /ɿ/ and /ʅ/ is /i/. In speech production, the processes of /i/→/ɿ/ and /i/→/ʅ/ is the result of the avoidance of palatalizing /s/ and /ʂ/ in the context of /i/ so that the phonological contrast of /s/, /ʂ/ and /ɕ/ is preserved. In addition to acoustic data and the synchronic phonological analysis, evidence from the diachronic studies is also cited in support of the current proposal. We also discuss another case of speech enhancement in Mandarin, in which the place feature of the nasal coda in a syllable is enhanced by the tongue body movement of the low vowel in the nucleus. It has been observed that the two nasal endings /n/ and /ŋ/ are often weakened or even deleted in the acoustic signal when they precede a vowel-initial syllable, as in /ʂan ɑʊ/. However, in this example the actual pronunciation is /ʂã ɑʊ/, in which the nasal ending is deleted, with the nuclear vowel being nasalized. More importantly, the place feature of the nasal [−back] is "transferred" to the nuclear vowel, as evidenced by the F2 movement, which is an indication of the tongue body movement. The non-contrastive enhancing gesture, in this case, has become the defining gesture for the distinctive feature when the nasal closure is missing from the acoustic signal. In summary, we have reviewed two examples of enhancement in Mandarin, in which new perspectives are offered. By comparing examples in English, we observe that strategies used in enhancing the same contrast defined by a distinctive feature in different languages are constrained by language-specific phonological patterns.

Keywords Speech enhancement, Fricatives, Apical vowels, Low vowels, Nasal endings

1. 引言

生成音系学理论认为，人类语言中的语音对立关系可以通过具有普遍性的区别特征（distinctive feature）来表达（Chomsky & Halle，1968）。就某一个具体语言的语音系统来说，一个特征是否具有区别性，可以因语言而异。例如，普通话的塞音都是清塞音，但是区分送气和不送气。英语的塞音区分清浊，清塞音是否送气跟位置有关，但是不影响清浊对立关系。因此，跟送气对应的区别特征在普通话里有区别性，跟清浊对应的区别特征在英语里有区别性。

每一个区别特征可以从基本的发音动作或声腔形态和相应的声学模式两方面定义。[圆唇]特征对应的发音器官是双唇，有[+圆唇]特征的元音发音时双唇向前突出，导致整个声腔长度延长，在声学上起到了降低声腔共振频率的效果（声腔长度跟频率成反比）。圆唇动作对于元音第一共振峰F1和第二共振峰F2的作用尤其明显，跟非圆唇元音在听觉感知上形成鲜明的对比。

区别特征在实现为表层语音形式的过程中，由于受到各种语音条件和韵律因素的影响，听觉显著性（perceptual saliency）有可能表现得不够充分。在这种情况下，跟区别特征本身没有直接关系的发音动作会参与进来，从而使区别特征的听觉显著性得到增强，其目的是保持音系对立关系。Stevens和Keyser把这一现象称为“语音增强”（speech enhancement）（Stevens，1989；Keyser和Stevens，2006；Stevens和Keyser，2010）。

本文讨论普通话中的语音增强现象：擦音的语音增强，舌尖元音的区别特征，以及低元音和鼻韵尾部位特征等语音结构和音变过程。通过对普通话语音增强现象的分析，我们看到不同语言对同一个区别特征可以有不同的语音增强方式，这跟语言特定的音系对立关系紧密联系。

2. 语音产生过程中的“增强”现象

Stevens和Keyser（Stevens，1989；Deyser和Stevens，2006；Stevens和Keyser，2010）认为，当区别特征的听觉显著性在语音信号中表现得不够充分的时候，辅助性的发音动作可以起到增强作用，从而使得区别特征表达的音系对立不致消失。例如，英语中“sign”和“shine”的声母/s/和/ʃ/是构成音系对立的一对舌冠（coronal）擦音。它们之间的对立由[前部]特征决定：/s/的发音部位在舌尖前部，/ʃ/在舌尖后部。在语音信号中，代表/s/的噪音能量集中区域位于声学频谱的高频区，而/ʃ/位于低频区。/ʃ/的发音常伴随有圆唇动作，这个动作本身跟[前部]特征没有直接关系，但是圆唇和双唇向前突出的动作延长了由齿龈到双唇之间所形成的声腔前腔的长度，从而进一步降低了/ʃ/的噪音能量集中区的频域范围，这样就有效地增强了/s/和/ʃ/在听觉感知上的差别。

同一区别特征在不同语音条件下也可以有不同的增强方式。仍以英语为例，/p/和/b/是一对清浊对立的塞音。在词首位置时，/b/的浊音性常常表现得很弱，通过增强清塞音/p/的清音性可以增强二者之间的听觉差异。词首位置的清塞音送气正好起到这样的作用，因为发送气音的时候，声门打开，声带不振动。虽然就英语音系而言，送气动作本身跟清浊对立没有关系，但是送气动作使清塞音“清”的特征得到了增强。这是一种增强清浊对立的方式。塞音在音节韵尾位置时清浊对立的听觉差异同样不显著，如/bæt/和/bæd/中的/t/－/d/对立。这是因为当音节处于句末位置时声门下压力减弱，声带很难保持持续振动的状态（Slifka，2000）。在这种语音条件下，塞音和擦音的清浊对立可以通过元音的长度变化表现出来：浊塞音和浊擦音前的元音时长明显变长（Chen，1970）。英语音系没有长短元音的对立，韵尾浊塞音前元音时长的变化有效地保证了音系对立的实现。这是另一种增强清浊对立的方式。

Stevens 和 Keyser（Stevens，1989；Keyser 和 Stevens，2006；Stevens 和 Keyser，2010）在一系列研究中发现，当音系表达式中的区别性特征在一定的语音条件下被删除以后，原先只起到语音增强作用的发音动作在语音信号中会承担保持音系对立的作用，从而避免对立中和（neutralization）的发生。美国英语中的舌尖清塞音/t/出现在词中间韵尾位置上时常常会变成紧喉塞音（glottal stop），如“batman”。这时/t/的舌尖阻塞动作并未出现，说明其部位特征已从语音信号中消失。不过前面元音的共振峰过渡走向仍然表明后边紧随的辅音是一个舌尖位置的塞音。元音共振峰过渡是舌体在元音目标值达到后向下一个音段的发音部位过渡时产生的。/t/前面的元音在发音过程中仍然会有舌体向前移动的动作，在声学上表现为第二共振峰 F2 的变化。共振峰过渡模式和紧喉塞音的出现（说明本来语音信号中有一个清塞音），为/t/的舌尖部位特征提供了重要信号。这种语音增强现象的特点是原本辅助性的、非区别性的发音动作成为表达音系对立关系的关键因素。

3. 普通话舌尖元音的音系地位

Stevens 等（2004）一文分析了普通话擦音的区别特征和语音增强，提出舌尖元音/ɿ/和/ʅ/的出现起到了增强两个舌尖擦音/s/和/ʂ/跟舌面擦音/ɕ/之间音系对立的作用。本文进一步讨论在语音增强理论框架内舌尖元音的音系地位问题。下面首先概述一下我们对擦音的分析。①

3.1 普通话擦音的发音、声学特性和区别特征

普通话音系里有三个不同部位的清擦音和与之部位对应的送气和不送气塞擦音，这三个擦音通常被称为“舌尖前音”/s/、“舌尖后音”/ʂ/、“舌面音”/ɕ/，在汉语拼音里分别用三个不同的符号表示：si“丝”、shi“师”、xi“西”。普通话音系里还有一个唇齿擦音/f/和一个舌根擦音/x/，这两个擦音不在本文的讨论范围内。

三个擦音后的元音在汉语拼音里都标为i，但是实际发音是三个不同的元音：/sɿ/、/ʂʅ/、/ɕi/。/ɿ/和/ʅ/发音时舌位跟舌尖擦音相同，因此通常被称为“舌尖元音”。/i/发音时舌位跟舌面擦音相同。

通过 X 光照相技术，我们可以清楚地观察到普通话擦音的发音特性。如图1所示，擦音发音时发音器官在声腔的不同位置形成收紧点：/s/的声道收紧点在齿龈附近；/ʂ/的收紧点位置靠后，发音时舌尖（舌叶前部）向上翘起，在舌下形成一个较大的声腔；/ɕ/发音时舌叶和硬腭之间形成一段狭长的缝隙，同时舌体有明显的前移动作。由于舌尖后的/ʂ/发音时有舌尖上翘动作，又称“卷舌音”。

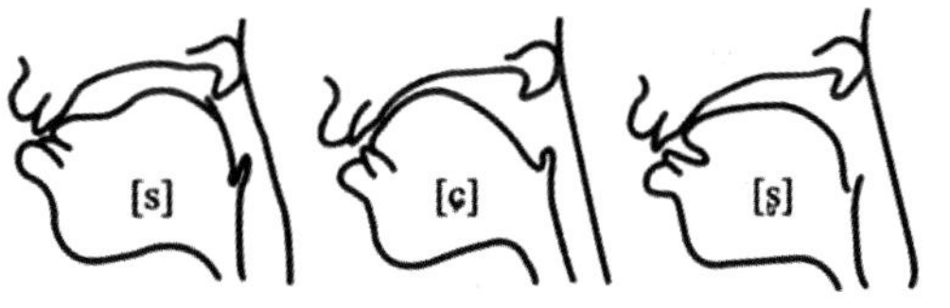

图1 普通话擦音 X 光照相，男性发音人，来自 Ladefoged 和 Wu（1984）

在下门齿附近产生的噪音声源的激励作用下，不同的声腔形状会造成不同的声学频谱模式（见图2）。

普通话舌尖前的/s/噪音频谱的能量

① 我们对清擦音的分析也适用于浊擦音/ʐ/。

集中区出现在第五共振峰 F5 的频域范围。F5 的高频能量峰值对应的是舌尖和齿龈形成的收紧点前的长度较短的共鸣腔。舌尖后的/ ʂ /在频谱上表现为第三共振峰 F3 附近出现噪音能量峰值，对应的是声腔的前腔共鸣特性。同时，对应后腔共鸣特性的第二共振峰 F2 也受到声源激励，这是因为舌尖上翘后跟齿龈后部位形成的收紧点面积较小，噪音声源跟后腔会发生声学耦合，在噪音频谱上表现为 F2 频域附近出现能量峰值。跟舌尖擦音相比，舌面擦音/ɕ/的声腔收紧区域相对靠后，造成声腔的前腔略长，对应于声腔的第四共振峰 F4。舌叶和硬腭之间的声腔收紧区域可能对应的是第三共振峰 F3。/ɕ/发音时，F3 和 F4 同时受到噪音声源的激励作用。由于/ɕ/的声腔收紧区域呈狭长状，这种声腔形态使得位于收紧区前边的噪音声源很难跟后腔发生声学耦合，反映后腔共鸣特性的第二共振峰 F2 不会受到声源激励作用，因而在频谱上没有出现能量峰值。

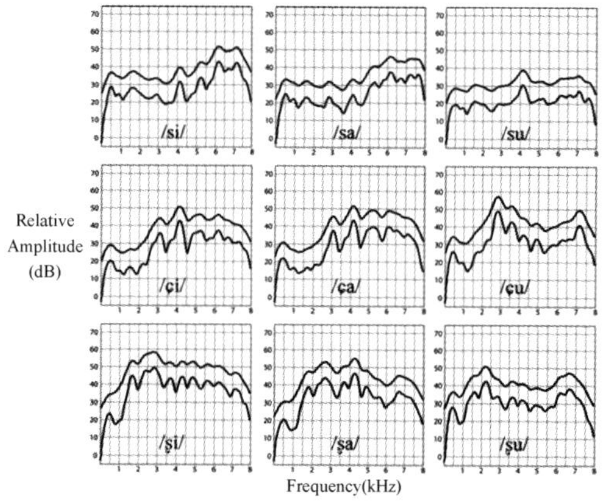

图 2　普通话擦音频谱，来自 Lee 和 Stevens（2002）

普通话三个擦音（和与之对应的塞擦音）之间的对立关系可以用两对区别特征来表达：［±前部］（anterior）和［±面状］（distributed）（见表 1）

表 1　普通话擦音的区别特征

	s	ʂ	ɕ
［前部］	+	−	−
［面状］	−	−	+

/s/的区别特征是［+前部］，/ ʂ /和/ɕ/是［−前部］，这跟前面讨论的发音生理和声学特性是一致的。［面状］特征主要根据声腔收紧段的长度来确定。从图 1 可以看到，发舌面擦音/ɕ/时，声腔内形成一条较长的狭窄气流通道，因此它的区别特征是［+面状］。/s/和/ ʂ /的声道收紧段要短得多，因此它们的区别特征都是［−面状］。从声学特性上来说，F2 频域附近出现能量峰值是［−面状］特征的主要声学标记。

3.2　擦音的语音增强

首先，普通话/s/和/ ʂ /之间的对立是由［前部］特征来表达的，从音系的角度看，这跟英语/s/和/ʃ/的情形相同。英语通过圆唇动作来延长擦音收紧点前边声腔的长度，即从双唇到收紧点之间的距离，从而达到降低/ʃ/的噪音能量集中区频域范围的目的。普通话采取了另一种发音动作，来实现同样的声学效果。前边提到，舌尖后擦音/ ʂ /发音时声道收紧点位置靠后，舌尖略向上翘，这样在舌下就形成了一个较大的声腔，起到了延长声腔前腔长度的作用。

有三点需要注意：第一，/ ʂ /的前腔共鸣特性对应于声腔的第三共振峰，舌尖上翘得越厉害，听觉上越像卷舌音。普通话儿化韵中的卷舌元音，最主要的声学特征就是 F3 的大幅下降，这跟舌尖上翘动作导致前腔长度延长有关。第二，普通话擦音还通过［面状］特征建立对立关系，而舌尖上翘动作符合［−面状］特征的要求。第三，跟英语不同，普通话通过舌尖上翘动作，而不是圆唇，来增强［−前部］特征，因为圆唇动作在普通话里有区别性作用。普通话里开口呼韵母和合口呼韵母的区别在于有无 u 介音，如/san/“三”、/swan/“酸”、/ ʂan/“山”、/ ʂwan/“拴”。

Chao（1934）指出，介音的发音动作在声母开始的时候就已经发生了，从语音上看，二者是同时进行的。普通话/swei/“岁”和英语/sweɪ/“sway”的发音明显不同。Duanmu（2007）和Wang（1993）认为普通话音节结构的声母位置包括介音；介音不是一个单独的音节位置，它代表声母的次发音动作（secondary articulation）。根据他们的分析，/san/和/swan/的对立是/s/和圆唇的/s^{w}/之间的对立；同理，/ʂan/和/ʂwan/的对立是/ʂ/和圆唇的/$ʂ^{w}$/之间的对立。圆唇在英语音系里没有区别性，因此对同一个区别特征所表达的对立关系，语音增强动作的选择会受到特定语言音系结构的制约。

其次，/ɕ/和舌尖擦音/s/、/ʂ/之间的对立由［面状］特征来表达。前面提到，［面状］特征主要根据声腔收紧段的长度来确定。我们从图1看到，/ɕ/发音时有明显的舌体前移动作，在声道中形成较长的狭窄通道，而/s/和/ʂ/要避免舌体前移。/ɕ/的舌体前移在声学上导致后接元音的起始F2抬高。英语没有舌面擦音，/ʃ/发音时舌体位置比普通话的/ʂ/更靠前。所以舌体前移动作起到了增强舌面擦音和舌尖擦音对立的作用。

3.3 舌尖元音的区别特征

舌尖元音/ɿ/和/ʅ/在普通话音系中的地位仍然是一个有争议的问题，包括它们是元音还是成音节辅音。如果是元音的话，它们的区别特征跟其他元音有何不同（Duanmu，2007；王洪君，2008）。从分布上来说，舌尖前元音/ɿ/只跟/s/拼合，舌尖后元音/ʅ/只跟/ʂ/拼合。从声学上看，它们有清晰的共振峰模式，但是共振峰频率跟舌面元音/i/不同。根据鲍怀翘（1984）的测量结果，男性发音人/ɿ/、/ʅ/、/i/的第二共振峰F2频率分别是1400Hz、1800Hz、2350Hz，第一共振峰F1频率分别是371Hz、372Hz、283Hz。F1反映的是元音舌位高低变化，F2反映的是元音舌位前后变化。如果有元音舌位图会更直观，/ɿ/和/ʅ/的F1几乎完全相同，虽然略高于/i/的F1，但是都在400Hz以下，说明它们的舌位都比较高。Lee和Stevens（2002）的测量数据跟以前的研究也基本一致。

根据语音增强理论和我们对擦音的分析，我们提出舌尖元音/ɿ/、/ʅ/的底层形式也是/i/，在语音产生过程中/i/→/ɿ/和/i/→/ʅ/是为了避免/i/对声母/s/和/ʂ/腭化（palatalization），从而保持/s/、/ʂ/、/ɕ/之间的对立关系。从共时和历时角度看，高元音前的阻塞音发生腭化是常见的音变现象。普通话的舌面擦音和塞擦音（汉语拼音j、q、x）有两个历史来源：中古精组声母（舌尖擦音和塞擦音）和见系声母（舌根塞音）在高元音前演变为舌面擦音和塞擦音（王力，2004）。

表2给出了普通话元音的区别，因为舌尖元音归入/i/，所以不用单独列出。两个灰色的格子里没有特征赋值，因为对中元音/ə/和低元音/a/来说，［后］和［圆］特征不具有区别性。在音系表达式中，没有区别性的特征没有特征赋值。［高］和［低］对于5个元音都是带有区别性的特征，代表了普通话元音系统的高低对立关系。［后］和［圆］特征对高元音（即/i/、/y/、/u/）是区别性的，对/ə/和/a/是非区别性的。

表2　普通话元音的区别特征

	/i/	/y/	/u/	/ə/	/a/
［高］	+	+	+	–	–
［低］	–	–	–	–	+
［后］	–	–	+		
［圆］	–	+	+		

我们在前面的讨论中提到，有［+面状］特征的/ɕ/在发音时有明显的舌体前移动作，而有［-面状］特征的/s/和/ʂ/要避免舌体前移。这种声腔形态的直接后果是，/s/和/ʂ/跟/i/拼合的时候，元音F2起始频率要低于跟/ɕ/拼合的/i/，并且这种声学效果贯穿整个元音。通过比较/ɿ/、/ʅ/、/i/的共振峰频率，我们可以看到，/ɿ/、/ʅ/的F1和F2相对于/i/虽然有较大的修正，但是［+高］［-后］的

特征取值并没有改变。换言之，它们跟其他元音的音系对立关系并没有改变。/ʅ/、/ʅ/的F1都低于400Hz，说明发音时舌位较高。F2在1400Hz到1800Hz的范围，明显高于央元音/ə/和低元音/a/的F2，说明/ʅ/、/ʅ/的舌位相对靠前。

从语音增强的角度来说，舌尖元音的音系底层形式是/i/，在跟擦音/s/和/ʂ/拼合的时候，为了避免声母腭化而引起的擦音对立中和，通过舌体运动改变元音的共振峰模式来增强擦音声母的对立。从某种意义来说，/sʅ/、/ʂʅ/、/ɕi/之间的对立变成了整个音节或“字音”层面的对立。

4. 低元音和鼻韵尾部位特征

普通话另外一种语音增强的情况是，当区别性的特征在音系过程中被删除后，本来只是起增强作用的非区别性的发音动作还可以承担区别特征的作用，从而避免对立中和的发生。

普通话有两个鼻韵尾/n/和/ŋ/，它们常常被称为“半鼻音”，因为即使在单念的时候，鼻音的声腔阻塞阶段也经常不出现，而且前边的元音鼻化（鲍怀翘、林茂灿主编，2014）。普通话的鼻韵尾出现在零声母音节前时鼻音脱落的情况很常见，如/ʂan ɑʊ/“山坳”的实际发音是/ʂã ɑʊ/。这时鼻韵尾脱落，同时元音鼻化（见图3）。

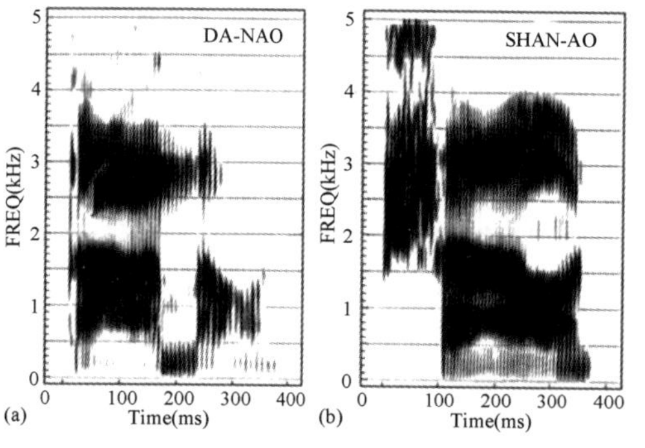

图3 普通话鼻韵尾脱落，来自 Chen（2000）

图3右边是“山坳”的语图，鼻音闭塞段没有出现，所以两个音节分界变得不明显。左边是“大脑”的语图，在200毫秒处鼻音段非常清晰。从右图还可以看出，鼻韵尾虽然脱落了，但是它对低元音/a/的影响依然存在，表现在/a/的第二共振峰F2始终处于1500Hz的位置（100－240毫秒处）。这说明元音舌体位置靠前。元音鼻化加上共振峰的位置变化仍然会造成前鼻音/n/的听觉效果。同理，后鼻尾/ŋ/对元音/a/的影响是使舌体位置后移。当鼻韵尾脱落后，鼻韵尾的部位信息通过舌体移动导致F2的相应变化而得到了保留，这也是一种语音增强现象（李智强，2012）。

因为［±后］对低元音/a/来说不是区别性特征，所以通过舌体的前后移动来增强鼻韵尾的部位对立并没有改变普通话元音系统的对立格局。对高元音/i/来说，［±后］是区别性特征，所以鼻韵尾的部位对立就不那么容易转移到/i/上。为了保持鼻韵尾的对立，它的部位特征就要在声学信号里得到体现，这也就是为什么即使在零声母音节前，高元音后边鼻韵尾脱落较少的原因。

5. 总结

语音增强理论认为，语言中音系对立的构建是由具有普遍意义的区别特征完成的。每个区别特征都有明确的生理—声学特性和与之相匹配的听觉感知模式。在语音实现过程中，由于受到语音环境或韵律因素的影响，区别特征的听觉显著性需要通过另外的发音动作来增强，以达到保持音系对立的目的。

普通话中三个擦音/s/、/ʂ/、/ɕ/的声源是在下门齿附近产生的噪音声源，主要发音器官是舌叶（包括舌尖），在音系中以［前部］和［面状］特征建立对立关系。［＋前部］擦音/s/的声腔收紧点在声腔前部，主要声学征兆是高频域的噪音能量峰值，通常在F5或F6范围。［－前部］擦音/ʂ/的声腔收紧点比［＋前部］擦音靠后，噪音能量峰值通常出现在F3附近。［－前部］擦音/ɕ/的声腔收紧位置更靠后一点，噪音能量峰值通常出现在F4附近。同时，［-面状］擦音/ʂ/舌尖上翘动作形成的声道收紧点面积较小，声腔后腔也会受到位于收紧点前面的声源的激励作用，从而在F2附近产生能量峰值。［+面状］擦音/ɕ/由于舌叶和硬腭之间形成的狭长的声道收紧区使得声源距离声腔后腔较远，无法有效地激励后腔，在频谱上［+面状］擦音一般在F2区域没有能量峰值出现。

根据［前部］和［面状］特征的生理-声学特性，我们提出两种语音增强动作。舌尖上翘产生的舌下声腔延长了前腔，［-前部］擦音/ʂ/的噪音能量集中区频率降低，增强了与［+前部］擦音/s/的区别。这种增强方式不同于英语，因为圆唇是普通话里的区别特征。这说明语音增强方式的选择，要受到语言特定音系的限制。同时舌体前移动作增强了［+面状］擦音和［-面状］擦音的区别。

我们提出，舌尖元音的音系底层形式是/i/。根据我们对擦音语音增强的分析，由/i/到舌尖元音的变化是为了保持/sʔ/、/ʂʅ/、/ɕi/之间的对立关系，避免声母腭化而引起的擦音对立中和。

英语和普通话中的另外一种语音增强方式是，当区别性的特征在音系过程中被删除后，本来只是起增强作用的非区别性的发音动作还可以承担区别特征的作用，从而避免对立中和的发生。如batman中舌尖清塞音/t/出现在词中间韵尾位置上时常常会变成紧喉塞音，但是元音的共振峰过渡走向仍然表明原先舌尖塞音的发音部位。在普通话中，鼻韵尾在零声母音节前容易脱落，鼻音的部位对立可以通过低元音/a/的舌体前移动作（对应前鼻音/n/）和舌体后移动作（对应后鼻音/ŋ/）得以保留。通过低元音舌体的前后移动来增强鼻韵尾的部位对立并没有改变元音系统的音系对立关系。

参考文献

Chao, Y. R. (1934). The non-uniqueness of phonemic solutions of phonetic systems. *Bulletin of the Institute of History and Philology*, Academia Sinica, 4.4.

Chen, M. (1970). Vowel length variation as a function of the voicing of the consonant environment. *Phonetica*, 22.

Chen, M. Y. (2000). Acoustic analysis of simplevowels preceding a nasal in Standard Chinese. *Journal of Phonetics*, 28.

Chomsky, N., & Halle, M. (1968). *The sound pattern of English*. New York: Harper & Row.

Duanmu, S. (2007). *The phonology of Mandarin Chinese* (2nd ed.). Oxford: Oxford University Press.

Keyser, S. J., & Stevens, K. N. (2006). Enhancement and overlap in the speech chain. *Language*, 82.

Ladefoged, P., & Wu, Z. (1984). Places of articulation: An investigation of Pekingese fricatives and affricates. *Journal of Phonetics*, 12.

Lee, C.-Y., & Stevens, K. N. (2002). Strident fricatives in Mandarin Chinese: From acoustics to articulation and features, unpbulished manuscript.

Slifka, J. (2000). *Respiratory constraints on speech production at prosodic boundaries*. Ph. D. dissertation, Cambridge, Mass.: MIT.

Stevens, K. N. (1989). On the quantal nature of speech. *Journal of Phonetics*, 17.

Stevens, K. N., & Keyser, S. J. (2010). Quantal theory, enhancement and overlap. *Journal of Phonetics*, 38.

Stevens, K. N., Li, Z., Lee, C.-Y., & Keyser, S. J. (2004). A note on Mandarin fricatives and enhancement. In Fant, G., Fujisaki, H., Cao, J. & Xu, Y. (Eds) *From traditional phonology to modern speech processing*. Beijing: Foreign Language Teaching and Research Press.

Wang, J. (1993). *The geometry of segmental features in Beijing Mandarin*. Doctoral Dissertation, Newark: University of Delaware.

鲍怀翘:《普通话单元音的生理解释》,《中国语文》1984年第2期。

鲍怀翘、林茂灿主编:《实验语音学概要》（增订版），北京大学出版社2014年版。

李智强:《音系对立与非区别性特征》,《中国语音学报》2012年第3期。

王洪君:《汉语非线性音系学》（增订版），北京大学出版社2008年版。

王力:《汉语史稿》（重排版），中华书局2004年版。

李智强

博士，美国旧金山大学教授，主要研究领域为音系学、语音学、汉语语音教学。

Email: zqli@ usfca. edu

语音吸引力研究的声学参数及其影响因素

刘　岩　王有林

摘　要　语音吸引力是语言学和心理学交叉领域研究的一个重要课题。近年来国际语音学界有越来越多的研究者进入这一领域，一些重要的国际语音学会议也曾将其设为一个独立的研究主题。但我国与此相关的成果不多且基本限于心理学领域。本文综合近年来国内外相关研究的最新成果，介绍了研究语音吸引力常用的六个声学参数以及影响语音吸引力判断的生理、心理和社会因素，以期为我国语言学者在本领域做出更多成果提供参考。

关键词　语音吸引力，声学参数，影响因素

ACOUSTIC PARAMETERS AND FACTORS AFFECTING VOICE ATTRACTIVENESS

LIU Yan, WANG Youlin

Abstract In recent years, voice attractiveness, as an interdisciplinary field in linguistics and psychology, has become a hot topic for researchers all over the world, and it has also been set as an independent research topic in the Conference of INTERSPEECH. However, the related achievements of Chinese researchers are not many and are basically limited to the field of psychology. This paper aims to review recent studies of voice attrativeness at home and abroad from the perspective of its six major acoustic parameters and corresponding physiological, psychological, and social factors that affect them, the convenience of domestic scholars in this field.

Results from research on voice attractiveness assessment are summarized as follows. (Ⅰ) Fundamental frequency (F_0). High scores are given for male voice with low F_0 and female voice with high F_0. (Ⅱ) Vowel formant and its dispersion. High scores are given for male voice with low formant frequency and dispersion and for female voice with high formant dispersion. (Ⅲ) Duration. Raising voice speed appropriately will improve voice attractiveness. (Ⅳ) Amplitude. High scores are given for speech with significant amplitude variation in lecture. (Ⅴ) Phonation types. High scores are given for voice with breathy feature. (Ⅵ) Voice distance-to-mean. The distance approaching the average value denotes high voice attractiveness.

Factors affecting the assessment of voice attractiveness encompass physiological, psychological, and social ones. For instance, physiological factors such as facial attractiveness and sex hormone are positively correlated with voice attractiveness; the identical voice is assessed with different scores owing to the listener' s gender; languages with various cultural backgrounds differ in aesthetic foundation; scores of people with higher social status will be higher. As a series of factors are concerned in research on voice attractiveness, acoustic parameters are suggested to be considered together with physiological, psychological and social factors. At present, there still exist some inadequacies in research on voice attractiveness, to name only a few, unbalanced application of acoustic parameters, and lack of research methods, and few researches output from cross-language and cultural perspectives. To sum up, research on voice attractiveness involves complex issues of many fields. More researchers are required to devote to it from various angles with interdisciplinary and multiple methods.

Keywords Voice attractiveness, Acoustic parameters, Relevant factors

1. 引言

吸引力是人际交往和合作的基础之一，涉及外表、声音、姿态、行为等很多方面，其中语音吸引力（voice attractiveness）是语言学和心理学研究的一个重要领域。语音吸引力是指人们在交谈中，说者的语音对听者传递的吸引力（Zuckerman & Driver，1988）。语音吸引力的影响无处不在，它不仅能传递心理、社会、生理等复杂信息，还能影响人际交往、信息传递甚至繁衍生育。另外，语音吸引力对人工合成语音研究也有重要意义。要想合成出自然的、完全模仿人类的声音，语音质量和亲和度是重要因素。

由于语音吸引力的研究涉及的因素较多，所以相关研究多是跨心理学、语言学、医学等领域的。近年来有越来越多的语言学家加入这个领域的研究中。如全球最大的综合性语音科技大会INTERSPEECH会议曾在2017年设立“语音吸引力”专题，对语言表达中基频、音强、语速等物理特征进行分析。从目前的研究来看，主要成果仍出自西方英语国家。我国国内目前的研究较少，只有几篇综述以及心理语言学方向的研究成果。如郑怡等（2017）总结了目前国外关于语音吸引力研究的大体情况，认为一方面是从说话者角度看声音吸引力的影响因素，其中包括说话者体内的雄激素和雌激素等生理激素水平、发音方式、所处的动机状态及其自身的面孔吸引力高低等；另一方面是从听众的角度看声音的效果，包括听众对声音的主观评价、对发音人的预测等；吴宝沛等（2014）分析了对人类嗓音偏好与择偶选择倾向之间的关系；彭志康等（2020）分析了同性间、异性间、评价者自己以及障碍人群的评价标准，并总结了个体差异的涵盖范围、研究方法、临床价值及应用开发等的研究状况。Shang和Liu（2022）通过测试不同吸引力水平的声音所获得的金钱投资，指出发音人语音吸引力越高，就越容易得到别人的信任。

国内相关研究大都出自心理学领域的研究者，从语言学出发的参与者较少。本文基于近些年国内外的研究成果，总结了语音吸引力相关声学参数表现及影响这些声学参数的因素，为从语音学角度进行研究提供参考。

2. 主要声学参数

2.1 基频

影响语音吸引力的声学参数包括基频、共振峰、时长、振幅、发声类型等，其中研究成果最丰富的是基频。语言学家们普遍认同基频（F_0）在语音吸引力中有非常重要的作用，Zuckerman和Miyake（1993）对美国大学生的声音进行吸引力评分和声学参数的提取，发现有语调变化、基频低、调域宽、停顿时间适中、发音清晰的声音，语音吸引力较高。而在不同的性别中，基频与语音吸引力的关系表现有所不同。

对女性听众来说，基频较低的男性声音更有吸引力。Re等（2012）对十名加拿大麦克马斯特大学（McMaster University）男性的语音吸引力实验发现，这个结论的前提条件是基频要在96Hz以上，在96Hz以下的男性声音，基频越高越受欢迎。因为女性会认为极低的基频可能预示着病理或吸烟引起的喉部损伤。女性听众普遍喜欢低基频的声音是因为这会让人觉得说话人体型强壮、身体健康、生育能力强，由此联想到富有魅力和男子气概等优点，但有时也会伴随着传递不忠的信息。Hughes等（2004）通过对纽约州立大学学生的实验证实，基频确实能够较为准确地预测发音人的身形。

对男性听众来说，女性的语音吸引力基本与基频成正比，越高越有吸引力。但是，其中存在着一个最佳基频阈值。在这个范围内，基频与吸引力呈正比，超过这个值吸引力反而会下降。Borkowsk和Pawłowski（2011）将58名波兰女大学生的五个元音［a，ɛ，i，ɔ，u］的录音提取基频，且按低、中、高、很高分类。他们将10个代表性样本降低或提高20Hz，由144名年轻男性进行吸引力判别。他们发现，女性最佳语音阈值的上限是282Hz。超过这个值的声音令人产生婴儿的哭声和不成熟的联想。

与基频呈线性关系的现象在动物界也存在。比如，雌性海象和巴巴利猕猴吸引异性的叫声频率都很高（Bartholomew & Collias，1962；Semple & McComb，2000）。人类女性的语音吸引力也有其生理基础。女性发音人的基频与年龄有关，较高的基频意味着女性发音人比较年轻，身体状况较好（Collins & Missing，2003）。较高的基频还与姣好面容的联想相联系。Fraccaro等（2013）在对以加拿大中西部英语为母语的女性调查后发现，基频能预测女性发音人的外貌，最佳基频不仅能增加声音吸引力，还通常会让人联想到发音人长得漂亮、有气质。

然而，人们关于语音吸引力的性别基频特征（低基频男声和高基频女声）不是生来就固定的，是随着年龄而逐步变化的。Saxton等（2013）对英国青少年的语音吸引力做了调查，儿童组（11岁）和少年组（13岁）的女性都表现出了对低基频男声的偏好，儿童组的男性和成年男性一样喜欢高基频的女声，而少年组男性喜欢基频较低的女声。

少年组男性出现了不一样的基频偏好的原因，是这个年纪的女孩平均基频已经达到成年女性基频的最高值，在这个基础上基频越高会越显幼稚，基频低则显得成熟。不过青少年男性的这种基频偏好会在成年阶段发生改变，逐步变为偏好高基频的女性声音。另外，Fraccaro等（2013）认为刻意夸大性别特征的基频并不一定会增加吸引力，改变太多会适得其反。但总体说来，男性提高基频、女性降低基频会降低声音吸引力。

基频在语音吸引力的作用体现在实际生活中的方方面面。Tigue等（2012）以男性美国总统竞选演讲为材料，分析其基频与所获票数的关系，结果和上述的规律一样，低沉的声音更容易与良好的性格特质联系在一起，获得的票数也相对较高。尤其是在战时投票场景中，男性较低的基频与体力的隐性联系更强，所以在战争环境下人们对具有支配地位的低沉声音的敏感性会提高。

Michalsky和Schoormann（2021）在对德国青年异性约会的语音吸引力和会话质量的研究中发现，语音吸引力和会话质量会同时对基频有不同的影响。会话质量是评判对话愉悦程度的，约会中为了获得异性的好感，说话双方会不自觉地改变基频而形成韵律趋同（Prosodic Entrainment），即男女间基频的差异会缩小，逐渐趋同（这是因为随着说话双方语言差距的减小，社交距离也会随之减小）。而为了增加语音吸引力，男性会降低基频，女性会提高基频，这样便会形成韵律分离（Prosodic Disentrainment），这使得语音吸引力和会话质量在约会中产生矛盾。他们还发现，男性、女性关于两个影响因素的权重不同，女性更强调对话质量，而男性演讲者更偏重于语音吸引力。因此，当语音吸引力和会话质量都较高时，女性说话者表现出更强的韵律趋同，而男性说话者表现出更强的韵律分离。

与基频相关的参数还有基频变化和基频方差。Rodero（2022）安排播音专业的学生录制了三种基频变化（基频变化较大、中等、较小）的演讲视频，并让参与者给这些演讲投票，票数结果显示基频变化中等的演讲最受欢迎。Knowles和Little（2016）发现女性的音高特征（基频方差和基频高低）和男性的共振峰特征（共振峰位置和共振峰离散度）与人际合作关系最为密切。

2.2 共振峰

共振峰与语音吸引力关系紧密。共振峰频率与声道容积有关，共振峰频率与声道长度呈反比（声道长度增加，每一个共振峰的频率都会相应降低）。Feinberg等（2011）在测试加拿大男性语音吸引力时，用声道长度的参数来调整共振峰频率，发现共振峰频率偏低的男性是具有语音吸引力的。因为声道长度受周围骨骼结构（如颈部、咽、口腔的长度和大小）的限制，与体形有关，所以共振峰频率由此也能反映发音人的身体大小（Pisanski等，2012）。

他们还提出，男性低共振峰与低基频的声音在提高吸引力上可以有叠加效果。

另一个共振峰相关的参数是 Vowel Formant Dispersion（VFD），这是计算元音空间的一个方法，我们译之为“共振峰离散度”，主要用来说明不同人群之间元音空间扩张或缩减的变化。在 VFD 视图中，/i//a//u/三元音框架被用来确定元音空间中心点，所有元音被认为是这个中心点（F1、F2）出发的向量，向量的欧几里德长度可用于计算元音共振峰离散度（Karlsson & Doorn，2012）。在以英语为母语的人群中，女性喜欢共振峰离散度较窄的男性声音，而男性喜欢共振峰离散度较宽的女性声音（Xu 等，2013）。在以汉语为母语的人群中，快乐、愤怒的情绪常表现为元音空间的扩张，而悲伤、中立情感的元音空间更小（Li 等，2013）。

2.3 时长

语音样本的持续时间在语音吸引力研究中经常被忽视。Ferdenzi 等（2013）意识到时长对语音吸引力也有作用，他们用 Praat 对不同的法语语音样本（元音、单词、句子）进行了缩短和延长时间（原声音样本元音时长为 209—400 毫秒、单词时长为 436—791 毫秒；时间缩短后元音变为 200 毫秒、单词为 420 毫秒；时间延长后元音变为 400 毫秒、单词为 820 毫秒）的操作。实验结果显示延长持续时间会导致语音的吸引力下降（尤其是元音语音样本中），适当缩短时长能增强吸引力。

在演讲的时候，句子的语速显得特别重要。以男性演讲者为例，演讲者语速降低，女性听众便会认为他的吸引力降低了，因为语速表明说话人的运动技能和认知能力，语速较快意味着发音人具有运动技能和认知能力上的优势，便会使得男性演讲者更有魅力（Quené 等，2021）。但是语速也不是越快越好，Gutnyk 等（2021）将乔布斯和扎克伯格的演讲中的声学参数进行对比时发现，扎克伯格的演讲语速比乔布斯的快，但他的演讲相比而言更不受欢迎，这是因为扎克伯格语速过快使得音节之间界限不明，部分辅音弱化，让人听起来有吐字不清的感觉。

2.4 振幅

振幅的变化对提高演讲者的语音吸引力也有所帮助，Bosker（2021）通过调制语谱对 2016 年美国大选时总统候选人希拉里·克林顿和唐纳德·特朗普的三场电视辩论进行了声学分析，发现在 1—9Hz 的范围内克林顿的演讲比特朗普的有更明显的振幅变化。随后，作者又对二者的演讲做了感知实验，结果显示克林顿的演讲，振幅变化较为明显地获得了更高的分数。

2.5 发声类型

两种发声类型即气声（breathy voice）和嘎裂声（creaky voice），对语音吸引力也有影响。

谐噪比（HNR，harmonics-to-noise ratio）是研究音质与语音吸引力关系的重要参数之一。谐噪比是谐波总能量与噪音能量之间的比值，声音中噪音成分越大，谐噪比越小。如果声门闭合不足，就会导致更多的湍流通过声带，进而导致声音信号中更高的噪音水平。现有研究表明，女性声音中的噪音能量与语音吸引力感知呈正相关。在英语国家中，男性听者喜欢气声强的女性声音，气声较强预示着拥有娇小的体型和较小的年龄。有趣的是，男性声音的吸引力也会随着气声的增强而增加，因为这会减弱关于攻击性的联想（Xu 等，2013）。另外，在对英语口音的调查中有学者发现，气声的吸引力与气质相联系，气声较强表现出了一种缓和傲慢的态度，是优雅气质的象征（Jiao 等，2017）。

目前关于嘎裂声的语音吸引力是存在争议的。Yuasa（2010）发现加州年轻女性讲话时喜欢发嘎裂声，因为她们认为这是与高学历挂钩的。而在 Anderson 等（2014）的调查中结论完全相反，经常发嘎裂声的女性被认为是能力低、受教育水平低，他们推测调查结果的差异可能与调查样本（Yuasa 的调查对象有 13 人，Anderson 等的有800人）和调查方式（Yuasa是面对面调查，Anderson 等是线上调查）有关。

2.6 语音均值距离

19世纪初 Francis Galton（1878）通过将人物肖像叠加发现了面部的"平均吸引力现象"（越平均的面孔吸引力越高），Brucket 等（2010）证明声音中也存在着"平均吸引力现象"。针对英国人的实验表明，无论发音人的性别如何，平均化程度越高的语音样本吸引力越高。由此他们提出声音的均值距离（distance-to-mean）可以预测声音吸引力，均值距离指的是在以基频的对数值（logF0）为横坐标和第一共振峰的对数值（logF1）为纵坐标的二维平面内目标声音与平均声音的欧几里得距离，均值距离越小（即目标声音越接近平均声音），目标声音的吸引力就越高。选择 F_0 和 F1 是因为 F_0 与音高相关，而 F1 与音色有关，两者分别反映了声源和滤波器在声音吸引力中的作用。

3. 影响语音吸引力参数的多种因素

影响语音吸引力判断的因素很多，本文仅举例说明几个常见的生理（面部吸引力、性激素）和社会心理（性别关系、语言文化、社会地位）因素。

3.1 面部吸引力

人们感知吸引力一般是通过两个渠道——视觉和听觉，即面容和声音。面部吸引力和语音吸引力相互联系，密不可分，所以语音吸引力不可避免地会受到发音人面部吸引力的影响。Feinberg 等（2005）在调查以英语为母语的女大学生时发现，她们的基频和面部吸引力呈正相关，即基频较高的女性面部吸引力较强。江那特·巴合提亚尔（2020）对新疆师范大学学生的研究结果验证了这一观点，即语音在面部吸引力高时比在面部吸引力低时会获得更高的评价。刘梦（2019）利用ERP（事件相关电位 Event Related Potential）技术发现，在对整体吸引力的贡献率方面，视听通道间的吸引力整合加工可能具有视觉优势效应，即相比于拥有魅力的语音，漂亮的面孔更能提高自身整体的吸引力水平。Zuckerman 等（1995）则指出，面部吸引力和语音吸引力是与不同的印象层面潜在相连的。面部吸引力主要影响人际交往层面如外向、热情和讨人喜欢等，而语音吸引力更多的是影响性格品质层面如情绪稳定性和有责任心等。面部与声音正是通过这样的相互作用，才得以直观而全面地展现说话人的性格特点，进而影响其整体的吸引力。

3.2 性激素

语音吸引力促进异性之间的交往，性激素在这个过程中会潜在地对声音吸引力发挥作用。这里所说的性激素，男性主要指的是睾酮，女性指的是雌激素和孕激素。

睾酮对于男性的语音吸引力起着关键作用，它能调节基频和共振峰离散度。Evans 等（2008）通过实验证明，英国男性一天的睾酮水平变化与基频、共振峰离散度呈线性关系，睾酮越高的话，基频越低，共振峰离散度越小，进而影响男性的语音吸引力，即男性的睾酮水平增加，其语音吸引力会增强。

雌激素和孕激素能反映女性的繁殖能力，这两个激素会随着女性的生理周期不断变化，它们会在受孕期（排卵期的数日前）达到一个巅峰值。Pipitone 和 Gallup（2008）以美国女大学生为实验对象，将她们这个时间段的语音吸引力与其它时段作对比，结果发现受孕期的语音吸引力明显高于其他周期，即语音吸引力与雌激素、孕激素的水平呈正相关。Wadnerkar 等（2006）对以英语为母语的女性在不同月经周期的声音测量时发现，在雌激素和孕激素较高的时期，清浊塞音的 VOT 差异会增强，即清塞音的 VOT 会增大，浊塞音的会减小。不过雌激素和孕激素具体是如何影响这些声学参数的，还有待进一步研究。另外，女性在受孕期感知男性语音吸引力的敏感度也会随之提高（陈雪璐，2016）。

3.3 性别关系

性别选择理论中同性竞争和异性选择是导致语音偏好的两种机制。作为吸引力构成要素的语音，在不同的性别关系背景下会产生不一样的作用效果。

具有典型性别基频特征的语音（低基频男声和高基频女声）无论在同性或异性听者中评分都是较高的，但在同性中的吸引力评分普遍比在异性中要低。在美国，男性认为基频高的女性更有吸引力，但女性会对高基频女性产生敌意，因为此时高基频被视为是更具威胁性的伴侣竞争对手（Zhang，2016）。在男性语音吸引力中也同样如此，男性对其他低基频男性的评价普遍不如女性，他们评价这种声音是具有支配性和攻击性的（Albert 等，2020）。不同的性别关系影响了语音吸引力的评分，这是容易解释的，因为在同性关系中以竞争为主，有吸引力的声音无疑会给同性的伙伴带来竞争压力；在异性关系中却是交往选择的加分项。

但是在特定场合中这种突出性别差异的语音特征却有相反的效果。Chen 等（2016）邀请了634名美国人从进攻性、吸引力、自信、智慧、男子气概和可信赖度等方面，对美国最高法院审案时男性律师的开庭陈述的语音片段进行评分，发现男子气概是唯一与判案结果有稳定联系的因素：声音给人以男子气概较低的印象的律师胜算更大，而声音听起来颇具男子气概的律师，会给人以更具主导性和咄咄逼人的印象而潜在地招致法院的不利判决。

3.4 语言文化

在不同的语言中，评判语音吸引力的标准会有所不同。对英语来说，基频和共振峰是判断语音吸引力的重要参数，而周爱保等（2014）在以汉语词汇为语音材料的实验中得出了不一样的结论——语音的基频和共振峰并不能准确预测汉语的语音吸引力。同样的，在美国英语语音吸引力中存在争议的嘎裂声，对于日语听众来说也并没有较强的吸引力（Xu & Leung，2016），这是由于不同的语言和文化背景造成的。Šebesta 等（2017）的实验进一步说明了这个观点：喀麦隆和纳米比亚（都是英语母语者但是不一样的口音）的男性语音中，基频能够很好地预测喀麦隆人的语音吸引力（基频低吸引力高），然而在纳米尼亚人中却不起作用。作者推测这可能是因为两个种群平均基频不同：喀麦隆人的平均基频较低，而纳米比亚人的平均基频明显都偏高，在这种情况下，基频的预测作用不如其他参数（如共振峰离散度和谐噪比）的效果好。顾文涛与南丹麦大学团队请不同国家的人用他们各自认为受欢迎的语调说一段话，通过声学分析后发现，中国人采用了更窄的音域、更慢的语速、更少的 F_0 变化和更多呼吸声的发音策略，与其他的实验对象例如德国、巴西、乌克兰等国家的人不同，作者认为这与中国人受儒教、佛教等的影响相比于西方国家来说更加含蓄和克制有关（Gutnyk 等，2021）。

3.5 社会地位

语音吸引力还与社会经济地位有关。许多人为了寻求自己理想阶层成员的认可，发音时会有意识地向理想阶层成员所发的语音靠近，即有“通过选择一种与某个特定群体相关的语言形式，我们就会被算作那个群体的一员”的意识（Shirazi 等，2018），进而提高自己在人际交往中的吸引力。最早发现语音表现与社会地位关系的是社会语言学家 Labov（1966），他的经典实验——对纽约百货商场营业员［r］音的调查（一流商场的营业员倾向于发出元音后的［r］音，而低档商场的会省略），引发了对语音吸引力中社会因素调查的热潮。类似的还有 Trudgill（1983）对底特律黑人英语和白人英语的调查（黑人英语会省略或替换一些音素）、Milroy（1980）对英国贝尔法斯特工人区语言的研究（中产阶级与工人阶级有不同的音位变体），等等。社会地位引发语音变异的结果大多都是一致的，即发音人的社会地位越高，所发的语音就越清晰、标准。

语音吸引力的评判标准受社会地位影响进而引发语音变异这一现象，在汉语中也有表现。例如上海话中［E］韵母有老派发音［ɛ］、［e］和新派发音［ei］的区别，居住在“上只角”（以上海苏州河为界，“上只角”指的是上海西区的高级住宅区，“下只角”指东区的低级住宅区）的上海市区居民为了彰显自己“上只角人”的身份而选择使用老派发音（张玥，2012）。

4. 余论

本文介绍了语音吸引力研究常用的六个声学参数（基频、共振峰、时长、振幅、发声类型、语音均值距离）以及常见的影响语音吸引力判断的生理（面部吸引力、性激素）和社会心理（判断主客体的性别关系、语言文化背景、个体社会地位）因素。

一般说来，低基频男声和高基频女声、共振峰离散度较窄的男声和较宽的女声、共振峰频率偏低的男声、适当的语速、扬抑较明显的演讲、带有气声特点的嗓音、平均化程度较高的语音，其吸引力普遍偏高。语音吸引力的判断还受到多种复杂因素的影响。例如，在感知过程中，面部吸引力和语音吸引力既存在正相关关系（语音吸引力高时面部吸引力也高，反之亦然）也存在竞争关系（相比于有魅力的语音，漂亮的面孔对整体吸引力的贡献更大）；在产出过程中，不同民族、不同语言、不同社会环境中的说话人由于具有不同的审美心理可能会采用不同的发声策略等。由于语音吸引力研究涉及的因素很多，声学参数与生理心理影响因素要结合起来考虑。

从目前的研究来看，现有研究还存在很多不够完善的地方。首先，相关声学参数的研究进展不平衡。目前研究最多的是基频，而语速、共振峰、发声类型等方面的研究成果较少。这使我们对这些参数对语音吸引力到底有没有作用、有多大作用，哪些参数是主要的、哪些是辅助的以及参数之间的相互作用等问题还难以有清楚的认识。其次，实验研究方法也需要进一步拓展。如判断一段语音是否有吸引力，目前主要是依靠听众的感受和打分。但听众对语音的评价有时会受情绪、语境等其他因素影响，这会使得听众的感知判断过于主观，具有随机性和不稳定性。尽管有一些学者希望能通过新的方法来减少主观性［如 Bestelmeyer 等（2012）通过脑电波实验测量脑部的前额叶下区域的活动来反映语音吸引力］，但其客观效果仍需要验证，同时我们也需要更多的研究方法和思路来提高语音吸引力研究的客观性和科学性。另外，语音吸引力的跨文化比较成果较少，未来的研究需要在更大范围内对此进行深入考察，以探究不同文化背景下语音偏好的共性与个性特点。总之，语音吸引力是涉及众多领域的问题，需要更多研究力量、从多个不同角度切入进行跨学科、多方法研究。

参考文献

Albert, G., Arnocky, S., Puts, D. A., & Hodges-Simeon, C. R. (2020). Can listeners assess men's self-reported health from their voice? *Evolution and Human Behavior*, 2.

Anderson, R. C., Klofstad, C. A., Mayew, W. J. & Venkatachalam, M. (2014). Vocal fry may undermine the success of young women in the labor market. *PLoS ONE*, 9.

Bartholomew, G. A. & Collias, N. E. (1962). The role of vocalization in the social behaviour of the northern elephant seal. *Animal Behaviour*, 10.

Bestelmeyer, P. E., Latinus, M., Bruckert, L., Rouger, J., Crabbe, F. & Belin, P. (2012). Implicitly perceived vocal attractiveness modulates cortex activity. *Cerebral cortex*, 22.

Borkowska, B. & Pawłowski, B. (2011). Female voice frequency in the context of dominance and attractiveness perception. *Animal Behaviour*, 82.

Bosker, H. R. (2021). The contribution of amplitude modulations in speech to perceived charisma. In Weiss, B., Trouvain, J., Barkat-Defradas, M., & Ohala, J. J. (Eds.). *Voice Attractiveness. Prosody, Phonology and Phonetics: Selected Theoretical Papers from the Interspeech 2017*. Singapore: Springer Nature.

Bruckert, L., Bestelmeyer, P. E., Latinus, M., Rouger, J., Charest, I., Rousselet, G. A., Kawahara, H. & Belin, P. (2010). Vocal attractiveness increases by averaging. *Current Biology*, 20.

Chen D., Halberstam Y. & Yu, A. C. L. (2016). Perceived masculinity predicts US Supreme Court outcomes. *PLoS ONE*, *11* (10).

Collins, S. A. & Missing, C. (2003). Vocal and visual attractiveness are related in women. *Animal Behaviour*, 65.

Evans, S., Neave, N., Wakelin, D. & Hamilton, C. J. (2008). The relationship between testosterone and vocal frequencies in human males. *Physiology & Behavior*, 93.

Feinberg, D. R., Jones, B. C., DeBruine, L. M., O'Connor, J. J., Tigue, C. C. & Borak, D. J. (2011). Integrating fundamental and formant frequencies in women's preferences for men's voices. *Behavioral Ecology*, 22.

Feinberg, D. R., Jones, B. C., Jones, B. C., DeBruine, L. M., DeBruine, L. M., Moore, F. R., Smith, M. J., Cornwell, R. E., Tiddeman, B. P., Boothroyd, L. G., & Perrett, D. I. (2005). The voice and face of woman: One ornament that signals quality? *Evolution and Human Behavior*, 26.

Ferdenzi, C., Patel, S., Mehu-Blantar, I., Khidasheli, M., Sander, D. & Delplanque, S. (2013). Voice attractiveness: Influence of stimulus duration and type. *Behavior Research Methods*, 45.

Fraccaro, P. J., O'Connor, J. J., Re, D. E., Jones, B. C., DeBruine, L. M. & Feinberg, D. R. (2013). Faking it: deliberately altered voice pitch and vocal attractiveness. *Animal Behaviour*, 85.

Galton, F. (1878). Composite portraits. *Journal of the Anthropological Institute*, 8.

Gutnyk, A., Niebuhr, O., & Gu, W. (2021). Speaker charisma analyzed through the cultural lens. *2021 12th International Symposium on Chinese Spoken Language Processing (ISCSLP)*. Piscataway: IEEE.

Hughes, S. M., Dispenza, F. & Gallup, G. G. (2004). Ratings of voice attractiveness predict sexual behavior and body configuration. *Evolution and Human Behavior*, 25.

Jiao, L., Wang, C., Hsu, C., Birkholz, P. & Xu, Y. (2017). Does Posh English Sound Attractive? *Selected Theoretical Papers from the Proc. Interspeech 2017*. Stockholm.

Karlsson, F., & van Doorn, J. (2012). Vowel formant dispersion as a measure of articulation proficiency. *The Journal of the Acoustical Society of America*, *132* (4).

Knowles, K. K., & Little, A. C. (2016). Vocal fundamental and formant frequencies affect perceptions of speaker cooperativeness. *Quarterly Journal of Experimental Psychology*, 69.

Labov. W. (1966). *The Social Stratification of English in New York City*. Washington: Center for Applied Linguistics.

Michalsky, J. & Schoormann, H. (2021). Birds of a Feather Flock Together But Opposites Attract! On the Interaction of F0 Entrainment, Perceived Attractiveness, and Conversational Quality in Dating Conversations. In Weiss, B., Trouvain, J., Barkat-Defradas, M., & Ohala, J. J. (Eds.). *Voice Attractiveness. Prosody, Phonology and Phonetics: Selected Theoretical Papers from the Interspeech 2017*.

Li, A., Cao, M., Fang, Q., Hu, F., & Dang, J. (2013). Acoustil and articulatory analysis on Chinese and Japanese Vowels in emotional speech. 《中国语音学报》, 4.

Milroy, L. (1980). *Language and Social Networks*. New Jersey: Wiley-Blackwell.

Pipitone, R. N. & Gallup, G. G. (2008). Women's voice attractiveness varies across the menstrual cycle. *Evolution and Human Behavior*, 29.

Pisanski, K., Mishra, S. & Rendall, D. (2012). The evolved psychology of voice: evaluating interrelationships in listeners' assessments of the size, masculinity, and attractiveness of unseen speakers. *Evolution and Human Behavior*, 33.

Quené, H., Boomsma, G. T. & van Erning, R. (2021). Attractiveness of male speakers: effects of pitch and tempo. In Weiss, B., Trouvain, J., Barkat-Defradas, M., & Ohala, J. J. (Eds.). *Voice Attractiveness. Prosody, Phonology and Phonetics: Selected Theoretical Papers from the Interspeech 2017*.

Re, D. E., O'Connor, J. J., Bennett, P. J., & Feinberg, D. R. (2012). Preferences for Very Low and Very High Voice Pitch in Humans. *PLoS ONE*, 7.

Rodero, E. (2022). Effectiveness, Attractiveness, and Emotional Response to Voice Pitch and Hand Gestures in Public Speaking. *Frontiers in Communication*, 7: 869084.

Saxton, T. K., DeBruine, L. M., Jones, B. C., Little, A. C. & Roberts, S. C. (2013). Voice pitch preferences of adolescents: Do changes across time indicate a shift towards potentially adaptive adult-like preferences? *Personality and Individual Differences*, 55.

Šebesta, P., Kleisner, K., Tureek, P., Konar, T., Akoko, R. M., Tebick, V. & Havlíek, J.

(2017). Voices of Africa: acoustic predictors of human male vocal attractiveness. *Animal Behaviour*, 127.

Semple, S. & McComb, K. (2000). Perception of female reproductive state from vocal cues in amammal species. *Proceedings of the Royal Society B*, 267.

Shang, J., & Liu, Z. (2022). Vocal attractiveness matters: Social preferences in cooperative behavior. *Frontiers in Psychology*, 13.

Shirazi, T. N., Puts, D. A., & Escasa-Dorne, M. J. (2018). Filipino women's preferences for male voice pitch: Intra-individual, life history, and hormonal predictors. *Adaptive Human Behavior and Physiology*, 4.

Tigue, C. C., Borak, D. J., O'Connor, J. J., Schandl, C. & Feinberg, D. R. (2012). Voice pitch influences voting behavior. *Evolution and Human Behavior*, 33.

Trudgill, P. (1983). *Sociolinguistics: An Introduction to Language and Society*. London: Penguin Books.

Wadnerkar, M. B., Cowell, P. E. & Whiteside, S. P. (2006). Speech across the menstrual cycle: A replication and extension study. *Neuroscience Letters*, 408.

Xu, A. & Leung, S. (2016). Universal vs. language-specific aspects in human vocal attractiveness: An investigation towards Japanese native listeners' perceptual pattern. *Journal of the Acoustical Society of America*, 140.

Xu, Y., Lee, A., Wu, W., Liu, X. & Birkholz, P. (2013). Human Vocal Attractiveness as Signaled by Body Size Projection. *PLoS ONE*, 8.

Yuasa, I. P. (2010). Creaky voice: a new feminine voice quality for young urban-oriented upwardly mobile American women? *American Speech*, 85.

Zhang, J. (2016). A higher-than-average female voice can cause young adult female listeners to think about aggression more. *Journal of Language and Social Psychology*, 35.

Zuckerman, M. & Miyake, K. (1993). The attractive voice: What makes it so? *Journal of Nonverbal Behavior*, 17.

Zuckerman, M., & Driver, R. (1988). What sounds beautiful is good: The vocal attractiveness stereotype. *Journal of Nonverbal Behavior*, 13.

Zuckerman, M., Miyake, K. & Elkin, C. S. (1995). Effects of attractiveness and maturity of face and voice on interpersonal impressions. *Journal of Research in Personality*, 29.

陈雪璐:《女性生理周期对嗓音注意偏向的影响研究》,硕士学位论文,西南大学,2016年。

江那特·巴合提亚尔:《男性化与女性化面孔对嗓音偏好的影响》,硕士学位论文,新疆师范大学,2020年。

刘梦:《面孔吸引力与嗓音吸引力加工的电生理研究》,硕士学位论文,辽宁师范大学,2019年。

彭志康、胡治国、刘宏艳:《嗓音吸引力评价的个体差异》,《中国临床心理学杂志》2020年第3期。

吴宝沛、吴静、张雷、李璐:《择偶与人类嗓音》,《心理科学进展》2014年第12期。

张玥:《上海市区方言变项(E)的社会语言学考察》,硕士学位论文,复旦大学,2012年。

郑怡、尚俊辰、李伯冉、梁耀文、何嘉梅、由一林、蒋重清:《人类嗓音吸引力的影响因素》,《心理科学进展》2017年第2期。

周爱保、张荣华、马小凤、侯玲:《言语吸引力影响因素探索:物理属性和社会特征》,《心理学探新》2014年第4期。

刘　岩

博士,中央民族大学语言研究院教授。主要研究领域为实验语音学、音系学。

Email: ly1236114@sina.com

王有林

中央民族大学中国少数民族语言文学学院,在读硕士。

Email: 18811587279@163.com

汉语节奏研究综述

殷治纲

摘　要　本文系统梳理了汉语节奏研究的相关内容，并就汉语的节奏类型问题进行了探讨。所谓语言节奏，是指语言感知上的凸显性要素在时间序列上规律性出现的模式。文章首先围绕该概念的两个特征介绍了相关研究。(1) 第一个特征是由凸显性要素构成的对比性特征。该方面研究以往主要包括基于轻重特征的研究、基于松紧（或停延）特征的研究和基于声调特征的研究。(2) 第二个特征是凸显性要素在时间序列上的规律性模式。该方面以往主要包括节奏线性模型和层级模型等研究。另外，文章也介绍了语言节奏的计算模型，以及世界语言的节奏类型和区分特征。最后，文章还讨论了汉语的节奏特征问题，并就汉语节奏有无轻重对比特征（词重音）提出了新观点。该观点把轻重和声调两类特征结合起来，认为汉语普通话节奏存在以“声调有无”为基础的轻重对比特征，即汉语有调音节为重音，无调（轻声或轻读）音节为轻音。但是由于有调音节数量占优，所以汉语普通话最后体现出来的是音节计时型节奏。

关键词　节奏，对比性特征，组织模式，声调，重音

A REVIEW OF CHINESE RHYTHM RESEARCH

YIN Zhigang

Abstract This article systematically summarized the studies of Chinese rhythm and discussed the rhythm type of Chinese. The article first defined the concept of rhythm, which refers to the pattern of regular appearance of language salient elements in the time sequence. The concept contains two parts: the first part is the contrastive feature of the salient elements; the second part is the regularity of the salient elements in the time sequence, or the organizational pattern of the rhythmic units. The main body of the article presented the studies of these two parts, as well as rhythmic computational models and language rhythm types.

In the introduction of studies related to the first part of the rhythm concept (contrastive features), studies based on stress feature, studies based on pausing & delaying features, and studies based on tone feature were introduced (see section 2). (1) Studies based on stress features are the mainstream of language rhythm research. Stress is the most important contrastive feature that forms the rhythm of English. However, it is still controversial whether Chinese has word stress except neutral tone (and lightly pronounced) syllables. This part focused on different views of Chinese word stress in phonological and phonetic studies, and also briefly introduced the concept of utterance stress. In addition, the acoustic features that influence the perception of stress were discussed, with the most important features being F0 and duration, followed by intensity. (2) Studies based on pausing and delaying features suggest that the core feature of Chinese rhythm is not stress but pausing and delaying feature. (3) Studies based on tone feature considered tone to be the fundamental feature of Chinese, and possibly the core feature of Chinese rhythm. Some studies connected “tonal/non-tonal” feature with “light/weight” features, which provided new idea for the study of Chinese rhythm.

In the introduction of studies related to the second part (the regularity of the salient elements in the time sequence), the linear models and hierarchical models of rhythmic units were introduced, and some rhythm researches such as speech rate were also presented (see section 3). (1) In the section of linear models, foot, beat, and linear block model were introduced. (2) In the section of hierarchical models, some rhythmic hierarchical models of Chinese rhythm were introduced. These studies were mainly based on Selkirk's prosodic hierarchy theory, and some typical hierarchies were: syllable-foot/prosodic word-prosodic phrase-intonational phrase-utterance. (3) This part also introduced some studies of issues that were closely related to language rhythm, such as speech rate, pausing and delaying, pitch and duration characteristics of rhythmic units.

Section 4 introduced computational models of linguistic rhythm, as well as variables such as PVI, ΔC, ΔV, %V, and rhythm formant. These tools were useful for the quantitative studies of rhythm and the study of language (or speech) rhythm types.

Section 5 focused on the rhythmic types of different languages. Previous studies had classified the rhythmic types of world languages into three categories: stress-timed languages (e. g., English), syllable-timed languages (e. g., Chinese, French), and mora-timed languages (e. g., Japanese). This part discussed some basic questions about rhythmic types, such as at what rhythmic level are linguistic rhythmic types formed? What is the main feature that distinguishes rhythmic types? Our view is that the prosodic level at which a language forms its rhythmic sense should be the lowest level at which some salient element could form a significant regularity. Light-heavy feature is the most important contrasting feature of language rhythm.

Section 6 discussed the rhythmic type of Chinese. In the past, two views, one arguing that"Chinese is a syllable-timed language" and the other arguing that"Chinese has a light-weight dichotomy" seemed to be contradictory. The former implies that every syllable in Chinese is stressed, while the latter argues that there is a light-heavy opposition between Chinese syllables. In response to the "dilemma" of Chinese rhythm type, the paper proposed a compatible solution based on the principle of "maximum convention", and its idea was that the core feature of Chinese rhythm is the stress feature based on "tonal/non-tonal" feature. In other words, tonal syllables are all heavy, and neutral tone (and lightly pronounced) syllables are light. This shows that the Chinese word stress is not related to the position feature, but to category feature of "tonal/non-tonal".

Keywords Rhythm, Contrasting feature, Organizational model, Tone, Stress

1. 绪论

“节奏”是人们在日常生活中经常使用的概念。按照《现代汉语词典》（第6版）定义，节奏有狭义和广义之分。狭义的节奏是“音乐或诗歌中交替出现的有规律的强弱、长短的现象”，而广义的节奏是“比喻均匀的、有规律的进程”。

在语音韵律研究中，节奏问题也是一个重要内容。语言节奏的定义比较接近《现代汉语词典》（第6版）中的狭义节奏概念。《现代语言学词典》将节奏定义为“言语中可感知的单位凸显的规律性；此规律性可用重读对非重读，音节长短或音高高低等形式或组合来说明”。《语音学和音系学词典》认为节奏指“言语或诗歌中由凸显的要素有规律地间断出现所产生的知觉模式。这些要素可能是重音（如英语）、音节（如西班牙语）、重型音节（如古希腊语）或莫拉（如日语）”。

综合以上定义，我们认为语言节奏是指语言感知上的凸显性要素在时间序列上规律性出现的模式。节奏概念包含了两大特征：一是由凸显性要素构成的对比特征，如轻重、长短等对比。二是节奏单元在时间序列上（或组织模式上的）的规律性。

在第一类对比性特征中，最显著的是轻重特征。此外，很多研究认为长短、松紧等也可能是和节奏有关的对比性特征。在第二类时间序列规律性方面，微观层面的规律主要是语速（或时长），宏观层面的规律性则是节奏单元在时间序列上的组织模式，如线性模式和层级模式等。

在本文中，我们将对节奏的相关研究进行系统性梳理，并着重关注如下问题：

（1）和节奏特征、理论、方法有关的研究；

（2）汉语的节奏类型及节奏支点。

2. 和第一类节奏特征（对比性特征）有关的研究

2.1 基于轻重特征的节奏研究

轻重音问题是节奏研究的核心内容。有研究认为节奏的本质是轻重现象的有规律交替出现，所以每个节奏单元都由核心重音和其他非重音组成（叶军，2001、

2008)。

和轻重有关的语音研究主要包括词重音研究和语句重音研究。由于句重音数量少、间隔远,通常每个句子只会有一个句重音,所以语句重音对形成语言节奏的作用比较有限。真正对语言节奏有重要影响的是词重音。

2.1.1 词重音研究

词重音问题是汉语韵律研究的一个重要课题。一些研究中提到的音步重音也可以归为该类。对汉语普通话词重音研究主要集中于以下几个方面。

(1)有无汉语词重音

该问题关注的是从音系层面看汉语有没有词重音。

英语是一种重音型语言,其至少包括三级词重音音位,即主重音(main stress)、次重音(secondary stress)、轻音(stresslessness),某些英语方言还可以分为四级重音(即多了weak stress)(Hayes,1995)。

汉语是否有词重音则存在争议。有的学者认为汉语有词重音,不过对词重音的定义也不尽相同(徐世荣,1956、1999;殷作炎,1982;陆致极,1984;端木三,1999、2007、2014;殷治纲,2021)。也有学者认为汉语除了轻声音节外,音系学层面的词重音并不存在或不明显(高名凯、石安石,1963;黄伯荣、廖序东,1991;刘现强,2007)。

总的来看,汉语轻声(或轻读)音节和有调音节存在轻重对立基本是学界共识。不过,正常有调音节之间的轻重差异在听感和声学上都不明显,是否区分轻重也多依赖不同理论的处理方法。这也是主要争议所在。

(2)轻重音的位置和级别

该问题主要包含两类研究,一类是音系学方面的研究——如果有音系学词重音,它的位置和级别如何?另一类是语音学方面的,主要关注词重音的语音学(或声学)表现。

在音系学层面,徐世荣(1956)认为北京话两音节词的重音格式有两个,分别是“重轻式”(前重)和“中重式”(后重)。还有的学者认为是“重中式”和“中重式”(殷作炎,1982;陆致极,1984)。端木三(1999)认为普通话不带轻音的两字组重音模式是“左重”,而造成后重式的原因是把末音节的停顿前延长算成了音节时长所致。王志洁、冯胜利(2006)认为北京话词汇重音有三种类型,分别是左重、右重和不分(同重),但最后可以归纳为左重和右重。杨璐(2011)则认为词汇重音有四种类型,分别是重轻、重中、中重和不分(同重)。

在语音学层面,林茂灿等(1984)对普通话不带轻音的两字组考察发现其大多数是后重式,也有的是前重式,但并非必需。林焘、王理嘉(1992)发现,汉语普通话双音节往往后重;三音节词一般中间音节较轻,前后音节较重,而前后音节这种重的差别并不明显。另一个研究认为普通话两音节词的首音节比末音节时长更长,故其重音模式是前重(王晶、王理嘉,1993)。曹剑芬(2008)认为普通词内虽然存在“重”“中”的相对差异,但是并不构成区别性对立。词重音“重中”和“中重”的差异只是其随机变体,而不是两种词重音类型的差异。

由于英语轻重音和位置关系密切,基本按照重轻交替的音步(foot)模式组织节奏单元,所以以往汉语节奏研究也多受其影响而聚焦于轻重音与位置的关系,但最终研究结果却不尽人意,例如汉语是否存在前重、后重模式一直有争议。通常来说,存在广泛争议的问题往往意味着该问题本身可能就没有显著规律性的答案。具体到本问题,也许汉语轻重节奏并不和韵律位置存在因果关系,而是有不同于英语的自身特点。近年来,一些研究从声调特征等视角研究汉语轻重音问题(殷治纲,2021),带来了新的思路。相关研究将在后面声调部分进行介绍。

(3)轻声和轻音

轻声(包括轻读)音节虽然在汉语中数量占比不大,但是它和有调音节的轻重对立是学界极少数的共识性结论(叶军,2008;周韧,2018;殷治纲,2021),所以轻声(包括轻读)在汉语节奏研究中的地位非常重要。路继伦，王嘉龄（2005）界定了轻声与轻音的区别，认为轻声表示声调层面的中和声调，轻音则表示重音层面上的非重读音节。

曹剑芬（2007）指出了轻音、轻读、轻声的联系与区别，认为轻音分结构轻音和语调轻音。前者主要指韵律边界处的轻读音节，如“的、了、吗”等；后者则是语流中临时轻读的音节。

殷治纲（2021）把声调和轻重音联系起来，认为轻声与其说是个声调概念，不如说是个轻重音（或弱重音）概念。轻声的本质不是一个具体声调，而是一类声调的集合，即无（固定）调集合。它和其他有调（阴平、阳平、上声、去声）音节构成音系层面的轻重对立。

叶军（2001、2008）也分析了轻声问题，认为：A. 轻声是语流中读得又轻又短，且失去本调或不带声调的音节；B. 普通话一些老资格口语词末字，以及一些语法化的单音节词或词缀，在语音上有A的特征；C. 短是轻声最重要特征；D. 弱是轻声最本质特征；E. 轻声音节不带声调；F. 轻声字失去本调；G. 轻声是中性调。他认为和轻声表达有关的3个因素是时长缩短、失去本调、响度减弱，从重要性上来说前两者更重要。

时长缩短和声调丢失都是形成轻声的重要特征，但是二者谁更重要存在不同的观点。一种观点认为，声调在听辨轻音时的作用没有时长重要（林焘，1985），但也有学者认为声调的作用比时长大（曹剑芬，1986；王韫佳，2004），或者声调的作用至少和时长同样大，因为语流中轻音不短反长的情况很多，这是因为在调型已经给予充分提示后，时长作用可以降低（叶军，2008）。

李爱军（2017）研究了轻声在不同信息结构中的语音特性，认为音高和时长对轻声感知影响最大。单念时，音高作用大于时长。在语流中，轻声相关量不但与信息结构有关，还与轻声底层调相关。另外，轻声音节还会使前字音域变大，形成前后音节的轻重对比。

Li A. & Li Z.（2022）将含有1—3个轻声的字组放置在不同的语境中，考察了韵律结构中轻声的音高目标值及其对声调峰值对齐的制约。研究发现：轻声目标值与韵律结构有关，其F0值会受正常音节声调与韵律词长度影响。另外，轻声的无调特性也会让韵律词的音高峰值位置相对更自由。

2.1.2 语句重音研究

语句重音是指比词重音更高等级的重音，包括和句法相关的句法常规重音（短语重音和句重音）、与语义相关的语义重音以及与语用相关的焦点重音等（王洪君，2008）。

语句重音和语言节奏的关系较小。很多学者提出，各种语言的语句重音规律基本上都是一样的（Duanmu，1990、1999、2007；端木三，2007、2014）。尤其对于句重音而言，由于出现频率低、间隔大，一般不影响节奏感知。不过，语句重音的很多理论对于了解轻重音的实现形式和规律有借鉴意义，在此也进行简要介绍。

赵元任（1922）的“橡皮筋”理论将字调比喻为橡皮筋，当它承载重音（常规重音和强调重音）时，调域会变宽，就如同把橡皮筋拉长一样。

沈炯（1985、1994、1999）高低音双线理论和调域括敛说指出，语流声调音域的高音线和低音线功能不同，高音线反映重音变化，而低音线反映韵律单元或节奏的顿挫。语句重音（包括常规重音和强调重音）处表现为高音线的突然抬高，同时由于低音线的变化不明显，故综合表现为重音处的音域加宽现象。

吴宗济（1993/2004）音阶移调（音高移块）理论认为，语句重音（常规重音、强调重音）的表现方法是重音所在单元处音阶的整体移动抬高所致。此处音阶是指听感音高（以音乐上的半音阶/音阶，或者半音/全音为单位）。它与绝对音高（以赫兹为单位）之间的关系是对数关系，所以越到高频区域，要在听感上抬高相同音阶，音高上升的幅度越大。

有些研究（Duanmu，1990；Cinque，1993；端木三，2007；周韧，2007）将轻重音和句法、语义结合起来，提出了“辅重原则”“深重原则”“信息量原则”

等理论。认为在句法常规重音方面，短语重音遵循“辅重原则”，即句法辅助成分重于中心成分；句重音遵循“深重原则”，指句法上内嵌最深的成分最重。“信息量原则”则是指信息量大的成分得到重音。

Xu等（1999、2012）的焦点后压缩理论（post-focus compression，PFC）研究了焦点重音前后的声学表现，发现句中焦点成分会有基频升高、时长延长现象，而焦点前成分的音高和时长基本保持不变，焦点后成分会有音高下降和音域压缩等现象。

2.1.3 影响轻重感知的因素

轻重是一个主观感知量，但是会受到很多客观因素的影响。主要影响因素包括以下方面。

（1）时长和音高

目前，语音学界基本公认音高和时长是影响轻重音感知的最重要因素。

音高对重音感知影响很大。很多研究提到重音所在音节的表现是音高上限抬高（上声为压低）、音域加宽、重音后音节调域压缩等现象（赵元任，1979；沈炯，1985、1994；曹剑芬，2002；Xu，1999、2012；王蓓，2002）。也有很多学者指出时长是重音感知的重要因素（林焘、王理嘉，1992；林茂灿、颜景助、孙国华，1984；曹剑芬，1990；叶军，2008）。

对于音高和时长对重音感知谁更重要的问题，学界存在不同观点。有的研究认为时长比音高重要（仲晓波等，2001；仲晓波等，2002），但也有很多研究认为音高更重要一些。曹文（2010）研究了焦点重音的表现形式，发现韵律信息中最重要的是高音点落差级别。蔡莲红等（2001）提出了一个拟合重音听感的线性公式 $L = 1.5F$（音高）$+ 0.95$（时长）$+ 0.65R$（调域），从系数上暗示音高的重要性更高。还有研究发现双音节韵律词重音差与高音点的差值相关性强于时长差值（王韫佳等，2003）。也有研究发现在表现重音时，音高和时长之间呈现以音高为主的互补关系或交换关系（许洁萍等，2000；仲晓波，杨玉芳，1999；叶军，2008）。

（2）音强

音强对于轻重音感知的影响力相对弱于音高和时长。早期一些语音研究曾认为音强是重音的主要因素（罗常培、王均，1981），但后来研究认为音强的作用没有音高和时长那么大（林焘、王理嘉，1992；林茂灿、颜景助、孙国华，1984；叶军，2008）。

（3）其他影响因素

除了音高、时长、音强等因素外，还有一些其他因素也被认为和轻重感知有关系。

声调特征也被认为是影响轻重感知的另外一个因素。除了轻声音节和轻音的密切关系外，某些声调被认为会更容易成为重音。贾媛等（2008）认为汉语焦点对于音高的作用主要体现在H特征（高音）上。具有H特征多的声调容易承载重音，所以像阴平调更容易被重读。殷治纲（2011）认为除了H特征外，“高—低”对比特征（H－L）也容易形成重音感知，所以普通话中阴平和去声比其他声调更容易被感知为重音。总的来看，声调特征对轻重感知的影响往往也和音高（或时长）等声学特征有关。

音质性质可能对于轻重感知也有一定影响。响度顺序原则（Sonority Sequencing Principle，SSP）认为其他条件相同时，音节的响度顺序原则（sonority sequencing principle）从大而小依次是：元音（低元音 > 中元音 > 高元音）、半元音、流音、鼻音、擦音（浊 > 清）、塞音（浊 > 清）（王洪君，2008）。但学界一般只把音质看作对响度有制约，其重要性还不足以将其作为重音感知的变量（林焘、理嘉，1992）。

2.2 基于松紧（或停延）特征的节奏研究

鉴于汉语词汇层面的轻重特征存在争议，很多学者尝试从其他方面寻找汉语节奏的对比性特征。有的研究认为松紧（或停延）对比是汉语节奏的支点。

王洪君（2004）对汉语节奏类型、节奏和句法的对应关系以及韵律单元组块规律进行了研究。她认为汉语的节奏典型特征不是轻重关系，而是松紧关系，节奏是语流内松紧交替的往复，在韵律词内不一定非有轻重之分。

刘现强（2007）认为目前语言节奏可以分为以重音为支点的节奏（如英语）和以停延为支点的节奏（如汉语）等几类。英语以重音为节奏支点，以两个相邻重读音节之间的音段，或重读音节及其后面的非重读音节为最小节奏单位（音步）（转引 Halliday，1985；Liberman，1977）。汉语则是以停延为支点构建自己的节奏系统。汉语虽然也有重音，但还达不到节奏“支点”的重要程度。

上述研究意识到汉语缺乏显著的轻重特征，因此把节奏问题聚焦于节奏单元的组块模式上，也就是节奏单元的松紧关系或者停延现象上。但是，以上理论也存在一些值得商榷之处。一是松紧或停延特征实际只涉及绪论中所说节奏概念两大特征中的第二个特征（时间序列上的节奏组块模式），而没有涉及第一个特征（凸显性要素），因此是不全面的。二是明显的停延现象多发生在韵律词以上的高层单位，而语言节奏类型（如重音计时型、音节计时型等）的形成一般是发生在韵律词以下的低层单位，所以停延特征对于确定语言节奏类型作用有限。三是节奏单元的松紧关系或者停延现象，也是世界语言都有的特征，很难将其作为区别汉语节奏和英语节奏的本质特征。因此，要补充上述理论的不足，仍需要寻找汉语节奏的凸显性要素（或对比性特征）。

2.3 基于声调特征的节奏研究

也有很多研究认为，声调是汉语节奏类型的“支点”。

Hyman（2007）认为语言可以分为重音语言（stress language）和声调语言（tone language）两大类。英语属于重音语言的代表，而汉语属于声调语言的代表。重音语言带有词层节律结构，需要重音这种结构属性（structural property）来标识音节在节律层级上的相对轻重关系。声调语言带有词层音高特征，需要声调这种特征属性（featural property）来标示音节词汇单元。因此，作为汉语根本属性的声调特征很可能与其节奏有密切关系。

许希明（2013）认为，从语言类型学的视角看，重音是英语的节奏支点，而声调则是汉语的节奏支点。其研究分别研究了汉语声调和重音（或重征）的关系、声调支点节奏与重音支点节奏的区别、单音节性与多音节性差异等问题，指出汉语主要靠声调来调节，变调是汉语节奏的需要；英语主要靠重音来整合，调控重音分布则是英语节奏的需要。但是该文没有明确说明声调形成的是哪种性质的对比特征，例如是轻重对比、调类对比还是综合对比。这使得研究结论具有一定笼统性和含糊性。

还有一些研究把声调和轻重音联系起来。Yip（1980）指出，“对声调语言来说，是声调决定重音，而不是重音决定声调”。

殷治纲（2021）认为声调系统和重音系统存在深层联系，汉语词重音关联的是声调而不是韵律位置。他从“质”和“量”的角度提出了判断词汇层面轻重音的两条音系学标准：（1）具有区别意义的作用；（2）具有显著听觉区分性。依此标准，其研究发现汉语韵律词所谓“左重”（或前重）趋势只是一种语音学统计规律，不构成音系规律，而声调类别（有调和无调）才构成轻重音的音系学规则，具体规则为：（1）有调音节（包括阴平、阳平、上声、去声）构成重音；（2）无调音节（轻声或轻读）构成轻音。根据该规则，汉语普通话两音节韵律词可以分为两类：（1）重重式（音节均为有调音节）；（2）重轻式（词尾音节为轻声或轻读）。该分类结论说明在音系学层面，汉语只存在“重、轻”二元对立，不存在“重、中、轻”多元对立。多元对立中的“中”在音系学层面可以归入“重”的类别。该研究虽然是基于声调特征的研究，但因把声调和轻重音联系起来，所以仍然认为汉语节奏是和轻重特征有关的。

叶军（2008）从音节和声调的长短方面（莫拉数量）研究了轻重问题，认为短音节（一个莫拉）对应轻音，长音节（两个莫拉）对应重音。汉语音节均为开音节（元音尾或鼻韵尾），其右边界开放特点使汉语音节占有两个时位（莫拉）成为可能，也使得普通话不会因为音节结构形成长短对立。汉语有些方言中韵尾为塞音的入声音节为短音节（一个莫拉），其他舒声音节为长音节（两个莫拉），存在长短（和轻重）对立。普通话目前没有入声短音节，所有带调音节都是舒声长音节，所以有调音节都是重音。普通话目前只有轻声音节是短音节（一个莫拉），属于轻音。这一研究虽然是从声调长短视角切入，但是结论和上述殷治纲（2021）得到的结论是一致的，并提出了汉语轻音除了包括轻声外，还可能包括入声调（普通话已消失，某些方言中还有）。

以上研究关注到声调特征对于汉语节奏的重要意义，并把以往认为是两大不同系统的声调系统和重音系统作了关联，对于人类语言研究具有类型学意义。

3. 和第二类节奏特征（节奏单元组织模式）有关的研究

如本文绪论所说，节奏概念的两大特征除了有对比性特征外，还有凸显性要素在时间序列上的规律性特征，即节奏单元的组织模式问题。

王洪君（2008）认为节奏单元有如下几种组块模式：（1）层次模型：认为节奏组织的形成模式是像句法树一样按照套合层次纵向组织的，每增加一个新成分就要增加一层。（2）层次—连续复合模型：认为节奏可以表现为有限层次上、同一层面线性组块的组合。句子长度和复杂度的增加只能导致各层级上并列的节奏单元数目的增加，而非深度的增加，即节律层级倾向于横向生长。（3）线性句块模型：需要将句块内成分在保持层级结构前提下将其投射到单线性上来。然后在线性层面上处理黏合、组合、等立等三种关系。等立结构是指成分之间彼此独立且地位平等，呈现并列关系。黏合结构是指成分之间关系紧密，有很强的内聚性，构成结构紧密的一个复合单元。组合结构是指成分间关系较松散，按照一定规律组合成更大单元。

我们借鉴了这种分类方法，并从线性模型和层级模型两个方面来介绍节奏单元的组织模式。线性模型关注的是线性时间序列上的微观节奏单元，而层级模型关注的是不同层级、规模的节奏单元如何构成宏观的节奏体系。

3.1 节奏的线性模型

线性模型主要关注节奏单元（例如音步、节拍、停延段等）在线性序列上的组织模式。

3.1.1 音步

音步是英语节奏研究中的关键概念。一个音步可以定义为一次轻重交替。由此概念可见音步和重音的关系非常密切。重音就是音步中的重拍（Hayes，1980/1995）。

对于汉语是否存在音步单位，以及汉语音步和英语音步是否一样，目前存在不同意见。有的学者认为汉语有音步单位（冯胜利，1996；端木三，2000；Chen，2000；王洪君，2004），也有很多学者觉得汉语没有明显的音步单位，可以用韵律词等单位代替。

在认为汉语有音步的理论中，对于汉语音步是否和英语音步一样有重音也存在不同观点，有的研究认为汉语音步不一定有重音（Chen，2000；冯胜利，1996；王洪君，2004），有的则认为汉语音步和英语音步一样都有重音（端木三，2000）。

关于组成音步的基本单位也存在不同观点，通常认为是莫拉或音节，也有的认为是拍。Hayes（1995）认为一种语言只能以莫拉或音节中的一种为基本单位。Duanmu（2007）则认为一种语言可以同时有莫拉拍和音步拍。

关于音步长短，一般两拍步是最常见的。有的观点认为也有三拍步（如诗歌），但很少见其他长度（端木三，2014）。

此外，很多研究中也有超音步和蜕化音步的概念。（1）一般认为超音步是三音节构成的音步，汉语中主要是三音节词的情况（Selkirk，1980a；Shih，1986；冯胜利，1996、1998；Chen，2000）。蜕化音步则是单音节构成的音步，汉语一般是单音节词的情况（冯胜利，1997）。但是也有学者认为超音步和蜕化音步概念都是多余的，只用基本音步（双音节或两拍）概念就够了——超音步可以看作基本音步和其他音节复合而成，多出的音节可以不入音步（端木三，2018），而单音节词中的落单音节可以后接空拍构成双拍音步（Duanmu，2000）。

总的来看，汉语音步概念并不如英语音步那么明显，相关理论也存在很多争议。

3.1.2　节拍

有一些研究借用音乐节拍概念来描述语言的节奏。

安英姬（2002）利用音乐的节拍理论分析汉语的节奏，认为汉语中有不同的句间停歇："停顿"与"间歇"。"间歇"之间的"节"除了具有单位的共性外，也具有节奏的周期性和普遍性，是汉语的节奏单位。节奏单位既不是语法单位，也不是语义单位。

殷治纲（2013）参考乐理知识，对语言的节奏时长描述体系进行了研究。认为节奏的典型特征是准周期性，但是以音节等语言单元时长为基础的韵律计时单位缺乏客观性和准确性，也不能反映节奏单元的准周期性特点，而独立于语言单元的"拍"和"节"的计时单位更有利于语言节奏计时问题研究。该研究以节、拍等音乐计时单位为基础，建立了语言节奏新的时长描述体系。

上述基于节拍概念的语言节奏研究把语言和音乐联系起来，使人们在更高、更宏观的层面看待节奏问题。同时，节拍计时单位也比音节等单位更具有客观性、精确性和跨领域适用性。不过，由于节拍概念更偏重音乐概念，而不具有语言学含义，所以在传统语音研究中被较少使用。

3.1.3　线性句块模型

王洪君（2008）基于韵律单元间松紧关系，根据线性句块模型，认为音步、停延段按照"二常规、一三可容、四受限"规则组成韵律结构（单位是音节）。她利用松紧节奏探讨了韵律结构与语法结构的对应关系，提出了满足韵律长度条件下（韵律词遵循"二常规、三可容、一四受限"的音节约束条件；韵律短语遵循"二常规、一三可容、四受限"的韵律词约束条件）的韵律结构预测方法：首先把语法结构与韵律结构分"一致型"和"不一致型"，然后进行：（1）韵律结构预分，确定文本中"一致型"语法结构如何构成韵律结构；（2）韵律结构调整及确定，在第一阶段所得到的半成品韵律结构基础上，针对"不一致型"，根据相关规则，调整并确定语句最终的韵律结构。其预测模型又包括韵律词预测和韵律短语预测两个部分。

3.2　节奏的层级系统

节奏层级模型比线性模型更适合描述语句及以上的宏观结构。

Selkirk（1980a、1980b）提出了韵律层级理论，认为韵律单元遵循层级结构，每个韵律层级单位由其下一层的单位组成。韵律单位从小到大可以分为音节（syllable）—音步（stress foot）—韵律词（prosodic word）—韵律短语（phonological phrase）—语调短语（intonational phrase）—话语（utterance）。

Halliday（1985）提出了单位层级的划分标准：（1）要保证划分单位的同质性，如都按语音依据或语法依据。（2）要保证每一级单位有自己不同于上、下级其他单位的特性。（3）每级单位要有自己特有的组合模式。他在其音系理论中建立了四个层面的音系单位，从高到低分别是：调群（tone group）—音步（foot）—音节（syllable）—音位（phoneme）。

目前，汉语韵律节奏研究者也大都采用了层级模型，其中较有代表性的系统和研究如下。

李爱军（1998、1999）对汉语韵律节奏的层级模型和音高、时长模式进行了综合研究，认为：（1）汉语的韵律结构具有层级结构，从小到大依次为：音步、韵律词、次要韵律短语、主要韵律短语和语调组。（2）韵律词后感知到的间断（break）很小，声学上一般没有无声停顿出现。词内音节之间没有停顿，具有一个词重音（韵律上的凸显成分）。（3）次要韵律短语（minor phrase）是由一个或多个韵律词构成的，具有一个短语重音。其后感知到的间断比韵律词大，但比主要韵律短语小，可以是较短的无声停顿（silent pause）或是有声停顿（filled pause）。（4）主要韵律短语（major phrase）由一个或多个次要韵律短语构成，具有一个短语重音。其后可以感知到明显的停顿，有明显的无声段，与后接短语之间有明显的音高重置（pitch resetting），并且短语的音高曲线有明显的递降（declination）。（5）语调组指由一个或多个主要韵律短语构成且有一个语句重音的语句。随着韵律单位的增大，其后接的停顿也越长。在以上研究基础上，中国社会科学院语言研究所还提出了C-ToBI（Chinese-Tones and Break Indices）汉语韵律标注系统（李爱军，2021）。[①]

王洪君（2008）提出了纯韵律层级单位：语调段—大停延段—小停延段—词重音段—音步—音节—莫拉。另外，还提出了具体汉语普通话的韵律层级单位：语调段—大停延段—小停延段—音步—音节—莫拉。她结合郑秋豫有关研究结论（Tseng，2005），详细说明了从低到高几个韵律层级单位的概念：（1）音步：一到三个正常音节，还可以加一到两个轻声音节。两音节为常规形式。（2）停延段：一到三个正常音步，两音步为常规形式。此外还有“复二步”说法，一般认为它是介于音步和停延段之间的单位。（3）语调段：由一个或多个停延段组成。语调段特点是最后一个停延段一定载有语调，其出现位置取决于句法的句重音（必有）和取决于语用的强调重音和对比重音。在以上单位中，音步和停延段内部有组成单元的数量要求。它们倾向于等长结构或等距离出现，是构成节奏的主要单位，叫作“节奏单元”。语调段没有等距离出现的特点，故不是构成节奏的主要单位。它主要表现语调、重音等韵律信息，是韵律单元。

曹剑芬（1999、2003）认为语言节奏本质上是跟语义表达或理解相关的组词断句策略的语音体现，是由语义的表达和理解需要所决定的一种韵律上的结构模式。汉语普通话的节奏可以大致分为三个基本层次：韵律词、韵律短语和语调短语。（1）各层次节奏单元有其内聚特征：韵律词的内聚特征主要表现为音高变化模式和时长分布模式的相对稳定性；韵律短语内部，主要表现为韵律词间连而非断的连接方式和总体音阶的逐渐下倾倾向；语调短语内部的凝聚性主要表现为总体音阶的不断下倾倾向，以及内部各个韵律短语末尾音节韵母的显著延长（一种特殊的表示待续关系的连接方式）。（2）各节奏单元的边界特征也不相同：韵律词边界多表现为边界前的韵母延长，且该效应还多半会被消抹掉；韵律短语边界，多表现为边界前延长和较短的无声间歇；语调短语边界表现为较长的无声间歇，边界前一般无延长现象（多会缩短）。另外，该研究认为，虽然语言节奏中不存在等长结构，但是节奏单元的长度变化范围大致有定，并且节奏单元内部以及不同的节奏单元之间，都存在着相对不变的时长分布关系。

吴洁敏等（1991、2001）提出言语停延分为句内停延和句外停延。其中，内3层停延包括“音节—音步—气群—句子”，而外3层停延包括“句子—句群—段落—篇章”，并且认为节奏特征不仅指音强和

---

① 郑秋豫（2008、2010）、Tseng（1990）提出了阶层式语流韵律架构模型（Hierarchical Prosodic Phrase Grouping，HPG），并在其基础上提出了另外一种汉语韵律标注系统M-ToBI（Mandarin-Tones and Break Indices），其中将韵律层次划分为6级：退化的音节、正常的音节、较小的短语停顿、较大的短语停顿、呼吸群、韵律组（Peng et al.，2005）。HPG模型的主要特征是：（1）由上而下的管辖制约。（2）多种制约机制：发声器官；生理机制（含呼吸）；认知限制（语言规划的制约）。此外，该模型还注重工程应用，其声学模型包括4个组成部分：基型1是多短语韵律句群之基频模板；基型2是多短语韵律句群之音节时长模板；基型3是多短语的音强分布组型；基型4是韵律句群之阶层性边界/停延组型。该模型不同于其他韵律层级模型的地方是出现了一级叫作“呼吸群”的单位。该级单位是以呼吸生理现象命名而非通常的语言现象，其节奏单元规模应该大致对应于语调短语或小句规模。

音长两个方面，还包括徐疾、高低、长短、轻重、音质异同等对立因素在一段时间内有规律交替往复的组合形式。该研究提及的对比特征涉及多种对立因素的组合；其层级概念也从句子以内扩展到了篇章等大语言单元；其面向领域也从语言学扩展到了语言教学、艺术朗诵等领域，属于广义节奏研究。

殷治纲（2011）沿用了主流的“音节—韵律词—韵律短语—语调短语—语句”层级结构模式，系统研究了各韵律层级内的时长规律、音高规律和重音规律等内容。前人基于层级模型做的类似研究虽然不少，但往往无法“彻底”贯彻层级观，主要表现为在研究高级别韵律层级（如短语、语句）时，仍然以最底层的音节为研究对象。这实际上不符合层级模型中“每一层级内的研究对象都是其直接下辖单元”的要求。为了改变上述问题，该研究的一大特点是较彻底地贯彻了层级思想，在研究每一层级时都以该层直接下辖单元为对象，例如在研究“韵律短语”层特点时，会以其直辖的“韵律词”（而不是底层的音节）为研究对象，这样就可观测到大单元在宏观层面的变化规律。

3.3 与汉语节奏有关的一些语音研究

和节奏有关的语音研究很多，除了前面已经提及的轻重音、声调、节奏单元等内容外，比较重要的还有关于语速（时长）的研究。因为狭义的节奏特征主要体现在语速（或）时长规律上。

3.3.1 语速（时长）研究

语速是语言韵律、节奏研究的重要内容之一。它一般用单位时间内的音节个数来衡量（曹剑芬，2003）。计算公式为：

$$rate = syllable\ number / duration \quad (1)$$

公式（1）中，rate 表示一段话的平均语速，syllable number 表示该段话所含音节个数，duration 表示话语时长。

语速和时长关系紧密，存在倒数关系。相对于时长研究，以“语速”为观察对象的优点是可以更方便地说明发音运动快慢规律，还可以把“延长”和“停顿”现象统一纳入语速变化的范畴—音段“延长”可视为发音降速，而“停顿”就是语速降为“零”。

语速概念有狭义和广义之分。狭义的“语速”（speaking rate，speed of speech）一般和“发音速率”（articulation rate）相对应，指一段话的整体速度（R. L. 特拉斯克，2000；戴维·克里斯特尔，2000；Koreman，2006）。计算狭义语速时，话语时长［公式（1）中 duration］要包括无声停顿长度。与其相关的“发音速率”概念则是指“可听语音的表达速度，包括填声停顿，但不包括无声停顿”（R. L. 特拉斯克，2000；戴维·克里斯特尔，2000）。广义的“语速”则不严格区分二者区别，如曹剑芬（2003）认为语速（广义）“通常是指发音速度，也可以指听觉上对话语速度的感知印象”。

和语速相关的研究主要包括以下方面：

（1）语速在不同韵律单元中的变化规律（曹剑芬，2003；李爱军等，2007；Li & Zu，2008；Tseng et al.，2004、2005；殷治纲，2019）；

（2）语速变化对不同语音单元（辅音、元音）伸缩效果的影响（Li & Zu，2008；梅晓，2010）；

（3）语速对韵律单元组块的影响（李爱军等，2007）；

（4）语速对音高的影响（曹剑芬，2003；Li & Zu，2008）；

（5）语速对重音等韵律特征的影响（张家騄等，2002）。

3.3.2 语调研究

音高与节奏单元的关系相对较小，但是节奏单元的音高变化会涉及语调特征。

汉语语调问题的一些重要理论包括赵元任（1968/1979）的大波浪与小波浪理论。该模型将语调比喻为大波浪，字调比喻为小波浪，认为语调和字调的关系是小波浪叠加在大波浪上，具体音高值表现为二者的“代数和”。沈炯（1985）在借鉴英国传统语调理论基础上提出了语调结构模型，语调结构内部按照出现次序包括调冠（可无）、调头、调核、调尾四部分。林茂灿（2004、2005）的基于 AM 语调理论认为语气一般由句末边界处的声调段来承担。

3.3.3 和节奏有关的语音研究小结

总的来说，目前对节奏研究主要体现在轻重、快慢和节奏单元大小等方面。

（1）重音处的发音增强现象在音高和时长都有体现。音高方面：会强化声调本身的音高特性，使高者愈高（如阴平），低者愈低（如上声）；使负载它的韵律单元音域扩大；使其后音域变窄。时长方面：时长一般延长。时长和音高的相关性存在争议。

（2）韵律节奏单元呈现层级关系，大致分为音节—音步/韵律词—韵律短语/停延段—语调短语—句子/气群/语调群等。

（3）韵律边界停延和韵律单元大小有关。节奏边界体现多层性，可以通过多种手段实现。

（4）韵律单元内基频一般呈下倾趋势，其基频（F0）和所含音节数目的变化曲线是类似于一种指数函数的下降曲线形式。

（5）韵律单元边界后（尤其是较大的）的新单元开头存在音高重置现象。

4. 语言节奏的计算模型

节奏问题一般认为是个主观感受量，但是为了进行定性和定量的分析，必须找到合理的声学物理量对其进行测量。此外，语言学家一直希望能够对世界不同语言的节奏类型进行量化分析和分类，这也需要统一的计算模型。本部分主要介绍节奏量化研究中采用的一些模型和方法。

早期语言学家把世界语言的节奏类型归纳为重音计时型（stress-timed）和音节计时型（syllable-timed）语言（Pike，1945），之后又增加了莫拉计时型（mora-timed）语言（Ladefoged，1975）

有的研究猜测不同节奏型语言中的相应特征存在周期性或准周期性规律，如Abercrombie（1967）假设：（1）音节计时型语言中的音节时长趋向于相同，其平均音节时长偏差要小于重音计时型语言；（2）重音计时型语言的重音间隔时长趋向于相同，其重音间隔时长偏差要小于音节计时型语言。

为验证以上假设，Roach（1982）提出了定量分析节奏的方法，其方法关注全局节奏单元时长的偏差，以及局部单元的时长比例和辅、元音时长比例。具体做法是用语调单元的时长除以音节个数，得到“理想”音步的平均时长，并且用该均值对单元时长的差异进行规整。但该方法实际测得的是时长特征，其研究也发现上述等时性假设并不成立。

Ramus等（1999）提出了一种计算节奏的方法，他用以下变量对时长类别进行了分类。（1）%V—元音占整个句长的比值。该数值可以反映CV、CVC等不同音节结构复杂程度。音节越复杂则%V值通常越小；（2）ΔC—辅音段长度的偏差，可以反映辅音时长的一致性（数值越小意味辅音等时性越好）；（3）ΔV—元音段长度的偏差，可以反映元音时长的一致性。该研究以%V和ΔC为横坐标和纵坐标建立直角坐标系，可以较好地把三类节奏型语言区分开，而ΔV的作用不明显。

Cummins（2002）研究了影响节奏类型的因素，并进行了严格受控、激发状态以及自由状态的各种试验；建立了一个层级结构的二元节奏模型，以两音步为基础，可以向上以二元结构不断结合。此外他还关注音步等小单元和更高层单元的交互关系。

Low等（2000）设计了新的指数PVI（Pairwise Variability Index，成对差异指数）用来计算相邻音段（元音或者辅音段）平均时长差异性。进一步对语速进行规整后，还可以得到语速归一后的成对差异指数（nPVI），其计算公式是：

$$\mathrm{nPVI} = \frac{100}{m-1} \times \sum_{k=1}^{m-1} \left| \frac{2 \times (d_k - d_{k+1})}{(d_k + d_{k+1})} \right| \quad (2)$$

该公式中的m表示音段数量，d_k为第k个音段的时长。nPVI可以得到的最小数值为0（单元时长相等），最大数值为200。研究发现nPVI-V（语速归一后的元音段成对差异指数）可以有效区分存在不同元音缩减特性的语言，如新加坡英语和英式英语。

Grabe 和 Low（2002）在前人研究基础上，使用5个参数：nPVI-V、rPVI-C（未经语速归一的辅音段成对差异指数）、ΔC、%V、ΔV 对18种语言进行了分析，发现 nPVI-V 和%V 组合能较准确地区分重音节奏型和音节节奏型语言。

Fuchs（2014a、2014b）认为以往主要基于时长信息的研究存在不足，把响度、基频等更多特征纳入 PVI 方法，基于 PVI 设计了多个新指标，拓展了研究视野。

Gibbon（2004）认为节奏是层级性和线性结构结合的复杂结构。他用由局部时长得到的时间树预测器研究了节奏层次和句法层次的对应关系，具体包括两步：（1）由标注数据的时长得到时间树；（2）分析时间树和句法树的相似度。研究发现二者具有相关性。

Gibbon（2020）基于节奏共振峰理论（Rhythm Formant Theory），利用节奏共振峰分析方法（Rhythm Formant Analysis，RFA）来研究语言的节奏特征。该方法把语言节奏看作一种低频波动现象，通过分析言语数据的（波形）振幅调制（Amplitude Modulation，AM）和频率调制（Frequency Modulation，FM）等低频（Low Frequency，LF）变量，可以得到节奏频谱图（Rhythm Spectrogram）和节奏共振峰（Rhythm Formant，RF）。该方法的特点是不需要预先标注语料，研究语料也不限于单词等受限小单元，可以是文本级别的大单元。该模型不但可以区分英语和汉语的节奏类型差异，还可以区分男性和女性言语风格的节奏差异。

以上计算方法和模型为语言节奏的量化研究和语言对比分析提供了基础。计算模型的丰富度和复杂度也在不断提高，从最初只研究时长特征，扩展到多元特征，从最初的线性时长特征分析，发展到三维频谱特征研究。不过，现有特征和方法仍远未到完善程度，未来节奏测量应进一步增加测量的语言数量，多维度增加有效测量指标，并实现自动信号提取和测量（杨茂霞、陈美华，2021），努力提高研究的广度和深度。

5. 语言的节奏类型分析

5.1 节奏感觉和语言节奏分类

不管是音乐还是语言，不同的节奏类型都会带来不同的整体感受。

在音乐中，不同节奏类型会有不同的风格特色。例如：（1）四二拍（以四分音符为一拍，每小节含有两拍。以下拍号含义类推）节奏模式为“强弱”交替，具有一种稳定的行进感。（2）四四拍节奏模式为“强、弱、次强、弱”。它实际是两个四二拍的复合，但是复合后把第二个强拍弱化成“次强”了，从而使音乐更富有抒情性。（3）四三拍节奏模式为“强弱弱”，其特点是有动荡、摇摆的感觉，该特征在华尔兹乐曲里很明显。

对于不同语言和方言而言，不同的节奏特点也会带来不同的听觉感受。例如英语轻重长短明显，如敲摩尔斯电码；法语节奏分明，如机关炮。很多学者分别用重音计时型（stress-timed）和音节计时型（syllable-timed）来描述上述两类语言（Pike，1945；Abercrombie，1967）。早期研究认为，音节计时型语言（如法语等）的音节时长具有等时性特征，而重音计时型语言（如英语、俄语等）的重读音节（stressed syllable）的间隔具有等时性特征。后来，Ladefoged（1975）认为除了上述两种节奏类型外，还有莫拉计时型（mora-timed）语言，其节奏单元是比音节更小的莫拉，代表语言如日语等。日语节奏比法语等更紧密快速，节奏可比喻为机关枪。我们把以上特点称作语言的节奏类型。它因为具有语言类型学意义，可以算世界语言节奏研究中的一个核心问题。

除了语言的节奏类型外，日常话语也会因不同的节奏特征组合（如“轻重”“速度”）而形成不同的话语风格：强烈的轻重对比，加上较快的语速，往往表示激昂、果决的风格，而较弱的声音加上较慢的语速，则给人温和、柔弱的感觉。这属于更加宽泛的话语节奏风格问题，可以和很多语用学、社会语言学研究相结合，目前研究还较少。

5.2 节奏类型是在什么韵律层级上形成的

要分析语言的节奏类型，首先需要明确语言节奏感觉是在什么节奏层级产生的。

Selkirk（1980b）最先提出了六个韵律层级单位，McCarthy 和 Prince（1986）又增加了莫拉，这样就形成了七级单位：莫拉（mora）—音节（syllable）—音步（stress foot）—韵律词（prosodic word）—韵律短语（phonological phrase）—语调短语（intonational phrase）—话语（utterance）。

很多研究都以韵律词单位为界，认为其前（下）、其后（上）两部分的语言学取向有所不同（王洪君，2008；端木三，2014），而节奏特征主要体现在韵律词以下单位。我们同意该观点，认为语言节奏感是个基础性语音/音系特征模式，主要和韵律词及其以下单位（音节、音步、韵律词）特征有关。韵律词以上层面（短语、语句）虽然也有节奏单元和相关规律，但主要面向语义、语用等高层信息，和语言节奏类型关系不大。

对于韵律词以下单位，因为不同语言所含节奏层级也不尽相同（例如音步层），也很难统一说节奏感形成于哪层单位。但总的来说，一种语言形成节奏感的层级应是某凸显性要素可以形成显著规律性的最低层级。

5.3 区分语言节奏类型的主要特征是什么

按照本文绪论中的定义，语言节奏是指语言感知上的凸显性要素在时间序列上规律性出现的模式。所以，要区分不同语言的节奏类型，首先要确定作为区分标准的凸显性要素是什么。

从前面的介绍可知，目前学界具有广泛认可度的凸显性对比特征是轻重特征。在实践中，由于轻重音不好计算，节奏型计算使用较广泛的特征是时长特征（如 PVI、%V、ΔC、ΔV）。另外，因为时长也是影响轻重感知的关键因素之一，所以现有节奏计算模型仍然可以认为计算的是轻重特征。需要说明的是，影响轻重感知的另外一个关键特征——音高特征，因其受语调、声调、发音人等很多因素影响，很难进行计算比较，所以在实际节奏计算模型中很少被使用。从以上方面综合来看，目前区分语言节奏类型的主要特征实质上还是轻重特征。

对于重音而言，因为存在音步重音、词重音，甚至短语重音和句重音等不同级别，那么哪级重音是计算节奏的关键特征呢？首先，很多学者都提到要区分重音的性质，如节奏重音和语义重音（王韫佳等，2003；冉启斌等，2013）。很显然，在此需要考虑的是节奏重音而非语义重音，而节奏重音是指可以通过音系规则获得的、能形成节律轻重循环规律的重音。

具体联系到前面分析的产生节奏感觉的韵律层级问题，我们认为形成一种语言节奏感的轻重特征应该是在韵律词以下的节奏重音，并且是可形成轻重规律的最低级别的重音。

下面，我们以英语和汉语为例，分析一下各自的节奏特点和类型。

5.4 以英语为代表的重音计时节奏型

英语是一种重音计时型语言。它以重音为节奏“支点”，其节奏单元包括语流中前一个重音（含）到后一个重音之前的所有音节。英语底层的音步重音和词重音都具有规则性，但能够作为节奏支点作用的应该是最小级别的重音，即音步重音。更高一级的词重音的作用则相对次之。

5.5 以汉语为代表的音节计时型节奏

在以往研究中，汉语被归入音节计时型语言，即汉语的凸显性要素是音节，在音节层面上即已经形成规律性。由于汉语音节不存在长短对立，所以我们认为其凸显性还是体现在轻重上，即相对于英语而言，汉语的每个音节几乎都是重音。

这一结论存在几个值得关注之处：

（1）从跨语言对比视角，汉语（有调）音节相对于英语都是重音。和英语单词中音节间存在的“强弱”交替感相比，汉语词汇中每个正常带调音节的确都更清晰饱满，可谓是字字重音。这种跨语言的音节轻重差异性在语音声学分析和主观听感上都是成立的。

（2）汉语系统内部的重音问题存在争议。一些研究认为重音是相对的，是组合关系上的一种主观感觉，是在同前后音节强度的比较中得到的。不同话语之间的音节轻重比较是没有意义的（沈炯，2001）。从这个角度看，"每个音节都是重音"的观点似乎是有问题的，因为如所有音节都重，也就失去了凸显性要素和对比性特征，那么汉语的节奏类型也就无从谈起了。

正是基于"轻重只有在前后对比中才能体现"的观念，以往很多研究（见前面汉语词重音部分）都希望证明汉语词重音和位置有关系，并提出了"前重""后重"等模式。但是上述结论除了前面已经谈及的争议外，也和目前世界语言节奏分类的结论矛盾，例如：（1）现有节奏计算模型证明汉语是音节节奏型语言而非重音节奏型语言。（2）如果汉语也存在音步，且遵循"前重"（或"后重"）模式，那么汉语就和英语一样都成为重音节奏型语言了，明显和目前汉语是音节计时型语言的观点不符；（3）另外，现有的声学分析和听感实验不能很好地支持汉语"前重"（或"后重"）的结论。如果脱离了证据支持，那么相应的音系学假设也就难以令人信服了。

5.6 汉语的节奏支点

上述"两难"困境既是对汉语节奏研究的挑战，也是揭示汉语节奏本质的契机。

我们认为该问题最好的解决方案是找到各种理论的"最大公约数"和兼容性观点。所谓"最大公约数"，就是对汉语节奏问题可以达成的共识，目前主要有如下几条：

（1）汉语的轻声（或轻读）音节是轻音，与之相对的有调音节是（正常）重音；

（2）汉语是音节计时型语言。汉语语音学界尚未发现对此有不同意见的观点。

目前，能够较好兼容上述共识的是殷治纲（2021）的观点，即（1）汉语普通话词重音不是和韵律位置关联的，而是和声调类别关联的。有调音节（包括阴平、阳平、上声、去声）是重音，而无调音节（轻声或轻读）是轻音（某些方言中保留的入声调也可是轻音，但普通话中已不存在）。这条说明汉语至少在声调（有无）类别上是存在轻重对立的，不存在无对比性特征之说。（2）根据第（1）条规则，汉语普通话两音节韵律词可以分为"重重"式（音节均为有调音节）和"重轻"式（词尾音节为轻声或轻读）。由于汉语轻声（或轻读）音节很少，所以"重轻"式较少，而"重重"式占比很大，其特点就是各音节都是重音。统计频率支持汉语是音节计时型语言——几乎各音节都重的观点。

另外，在语言类型学方面，江荻（2011）比较了声调、重调和重音的关系，分析了它们之间的内在联系性，证明声调系统和重音系统是有关的。也支持了上述研究的结论。

综上可知，汉语的节奏类型是音节计时型语言，可以认为其节奏支点是以"声调有无"为基础的轻重对比特征。

6. 结语

本文较系统地梳理了汉语节奏研究的相关内容，并就汉语的节奏类型问题进行了探讨，其内容主要包括以下几部分。

首先，语言节奏是指语言感知上的凸显性要素在时间序列上规律性出现的模式。该概念包含两大特征：第一类特征是由凸显性要素构成的对比性特征；第二类特征是节奏单元在时间序列上（或组织模式上的）的规律性。

在第一类对比性特征相关研究中，介绍了基于轻重特征的研究、基于松紧（或停延）特征的研究和基于声调特征的研究。

在第二类特征相关研究中，梳理了节奏单元的线性模型和层级模型，并介绍了相关研究内容。

其次，介绍了语言节奏的计算模型。

结尾部分介绍了不同语言的节奏类型，分析了语言节奏类型是在什么韵律层级上形成的，区分节奏类型的主要特征是什么，并分析了重音计时节奏型语言（英语）和音节计时节奏型语言（汉语）的特点。

最后，着重讨论了汉语的节奏类型问题。针对以往汉语节奏类型研究面临的“两难困境”，基于“最大公约数”原则提出了一种兼容方案，其核心观点认为汉语节奏支点是以“声调有无”为基础的轻重对比特征，为汉语节奏研究提供了一种新观点和新思路。

总之，希望能够在有限篇幅内对汉语节奏研究的脉络和框架给予系统性梳理，并对汉语节奏支点等重点问题给出相对明确的观点。但由于语言节奏研究的复杂性以及作者自身水平的限制，本文内容难免存在纰漏、偏颇之处，还希望能得到学界同人的批评指正，使研究内容趋于客观、准确和完善。

参考文献

Chen, M. （2000）. *Tone sandhi*. Cambridge: Cambridge University Press.

Cinque, G. （1993）. A null theory of phrase and compound stress. *Linguistic Inquiry*, *24*.

Cumming, R. E. （2010）. *The language-specific integration of pitch and duration*. Cambridge: University of Cambridge.

Duanmu, S. （1990）. *A formal study of syllable, tone, stress and domain in Chinese languages*. Ph. D. Dissertation, MIT, Cambridge, MA.

Duanmu, S. （1999）. Metrical structure and tone: Evidence from Mandarin and Shanghai. *Journal of East Asian Linguistics*, *8*（1）.

Duanmu, S. （2007）. *The Phonology of Standard Chinese*（2nd ed.）. Oxford: Oxford University Press.

Fuchs, R. （2014a）. Integrating variability in loudness and duration in a multidimensional model of speech rhythm: Evidence from Indian English and British English. *Proceedings of the International Conference on Speech Prosody*.

Fuchs, R. （2014b）. Towards a perceptual model of speech rhythm: Integrating the influence of F0 on perceived duration. *Proceedings of INTERSPEECH* 2014.

Gibbon, D. （2004）. Tone and timing: Two problems and two methods for prosodic typology. *Proceedings of TAL*2004.

Gibbon, D. （2020）. Rhythm formants of story reading in Standard Mandarin. 《中国语音学报》, *14*.

Grabe, E., & Low, E. L. （2002）. Durational variability in speech and the rhythm class hypothesis. In C. Gussenhoven & N. Warner（Eds.）*Laboratory Phonology*. Berlin/New York: Mouton de Gruyter.

Halliday, M. A. K. （1985）. *An Introduction to functional grammar*. London: Edward Arnold.

Hayes, B. （1980）. A metrical theory of stress rules. Ph. D. Dissertation, MIT, Cambridge, MA.

Hayes, B. （1995）. *Metrical stress theory: Principle and case studies*. Chicago: University of Chicago Press.

Hyman, L. M. （2007）. How（not）to do phonological typology: The case of pitch-accent. In *UC Berkeley Phonology Lab Annual Report*. Berkeley: UC Berkeley.

Koreman, J. （2006）. Perceived speech rate: The effects of articulation rate and speaking style in spontaneous speech. *The Journal of the Acoustical Society of America*, *119*（1）.

Ladefoged, P. （1975）. *A course in phonetics*. New York: Harcourt Brace Jovanovitch.

Li A., & Li Z. （2022）. Prosodic realization of tonal target and F0 peak alignment in Mandarin neutral tone. *Language and Linguistics*, *23*（1）.

Li, A., & Zu, Y. （2008）. Speaking rate effects on discourse prosody in Standard Chinese. *Proceedings of Speech Prosody* 2008.

Liberman, M., & Prince, A. （1977）. On stress and Linguistic rhythm. *Linguistic Inquiry*, *8*.

Low, E. L., Grabe, E., & Nolan, F. （2000）. Quantitative characterizations of speech rhythm: Syllable-timing in Singapore English. *Language and Speech*, *43*（Pt 4）.

McCarthy, J., & Prince, A. （1986/1996）. ‘Prosodic morphology 1986’. Technical report. New Brunswick, NJ: Rutgers University Center for Cognitive Science.

Peng, S.-H., Chan, K.-M., & Tseng C.-Y. （2005）. Towards a Pan-Mandarin system for prosodic rranscription. In S. Jun（Ed.）*Prosodic Ty-*

pology: *The Phonology of Intonation and Phrasing*. Cambridge, UK: Oxford University Press.

Pike, K. N. (1945). *The Intonation of American English*. Ann Arbor: University of Michigan Press.

Ramus, F., Nespor, M., & Mehler, J. (1999). Correlates of linguistic rhythm in the speech signal. *Cognition*, *3*.

Roach, P. (1982). On the distinction between stress-timed and syllable-timed languages. In D. Crystal (Ed.) *Linguistic Controversies*: *Essays in Linguistic Theory and Practice*. London: Edward Arnold.

Selkirk, E. (1980a). Prosodic domains in phonology: Sanskrit revisited. In M. Aronoff & M. Kean (Eds.) *Juncture*: *A Collection of Original Papers*. Saratoga, CA: AnmaLibri.

Selkirk, E. (1980b). The role of prosodic categories in English word stress. *Linguistic Inquiry*, *11* (3).

Tseng, C.-Y. (1990). *An acoustic phonetic study on tones in Mandarin Chinese*. Taipei: Institute of History & Philology, Academia Sinica.

Tseng, C.-Y., & Lee, Y.-L. (2004). Speech rate and prosody units: evidence of interaction from Mandarin Chinese. *Proceedings of Speech Prosody 2004*.

Tseng, C.-Y., & Pin, S.-H. (2004). Modeling prosody of Mandarin Chinese fluent speech via phrase grouping. *Proceedings of SPLASH* – 2004/ *O-COCOSDA2004*.

Tseng, C.-Y., Pin, S.-H., & Lee, Y.-L. (2004). Speech prosody: Issues, approaches and implications. *From Traditional Phonology to Modern Speech Processing*. Beijing: Foreign Language Teaching and Research Press.

Tseng, C.-Y., Pin, S.-H., Lee, Y.-L., Wang, H.-M., & Chen, Y.-C. (2005). Fluent speech prosody: framework and modeling, *Speech Communication*, *46* (3–4).

Xu, Y., Chen, S., & Wang, B. (2012). Prosodic focus with and without post-focus compression: A typological divide within the same language family? *The Linguistic Review*, 29 (1).

Xu, Y. (1999). Effects of tone and focus on the formation and alignment of f0 contours. *Journal of Phonetics*, *27*.

Yip, M. (1980). *The tonal phonology of Chinese*. Ph. D. Dissertation, MIT, Cambridge, MA.

安英姬:《谈汉语的节奏单位“节”》,《汉语学习》2002年第5期。

蔡莲红、吴宗济、蔡锐、陶建华:《汉语韵律特征的可计算性研究》,《新世纪的现代语音学》,清华大学出版社2001年版。

曹剑芬:《普通话轻声音节特性分析》,《应用声学》1986年第5卷第4期。

曹剑芬:《现代语音基础知识》,人民教育出版社1990年版。

曹剑芬:《普通话节奏的声学语音学特性》,全国语音学会《现代语音学论文集》,金城出版社1999版。

曹剑芬:《汉语声调与语调的关系》,《中国语文》2002年第3期。

曹剑芬:《语速特征及其变化》,《第六届全国现代语音学学术会议论文集(上)》,2003年。

曹剑芬:《加强汉语轻音的研究》,《燕园远去的笛声——林焘先生纪念文集》,商务印书馆2007年版。

曹剑芬:《汉语普通话词重音问题再探》,《南大语言学》2008年第三编。

曹文:《汉语焦点重音的韵律实现》,北京语言大学出版社2010年版。

戴维·克里斯特尔(编):《现代语言学词典》,商务印书馆2000年版。

端木三:《重音理论和汉语的词长选择》,《中国语文》1999年第4期。

端木三:《汉语的节奏》,《当代语言学》2000年第4期。

端木三:《重音,信息和语言的分类》,《语言科学》2007年第5期。

端木三:《重音理论及汉语重音现象》,《当代语言学》2014年第3期。

端木三:《谈超音步》,《韵律语法研究》2018第2期。

冯胜利:《论汉语的“韵律词”》,《中国社会科学》1996年第1期。

冯胜利:《汉语的韵律、词法与句法》,北京大学出版社1997年版。

冯胜利:《论汉语的“自然音步”》,《中国语文》1998年第1期。

高名凯、石安石:《语言学概论》,中华书局1963年版。

黄伯荣、廖序东:《现代汉语(增订三版)》,高等教育出版社1991年版。

贾媛、熊子瑜、李爱军:《普通话焦点重音对语句音高的作用》,《中国语音学报》2008年第1辑。

江荻:《重音、重调和声调》,《语言教学与研究》2011年第4期。

李爱军:《普通话韵律短语的时长特性分析》,《语音研究报告》1998年版。

李爱军:《普通话对话的韵律短语和语句重音的声学分析》,《现代语音学论文集》,金城出版社1999年版。
李爱军:《汉语口语语篇库:建构与标注》,中国社会科学出版社2021年版。
李爱军:《普通话不同信息结构中轻声的语音特性》,《当代语言学》2017年第3期。
李爱军、祖漪清、李洋、孟昭鹏:《汉语普通话篇章语速变化模式初探》,《声学技术》2007年第4期。
林茂灿:《汉语声调与语调》,《语言文字与应用》2004年第3期。
林茂灿:《语调理论与汉语语调》,《语音研究报告》2005年版。
林茂灿、颜景助、孙国华:《北京话两字组重音的初步实验》,《方言》1984年第1期。
林焘:《探讨北京话轻音性质的初步实验》,《北京语音试验录》,北京大学出版社1985年版。
林焘、王理嘉:《语音学教程》,北京大学出版社1992年版。
刘现强:《现代汉语节奏研究》,北京语言大学出版社2007年版。
路继伦、王嘉龄:《关于轻声的界定》,《当代语言学》2005年第2期。
陆致极:《普通话双音词重中式和中重式声学性质初探》,《汉语学习》1984年第6期。
罗常培、王均:《普通话语音学纲要》,商务印书馆1981年版。
梅晓:《普通话韵律结构的语音特性分析》,硕士学位论文,中国社会科学院研究生院,2010年。
冉启斌、段文君、贾媛:《汉语句重音、焦点问题研究回顾与展望》,《南开语言学刊》2013年第2期。
沈炯:《北京话声调的音域和调域》,《北京语音实验录》,北京大学出版社1985年版。
沈炯:《汉语语势重音的音理》,《语文研究》1994年第3期。
沈炯:《汉语音高载信系统模型》,《中国语言学的新拓展》,香港城市大学出版社1999年版。
沈炯:《考察汉语内部一致性的一种思路》,《新世纪的现代语音学》,清华大学出版社2001年版。
R. L. 特拉斯克(编):《语音学和音系学词典》,语文出版社2000年版。
王蓓:《汉语韵律知觉的研究》,博士学位论文,中国科学院心理研究所,2002年。
王洪君:《试论汉语的节奏类型——松紧型》,《语言科学》2004年第3期。
王洪君:《汉语非线性音系学(增订版)》,北京大学出版社2008年版。
王晶、王理嘉:《普通话多音节词音节时长分布模式》,《中国语文》1993年第2期。
王韫佳:《音高和时长在普通话轻声知觉中的作用》,《声学学报》2004年第5期。
王韫佳、初敏、贺琳:《汉语语句重音的分类和分布的初步实验研究》,《心理学报》2003年第6期。
王志洁、冯胜利:《声调对比法与北京话双音组的重音类型》,《语言科学》2006年第1期。
吴洁敏:《什么是语言的节奏》,《语文建设》1991年第5期。
吴洁敏、朱宏达:《汉语节律学》,语文出版社2001年版。
吴宗济:《普通话语调分析的一种新方法:语句中基本调群单元的移调处理》,英文稿载于1993年《语音研究年报》(中国社会科学院语言研究所内部刊物),中文稿(曹文翻译)载于《吴宗济语言学论文集》,商务印书馆2004年版。
《现代汉语词典》(第6版),商务印书馆2012年版。
徐世荣:《双音缀词的重音规律》,《中国语文》1956年第2期。
徐世荣:《普通话语音常识》,语文出版社1999年版。
许洁萍、初敏、贺琳、吕士楠:《汉语语句重音对音高和时长的影响》,《声学学报》2000年第4期。
许希明:《汉语声调支点节奏与英语重音支点节奏》,《解放军外国语学院学报》2013年第5期。
杨璐:《北京话双音节词重音研究》,硕士学位论文,北京大学,2011年。
杨茂霞、陈美华:《语言节奏测量工具发展综述》,《外语电化教学》2021年第4期。
叶军:《节奏说略》,《第五届全国现代语音学术会议论文集》,2001年。
叶军:《现代汉语节奏研究》,上海世纪出版集团2008版。
殷治纲:《汉语普通话朗读语篇节奏研究》,博士学位论文,中国社会科学院大学,2011年。
殷治纲:《基于韵律层级模型的汉语朗读语篇语速研究》,《中国语音学报》2019年第12辑。
殷治纲:《汉语词汇层面的轻重音研究》,《中国语音学报》2021年第16辑。
殷治纲:《基于节拍概念的语言节奏时长描述系统》,《第十二届全国人机语音通讯学术会议论文集》,中国贵阳,2013年。
殷作炎:《关于普通话双音常用词轻重音的初步考察》,《中国语文》1982年第3期。
张家騄、朱维彬、Eva Garding:《汉语句子的韵律结构》,《声学学报》2002年第5期。
赵元任:《中国言语字调的实验研究法》,《科学》1922年第8期。

赵元任：《汉语口语语法》，商务印书馆1968/1979年版。
郑秋豫：《语篇韵律与上层信息》，《语言与语言学（LANGUAGE AND LINGUISTICS）》2008年第3期。
郑秋豫：《语篇的基频构组与语流韵律体现》，《语言与语言学（LANGUAGE AND LINGUISTICS）》2010年第2期。
仲晓波、王蓓、杨玉芳、吕士楠：《普通话韵律词重音知觉》，《心理学报》2001年第6期。
仲晓波、杨玉芳：《国外关于韵律特征和重音的一些研究》，《心理学报》1999年第4期。
仲晓波、郑波、杨玉芳：《关于普通话韵律短语重音的实验研究》，《声学学报》2002年第2期。
周韧：《争议与思考：60年来汉语词重音研究述评》，《语言教学与研究》2018年第6期。
周韧：《信息量原则与汉语句法组合的韵律模式》，《中国语文》2007年第3期。

殷治纲
博士，中国社会科学院语言研究所、语言研究所语料库暨计算语言学研究中心副研究员。主要研究领域为语音学、语料库语言学、法律语言学，以及语音和语法、语义、语用的接口研究。
Email：yinzhg@ cass. org. cn

韵律研究

NEUTRAL SPEECH PROSODY IMPOSES PERCEPTIVE ALTERATIONS ON SEMANTIC EMOTION: EVIDENCE FROM A LARGE-SCALE AFFECTIVE RATING EXPERIMENT

TANG Enze, GONG Jie, GUAN Jingjing, DING Hongwei

Abstract Emotion words, as indispensable experiment materials in the psycholinguistics field, have been selected as the stimuli of auditory and cross-modal experiments based on the affective norms collected in the visual modality (written form carried by characters or letters). However, the influence of the default neutral speech prosody carrier on lexical emotion perception has been neglected. Therefore, this study aims to reveal the asymmetrical cross-modal lexical emotion perception by a large-scale affective rating experiment, and to connect the behavioral perception with acoustic parameters provided by two involved speakers. Specifically, this study collected affective ratings for 195 two-character Chinese emotion adjectives from 361 university students in both visual and auditory modalities, which measured familiarity, valence, arousal, dominance and intensity variables. Results indicated that the valence variable showed a neutrality convergence in the auditory modality, but emotion intensity remained unchanged. Acoustic analyses manifested that the speech-engendered perception differences in dominance and arousal were subject to speaker-oriented individual differences in duration, F_0 variation and voice quality. This research is among the first to explicate the cross-modal asymmetrical nature and challenge the acknowledged juxtaposition of affective comprehension in the visual modality and the default auditory condition carried by neutral intonation. Researchers are suggested to manage the acoustic features even for neutral auditory stimuli to assure their functions as fillers or controls, and future emotional speech databases also need to report the affective norms in both modalities.

Keywords Neutral speech prosody, Semantic emotion, Affective rating, Cross-modal

中性语音韵律影响语义情绪感知：来自大规模情感评价实验的证据

汤恩泽　龚　婕　管晶晶　丁红卫

摘　要　情绪词是心理语言学研究的重要材料。研究者在实验选材时，多根据视觉模态下文字载体的常模数据平衡情绪词的情感维度，并直接用于多模态、跨通道范式中，忽略了语音载体对词汇情感知觉的影响。因此，本文旨在通过大规模情感评价实验揭示语义情绪感知的跨模态非对称性，同时分析两位发音人的声学参数，探究以中性韵律为基线载体的听觉模态下，情绪语义感知变化的个体差异。

首先，本文进行了一项大规模的情感评价实验。实验邀请了361名大学生参加，选取了195个汉语双字情绪形容词，建立了视觉（文字载体）和听觉（语音载体）模态下的3种测试条件，即视觉条件、男性发音人听觉条件、女性发音人听觉条件，并从熟悉度、效价、唤醒度、支配度、强度5个情感维度分别测量各条件下的语义情绪感知数据。行为实验数据表明，作为语音载体的中性韵律导致情绪效价呈现“趋中”现象，而情感强度保持不变。另外，男性发音人听觉条件下的优势度和唤醒度评价与视觉条件存在较大差异，而女性发音人听觉条件与视觉条件的结果相似。因此，不同发音人条件下的情绪语义感知差异的程度不同，存在个体差异。

基于此，本文对两位发音人的音频进行了声学分析和主观评价。声学分析表明，男性发音人的倒谱凸显峰值更高，基频范围更窄，发音时间更长，在声学参数上更贴近中性韵律。此外，对男女发音人的音频主观评价表明，男性发音人的嗓音表现更具吸引力，中性韵律特征更强，对情绪语义判断产生的影响更强烈。因此,发音人的嗓音特质及音频的声学特征可能对跨模态情绪语义感知造成不同维度、不同程度的影响。

该研究明确揭示出视觉与听觉基线条件下语义情绪感知的非对称性。传统观点认为,视觉的语义情绪感知和中性韵律搭载的基线听觉感知结果相同,即中性韵律对语义情绪感知没有影响。然而,本文采用大规模情感评价实验结合声学分析的方法首次揭示出中性韵律有可能造成语义情绪感知偏移,且这种感知偏移并非一概而论,而是受限于发音人的音质、中性表现程度等声学信息和主观感受上的个体差异。因此,本文对传统的跨模态感知对等观点提出质疑,建议研究者严格控制中性听觉材料并根据听觉模态下得到的情感常模选择并平衡情绪词材料,也呼吁今后建设的情绪词语料库分别报告视觉和听觉模态的常模数据。

关键词 中性韵律,语义情绪,情感评价,跨模态

1. INTRODUCTION

The semantic emotion perception (SEP) of verbal contents has long been a research concern in the field of psycholinguistics, and the research scope has been developing over time, especially in the Chinese context. Previous SEP studies in Chinese mostly investigated the affective characteristics and neurological mechanisms of Chinese words in the written form (Gu, Wang, Beltrán, Liu, Liang, Wang & de Vega, 2021; Jiang, Li, Liu, Luo, Luu & Tucker, 2014). Recently, a set of research that continued exploring Chinese SEP in the visual modality (written form carried by characters) classified emotion word subtypes in a more detailed way (Liu, Fan, Tian, Li & Feng, 2022), while other studies extended the research scope to the cross-modal domain and adopted classic selective attention paradigms (Bugg & Crump, 2012). Interestingly, these multisensory experiments in the Chinese context (Lin, Ding & Zhang, 2020) found that semantic emotion was less salient than both prosodic and facial emotion, indicating that SEP may be subjected to the influence of affective prosody in the auditory domain. In addition to linguistic experiments, emotion word database construction also represents an important research front of SEP. Existing Chinese emotion word databases (Xu, Li & Chen, 2022; Yao, Wu, Zhang & Wang, 2017) have substantially established affective norms of a large number of Chinese words, but most of them, if not all, only collected the perceptive statistics in the visual modality. Such a status quo of Chinese SEP research manifests that although the cross-modal perspective has been introduced into this field, scholars' attention to SEP in the default condition (with the carrier of neutral prosody) of the auditory modality did not promptly follow.

The aforementioned viewpoint of shared default SEP across the two modalities might have elicited deficiencies in experiment stimuli selection and the ensuing statistical analyses. In fact, these cross-modal studies commonly referred to the rating statistics obtained from the visual modality to balance affective variables in advance, but such criteria for stimuli selection seemed to be problematic in that the default SEP in the auditory modality could be fundamentally different from that in the visual modality. Growing evidence has supported this consideration of cross-modal discrepancy in semantic perception. According to the B & S model, prosodic segmentation and phoneme identification are activated before the semantic processing in the auditory domain, and the Action-Event Schema for semantic processing in the ventral stream is language-internal irrespective of the world interaction (Arbib, 2017), which is different from the semantic processing in the visual modality. It has also been suggested that auditory semantic decoding requires active modification with a co-activation of the articulation muscle motors (Chen, 2021). Pertaining to what may have caused the uniqueness of auditory semantic perception, the complex interaction between prosody and lexical meaning may provide some insights (Zhang & Dang, 2018), especially as the prosody carrier has been claimed to map directly to the social concepts irrespective of the word per se and would further affect the semantic processing of spoken words (Kim & Summer, 2017). Therefore, the findings of prior research concerning the SEP changes caused by affective prosody seem to be more appropriately compared to the baseline SEP in the auditory modality, rather than directly to the visual default data.

Enlightened by these findings, it is necessary and significant to provide empirical evidence on how the neutral intonation, as the carrier of the auditory default condition, modulates SEP. Over recent years, although the influence of affective prosody on SEP in the Chinese context has earned an increasing attention (Lin et al., 2020), the interaction between neutral intonation and SEP has been scantly explored. With the involvement of vocal performance in the auditory words, speaker-oriented individual differences may exist, which can moderate the comparative results of cross-modal SEP. In a general view, differences in speech production between males and females have been commonly recognized (Wu, Kong, Fang & Wei, 2020). Moreover, speech-related characteristics were also proposed to influence listeners' perceptions. For instance, stylistic prosodic features of the speakers can represent the critical ingredients of the speaker's "inner self" (Podesva & Patrick, 2015), and the voice attractiveness and preferences also vary in different population groups (Peng, Hu & Liu, 2020).

Therefore, the present study aims to explore whether and how neutral speech prosody influences the perception of five affective variables at the lexical level, i.e., valence, arousal, dominance, intensity and familiarity. The emotion-label words were employed to amplify the prominence of semantic emotion. With the rating experiment and acoustic analyses, we try to reveal (1) whether the perception of semantic emotion is altered by neutral speech prosody, and (2) how individual stylistic differences in acoustic features affect the magnitude of influence.

2. METHOD

2.1 Participants

A total of 361 university students (18 – 31 y/o, M = 21.12, SD = 2.31) from Shanghai Jiao Tong University took part in the study and were compensated with money or course credit for 30-minute tests. There were 172 (47.65%) male and 189 (52.35%) female participants, and all reported normal or corrected-to-normal vision, normal hearing and no history of psychiatric or neurological disorders.

2.2 Word samples

Only emotion-label and neutral adjectives were included. Words that satisfy any of the proposed criteria (Song & Zhang, 2012) were regarded as adjectives. Since disyllabic Chinese words have been widely used in previous cross-modal and multisensory perception experiments (Lin, Ding & Zhang, 2021), disyllabic words were consistently selected. Other exclusion criteria include (1) words with low frequency (e.g., 哀戚, "sad and sorrowful"); (2) words that are semantically ambiguous or can be allocated to more than one emotional category (e.g., 悲愤, "sad and angry"); (3) homonyms that suit for more than one emotional category (e.g., 激奋/激愤, "excited and joyful" / "excited and angry").

There were two major sources for word selection. The first source was Language Situation in China published yearly by the National Language Commission (NLC), Ministry of

Education, PRC (2011 – 2018), which collected words used in China's official media outlets. The second source was a compilation of arousal and valence ratings for 11,310 simplified Chinese words (Xu, et al., 2022), which provided a substantial pool of qualified words for psychological rating. Since prior studies mostly mixed emotion-label with emotion-laden words, several emotion-label words that have not been previously assessed were added by the authors to adequately represent all basic emotional categories (Ekman, 1992).

In total, 195 Chinese words were selected in the present study, including 135 emotional words [25 anger (AN), 25 happiness (HA), 25 sadness (SA), 20 fear (FE), 20 surprise (SU), 20 disgust (DI)] and 60 neutral words (NE). All words were divided into three lists of 65 words, roughly matching on emotional categories and familiarity.

2.3 Auditory stimuli

All 195 words were recorded in neutral prosody by one native Mandarin Chinese male speaker (23 y/o) and one female speaker (21 y/o), both of whom acquired the certificate for Mandarin Second Class Grade A. The AKG C544L Headset microphone was placed 5 cm from the corner of the speaker's mouth, and connected to AVID Mbox Mini, which was connected to a MacBook Pro laptop. Stimuli were recorded and digitized by Speech Recorder (Version 6.3.4) at 44.1 kHz sampling rate and 16 bit resolution in a quiet sound-treated booth.

Throughout the recording, each speaker was instructed to pronounce the lexical items naturally in a neutral intonation, and was required to repeat unqualified words till satisfaction. Afterwards, the edited auditory stimuli were assessed by one linguistics professor and four graduate students who majored in linguistics to ensure that all auditory stimuli accurately conveyed the intended neutral intonation. The corresponding words of auditory stimuli with inconsistent judgement were re-recorded until the speech prosody of all recordings was consistently labeled as neutrality. In total, 390 auditory stimuli were generated.

2.4 Procedure

Experimental materials were presented in three conditions of two modalities, including the visual condition (VC), male-speaker auditory condition (MC), and female-speaker auditory condition (FC). Five affective variables were measured on seven-point Likert scales, including familiarity, valence, arousal, dominance, and intensity. It is noteworthy that prior research defined the rating scale for intensity as one for "not emotional" and seven for "very emotional" (Lin & Yao, 2016). Considering that all included emotion words conveyed at least a medium level of affective message, the intensity was defined as the degree to convey the target emotion in the present study (Pinheiro, Dias, Pedrosa & Soares, 2017), with one for "weak degree of the target emotion" and seven for "intense degree of the target emotion". For neutral words, seven meant the word intensively or exclusively had only one neutral meaning, and a lower score meant the word could implicitly arouse other emotions (e.g., 彩旗, "colored flag"). Hence, the numerical marker one suggested extremely unfamiliar, very negative, very calm, completely out of control, and low intensity, while seven indicated very familiar, very positive, very excited, completely in control, and high intensity. To avoid the fatigue effect, five variables were rated in two blocks. Therefore, 18 questionnaires (3 lists × 3 presentation conditions × 2 blocks) were prepared. In each questionnaire, the written or auditory materials were pseudo-randomized to ensure that no more than two consecutive words were from the same emotion type. Moreover, different variables in each block were separately presented. Participants were designed to finish all ratings of the first variable before moving on to the next one, which controlled the interactive influence.

Following the essence of instructions in prior studies (Lin & Yao, 2016; Xu et al., 2022), essential announcements were given to participants before the formal assessment. All definitions and explanations were then imparted to raters in Chinese, followed by typical examples at the polar of each parameter to ensure that they understood the instructions. For instance, when the notion of valence was introduced, typical positive words (e. g., 幸运, xìng yùn, lucky) and negative words (e. g., 邪恶, xié è, evil) were then used to further expound the concept of this affective parameter. Afterwards, participants were told that there were no right or wrong answers, and they were encouraged to evaluate the words based on their first impression. Additionally, there was no time limit for each questionnaire, so they could complete the tasks at their own pace.

After the instruction procedure, participants were allowed to formally evaluate the words. Each participant was randomly assigned to one of the 18 questionnaires and completed the rating tasks in a sound-proof experiment booth. Questionnaires were administered in Qualtrics (Provo, UT, USA), an online professional survey platform that could insert auditory clips for evaluation. At the beginning of each questionnaire, clear statements for anonymity and confidentiality were presented, followed by a brief of the experiment tasks. During the experiment, participants wore headphones and sat about 60 cm away from the computer screen. In the visual modality, the words were presented in Arial 12-point font, and they were replaced by clickable button widgets for auditory clips of each word in the other two auditory conditions. For each lexical item of each variable measure, a horizontal bar with seven evenly spaced points was shown. Participants needed to indicate their affective perception responses by clicking the most appropriate numerical score on each scale. After the official rating experiment, participants filled in a separate questionnaire to report their demographic information. On average, it took about 60 minutes for the whole experiment. Figure 1 illustrates the basic structure of the questionnaires.

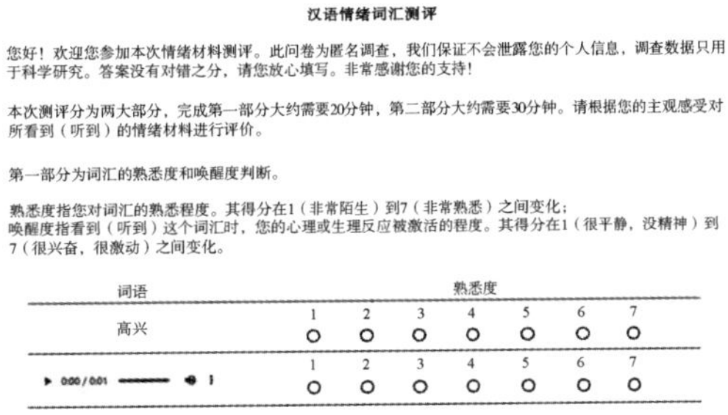
汉语情绪词汇测评

您好！欢迎您参加本次情绪材料测评。此问卷为匿名调查，我们保证不会泄露您的个人信息，调查数据只用于科学研究。答案没有对错之分，请您放心填写。非常感谢您的支持！

本次测评分为两大部分，完成第一部分大约需要20分钟，第二部分大约需要30分钟。请根据您的主观感受对所看到（听到）的情绪材料进行评价。

第一部分为词汇的熟悉度和唤醒度判断。

熟悉度指您对词汇的熟悉程度。其得分在1（非常陌生）到7（非常熟悉）之间变化；
唤醒度指看到（听到）这个词汇时，您的心理或生理反应被激活的程度。其得分在1（很平静，没精神）到7（很兴奋，很激动）之间变化。

词语	熟悉度						
	1	2	3	4	5	6	7
高兴	○	○	○	○	○	○	○
	1	2	3	4	5	6	7
▶ 0:00 / 0:01	○	○	○	○	○	○	○

Fig. 1 Brief illustration of questionnaire structure

2.5 Acoustic Parameter Measures

To statistically exemplify prosodic features, key acoustic parameters, i. e., duration, cepstral peak prominence (CPP) and fundamental frequency (F_0) were automatically extracted with the Praat scripts of Xu (2013). The finals in each disyllabic word were annotated, and inappropriate pitch marks were manually corrected. To illustrate pitch variation, descriptive statistics provided an overview of the average pitch and pitch range by means (M) and standard deviations (SD). Since semitone (ST) reflects the psychology-acoustics relationship (Li, 2002), the values of hertz (Hz) were converted to ST by equation (1),

$$ST = 12 \times \log_2\left(\frac{F_0}{F_{0\_base}}\right) \quad (1)$$

where F_0 refers to the original Hz value, and F_{0_base} refers to a speaker-dependent reference frequency, that is, the 5th percentile of all F_0 values of each speaker (Gao, Ding, Birkholz & Lin, 2021; Yuan & Liberman, 2014). CPP, as a robust measure of breathiness (Esposito, 2010), has shown its advantages over other acoustic perturbation measures, such as shimmer and jitter, to indicate harmonics-to-noise ratio and periodicity (Hillenbrand, Cleveland & Erickson, 1994). Since voice quality has been recognized as a major acoustic cue in shaping the perception of emotions (Scherer, Johnstone & Klasmeyer, 2003), CPP was employed to illustrate this parameter. A p-value of 0.05 was adopted as the significance threshold.

Particular attention was paid to the segmentation and annotation of auditory items. First, since it was possible that the automated segmentation tool engendered unexpected vocal cycle marks, all processed stimuli were manually checked so that the missing marks were added and the redundant ones were deleted. Second, as finals had clearer onset and offset boundaries without noise-like pitch marks (Panda & Nayak, 2016), which could provide more accurate acoustic information, we calculated the articulation duration of the finals as an approximate estimate of the whole syllable duration.

3. RESULTS

3.1 Data screening

We examined participants' ratings and marked out unqualified results from further calculation. We firstly removed 2 (0.55%) participants who generated 80% or higher responses (52 out of 65 words) for the same rating index (except familiarity) across the assigned word list, which indicated noncompliance with the instructions (Yao et al., 2017). Further, we calculated the correlation coefficient (CC) of all participants who rated the list of words under the same emotional index. Three cases (0.83%) were removed as they correlated poorly with others (< 0.10) (Brysbaert, Stevens, De Deyne, Voorspoels & Storms, 2014), and the remaining CC ranged from 0.19 to 0.95. As a result, five participants (1.39%) were excluded before data analysis, resulting in 17 to 21 valid ratings for each questionnaire.

3.2 Affective rating comparison

The collected statistics were representative of each emotional index and category. Descriptive statistics of three basic dimensions, including valence, arousal and dominance, for emotion categorization were presented in Figure 2.

In general, the emotional valence scores for anger, disgust, fear and sadness were lower than three, while that for happiness was higher than six, showcasing a distinct negative or positive preference. Based on the nature of the included emotional categories, valence for neutrality and surprise was around four, which manifested a neutral inclination. Cross-modal similarities were also found in arousal ratings. For example, anger and fear were found the most arousing, whilst sadness and neutrality were among the least. As for dominance, happiness could be controlled the best, whereas fear and surprise were the most uncontrollable emotions.

Within-categorical comparison for emotional intensity showed an average between four and five, which demonstrated an appropriate selection of words to represent each emotional category with a dispersed distribution of emotional intensity. In general, anger ($M = 4.93$, $SD = 1.27$) was regarded as the most intense emotion and disgust ($M = 4.27$, $SD = 0.73$) was the least. The familiarity score for all emotional words was consistently higher than six, ranging from 6.52 ($SD = 0.73$) for surprise to 6.86 ($SD = 0.25$) for happiness.

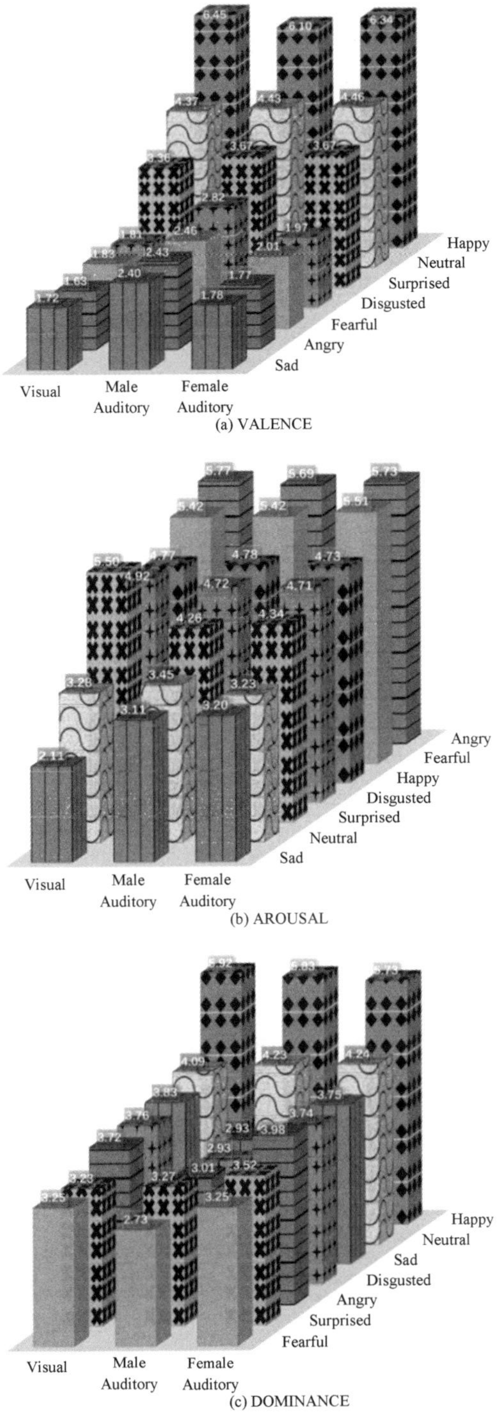

Fig. 2 Cross-modal emotional rating results for (a) valence, (b) arousal and (c) dominance

The significance magnitude was calculated by unpaired t-tests (Table 1). Significant cross-modal differences in valence, arousal and dominance were observed between VC and MC. The perception of valence was altered in emotions with a clear positive/negative inclination, converging on neutrality in the auditory modality. Specifically, negative emotions, such as anger, disgust, fear and sadness, were recognized as more positive, whereas happiness more negative. Differences of cross-modal perception for arousal occurred in sadness, surprise and neutrality, and that for emotional dominance was found in anger, disgust and sadness. No significant result was observed in cross-modal familiarity and intensity scores. A closer observation suggested neutral speech prosody might function in an overall cross-categorical manner, with the relative hierarchical relationship within each index unchanged.

Interestingly, the emotional perception between VC and FC only showed differences in a limited number of emotions, but MC and FC, though both presented the same materials by neutral speech prosody through the auditory modality, elicited noticeable divergence across emotional categories and indices. Therefore, although speech prosody was consistently found influential for semantic emotion perception, its magnitude and effects could be moderated by speaker-oriented individual differences, that is, various stylistic prosodic features and information delivered by different speakers.

Table 1 Pairwise cross-conditional independent t- and p-value (2-tailed) for each emotion. Statistically significant differences are in boldface

CD	Valence		Arousal		Dominance	
	t	p	t	p	t	p
Angry						
V – M	**3.71**	**0.00**	0.37	0.71	**3.70**	**0.00**

续表

CD	Valence		Arousal		Dominance	
	t	p	t	p	t	p
V - F	1.31	0.20	0.71	0.48	**2.16**	**0.04**
M - F	**2.97**	**0.01**	0.36	0.72	**5.12**	**0.00**
Disgusted						
V - M	**4.13**	**0.00**	1.11	0.28	**3.42**	**0.00**
V - F	**2.13**	**0.04**	0.71	0.48	0.08	0.93
M - F	**3.47**	**0.00**	0.31	0.76	**3.48**	**0.00**
Fearful						
V - M	**3.31**	**0.00**	0.01	0.99	**2.18**	**0.04**
V - F	1.41	0.17	0.49	0.63	0.12	0.91
M - F	**2.16**	**0.04**	0.56	0.58	**2.45**	**0.02**
Happy						
V - M	**3.47**	**0.00**	0.01	0.99	0.94	0.35
V - F	1.32	0.20	0.22	0.83	1.72	0.09
M - F	**2.02**	**0.05**	0.22	0.83	0.81	0.42
Neutral						
V - M	0.59	0.56	**2.77**	**0.01**	1.46	0.15
V - F	0.80	0.57	0.84	0.40	1.69	0.09
M - F	0.25	0.81	**3.72**	**0.00**	0.13	0.89
Sad						
V - M	**3.53**	**0.00**	**2.92**	**0.01**	**3.70**	**0.00**
V - F	0.57	0.30	**3.31**	**0.00**	0.43	0.67
M - F	**3.19**	**0.00**	0.21	0.83	**3.35**	**0.00**
Surprised						
V - M	1.17	0.25	**2.81**	**0.01**	0.22	0.83
V - F	1.06	0.42	**2.61**	**0.02**	1.50	0.14
M - F	0.02	0.98	0.14	0.89	1.24	0.22

Notes: CD = condition; V - M = pairwise comparison between VC and MC; V - F = pairwise comparison between VC and FC; M - F = pairwise comparison between MC and FC.

3.3 Acoustic analyses

To statistically reveal how individual differences in prosodic features affect the magnitude of the prosody-semantics interaction, a series of key acoustic parameters was extracted from the male-speaker and female-speaker auditory stimuli. Three parameters, including duration, CPP and F_0, were found significantly different between the two speakers, which could be correlated with the significantly divergent emotion perception results (Table 2).

Table 2 Acoustic parameters of auditory stimuli reported by mean (standard deviation)

CD	Acoustic Parameters			
	Duration (ms)	CPP (dB)	Mean F_0 (st)	F_0 Range (st)
Angry				
M	240.46 (42.22)	15.62 (2.05)	12.24 (2.88)	7.51 (2.96)
F	231.57 (35.97)	14.53 (0.90)	24.19 (3.37)	9.18 (4.58)
Disgusted				
M	263.22 (42.63)	15.19 (2.28)	11.31 (2.14)	6.86 (2.91)
F	219.28 (45.64)	14.84 (1.34)	24.54 (2.46)	7.28 (3.42)
Fearful				
M	258.75 (40.33)	16.91 (3.08)	12.11 (2.77)	6.04 (3.63)
F	218.26 (50.19)	16.58 (3.03)	25.40 (2.90)	6.65 (4.66)
Happy				
M	268.86 (41.64)	16.51 (2.70)	12.14 (2.88)	5.84 (3.91)
F	254.33 (55.05)	15.79 (1.59)	25.20 (2.57)	6.31 (4.21)
Neutral				
M	234.26 (44.93)	17.11 (3.12)	12.77 (3.32)	5.26 (3.30)
F	275.30 (49.22)	16.03 (1.61)	25.15 (2.92)	5.60 (3.86)

续表

CD	Acoustic Parameters			
	Duration (ms)	CPP (dB)	Mean F_0 (st)	F_0 Range (st)
Sad				
M	267.40 (41.82)	19.29 (3.02)	12.10 (2.43)	4.99 (3.78)
F	262.89 (55.51)	17.07 (2.13)	25.70 (2.38)	5.82 (4.41)
Surprised				
M	253.83 (40.69)	18.46 (2.57)	12.97 (2.32)	5.58 (3.90)
F	252.17 (56.46)	15.51 (1.42)	25.71 (2.33)	5.71 (4.00)

Notes: CD = condition; M = male-speaker auditory condition; F = female-speaker auditory condition.

Independent t-tests on acoustic parameters were repeatedly conducted. Duration of MC recordings was significantly longer in several emotional categories, such as disgust [t(78) = 4.39, $p < 0.001$] and fear [t(75) = 3.93, $p < 0.001$]. As for other categories with emotional words, the duration for finals was also consistently longer in the male speaker's recordings. CPP, as a robust index for the breathiness of voice quality, was higher in MC recordings across all lexical categories, which reached to a significant magnitude in anger [t(33) = 2.37, $p = 0.02$], sadness [t(43) = 2.94, $p = 0.01$], surprise [t(30) = 4.37, $p < 0.001$] and neutrality [t(88) = 2.37, $p = 0.02$]. In fact, the lower CPP of female recordings indicated a higher degree of breathy voice with more vocal noise (Berkson, 2019). As for F0, a reflection of dynamics in pitch, it was not surprising to find that the maximum, minimum and mean pitch values were significantly lower in MC. Compared to the female speaker, F_0 range was found significantly limited in the male expressions for neutral prosody of emotional words, especially in angry words [t(84) = 2.15, $p = 0.03$].

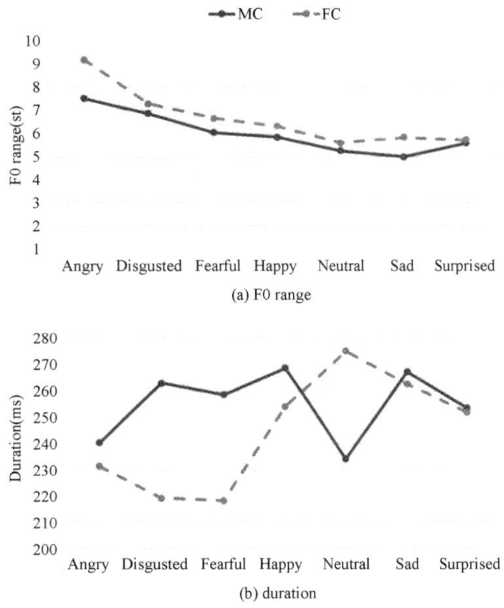

Fig. 3 Within-rater acoustic variation for (a) F0 range and (b) duration across emotion types

A further examination of within-speaker variations on these acoustic parameters was also conducted, which could indicate whether the two speakers were influenced by the semantic emotion while producing the neutral prosody. It was not unexpected that the acoustic features of each speaker were not significantly changed across different emotion types, but certain fluctuation patterns were observed. For example, the male and female speakers both produced a neutral prosody with larger F0 ranges for anger, disgust, fear, and happiness words, compared to neutral words [Figure 3(a)]. Besides the consistent variation trends, divergent acoustic performance of the neutral prosody also existed between the two speakers. For instance, the duration for neutral words was the shortest in the male-speaker recordings, but was the longest in female-speaker recordings [Figure 3(b)]. Moreover, the variation range of duration was larger in the FC (57.04 ms) than in the MC (34.6 ms).

As such, cross-emotion consistent variation patterns and individual differences in prosodic features were found between the two speakers. To compare the absolute acoustic statistics, the auditory stimuli recorded by the male speaker had a longer duration, higher CPP, lower average pitch and smaller pitch range than those of the female speaker. As for the within-speaker variation, similar trends were identified in F0 range for both speakers, whereas individual differences were found in the duration parameter.

4. DISCUSSION

The current study set out to investigate whether and how speech prosody influences the recognition of lexical affective features in 195 Chinese emotion-label adjectives, embodied by valence, arousal, dominance, intensity and familiarity. Results showed that valence perception for angry, disgusted, fearful, happy and sad words was significantly affected by speech prosody. Further, arousal perception altered in sadness, surprise and neutrality, dominance perception changed in anger, disgust and sadness, while the recognition of intensity was independent of presentation modality. However, stylistic prosodic features, including F_0 variation, duration and voice quality, were found to moderate the effects of speech prosody on the perception of semantic emotion.

As significant differences in several emotional ratings were observed, our first implication is that speech prosody does affect the perception of semantic emotion, suggesting that there may not be an exact juxtaposition for cross-modal semantic emotion evaluation. It is noteworthy that the influence of speech prosody is observed to be dimension-specific and emotion-specific. Although participants still complied with the same valence inclination for each emotional category in the two auditory conditions, their judgement for the corresponding magnitude was neutralized by the neutral prosody, showing a converging effect. As for arousal, significantly different responses were found in sadness (low-arousal negative), surprise (high-arousal negative) and neutrality (low-arousal neutral), which could be partially explained by the proactive coping strategies for living challenges found in blind people (Kim & Sutharson, 2021). The dominance feeling was significantly diminished in words with high arousal and low valence. Compared to the visual modality, participants obtained higher dominance when they heard positive words, but felt uncontrollable when they heard negative words. With these observations, we conclude that the perceptive asymmetry and alteration trends of semantic emotion are innate to the cross-modal setting irrespective of the acoustic performance of neutral prosody, such as the perception of intensity and valence. However, the influence of the neutral prosody also showed cross-speaker inconsistency, especially for the arousal and dominance variables, which could be modulated by the speaker-oriented acoustic differences.

Differences in acoustic parameters, as a reflection of stylistic prosodic features, were found to correlate with the divergent results of emotional perception in the auditory modality. In our study, MC recordings, with longer duration, higher CPP, lower mean pitch and smaller F_0 range, significantly influenced the perception for emotional valence and dominance, as compared to FC recordings. This can be explained by the effect of individual differences in stylistic prosody performance. Firstly, CPP can be regarded as a compensatory parameter for emotional prosody expression in tonal languages like Chinese. Due to the pitch restriction effect (Chong, Kim & Davis, 2015; Ross, Edmondson & Seibert, 1986), the difference of CPP between neutral intonation and other emotional prosody is significantly larger in Chinese (Wang, Lee & Ma, 2016). In addition, being affable in the Chinese context (Zhang, 2003), a breathy voice was found used to express emotional prosodies, such as anger and happiness (Murray & Arnott, 1993). Therefore, the female speaker in our study might be affected by the prominent emotional semantics of the emotion-label adjectives, and unconsciously used a more breathy voice while uttering the neutral prosody, which was an emotional speech indicator in Chinese. When participants listened to the recordings with lower CPP, they might tend to perceive the auditory stimuli as emotional, thus conveniently relating to the semantic emotion. Further, the cross-categorical larger pitch range in female recordings also functioned as an emotional indicator, which blurred the effect of neutral prosody on semantic emotion perception. Important as F_0 and temporal information in the production and perception of speech prosody (van de Velde, Khoshchin, ter Beek, Schiller, Frijns & Briaire, 2015), a wider pitch range has been commonly observed while expressing emotional prosody than neutral prosody. For example, high arousal emotions, such as happiness and anger, are characterized by an increased F_0 range (Murray & Arnott, 1993; Scherer, 1986; Scherer, Banse, Wallbott & Goldbeck, 1991). In addition, higher mean F_0 and pitch dynamics were found highly affective in interactions (Xu, 2019). As a result, compared to the recordings of the male speaker, the larger pitch range of the female's recording manifested less neutrality and elicited more emotional echoes in participants. Since prosody dominates over semantics while processing emotional words (Lin et al., 2020), the more neutrality-sounded MC stimuli, with limited pitch range and low mean F_0, significantly neutralized the perception for emotional valence and dominance in the auditory modality. Last, longer duration, or a lengthening of finals, of MC stimuli intensely imposed neutral prosodic cues onto listeners' semantic emotion processing. In addition to the objective acoustic statistics, a further subjective evaluation on the voice attractiveness was carried out. It was found that the recordings of the male speaker in our experiment were reported to sound more attractive and calmer with a higher fulfillment quality on the neutrality intonation, compared to those of the female speaker. This seems to accord with the more prominent perceptive differences between the VC and MC. Hence, other subjective impressions concerning the vocal source and performance also moderated the magnitude of perceptive changes of lexical emotion. To summarize, a higher CPP, smaller pitch range and longer duration in MC stimuli conveyed neutral prosody better, which could significantly neutralize the perception of semantic emotion and establish a tendency for neutral convergence in our auditory modality.

Interestingly, we also observed similar and divergent within-speaker variations in acoustic performance across different emotion types. In the present experiment, two speakers were instructed to pronounce the words in a neutral intonation so that the within-speaker acoustic variation should be minimized. Indeed, the variation of mean F_0 was limited for both the male (within a range of 1.66 st) and the female (within a range of 1.52 st) speaker. However, the variation pattern of duration was different between the two speakers, as neutrality was the shortest for the male speaker but the longest for the female speaker.

We propose two factors that might have affected the production of the neutral prosody and engendered the cross-speaker and cross-emotion acoustic variation. The first factor is the influence of semantic emotion in prosody production, and the second, which is more pertinent to the present experiment, is the unbalanced phonological structure distribution of included words across different emotions. For one thing, the two speakers might unconsciously process the lexical emotion meanings while producing the neutral prosody, so the acoustic variation could approach the corresponding affective prosody. Evidence from several languages has supported that affective prosody was accompanied with typical acoustic features. For instance, the speech rate of emotions with high arousal (e. g., anger and fear) is faster than neutrality, and the F_0 range of most affective prosody types was wider than neutrality (Castro & Lima, 2010; Gangamohan, Kadiri & Yegnanarayana, 2016). As for the verbal contents in Chinese, the speech rate in neutral prosody was slower than in other affective prosody categories except for sadness, while the pitch range of neutral prosody was smaller than that of high arousal emotions (e. g., anger, happiness) and larger than moderate arousal emotions (e. g., sadness) (Wang, Lee & Ma, 2018). Our within-speaker analyses indicated that the adopted neutral prosody moderately accorded with the features of corresponding affective prosody. The F_0 range in the present experiment showed comparable cross-emotion variation trends between the two speakers, with the prosody for angry words the largest, followed by disgust, fear, happy and neutrality. This suggested that both speakers were possibly and similarly affected by the emotional meaning, and tended to introduce the relevant affective prosody features into the production of the neutral prosody. However, this influence of semantic emotion could be controlled by the speakers with certain strategies. In fact, the recordings of the male speaker were perceived as more neutral in our post-hoc subjective assessment, and the voiced duration of his neutral prosody did not show an inclination to the affective prosody. In contrast, the duration of the female speaker's neutral prosody showed similar patterns to the affective prosody. In short, although both speakers successfully produced the neutral prosody, their production could have been affected by different semantic emotions, and the neutral prosody was perceived as more neutral if the speaker breached the commonly recognized acoustic patterns for the corresponding affective prosody. For another, the cross-emotion acoustic variation was subjected to the phonological structure, especially tone combinations, of selected emotion words. In the present experiment, the words of different emotion types were completely different, so the pronunciation of different lexical stimuli could have reasonably caused acoustic variations of the neutral prosody. Recent research has challenged the sound-meaning arbitrariness of human language and argued that systematicity, iconicity and arbitrariness were all functionally contributory (Dingemanse, Blasi, Lupyan, Christiansen & Monaghan, 2015). It is reported that certain phonaesthemes could represent emotional meanings, such as the negative indicator sl-in words like "slum", and such a systematicity in sound-meaning mappings facilitates category comprehension by means of phonological cues (Monaghan, Shillcock, Christiansen & Kirby, 2014). This non-arbitrariness also seems to exist in Chinese emotion words. Of all included emotion words in our experiment, the statistical distribution of four tones was not strictly balanced across different emotion types. In specific, anger had the highest proportion of characters with tone 4 (37 out of 50, 74.0%), disgust had the most proportional tone 3 characters (8 out of 40, 20.0%), neutrality had the most tone 2 characters (46 out of 120, 38.3%), while the proportion of tone 1 characters was the highest in sadness (21 out of 50, 42.0%). Hence, since the pronounced words with different tones and disyllabic combinations could affect the production of neutral prosody, cross-speaker and cross-emotion variations of acoustic parameters might occur.

Several limitations are acknowledged. First, more speakers should be involved to assess the emotional indices, and finer annotations based on automatic editing and manual examination are needed. Second, the criteria for word selection should be more rigorously controlled. For example, different aspects of one emotional category, such as happiness/joy and pleasant/unpleasant surprise, may bias the overall perception of emotion. Further, as the neutral prosody seems to impose affective features on SEP, the emotion density embodied in the neutral prosody may be subjected to different elicitation methods for its production. It is thus worthwhile to explore whether SEP manifests divergent patterns with the modulation of neutral prosody produced in different settings.

5. CONFLUEIONS

By comparing the affective ratings of five variables for 195 emotion-label Chinese adjectives across visual and auditory modalities among 361 participants, this research challenges the traditional concept that semantic emotioin perception in the default condition of the visual and auditory modalities is identical. In fact, the neutral prosody carrier could be regarded as a special case of affective prosody as it imposes perceptive changes in lexical emotion, especially for valence, arousal and dominance dimensions, and thus the acknowledged juxtaposition between visual modality and the neutral-intonation auditory condition may not exist. However, such cross-modal alterations were found subjective to speaker-oriented individual differences in stylistic prosodic features. Therefore, researchers need to pay extra attention to controlling the acoustic features of the neutral auditory stimuli to ensure that they are fully satisfactory and precise to serve as the control or filler trials in relevant experiments. Future audiovisual experiments and emotional speech databases are suggested to draw on these findings and evaluate more detailed emotional statistics.

6. ACKNOWLEDGEMENTS

This work was supported by the Major Project of China National Social Science Foundation "精神障碍人群语料库建设及面向脑科学和人工智能的语言研究" (18ZDA293) and SONOVA. Many thanks to comments from anonymous reviewers.

REFERENCES

Berkson, K. H. (2019). Acoustic correlates of breathy sonorants in Marathi. *Journal of Phonetics*, *73*.

Brysbaert, M., Stevens, M., De Deyne, S., Voorspoels, W., & Storms, G. (2014). Norms of age of acquisition and concreteness for 30, 000 Dutch words. *Acta Psychologica*, *150*.

Bugg, J. M., & Crump, M. J. C. (2012). In support of a distinction between voluntary and stimulus-driven control: A review of the literature on proportion congruent effects. *Frontiers in Psychology*, *3* (367).

Castro, S. L., & Lima, C. F. (2010). Recognizing emotions in spoken language: A validated set of Portuguese sentences and pseudosentences for research on emotional prosody. *Behavior Research Methods*, *42*.

Chen, Z. (2021). The characteristics of speech perception and their anatomical and physiological mechanisms. *Chinese Journal of Phonetics*, 1. (陈忠敏:《语音感知的特点及其解剖生理机制》,《中国语音学报》2021年第1期。)

Chong, C. S., Kim, J., & Davis, C. (2015). Exploring acoustic differences between Cantonese (tonal) and English (non-tonal) spoken expressions of emotions. In *Proceedings INTERSPEECH 2015 – 6th Annual Conference of the International Speech Communication Association*, Dresden, Germany.

Dingemanse, M., Blasi, D. E., Lupyan, G., Christiansen, M. H., & Monaghan, P. (2015). Arbitrariness, iconicity, and systematicity in language. *Trends in Cognitive Sciences*, *19*(10).

Ekman, P. (1992). An argument for basic emotions. *Cognition and Emotion*, *6*(3–4).

Esposito, C. M. (2010). The effects of linguistic experience on the perception of phonation. *Journal of Phonetics*, *38*(2).

Gangamohan, P., Kadiri, S. R., & Yegnanarayana, B. (2016). Analysis of emotional speech-a review. In A. Esposito & L. C. Jain (Eds.) *Toward robotic socially believable behaving systems-Volume I*. Cham, Switzerland: Springer.

Gao, Y., Ding, H., Birkholz, P., & Lin, Y. (2021). Comparing fundamental frequency of German vowels produced by German native speakers and Mandarin Chinese learners. *JASA Express Letter*, *1*, 075203.

Gu, B., Wang, H., Beltrán, D., Liu, B., Liang, T., Wang, X., & de Vega, M. (2021). Embodied processing of disgust in Mandarin words: An ERP study. *Journal of Neurolinguistics*, *58*, 100981.

Hillenbrand, J., Cleveland, R. A., & Erickson, R. L. (1994). Acoustic correlates of breathy vocal quality. *Journal of Speech, Language, and Hearing Research*, *37*.

Jiang, Z., Li, W., Liu, Y., Luo, Y., Luu, P., & Tucker, D. M. (2014). When affective word valence meets linguistic polarity: Behavioral and ERP evidence. *Journal of Neurolinguistics*, *28*.

Kim, S. K., & Sumner, M. (2017). Beyond lexical meaning: The effect of emotional prosody on spoken word recognition. *The Journal of the Acoustical Society of America*, *142*(1), EL49 – EL55.

Kim, H. N., & Sutharson, S. J. (2021). Emotional valence and arousal induced by auditory stimuli among individuals with visual impairment. *British Journal of Visual Impairment*.

Li, A. (2002). Prosodic analysis on conversations in Standard Chinese. *Chinese Language*, *6*, 525 – 535. (李爱军:《普通话对话中韵律特征的声学表现》,《中国语文》2002年第6期。)

Li, A., & Li, Z. (2022). Prosodic realization of tonal target and F0 peak alignment in Mandarin neutral tone. *Language and Linguistics*, *23*(1).

Lin, Y., Ding, H., & Zhang, Y. (2020). Prosody dominates over semantics in emotion word processing: Evidence from cross-channel and cross-modal Stroop effects. *Journal of Speech, Language, and Hearing Research*, *63*(3).

Lin, Y., Ding, H., & Zhang, Y. (2021). Unisensory and multisensory Stroop effects modulate gender differences in verbal and nonverbal emotion perception. *Journal of Speech, Language, and Hearing Research*, *64*(11).

Lin, J., & Yao, Y. (2016). Encoding emotion in Chinese: a database of Chinese emotion words with information of emotion type, intensity, and valence. *Lingua Sinica*, *2*(6).

Liu, J., Fan, L., Tian, L., Li, C., & Feng, W. (2022). The neural mechanisms of explicit and implicit processing of Chinese emotion-label and emotion-laden words: Evidence from emotional categorisation and emotional Stroop tasks. *Language, Cognition and Neuroscience*.

Monaghan, P., Shillcock, R. C., Christiansen, M. H., & Kirby, S. (2014). How arbitrary is language? *Philosophical Transactions of the Royal Society B*, *369*(1651), 20130299.

Murray, I., & Arnott, J. L. (1993). Towards the simulation of emotion in synthetic speech: A review of the literature on human vocal Emotion. *Journal of the Acoustic Society of America*, *93*(2).

National Language Commission, Ministry of Education, PRC. (2011 – 2018). *Language situation in China*. Beijing: The Commercial Press.

Panda, S. P., & Nayak, A. K. (2016). Automatic speech segmentation in syllable centric speech recognition system. *International Journal of Speech Technology*, *19*.

Peng, Z. K., Hu, Z. G., & Liu, H. Y. (2020). Individual differences in voice attractiveness evaluation. *Chinese Journal of Clinical Psychology*, *28*(3). (彭志康、胡治国、刘宏艳:《嗓音吸引力评价的个体差异》,《中国临床心理学杂志》2020年第3期。)

Pinheiro, A. P., Dias, M., Pedrosa, J., & Soares, A. P. (2017). Minho Affective Sentences (MAS): Probing the roles of sex, mood, and empathy in affective ratings of verbal stimuli. *Behavior Research Methods*, *49*(2).

Podesva, R. J., & Patrick, C. (2015). Voice quality and identity. *Annual Review of Applied Linguistics*, 35.

Qualtrics. Provo, UT, USA. Retrieved Nov. 19, 2021, from https://www.qualtrics.com/.

Ross, E. D., Edmondson, J. A., & Seibert, G. B. (1986). The effect of affect on various acoustic measures of prosody in tone and non-tone languages-a comparison based on computer-analysis of voice. *Journal of phonetics*, 14.

Russell, J. A., & Mehrabian, A. (1977). Evidence for a three-factor theory of emotions. *Journal of Research in Personality*, *11*(3).

Scherer, K. R. (1986). Vocal affect expression: A review and a model for future research. *Psychological Bulletin*, *99*(2).

Scherer, K. R., Banse, R., Wallbott, H. G., & Goldbeck, T. (1991). Vocal cues in emotion encoding and decoding. *Motivation and Emotion*, *15*(2).

Scherer, K. R., Johnstone, T., & Klasmeyer, G. (2003). Vocal expression of emotion. In R. J. Davidson, K. R. Scherer & H. H. Goldsmith (Eds.) *Handbook of affective sciences* (pp. 433 – 456). New York: Oxford University Press.

Song, Y., & Zhang, R. (2012). Further discussion about the distinctive standards of Chinese adjectives. *Journal of Hebei University of Science and Technology (Social Sciences)*, *12*(2). (宋亚云、张蓉:《再谈汉语形容词的鉴别标准》,《河北科技大学学报》(社会科学版)2012年第12卷第2期。)

Speech Recorder. Institute of phonetics and speech processing, Ludwig-Maximilians-Universität München (LMU). Retrieved Nov. 19, 2021, from https://www.bas.uni-muenchen.de/Bas/software/speechrecorder/.

Van de Velde, D. J., Khoshchin, A., ter Beek, L., Schiller, N. O., Frijns, J. H. M., & Briaire, J. J. (2015). Discrimination of emotional and linguistic prosody with cochlear implant simulations. In *Proceedings of the 18th International Congress of Phonetic Sciences (ICPhS)*, Glasgow, UK.

Wang, T., Lee, Y.-c, & Ma, Q. (2016). An experimental study of emotional speech in Mandarin and English. In *Proceedings Speech Prosody* 2016, Boston, USA.

Wang, T., Lee, Y.-c., & Ma, Q. (2018). Within and across-language comparison of vocal emotions in Mandarin and English. *Applied Sciences*, *8*(12).

Wu, X., Kong, J., Fang, Q., & Wei, J. (2020). Mutual effect of vowel and tone based on Dong language. *Chinese Journal of Phonetics*, *1*. (吴西愉、孔江平、方强、魏建国:《元音和声调的相互作用——以侗语为例》,《中国语音学报》2020年第1期。)

Xu, R. (2019). Placing social types through prosodic variation: An investigation of spatial meanings in Mainland China. In*Proceedings of the Linguistic Society of America (L SA)*, *4*(42).

Xu, X., Li, J., & Chen, H. (2022). Valence and arousal ratings for 11, 310 simplified Chinese words. *Behavior Research Methods*, *54*.

Xu, Y. (2013). ProsodyPro-A tool for large-scale systematic prosody analysis. In *Proceedings of Tools and Resources for the Analysis of Speech Prosody (TRASP* 2013). *Laboratoire Parole et Langage, France*, Aix-en-Provence, France.

Yao, Z., Wu, J., Zhang, Y., & Wang, Z. (2017). Norms of valence, arousal, concreteness, familiarity, imageability, and context availability for 1,100 Chinese words. *Behavior Research Methods*, *49*(4).

Yuan, J., & Liberman, M. (2014). F_0 declination in English and Mandarin Broadcast News Speech. *Speech Communication*, *65*.

Zhang, S. (2003). *Chinese broadcasting announcing*. Beijing: Beijing Broadcasting Institute Press. (张颂:《中国播音学》,北京广播学院出版社2003年版。)

Zhang, G., & Dang, J. (2018). Progress in neural mechanism underlying speech information processing. *Chinese Journal of Phonetics*, *2*. (张高燕、党建武:《言语信息处理的脑神经机制研究进展》,《中国语音学报》2018年第2期。)

TANG Enze

M. A., Speech-Language-Hearing Center, School of Foreign Languages, Shanghai Jiao Tong University. His research interests include mental lexicon representation, affective prosody and cross-modal perception.

Email: tangenze@ sjtu. edu. cn

GONG Jie

M. A., Speech-Language-Hearing Center, School of Foreign Languages, Shanghai Jiao Tong University. Her research interests include phonetic analysis and clinical audiometry.

Email: gongjie. jessie@ sjtu. edu. cn

GUAN Jingjing

Ph. D, CCC-A, Director at SONOVA Innovation Center, Shanghai. Her research interests include assistive listening devices and auditory health.

Email: jingjing. guan@ sonova. com

DING Hongwei

Ph. D, Professor at School of Foreign Languages, Shanghai Jiao Tong University. Her research interests include L2 speech acquisition, neuropsychological mechanisms underlying speech prosody in patients with mental disorders, speech intelligence. She is the corresponding author of this paper.

Email: hwding@ sjtu. edu. cn

APPENDIX

Emotion words adopted in the formal experiment.

ID	Word	ID	Word	ID	Word	ID	Word	ID	Word	ID	Word	ID	Word	ID	Word
AN001	窝火	HA001	开心	SA001	悲哀	DI001	烦人	FE001	心慌	SU001	吃惊	NE001	居中	NE031	和平
AN002	发怒	HA002	欢欣	SA002	伤心	DI002	嫌弃	FE002	慌张	SU002	惊人	NE002	中间	NE032	常常
AN003	生气	HA003	欢愉	SA003	憋屈	DI003	不屑	FE003	惊悚	SU003	惊奇	NE003	寻常	NE033	平缓
AN004	恼火	HA004	欢喜	SA004	哀伤	DI004	烦腻	FE004	惊恐	SU004	惊惶	NE004	中分	NE034	平稳
AN005	狂怒	HA005	欣喜	SA005	心酸	DI005	嫌恶	FE005	慌乱	SU005	惊急	NE005	中央	NE035	无感
AN006	烦躁	HA006	欢乐	SA006	悲愁	DI006	恶心	FE006	惊吓	SU006	惊愕	NE006	中心	NE036	平等
AN007	不快	HA007	欢快	SA007	伤感	DI007	鄙夷	FE007	惊惧	SU007	惊讶	NE007	中枢	NE037	合理
AN008	不悦	HA008	高兴	SA008	哀痛	DI008	反感	FE008	惊骇	SU008	惊诧	NE008	通常	NE038	同等
AN009	恼怒	HA009	兴奋	SA009	悲痛	DI009	讨厌	FE009	惶恐	SU009	惊异	NE009	均衡	NE039	平淡
AN010	不满	HA010	欣慰	SA010	心痛	DI010	抵触	FE010	恐慌	SU010	惊叹	NE010	均匀	NE040	匀称
AN011	不爽	HA011	欢畅	SA011	压抑	DI011	可恶	FE011	恐惧	SU011	惊惑	NE011	通俗	NE041	平和
AN012	痛恨	HA012	怡然	SA012	失落	DI012	鄙视	FE012	胆怯	SU012	惊怔	NE012	中层	NE042	平静
AN013	大怒	HA013	愉快	SA013	心碎	DI013	不堪	FE013	可怕	SU013	震惊	NE013	相同	NE043	合适
AN014	暴怒	HA014	愉悦	SA014	沉痛	DI014	厌烦	FE014	吓人	SU014	受惊	NE014	中和	NE044	沉静
AN015	愤恨	HA015	得意	SA015	绝望	DI015	腻烦	FE015	瘆人	SU015	愕然	NE015	安详	NE045	和睦
AN016	愤懑	HA016	满足	SA016	难过	DI016	作呕	FE016	惧怕	SU016	错愕	NE016	中等	NE046	普通
AN017	怨恨	HA017	喜悦	SA017	委屈	DI017	厌恶	FE017	犯怵	SU017	意外	NE017	安稳	NE047	永恒
AN018	气愤	HA018	满意	SA018	感伤	DI018	厌倦	FE018	忌惮	SU018	诧异	NE018	中立	NE048	冷静
AN019	暴躁	HA019	喜庆	SA019	可怜	DI019	抗拒	FE019	畏惧	SU019	讶异	NE019	安静	NE049	稳定
AN020	愤怒	HA020	称心	SA020	苦闷	DI020	厌弃	FE020	害怕	SU020	震撼	NE020	安定	NE050	普遍
AN021	盛怒	HA021	快活	SA021	沮丧							NE021	折中	NE051	一般
AN022	躁怒	HA022	幸福	SA022	惨痛							NE022	平均	NE052	适中
AN023	痛愤	HA023	快乐	SA023	痛心							NE023	平常	NE053	日常
AN024	怄气	HA024	畅快	SA024	郁闷							NE024	平时	NE054	正常
AN025	负气	HA025	雀跃	SA025	抑郁							NE025	平凡	NE055	静止
												NE026	中庸	NE056	固定
												NE027	平衡	NE057	适度
												NE028	时常	NE058	静谧
												NE029	平滑	NE059	恰当
												NE030	和谐	NE060	适当

跨民族语背景双语者对汉语焦点韵律编码的感知研究

刘增慧　景　佳

摘　要　本研究采用理解任务，通过控制焦点位置和焦点韵律的编码结构来探讨跨民族语背景双语者对汉语焦点韵律编码的理解。共有30位汉语单语者和70位不同民族语背景的双语者参与实验。实验结果表明：汉语单语者能够区分汉语的各个焦点条件，全句宽焦点不仅耗时最长，且正确率最低；其次句末焦点；句首焦点和句中焦点耗时最短，且正确率最高。对于双语者总体而言，全句宽焦点和句末焦点不仅耗时最长，且正确率最低；其次是是句中焦点和句首焦点。不同于汉语单语者，双语者对于句首焦点和句中焦点的正确率均不高。白—汉、藏—汉双语者和汉语单语者的表现较为接近，而彝—汉、维—汉和纳西—汉双语者和汉语单语者的表现差异较大。因此，本研究认为跨民族语背景双语者对汉语焦点韵律编码的理解和汉语单语者相比，存在一定差异。双语者的母语背景对焦点韵律解码过程存在一定影响，且不同母语背景的双语者之间并不完全一致。
关键词　跨语言，焦点韵律，感知和理解

A STUDY ON CROSS-LANGUAGE BACKGROUND BILINGUALS PERCEPTION AND COMPREHENSION OF PROSODIC FOCUS-MARKING IN MANDARIN

LIU Zenghui, JING Jia

Abstract This study uses prosodic focus-marking decoding task to test cross-language background bilinguals' perception and comprehension of prosodic focus-marking in Mandarin. The present study aims at examining the difference between bilinguals and monolinguals in decoding prosodic focus-marking and discussing language universal and language specific Characteristics in the process of decoding prosodic focus-marking. Thirty native Mandarin speakers and 70 cross-language background bilinguals participated in the experiment. Specifically, 28 Bai-Mandarin, 12 Yi-Mandarin, 9 Tibetan-Mandarin, 12 Uygur-Mandarin, and 9 Naxi-Mandarin bilinguals were included in the present study. All the bilingual participants were college students or teachers, who started their Mandarin education at ages 4 to 6. All the bilinguals were screened by a questionnaire concerning language use and language attitude. An experiment based on the E-prime platform performing a comprehension task was conducted. In the experiment, the position of focus and the structure of focus type were controlled to examine the effect of focus and focus types. Auditory stimuli were played to all the participants. The participant's task was to choose the most suitable response as answer to Question-Answer dialogues. The reaction time and correct responses were automatically collected by E-prime platform. Mixed-effect modeling was used for analyzing the results of reaction time, and binominal logistic regression was used for analyzing the results of response accuracy.

The results showed that Mandarin-speaking monolinguals could distinguish different focus conditions and they spent the longest time on broad focus conditions the response accuracy was the lowest. However, Mandarin monolinguals showed the highest response accuracy identifying sentence-initial and medial focus. Grouping all the bilinguals as a group, the results showed that bilingual speakers could distinguish different focus conditions in Mandarin. Bilingual speakers also spent the longest time identifying broad focus with the lowest response accuracy. In addition, bilinguals showed the highest response accuracy in identifying sentence-initial and medial focus. Different from Mandarin-speaking monolinguals, bilinguals showed no difference between sentence-initial and sentence-medial focus in reaction time and response accuracy. Taking the reaction time and response accuracy results together, the present study showed that Bai-Mandarin and Tibetan-Mandarin bilinguals were similar to Mandarin-speaking monolinguals while Yi-Mandarin, Uygur-Mandarin, and Naxi-Mandarin bilinguals were quite different from Mandarin-speaking monolinguals in terms of comprehending prosodic focus-marking in Mandarin.

The results indicate that both language-universal and language-specific properties play important roles in decoding prosodic focus realization. The present study reveals the effect of language background on the perception and comprehension of prosodic focus-marking. Specifically, bilinguals with different language backgrounds differ in the decoding of prosodic focus-marking. However, the difference in comprehending prosodic focus between Yi-Mandarin and Bai-Mandarin bilinguals cannot simply be attributed to the impact of language background, as Yi-Mandarin and Bai-Mandarin's native language are quite similar in terms of mainly relying on durational variation for encoding focus. In addition, the present study reveals the language universal. Specifically, all the bilingual speakers show the highest response accuracy while using the shortest time in the sentence-initial and sentence-medial focus, which might be the presence of post-focus compression in these positions.

Keywords Cross-language, Prosodic focus-marking, Perception and comprehension

1. 引言

“焦点”这一术语在不同的研究领域拥有多种意义范畴。在本研究中，“焦点”指对于听话人来说一个句子中传递的新信息（Chafe，1976；Gussenhoven，2007）。焦点的编码可通过特殊的形态、句法标记、语序或特殊构式和韵律变化来实现（Gundel，1999；Gussenhoven，2007；Chen，2012；秦鹏，2021）。已有研究对不同语言中焦点的韵律编码方式进行探索，并发现焦点的韵律编码方式存在跨语言差异（Cooper 等，1985；Xu，1999；Gussenhoven，2007；王蓓等，2013）。比如，在以北京语音为标准音的标准汉语中，音高和时长作为主要的韵律参数被用来编码焦点（Xu，1999；Yang & Chen，2017）。具体说来，相对于非焦点成分，焦点成分的音域扩展、时长延长。和汉语类似的编码方式在英语（Cooper，1985）、荷兰语（Chen，2009）、德语（Frey，2006；Baumann，2007）和芬兰语（Arnhold，2016）中也被发现。Xu（1999）提出了焦点对语调的“三区段”调节模式（tri-zone focus adjustment），即：焦点成分音高升高、音域扩大；焦点后音高骤降和音域变窄（post-focus F0 lowering and compression，PFC）。然而，学者们却发现在一些语言中，只有时长被用来编码焦点。比如，白语主要依靠时长而非音高来编码焦点（Liu 等，2014；刘璐等，2020）。与白语类似的焦点韵律编码方式也在德昂语（王玲，2011；王玲等，2011）、彝语（Wang，2011）、佤语（Wang，2011）、粤方言（Bauer，2001；Wu & Xu，2010）以及台湾地区的闽南方言（Chen，2009；Xu，2012）中得以发现。

在关注焦点韵律编码的同时，也有学者关注焦点韵律的解码方式，即探讨听话人能否通过韵律变化来解码信息结构。比如，Chen 等（2012）发现：在北京官话中焦点感知的正确率可达90%以上，而没有“焦点后音高骤降”的台湾地区闽南方言对于焦点感知的正确率仅在60%左右。对于所发现的北京官话和台湾闽南方言在焦点感知上的差异，Chen 等（2009）认为可以归因于“焦点后音高骤降”在台湾闽南方言中的缺失，并进一步阐释道：北京官话句末焦点感知的正确率也只有66.7%，是因为此焦点位置无法实现“焦点后音高骤降”。王玲（2011）对藏语焦点韵律的感知进行了探索，发现和汉语类似的是：藏语焦点感知的正确率颇高，其中句首焦点被感知正确的概率大约为40%，句中为90%左右，句末大约为60%。王蓓等（2013）对维吾尔语的感知研究也发现维吾尔语中各焦点词的正确感知率平均达到90.3%，王蓓等（2013）认为：在维吾尔语中，中性焦点条件的正确率仅为55%，且多数情况下与句首焦点有混淆而较少与句末焦点混淆（6%），这表明中性焦点条件的语调实现方式与句首焦点接近，而不是像北京官话和英语那样与句末焦点接近。

考虑到不同语言中焦点的韵律编码方式存在差异，学界开始关注双语者一语和二语对其焦点韵律实现的影响。一方面,有研究发现双语者在其二语的焦点韵律编码方式和单语者基本一致。比如,Huang和Jun(2011)发现中国英语学习者(开始习得年龄在5—17岁之间)在其二语中采用放置句重音的方式来标记焦点——这一表现和英语母语者十分类似。Chen等(2012)也发现:接受过较多普通话输入和强化训练的、年轻的泉州闽南方言—普通话发音人在其汉语中采用压缩焦点后成分音域的方式来编码焦点,与普通话发音人所采取的方式一致。另一方面,有研究却发现双语者二语的焦点韵律编码和单语者相比有一定差距。比如,王玲(2011)分别考察了德昂—汉双语者产出的德昂语和汉语普通话中焦点韵律的实现方式,发现德昂—汉语双语者不管是说德昂语还是汉语,音高均不用于编码焦点,和德昂语单语者说德昂语时的表现一致。Gut和Pillai(2014)同样发现马来语—英语双语者在他们的英语中只通过变化时长来编码焦点,和英语单语者的表现并不一致。Chen(2012)在较为年长的泉州闽南方言—普通话发音人中,发现其普通话产出中的焦点韵律编码主要依靠的是时长,与普通话发音人存在差异。

已有对双语者焦点韵律习得的探索不仅加深了学界对于焦点韵律实现跨语言差异的理解,更拓宽了双语研究的领域。然而,值得注意的是,已有针对双语者焦点韵律编码的研究多关注于单一母语背景双语者,比如对德昂—汉、台湾闽南话—普通话、回辉话—普通话发音人的探索等,较少关注不同母语背景双语者的横向对比和研究,因而对语言普遍性在语言学习中的影响和作用鲜有讨论。从以往对声调感知的研究可知,熟练掌握非母语方言声调系统的被试对于非母语声调对立的感知方式可以逼近母语者但与母语者依然有差异(王韫佳,2021)。其次,已有研究多关注双语者焦点韵律的产出,对于焦点韵律的感知和理解研究较少。另外,就方法论而言,已有对于焦点韵律感知的研究主要根据被试对给定单句中的某一成分是否“被强调”来进行判断。然而,被听话人感知到的“被强调的成分”究竟是声学信息的凸显,还是感知凸显和信息结构编码之间的直接链接?因此,以探索语言中焦点韵律解码为研究目的,将信息结构纳入考察范围内的理解实验研究亟待开展。

本研究采用焦点韵律解码理解实验任务,通过控制焦点位置和焦点韵律的编码结构来探讨跨民族语背景双语者对汉语焦点韵律编码的理解。在本实验中,被试的任务是判断问答句之间的意义是否合适。具体考察的研究问题包括:(1)双语者的表现是否和单语者一致?(2)不同民族语背景双语者对汉语焦点韵律编码的感知是否一致?(3)母语背景是否对二语焦点韵律编码的感知有影响?(4)语言普遍性和语言特性如何影响焦点韵律的解码过程?

2. 焦点韵律的解码理解实验

2.1 实验刺激采样

实验材料由问答组成,选自曾蕾(2020)考察汉语单语者焦点韵律编码的产出数据,是在图片游戏中引导出四种不同焦点条件下的SVO句,包括:位于句首的名词性主语是窄焦点(NF-i)、位于句中的动词是窄焦点(NF-m)、位于句末的名词性宾语是窄焦点(NF-f)和宽焦点(BF)。在产出数据中,焦点条件主要是由一个特殊疑问句或者是一个由实验员说出的陈述句来搭建。

普通话中的四个声调(即:阴平/高平调/55、阳平/中升调/35、上声/低降升调/214、去声/高降调/51)都出现在了名词性主语、动词和名词性宾语中。考虑到汉语上声在语流中的复杂性可能会引入新的影响因素,也为了将实验控制在可操纵的范围内,本实验所选取的语音刺激暂不讨论上声的情况。具体说来,本实验在曾蕾(2020)产出数据中的4(主语)×4(动词)×4(宾语)×4(焦点条件)=256个陈述焦点韵律句内,抽取除上声以外的产出数据作为感知实验刺激。具体为3(“猫”“熊”“兔”)×3(“扔”“埋”“运”)×3(“书”“球”“菜”)×4(句首焦点、句中焦点、句末焦点、全句宽焦点） = 108 条语音刺激。选取的语音刺激均来自一名女性汉语单语者的产出。所选取的 108 条语音刺激在整个实验过程中循环 4 遍，共计 432 条语音刺激。在实验中，所有的实验刺激均随机进行排序。

在实验刺激的呈现上，语音刺激和文本同时呈现，文本均由对话的形式进行展示。被试听到一条语音刺激（可能是 4 种焦点条件之一），并同时看到 4 个分别引导出句首焦点、句中焦点、句末焦点和全句宽焦点的对话。被试需要根据所听到的语音刺激来判断此语音刺激来源于哪一对话。

2.2 实验设计与实验过程

本实验基于 E-prime 1.0 实验平台开展，实验刺激（包括语音和文本）在 DELL 7380-1805 笔记本电脑上呈现。汉语单语者和部分跨民族语背景双语者的实验在云南大学语音实验室内进行，被试在实验过程中全程佩戴 Sennheiser HD400S 耳机。另有一部分跨民族语背景双语者在其学习、工作地点就近的安静环境中参与。实验分为“实验介绍—练习—正式实验—结束语”四个环节，实验材料通过语音刺激呈现。被试准备好后按“Q”键开始实验。电脑屏幕中央出现“ + ”注视点，持续 500ms。“ + ”注视点消失后，语音刺激开始播放，同时电脑屏幕中呈现问句和选项（对话），如图 1 所示。语音刺激播放完毕后，被试需根据所听到的语音刺激在四个选项中选择一个最为符合的。被试感知判断的正确率和反应时等数据均由 E-prime 程序自动记录。被试按键反应后，屏幕上的文本消失，进入下一测试项，直至实验结束。

2.3 实验对象

本研究共有 100 位被试参与实验。其中，30 位为汉语单语者（平均年龄 = 24.1 岁，SD = 2.26），均来自中国北方，且普通话水平测试（PSC）成绩均在二级甲等以上，男性 15 人，女性 15 人。70 位不同民族语背景的双语者（平均年龄 = 21.8 岁，SD = 3.76），包括白语（28 人）、彝语（12 人）、藏语（9 人）、维吾尔语（12 人）、纳西语（9 人）组，所有民族语被试学历为本科在读或以上，熟练使用汉语和民族语，均在 4—6 岁起接受正式普通话教育，经问卷筛选，被试的日常民族语和汉语使用频率、语言态度评分基本一致。所有被试均为云南大学、云南民族大学和云南师范大学的教师或学生，两耳听力正常。

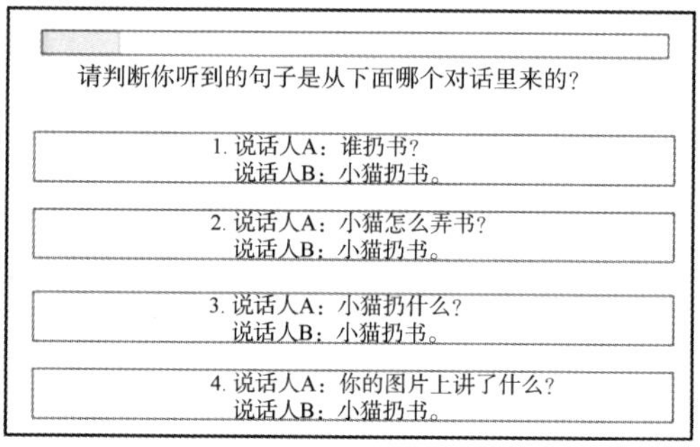

图 1 汉语焦点编码韵律感知实验

3. 实验结果与分析

3.1 数据统计建模

本研究的实验结果共有两种类型的结果变量，包括被试对语音刺激做出反应的反应时（连续变量）以及被试对语音刺激做出反应的正确与否（离散变量）。针对当前的实验设计和结果变量类型，本研究对于反应时的统计分析采用混合效应模型（Mixed-effect Modeling），而对于正确与否的统计分析采用二项逻辑回归模型（Binominal Logistic Regression）。笔者采用了 R 软件（R Core Team，2014）中的“lme4”程序包（Bates 等，2015）和“lmerTest”程序包（Kuznetsova 等，2013）来运行线性混合效应模型和二项逻辑回归模型。在模型中，纳入“组别（group）/次组别（subgroup）”和“焦点条件（focus condition）”作为固定变量（fixed factor），“被试”作为随机变量（random factor）。“焦点条件”有四个层级（即研究问题中涉及的四种焦点条件）；“组别”指的是汉语单语组和双语组；“次组别”指的是被试的母语背景，包括六个层级（即汉语单语组、白语组、彝语组、藏语组、维吾尔语组、纳西语组）。结果变量/因变量是被试对语音刺激做出反应的反应时及正确与否。

3.2 反应时分析

3.2.1 双语者 vs. 汉语单语者

本研究将所有的双语者合并，以测试双语组和单语组的差异。测试焦点条件（句首焦点 vs. 句中焦点 vs. 句末焦点 vs. 全句宽焦点）在反应时上的结果显示出组别和焦点的交互效应（χ^2（3） = 455.77，$p < 0.001$）。笔者通过在每一个组别（即单语组 vs. 双语组）中检验焦点条件的作用来探索交互效应的细节。在汉语单语组中，进一步的分析揭示出焦点条件的主效应（χ^2（3） = 1930，$p < 0.001$）。这说明，汉语单语者能够区分汉语的各个焦点条件。进一步分析可知，单语者在不同焦点条件下的反应时存在显著性差异，识别反应时顺序如下：全句宽焦点（3126.5ms，SD = 1408.4）> 句末焦点（2656.9ms，SD = 1044.8）> 句中焦点（2242.1ms，SD = 819.6）> 句首焦点（2142.5ms，SD = 733.8）。

在双语组中，进一步的分析揭示出焦点条件的主效应（χ^2（3） = 371.44，$p < 0.001$）。这说明，所有的双语者作为一个组别来看，能够区分汉语的各个焦点条件。进一步分析可知，双语组在不同焦点条件下的反应时存在显著性差异，然而全句宽焦点和句末焦点的识别反应时不存在显著差异，识别反应时顺序如下：全句宽焦点（3155.8ms，SD = 1378.1）/ 句末焦点（3122.7ms，SD = 1387.4）> 句中焦点（2954.2ms，SD = 1325.6）> 句首焦点（2778.8ms，SD = 1209.4）。双语组和汉语单语组较为类似，如图 2 所示。

3.2.2 不同民族语背景双语者的反应时分析

测试焦点条件（句首焦点 vs. 句中焦点 vs. 句末焦点 vs. 全句宽焦点）在反应时上的结果显示出次组别和焦点的交互效应（χ^2（15） = 589.58，$p < 0.001$）。笔者通过在每一个次组别中检验焦点条件的作用来探索此交互效应的细节。

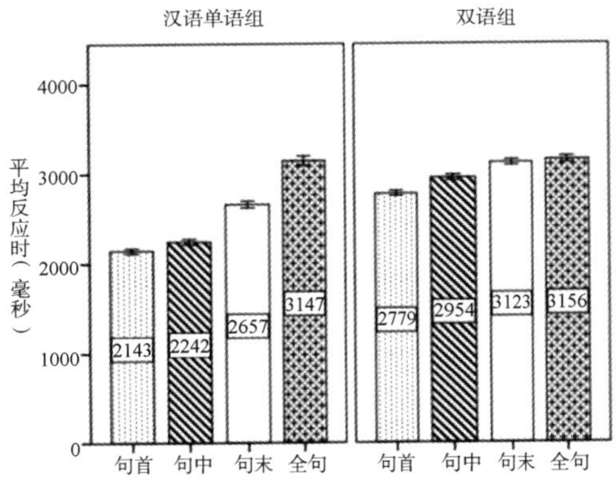

图 2 判断不同焦点韵律条件所需平均反应时：汉语单语组 vs. 双语组

在白语组中，进一步的分析揭示出焦点条件的主效应（χ^2（3） = 199.12，$p < 0.001$）。这说明，母语为白语的双语者能够区分汉语的各个焦点条件。白汉双语者对汉语不同焦点位置的反应时顺序如下：全句宽焦点（3359.3ms，SD = 1462.6）> 句末焦点（3216.3ms，SD = 1422.4）> 句中焦点（3026ms，SD = 1374.8）> 句首焦点（2890.3ms，SD = 1234.7），这一表现和汉语单语者一致。

在彝语组中，进一步的分析揭示出焦点条件的主效应（χ^2（3） = 16.776，$p < 0.001$）。这说明，母语为彝语的彝汉双语者在反应时上表现出对不同焦点条件的区分。进一步分析可知，彝汉双语组在不同焦点条件下的反应时存在显著性差异，然而全句宽焦点和句末焦点的识别反应时不存在显著差异，识别反应时顺序如下：全句宽焦点（3277.7ms，SD = 1437.2）/ 句末焦点（3401ms，SD = 1517.7）> 句首焦点（3202.1ms，SD = 1440）> 句中焦点（3183.1ms，SD = 1415.7）。彝汉双语组和汉语单语组有一定差异。

在藏语组中，进一步的分析揭示出焦点条件的主效应（χ^2（3） = 99.257，$p < 0.001$）。这说明，母语为藏语的双语者能

够区分汉语的各个焦点条件。进一步分析可知，藏汉双语组在不同焦点条件下的反应时存在显著性差异，然而全句宽焦点和句末焦点的识别反应时不存在显著差异，识别反应时顺序如下：全句宽焦点（3003.9ms，SD = 1201.7）/句末焦点（3033.8ms，SD = 1336）> 句中焦点（2787.7ms，SD = 1222.4）> 句首焦点（2528.8ms，SD = 1030.9），这一表现和汉语单语者存在差异，主要表现在藏汉双语者在全句宽焦点和句末焦点中的反应时并无显著差异。

在维吾尔语组中，进一步的分析揭示出焦点条件的主效应（χ^2（3） = 132.3，p < .001）。这说明，母语为维吾尔语的维汉双语者在反应时上表现出对不同焦点条件的区分。进一步分析可知，维汉双语组在不同焦点条件下的反应时存在显著性差异，然而全句宽焦点和句末焦点的识别反应时不存在显著差异，识别反应时顺序如下：全句宽焦点（2994.2ms，SD = 1419.3）/ 句末焦点（2995.4ms，SD = 1410.4）> 句中焦点（2844.5ms，SD = 1292.6）> 句首焦点（2309.5ms，SD = 825.3）。维汉双语组和汉语单语组有一定差异。

在纳西语组中，进一步的分析揭示出焦点条件的主效应（χ^2（3） = 37.492，p < .001）；这说明。母语为纳西语的双语者能够区分汉语的各个焦点条件。进一步分析可知，纳西—汉双语者在全句宽焦点、句末焦点和句中焦点条件下的反应时没有显著性差异，识别反应时顺序如下：全句宽焦点（2753.5ms，SD = 1046.2）/ 句末焦点（2751.3ms，SD = 1042.7）/句中焦点（2742.1ms，SD = 1141.3）> 句首焦点（2527.9ms，SD = 989.2），这一表现和汉语单语者并不一致。汉语单语组和各双语组判断不同焦点韵律条件所需平均反应时如图3所示。

3.3 正确率分析

3.3.1 双语者 vs. 汉语单语者

本研究将不同民族语背景双语者（包括白语、彝语、藏语、维吾尔语、纳西语）合并，以测试双语组和单语组的差异。测试焦点条件（句首焦点 vs. 句中焦点 vs. 句末焦点 vs. 全句宽焦点）在正确率上的结果显示出组别和焦点的交互效应（χ^2（3） = 444.6，p < 0.001）。笔者通过在每个组别（即单语组 vs. 双语组）中检验焦点条件的作用来探索交互效应的细节。

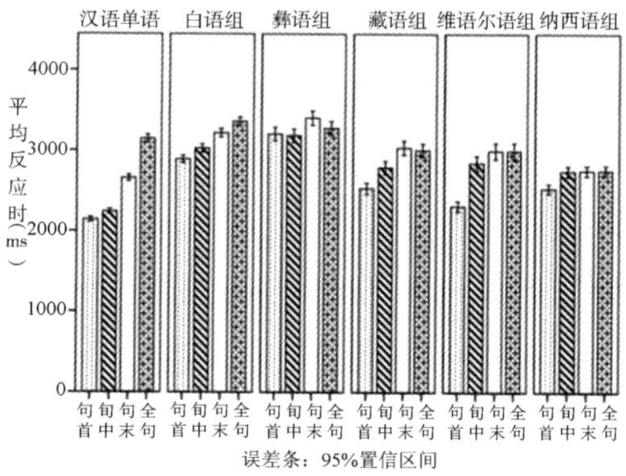

图3 判断不同焦点韵律条件所需平均反应时：汉语单语组 vs. 各双语组

在汉语单语组中，进一步的分析揭示出焦点条件的主效应（p < 0.001）；这说明，汉语单语者在区分汉语各个焦点条件的正确率上存在差异：汉语单语者对于句首焦点（10% vs. 90%）和句中焦点（6% vs. 94%）、句末焦点（24% vs. 76%）和全句宽焦点（45% vs. 55%）的错误判断项数均小于正确判断项数，且综合来看，正确判断各焦点条件（10179项，79%）要比错误判断的项数多（2727项，21%）。其中，汉语单语者对于句首焦点和句中焦点的判断正确率要比句末焦点和全句宽焦点高，全句宽焦点是相对来说较难判断正确的。对于汉语单语者而言，判断全句宽焦点的正确率最低；其次是句末焦点；句首焦点和句中焦点的正确率最高。

在双语组中，进一步的分析揭示出焦点条件的主效应（p < 0.001）。这说明，所有的双语者作为一个组别来看，在区分汉语各个焦点条件的正确率上存在差异：双语者对于汉语句首焦点（44%

vs. 56%)、句中焦点（47% vs. 53%）的错误判断项数略小于正确判断项数。然而，双语者对于汉语句末焦点（52% vs. 48%）和全句宽焦点（68% vs. 32%）的错误判断项数和正确判断项数基本持平或大于正确判断项数。综合来看，正确判断各焦点条件（14284 项，47%）要比错误判断的项数略低（15956 项，53%）。对于双语者总体而言，正确率最低的是全句宽焦点，其次是句末焦点，最后是句首焦点和句中焦点。和汉语单语者类似的是，双语者对于判断句首焦点的正确率比句中焦点的正确率高。

3.3.2 不同民族语背景双语者的正确率分析

测试焦点条件（句首焦点 vs. 句中焦点 vs. 句末焦点 vs. 全句宽焦点）在正确率上的结果显示出次组别和焦点的交互效应（χ^2（15）= 625.41，$p < 0.001$）。笔者通过在每个次组别中检验焦点条件的作用来探索交互效应的细节。

在白语组中，进一步的分析揭示出焦点条件的主效应（$p < 0.001$）。这说明，白汉双语者在区分汉语各个焦点条件的正确率上存在差异：白汉双语者对于汉语句首焦点（41% vs. 59%）和句中焦点（37% vs. 63%）的错误判断项数略小于正确判断项数。然而，白汉双语者对于汉语句末焦点（50% vs. 50%）和全句宽焦点（62% vs. 38%）的错误判断项数与正确判断项数持平或大于正确判断项数。综合来看，正确判断各焦点条件（6323 项，52%）要比错误判断的项数略多（5773 项，48%）。其中，白汉双语者对于句中焦点的判断正确率要比句首焦点略高，句末焦点和全句宽焦点都是比较难判断正确的。对于白汉双语者而言，正确率最低的是全句宽焦点和句末焦点，其次是句首焦点，最后是句中焦点。类似于汉语单语者，白汉双语者对于句中焦点和句首焦点的正确率是最高的。

在彝语组中，进一步的分析揭示出焦点条件的主效应（$p < 0.001$）。这说明，彝汉双语者在区分汉语各个焦点条件的正确率上存在差异：彝汉双语者对于汉语句首焦点（50% vs. 50%）的错误判断项数与正确判断项数持平。然而，彝汉双语者对于汉语句中焦点（59% vs. 41%）和句末焦点（55% vs. 45%）以及全句宽焦点（77% vs. 23%）的错误判断项数均高于正确判断项数。综合来看，正确判断各焦点条件（2057 项，40%）要比错误判断的项数少（3127 项，60%）。对于彝汉双语者而言，汉语焦点韵律的判断较为困难。

在藏语组中，进一步的分析揭示出焦点条件的主效应（$p < 0.001$）。这说明，藏汉双语者在区分汉语各个焦点条件的正确率上存在差异：藏汉双语者对于汉语句首焦点（36% vs. 64%）、句中焦点（45% vs. 55%）、句末焦点（42% vs. 58%）的错误判断项数均小于正确判断项数。然而，藏汉双语者对于汉语全句宽焦点（65% vs. 35%）的错误判断项数大于正确判断项数。综合来看，正确判断各焦点条件（2055 项，53%）要比错误判断的项数多（1833 项，47%）。对于藏汉双语者而言，正确率最低的是判断全句宽焦点，其次是句中焦点，最后是句末焦点；对于句首焦点判断的正确率是最高的。和白汉双语者类似的是，藏汉双语者对于全句宽焦点的正确率最低。但是和汉语单语者相比，有一定差距。

在维吾尔语组中，进一步的分析揭示出焦点条件的主效应（$p < 0.001$）。这说明，维汉双语者在区分汉语各个焦点条件的正确率上存在差异：维汉双语者对于汉语句首焦点（54% vs. 46%）、句中焦点（51% vs. 49%）、句末焦点（63% vs. 37%）、全句宽焦点（66% vs. 34%）的错误判断项数均大于正确判断项数。综合来看，正确判断各焦点条件（1620 项，42%）要比错误判断的项数少（2268 项，58%）。对于维汉双语者而言，对汉语焦点韵律的判断较为困难。

在纳西语组中，进一步的分析揭示出焦点条件的主效应（$p < 0.001$）。这说明，纳西—汉双语者在区分汉语各个焦点条件的正确率上存在差异：纳西—汉双语者对于汉语句首焦点（45% vs. 55%）的错误判断项数略小于正确判断项数。然而，纳

西—汉双语者对于汉语句中焦点（55% vs. 45%）、句末焦点（54% vs. 46%）、全句宽焦点（75% vs. 25%）的错误判断项数均大于正确判断项数。综合来看，正确判断各焦点条件（2229项，43%）要比错误判断的项数少（2955项，57%）。对于纳西—汉双语者而言，汉语焦点韵律的判断较为困难。

4. 结论与讨论

本研究采用焦点韵律理解实验任务，探讨跨民族语背景双语者对汉语焦点韵律编码的理解，旨在通过焦点韵律解码来检验双语者和单语者的差异；同时探讨语言普遍性和语言特性对焦点韵律解码过程的影响。

实验结果表明，汉语单语者在区分汉语各焦点条件的正确率上存在差异，按正确率从低到高为：全句宽焦点 < 句末焦点 < 句首焦点 < 句中焦点；汉语单语者的这一表现与反应时的结果基本相符，即全句宽焦点 > 句末焦点 > 句中焦点 > 句首焦点，略有出入的地方在于，汉语单语者对于句中焦点判断的正确率最高，但是其耗时略长于句首焦点；总的来说，汉语单语者对于句首焦点和句中焦点的感知“又快又准”。

双语者和汉语单语者对各焦点位置判断的正确率也存在显著差异，双语者只对句首焦点和句中焦点判断的正确率是高于错误率的，按正确率从低到高为：句中焦点 < 句首焦点；双语者的这一表现与反应时的结果基本相符，即全句宽焦点/句末焦点 > 句中焦点 > 句首焦点，双语者对于句中焦点和句首焦点判断的正确率最高，且其耗时最短；总的来说，双语者只对句首焦点和句中焦点敏感。

就所考察的白—汉、彝—汉、藏—汉、维—汉和纳西—汉双语者而言，不同民族语背景的双语者之间也存在差异。白—汉双语者只有对句首焦点和句中焦点判断的正确率是高于错误率的，按正确率从低到高为：句中焦点 < 句首焦点；白—汉双语者的这一表现与反应时的结果基本相符，即全句宽焦点 > 句末焦点 > 句中焦点 > 句首焦点，白—汉双语者对于句中焦点和句首焦点判断的正确率最高，且其耗时最短；总的来说，白—汉双语者能感知句首焦点和句中焦点。

彝—汉语双语者无法正确判断汉语焦点，但彝—汉双语者的反应时仍可表明彝汉双语者解码全句宽焦点和句末焦点要更为困难一些。总的来说，彝—汉双语者和汉语单语者的表现差距较大。

藏—汉双语者对句首焦点、句中和句末焦点判断的正确率是高于错误率的，按正确率从低到高为：句中焦点 < 句末焦点 < 句首焦点。藏—汉双语者的这一表现与反应时的结果基本相符，即全句宽焦点/句末焦点 > 句首焦点 > 句中焦点，藏—汉双语者对于句首焦点判断的正确率最高，且其耗时最短。总的来说，藏—汉双语者能感知句首焦点。

维—汉语双语者无法正确判断汉语焦点，但维—汉双语者的反应时仍可表明维汉双语者解码全句宽焦点和句末焦点要更为困难一些。总的来说，维—汉双语者和汉语单语者的表现差距较大。

纳西—汉双语者仅对句首焦点的正确率略微高于错误率，综合纳西—汉双语者的这一表现与反应时的结果可见，纳西—汉双语者并不能正确感知汉语焦点韵律，纳西—汉双语者和汉语单语者相比差异较大。

综合不同位置焦点条件的反应时和正确率的结果，白—汉、藏—汉双语者和汉语单语者的表现较为接近，而彝—汉、维—汉和纳西—汉双语者和汉语单语者的表现差异较大。

基于以上实验结果，可以发现双语者的表现与单语者并不完全一致。具体说来，双语者对于句中焦点和句首焦点的感知不仅耗时最短，且正确率最高，这一表现和单语者相似，但双语者和单语者相比略有差异的地方在于，双语者对于句首焦点和句中焦点的正确率均不高。就汉语单语者而言，除全句宽焦点条件外，各焦点条件的错误判断项数均远远小于正确判断项数，耗时最长，且正确率最低的是全句宽焦点，其次是句末焦点，最后是句中焦点，句首焦点的感知是耗时最短、正确率最高的。

实验结果表明双语者的民族语背景不同，其对汉语焦点韵律编码的感知是存在差异的。白—汉双语者对于汉语焦点韵律编码的感知在反应时上看最接近汉语单语者，即对于全句宽焦点和句末焦点的耗时都较长，而对于句中和句首焦点的耗时较短。但是，综合反应时和正确率考虑，只有白—汉、藏—汉双语者对于汉语焦点韵律编码的感知接近汉语单语者。另外，彝—汉、维—汉双语者的表现和汉语单语者有较大差异。

实验结果也表明不同民族语背景的双语者表现的不同似乎并不完全归因于母语与汉语之间的差异。白语和彝语就焦点韵律编码的方式而言，两种语言较为接近——主要依靠时长而非音高，且均与汉语有一定差异。当前感知实验结果却表明，白—汉双语者对汉语焦点韵律的解码更接近汉语单语者，而彝—汉双语者的表现和汉语单语者有较大差异。

基于上述结论，我们认为语言普遍性和语言特性共同影响焦点韵律的解码过程。本研究发现不同母语背景的双语者的差异可以揭示出在汉语焦点韵律解码过程中语言特性的作用。具体说来，一方面，不同母语背景的双语者和汉语单语者的表现并不一致；另一方面，彝—汉双语者和白—汉双语者的母语在韵律编码方式上（主要依靠时长）是比较接近的，那么二者在解码上的差异就很难归因于母语背景的影响。同时，我们也能清楚地看到语言普遍性的作用：句中焦点和句首焦点是所有双语者中反应最快也是正确率最高的。与 Chen 等（2009）的观点一致，我们认为这可能是句中焦点和句首焦点为焦点韵律感知提供了焦点后骤降（PFC）标记。

5. 致谢

本研究得到了云南省哲学社会科学规划项目“基于语音实验的孟高棉语韵律特征比较研究”（编号：YB2022083）和教育部人文社会科学研究青年基金项目“佤语阿佤方言‘古语’搜集、整理与研究”（19YJC740106）的经费支持。衷心感谢云南大学、云南民族大学、云南师范大学的各民族学生的参与。研究过程中还得到了 Aoju Chen、Hans van de Velde 等先生的指导。

参考文献

Arnhold, A. (2016). Complex prosodic focus marking in Finnish: Expanding the data landscape. *Journal of Phonetics*, 56.

Bates, D., Mächler, M., Bolker, B., & Walker, S. (2015). *lme4: Linear mixed-effects models using Eigen and S4*. Retrieved from http://CRAN.R-project.org/package=lme4.

Bauer, R. S., Cheung, K., Cheung, P., & Ng, L. (2001). Acoustic correlates of focus-stress in Hong Kong Cantonese. In *Eleventh Annual Meeting of the Southeast Asian Linguistics Society*.

Baumann, S., Becker, J., Grice, M., & Mücke, D. (2007). Tonal and articulatory marking of focus in German. *Proceedings of the 16th International Congress of Phonetic Sciences*. Saarbrücken: Saarland University.

Chafe, W. L. (1976). *Givenness, contrastiveness, definiteness, subjects, topics, and point of view. Subject and topic*. New York: Academic Press.

Chen, A. (2009). The phonetics of sentence-initial topic and focus in adult and child Dutch. *Phonetics and phonology: Interactions and interrelations* (Vol. 306). Amsterdam: John Benjamins Publishing.

Chen, A. (2012). The prosodic investigation of information structure. *The expression of information structure*. Berlin: Mouton de Gruyter.

Chen, S., Wang, B., & Xu, Y. (2009). Closely related languages, different ways of realizing focus. In *Interspeech*. Brighton, UK.

Chen, Y., Guion-Anderson, S., & Xu, Y. (2012). Post-focus compression in second language Mandarin. *Proceedings of Speech Prosody* 2012. Shanghai, China.

Cooper, W. E., Eady, S. J., & Mueller, P. R. (1985). Acoustical aspects of contrastive stress in question-answer contexts. *The Journal of the Acoustical Society of America*, 77(6).

Frey, W. (2006). Contrast and movement to the German prefield. *The architecture of focus*. Berlin: de Gruyter.

Gundel, J. K. (1999). On different kinds of focus. *Focus: Linguistic, cognitive, and computational perspectives*. Cambridge: Cambridge University Press.

Gussenhoven, C. (2007). Notions and subnotions in information structure. *Acta Linguistica Hungarica*, 55(3-4).

Gut, U., & Pillai, S. (2014). Prosodic marking of information structure by Malaysian speakers of English. *Studies in Second Language Acquisition*, 36(02).

Huang, B. H., & Jun, S.-A. (2011). The effect of age on the acquisition of second language prosody. *Language and Speech*, 54(3).

Lambrecht, K. (1994). *Information structure and sentence form: Topic, focus, and the mental representations of discourse referents*. Cambridge: Cambridge University Press.

Liu, Z., Chen, A., & Van de Velde, H. (2014). Prosodic focus marking in Bai. *Proceedings of the 7th International Conference on Speech Prosody*. Dublin, Ireland.

Kuznetsova, A., Brockhoff, P. B., & Christensen, R. H. B. (2013). *lmerTest: Tests in linear mixed effect models*. R Package Version 2.0-20. Retrieved from http://CRAN.R-project.org/package = lmerTest.

R Core Team. (2014). *R: A language and environment for statistical computing. R Foundation for Statistical Computing, Vienna, Austria*. Retrieved from http://www.R-project.org/.

Wang, B., Wang, L., & Qadir, T. (2011). Prosodic realization of focus in six languages/dialects in China. In *Proceedings of the 17th International Congress of Phonetic Sciences*. Hong Kong, China.

Wu, W. L., & Xu, Y. (2010). Prosodic focus in Hong Kong Cantonese without post-focus compression. In *Proceedings of Speech Prosody* 2010. Chicago, IL, USA.

Xu, Y. (1999). Effects of tone and focus on the formation and alignment of f0 contours. *Journal of Phonetics*, 27(1).

Xu, Y., Chen, S.-W., & Wang, B. (2012). Prosodic focus with and without post-focus compression: A typological divide within the same language family? *The Linguistic Review*, 29(1).

Yang, A., & Chen, A. (2017). The developmental path to adult-like prosodic focus-marking in Mandarin Chinese-speaking children. *First Language*, 38(1).

刘璐、王蓓、李雪巧:《白语焦点和边界的韵律编码方式》,《民族语文》2020年第6期。

秦鹏:《汉语信息焦点和对比焦点区分的语调证据》,《当代语言学》2021年第1期。

王蓓、吐尔逊·卡得、许毅:《维吾尔语焦点的韵律实现及感知》, 《声学学报》2013年第1期。

王玲:《焦点的韵律编码方式——德昂语、佤语、藏语、汉语等语言比较研究》,硕士学位论文,中央民族大学,2011年。

王玲、王蓓、尹巧云:《德昂语布雷方言中焦点的韵律编码方式》,《中央民族大学学报:哲学社会科学版》2011年第2期。

王韫佳、吴倩、刘思维:《母语和非母语者对北京话相似和相异调拱声调的范畴感知——基于MMN的研究》,《当代语言学》2021年第3期。

曾蕾:《泰国学生汉语陈述句韵律焦点习得的实验研究》,硕士学位论文,云南大学,2020年。

刘增慧

云南大学文学院,博士,讲师。主要研究领域为言语韵律、L1 & L2 语音习得、儿童语言发展。系本文通讯作者。

Email: zenghui_liu@ynu.edu.cn

景 佳

北京语言大学语言科学院,博士在读。研究领域为言语韵律、L1 & L2 语音习得。

Email: 956895475@qq.com

龚语（Gungbe）双音节词中的声调变化

莱　昂　曹　文

摘　要　非洲的龚语是一种高低型声调语言，H 和 L 为其基本调。本研究主要考察龚语双音节词里声调的变化情况。研究结果表明：在 VCV 结构的双音节词中，前 V 有音系限制，只能是 L 调，但其语音实现则为中调（M）；后 V 的声调不受限，可 H 可 L，且与原调相比没有显著变化。而在 CVCV 结构的双音节词中，若 C 为清音，V 载 H 调时，无论前后，调形不变，皆为高平；V 载 L 调时，则居前变 M，居后不变。若 C 为浊音，V 载 H 调时，居前会呈现抑调现象，表现为升调，居后则保持不变，为高平调；V 载 L 调时，依然是居前变 M，居后不变。

关键词　龚语，双音节词，声调变化，声学实验研究

ACOUSTIC REALIZATION OF TONES IN DISYLLABIC WORDS IN GUNGBE

SOVI-GUIDI Wachinou Lionnel Pyrrhus CAO Wen

Abstract Gungbe is a tonal language spoken in the southern part of the Republic of Benin in West Africa, belonging to one of the Gbe languages in the Kwa branch. The word “Gbe” means “language”, and the word “Gungbe” refers to “the Gun language”. Gbe languages comprise all languages or dialects with the lexeme “gbe” (e. g. , Gungbe, Fongbe, Gengbe, Wem?gbe). Gbe-speaking communities live in West Africa, including the southern part of the Volta region in Ghana, the southern part of Togo, the southern part of Benin, as well as different localities of the Ogun State and the Lagos State in Nigeria. There are two underlying tones in Gungbe: the high tone (H) and the low tone (L). The other tones, i. e. , mid-tone (M) and rising tone (LH), are realizations of these two tones. In Gungbe, depressor consonants are voiced consonants, and the influence of the depressor consonants on the high tone is evident.

This study focuses on the tone realization of disyllabic words in Gungbe based on a phonetic experiment. The variety under study here was spoken in Porto-Novo in Benin. The Gungbe disyllabic words data analyzed in this study were based on fieldwork with four native speakers in Porto-Novo (two men and two women), the speakers were aged between 25 and 36, who were grown up in the Gungbe environment. This study investigates two disyllabic structures, i. e. , VCV and CVCV. The initial V in VCV can only be a non-high tone, and there are 8 combinations with 3 words for each combination. CVCV has 16 tone combinations with 6 words for each combination. This phonetic experiment used Praat software to record and annotate the stimuli, and used a script to extract the fundamental frequency values of 10 points in equal distance for each syllable. The fundamental frequency values were then converted into semitone values.

The experimental results show that in the VCV structure, the tone of the first syllable can be predicted, which is a mid tone (M), the second syllable tone is not affected by the tone of the first syllable, so it does not change. The tone realization of the CVCV structure is much more complicated. In the CVCV structure, no matter when the voiceless high tone (H) is on the first syllable or the second, its realization does not change. High tone (H) realization is still high level. Whether the consonant of the low tone (L) is voiced or voiceless, the low tone (L) becomes a mid tone (M) on the first syllable of the CVCV structure. Then, the mid tone is a realization of the low tone (L). In Gungbe, the rising tone (LH) is the realization of the high tone (H), which occurs just when the initial of the syllable is voiced. It also occurs when the consonant initial of the first syllable of the disyllabic word is voiced. When the rising tone (LH) is in the second syllable of the CVCV structure, it is no longer affected by the initial consonant and becomes a high tone (H). In other words, the tonal realization of the rising tone (LH) changes from the original rise to a high level at the last syllable of the CVCV structure.

Keywords Gungbe, Disyllabic words, Tones, Acoustic realization

1. 引言

龚语（Gungbe）是西非贝宁南部与尼日利亚西南部使用的一种语言，属于尼日尔—科尔多凡语系尼日尔—刚果语族克瓦语支Gbe语组。Gbe语组包含五十多种语言，分布在西非地区的四个国家——加纳、多哥、贝宁和尼日利亚。

龚语有7个口元音（/i/、/e/、/ɛ/、/a/、/ɔ/、/o/、/u/）、5个鼻化元音（/ĩ/、/ɛ̃/、/ã/、/ɔ̃/、/ũ/）和23个辅音（其中包括8个清辅音：/p/、/f/、/t/、/s/、/t͡ʃ/、/k/、/k͡p/、/x/，9个浊辅音：/b/、/v/、/d/、/ɖ/、/z/、/dʒ/、/g/、/g͡b/、/ɦ/，3个鼻音：/m/、/n/、/ɲ/，3个流音：/w/、/l/、/j/）（Chanvoedou，1995）。

使用实验语音学的方法针对龚语的研究少之又少。但莱昂（2019）通过声学实验对龚语单音节词声调进行了考察，实验结果表明龚语有两个声调：高调（H）和低调（L）。高调有微升的调形，低调呈现下降的调形。用五度值来描写高调的音高为/45/，低调为/31/。但该研究没有考虑辅音对声调的影响，因此莱昂和曹文（2021）研究了龚语当中的辅音对单音节词声调的影响，发现龚语当中存在抑调辅音，包括浊塞音、响音和鼻音等浊辅音。抑调辅音对高调的影响很明显。比如：

（a）/tó/（耳朵）

（b）/dǒ/（穿）

（a）和（b）中的音节皆为高调，但由于（a）中的音节首音（onset）是清塞音，其声调的调形是高平的，而（b）中音节的辅音是浊塞音，其声调则表现为上升的调形。图1是根据莱昂和曹文（2021）文中数据绘制的单音节声调五度值曲线。

图1中的数据皆来自一位龚语发音标准的贝宁龚族女性发音人，发音材料为龚语119个单音节词，其中43个为清辅音开头、29个浊辅音开头、17个鼻音开头，以及30个流音开头。从图1可以看出，单音节时，龚语清高调的调形是高平的，浊高调的调形是上升的，清低调和浊低调的调形都是下降的，但二者音高起点存在差异，清低调的起点高于浊低调。

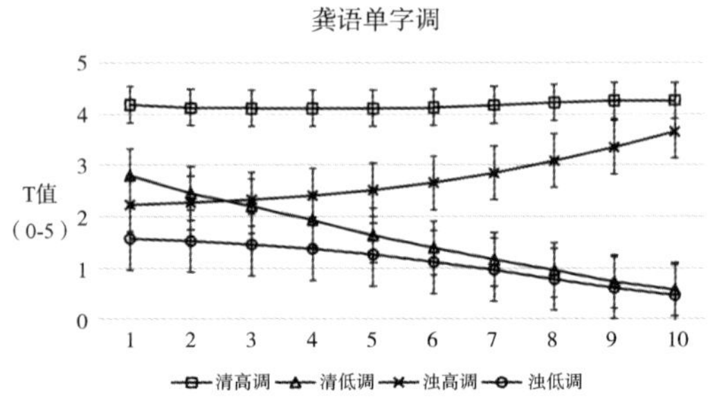

图1 龚语单字调调形图（数据来自莱昂、曹文，2021）

在Gbe语组的语言当中，这种抑调辅音很常见。其中（b）中出现的高调一般被称为“调制高调”（High Modulation）（Chanvoedou，1995）、“低高调”（LH）（Gbeto，2004）或“升调”（Rising Tone）（Gnanguenon，2014）。本文中为了区分不同辅音的影响，把类似（b）中的声调称为浊高调。

对Gbe语组变调的研究目前还比较少，但维美语（Gbeto，2004）、阿仪泽语（Gbeto，2006）、龚语（Capo，1990）等语言基本都存在变调的现象。比如维美语主要有两个声调：高调（H）和低调（L），但它们的变体会产生中调（M）、低高调（LH）和高低调（HL）。中调是低调的变体，高调前的低调变中调。高低调是低调的变体，只能在清塞音为首音的音节中出现，也只能在非动词中才能出现。高低调中的“高”一般认为是一种由清辅音引入的浮游高调（Gbeto，2004）。低高调是高调的变体，如果辅音为浊音，该音节的高调会变成低高调。

阿仪泽语也有两个声调：高调（H）和低调（L）。在不同情况下这两个声调会有五种变体：中调（M）、低高调（LH）、高低调（HL）、中高调（MH）和高中调（HM）。Gbeto（2006）指出，阿仪泽语的中调、低高调和高低调的变体现状和维美语的类似。此外，Gbeto（2006）并没有详细地解释出现中高调和高中调的原因，只是提出中高调来自中调延展规则，而高中调来自高调延展规则。

关于龚语变调的研究并不多。Capo (1990) 描写了龚语声调变体的情况。龚语有两个基本声调：高调（H）和低调（L）；两个声调的变体分别是低高调（LH）和中调（M）。低高调是高调的变体：VCV 结构中，如果 C 是浊辅音并且后音节是高调时，其高调会变成低高调。低调的变体是中调，主要出现在两种情况下：一是在中调或高调前的名词性前缀中；二是在响音和清塞音为首音的音节中。但这些都属于印象式的描写，目前为止还没有针对龚语声调的实验研究。本文将采用实验语音学研究方法考察龚语的双音节词变调情况。本研究将有助于深化对 Gbe 语组的语音研究，为非洲声调语言的研究提供参考和实例补充。

Gbe 语组语言典型的音节结构是V̀CGV (Gbeto, 2006)。前 V 一般为前缀，它可以是 Gbe 语组语言当中除了/u/以外的任何元音，在龚语中一般是/a/和/o/。这个元音的声调是可以预测的，只能是低调。C 可以是龚语中的任何辅音。G 为龚语辅音当中的流音/l/、/w/、/j/。V 可以是龚语中的任何元音或鼻化元音；V 上的符号（x）代表声调（高调：V́；低调：V̀）。此外，还存在其他音节结构，但龚语没有闭音节，只有开音节，比如：

V：/é/（他）、/à/（你）

CV：/tò/（排队）、/nù/（嘴巴）

CCV：/g͡blě/（坏）、/klé/（白天）

CCVV：/blɛ̀o/（耐心）、/g͡báu/（确定）

CVV：/t͡ʃéu/（简单的）

2. 实验

2.1 发音人

本实验发音人为四名贝宁龚族人，两男两女，年龄在 25—36 岁之间，在龚语环境中长大成人，龚语发音标准，发音人信息见表 1。

表1　发音人信息

	性别	年龄	录音时所在地
1	女	25 岁	中国（北京）
2	女	31 岁	中国（武汉）
3	男	36 岁	贝宁（科托努）
4	男	25 岁	贝宁（科托努）

2.2 实验材料

龚语有两个声调：高调和低调，但因为存在抑调辅音，所以我们把每个声调分成清浊两类——因此一共有四种类型：清高调、浊高调、清低调、浊低调。

我们考察了 VCV 和 CVCV 两种音节结构的双音节组合。其中 VCV 结构中的 V 包含/a/和/o/两种情况，由于 V 只能是非高调，因此共有 8 种组合，每种组合 3 个词，共 24 个词。而 CVCV 结构共有 16 个声调组合情况，由于需要考察每一个声调在首音节和末音节时的表现，我们将 CVCV 结构分为两部分考察：T + TX（即考察相同首音节声调在不同尾音节声调环境下的表现，共有 4 个首音节声调×4 种尾音节声调环境×3 个词 = 48 个词）以及 TX + T（即考察相同尾音节声调在不同首

表2　不同音节结构下声调组合设置情况

音节结构	声调组合		词数
V（a）CV	低调 + TX	低调 + 清高调	3
		低调 + 清低调	3
		低调 + 浊高调	3
		低调 + 浊低调	3
V（o）CV		低调 + 清高调	3
		低调 + 清低调	3
		低调 + 浊高调	3
		低调 + 浊低调	3

续表

音节结构	声调组合		词数
CVCV	T + TX	清高调 + 清高调	3
		清高调 + 清低调	3
		清高调 + 浊高调	3
		清高调 + 浊低调	3
		清低调 + 清高调	3
		清低调 + 清低调	3
		清低调 + 浊高调	3
		清低调 + 浊低调	3
		浊高调 + 清高调	3
		浊高调 + 清低调	3
		浊高调 + 浊高调	3
		浊高调 + 浊低调	3
		浊低调 + 清高调	3
		浊低调 + 清低调	3
		浊低调 + 浊高调	3
		浊低调 + 浊低调	3
	TX + T	清高调 + 清高调	3
		清低调 + 清高调	3
		浊高调 + 清高调	3
		浊低调 + 清高调	3
		清高调 + 清低调	3
		清低调 + 清低调	3
		浊高调 + 清低调	3
		浊低调 + 清低调	3
		清高调 + 浊高调	3
		清低调 + 浊高调	3
		浊高调 + 浊高调	3
		浊低调 + 浊高调	3
		清高调 + 浊低调	3
		清低调 + 浊低调	3
		浊高调 + 浊低调	3
		浊低调 + 浊低调	3
总数			120

音节声调环境下的表现，共有 4 种尾音节声调×4 种首音节声调环境×3 个词 = 48 个词）；为保证实验词语的数量，T + TX 部分与 TX + T 部分采用不同的实验词，因此该部分共 96 个实验词，如表 2 所示。

2.3 录音

因疫情期间不能现场录音，所有发音人都通过 AnyDesk 远程操控被试电脑的方式进行了线上录音，录音设备是发音人自行准备的麦克风和电脑，录音软件为 Praat①，采样频率为 22050Hz。同时要求被试使用另一台设备（如手机）登录腾讯会议或 Zoom，主试在其中向被试呈现实验材料。所有被试都要求在安静的房间内录音。为了保证音频文件在传输的过程中保留原始音质，我们要求被试通过百度网盘上传所有录音。

为了保证被试较为准确地念出实验词表中的龚语双音节词，所有呈现的龚语双音节词旁边都加注了法语和汉语翻译。正式录音前发音人有充分的时间练习，以便把每个词尽量自然地说出来。

2.4 数据测量与提取

我们使用 Praat 软件对所有录音进行了标注，并使用脚本提取基频与时长数据，等间距地提取每个音节声调稳定段 10 个点的基频值，并将测量到的基频值（Hz）转换成半音值，转换公式为：

$$Semitone\ (st) = 12 \times \log_2\left(\frac{F_0}{F_{ref}}\right) \quad (1)$$

其中，F_{ref}是参考频率，男发音人的参考频率设为 55Hz，女发音人的参考频率设为 100Hz。最后将转换后的半音值做平均，并计算标准差。

① https://www.fon.hum.uva.nl/praat/.

3. 结果

3.1 VCV结构

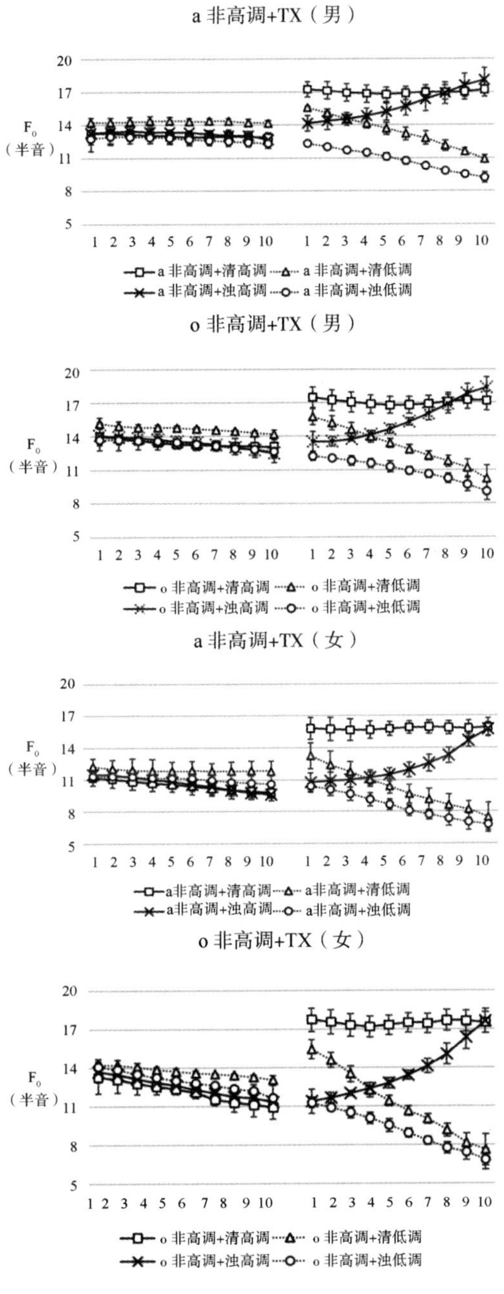

图2 男女发音人VCV结构"非高调+TX"组合平均音高

图2是两种VCV音节结构下男女发音人"非高调+TX"组合的平均音高。从图2我们可以看出，在两种音节结构中，男女发音人首音节的总体音高都位于调域中低部，且总体调形较平，存在微弱的降幅，但男女发音人/a/和/o/音节 F_0 起点和末点都并没有显著性差异。因此可以看出，龚语VCV结构中，首音节是一个中平调。

后音节的声调都没有明显的变化，都保持和单音节时一样的调形和调值，清高调依然是高平调；清低调和浊低调的调形下降，而浊高调为上升调形。

3.2 CVCV结构

3.2.1 清高调组合

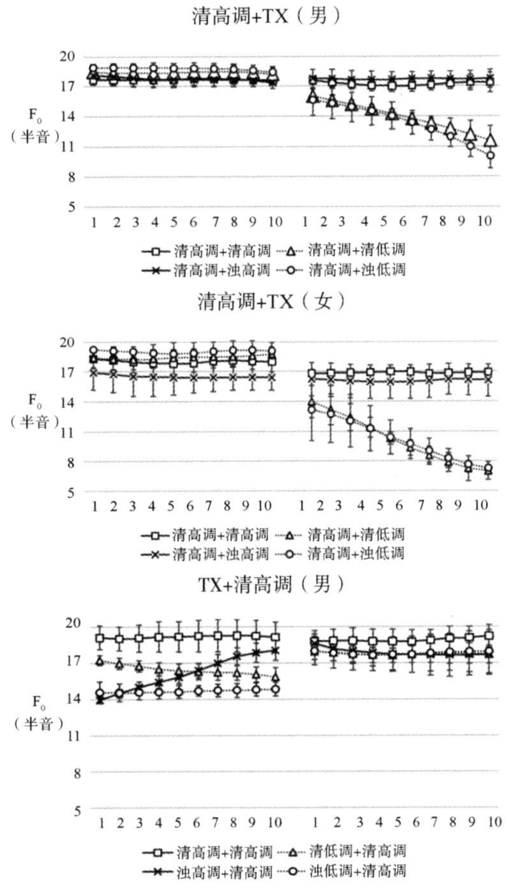

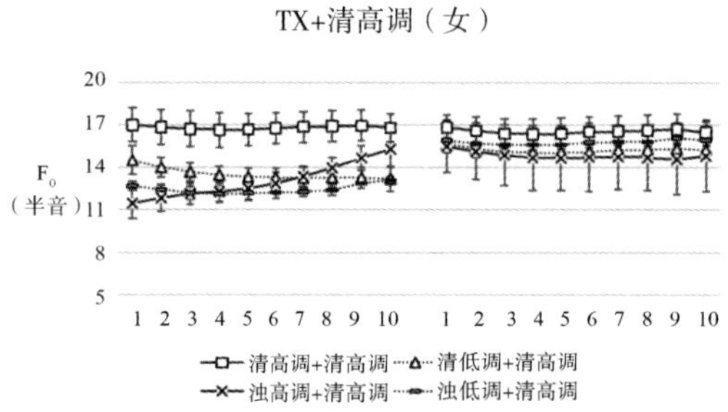

图3　男女发音人CVCV结构清高调组合平均音高

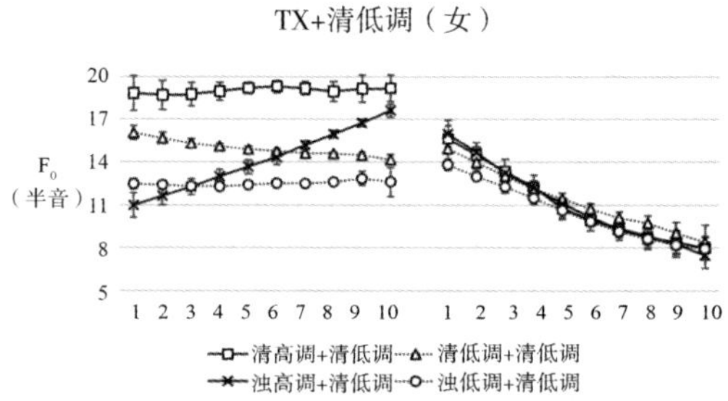

图4　男女发音人CVCV结构清低调组合平均音高

图3是CVCV音节结构下男女发音人清高调组合的平均音高。从图3可以看出，清高调不管处于前后，平均音高都在调域顶部，调形高平。

3.2.2　清低调组合

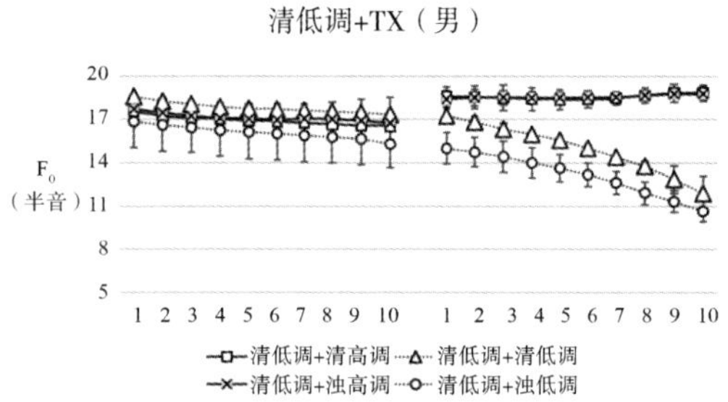

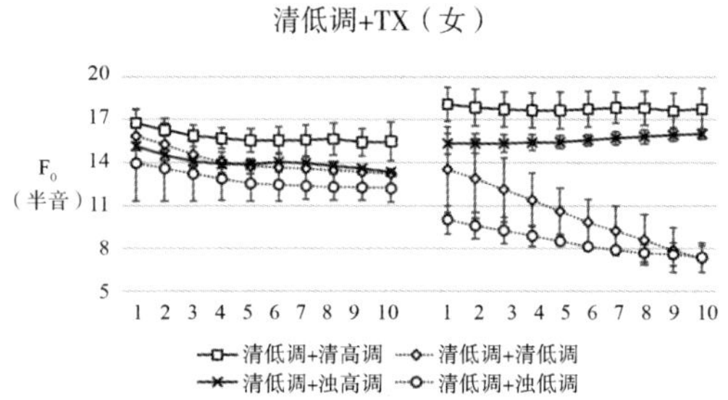

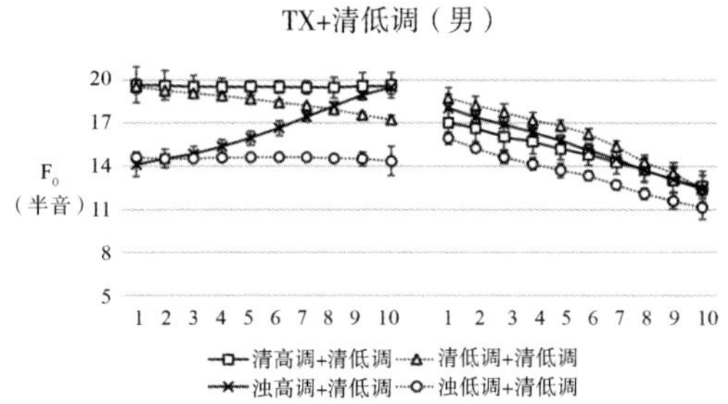

图4是CVCV音节结构下男女发音人清低调组合的平均音高。从图4来看，清低调在双音节组合中，无论处于前后音节，其F_0表现与单音节都不一样：清低调在首音节时，末点F_0都比单音节时的末点高，整体F_0处于调域中高部，调形较平；而在末音节时，F_0末点则较低，呈现明显的下降调形。从调域来看，该声调的整体F_0处于调域中部，因此可看作是中调。

3.2.3　浊高调组合

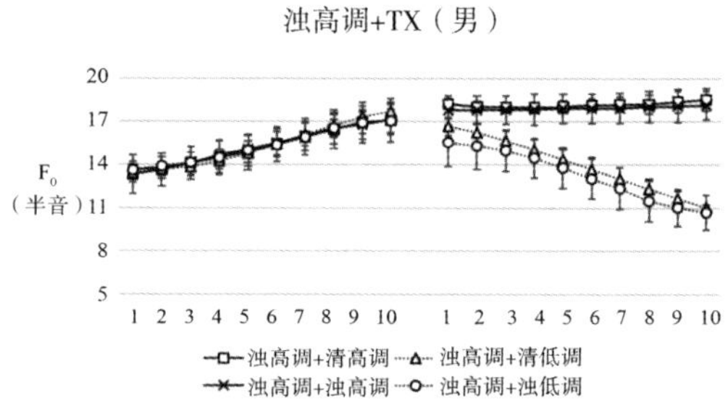

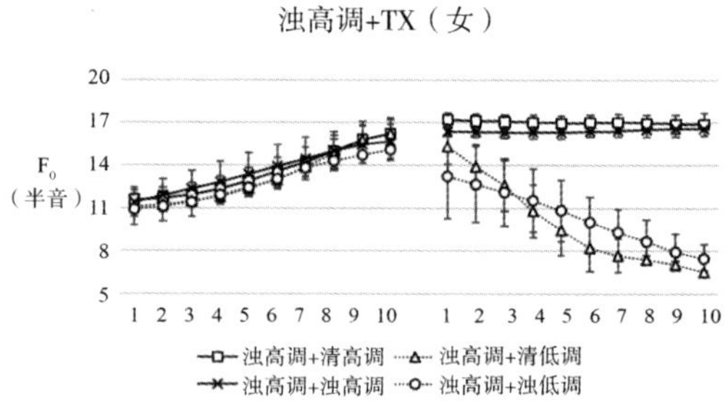

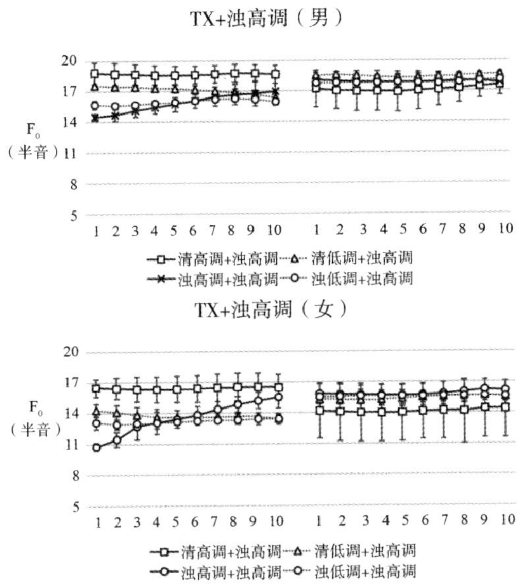

图 5　男女发音人 CVCV 结构浊高调组合平均音高

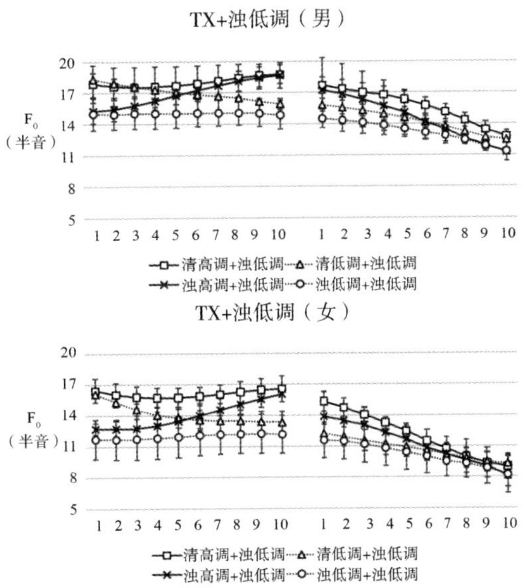

图 6　男女发音人 CVCV 结构浊低调组合平均音高

图 5 是 CVCV 音节结构下男女发音人浊高调组合的平均音高。从图中可以看出，双音节词中的浊高调在首音节时，起点音高较低，呈现上升的调形，与单音节词中的调形一致。而在末音节时则表现为高平的调形。

3.2.4　浊低调组合

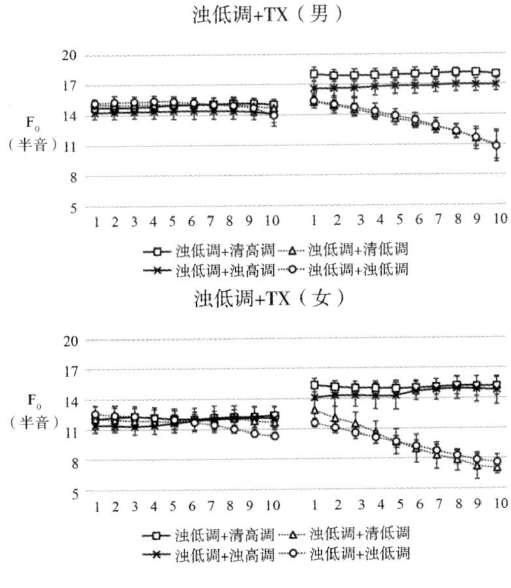

图 6 是 CVCV 音节结构下男女发音人浊低调组合的平均音高。从图中可以看出，双音节词中的浊低调在首音节时，末点音高较高，呈现中平的调形。而在末音节时，音高末点则较低，表现为中降的调形。从调域来看，浊低调在首音节时是一个中调。

4. 讨论

本文的结果表明，龚语声调在不同的环境中会有不同的表现：

VCV 结构的首音节声调是固定的，在 Gbe 语组语言当中，VCV 结构的前音节声调是非高调，龚语当中该声调为中调（M）。这个结论和 Capo（1990）中的一致。Capo 认为，VCV 结构当中，如果 C 是响音或清塞音，前 V 的声调是中调；如果 CV 音节的声调是高调，前 V 的声调则为中调。但通过本实验，我们发现 VCV 结构时，前 V 不管在高调（H）或低调（L）前，不管 C 是响音还是其他的辅音，前 V 都是中调（M）。该结构中 CV 音节的声调也没有受到明显的影响，与在单音节词中相同。

而CVCV结构中，清高调无论在前后都没有明显的变化。清低调和浊低调在处于CVCV结构首音节时都会变成中调（M），这个结果与Gbe语组其他语言的研究成果在某种程度上有些相似的地方（Gbeto，2004，2006）。比如，在维美语和阿仪泽语中，CVCV结构中的首音节低调（L）在高调（H）前会变成中调（M）。浊高调处在首音节时，调形是上升的，是个典型的低高调（LH），而在末音节时，调形变成高平，发生了明显的变化，也就意味着在CVCV结构中，如果后音节是高调（H）并且首音是浊辅音，其浊辅音不会影响其高调（H），即龚语当中的抑调辅音不会在CVCV结构的末音节出现。

因此，龚语双音节词当中，存在两个声调变化的情况：（1）低调（L）在CVCV结构的首音节时变成中调（M）；（2）浊辅音为首音的音节中，低高调（LH）处于CVCV结构末音节时变成高调（H）。

5. 结论

龚语的声调主要有两个：高调（H）和低调（L）。在双音节词当中，这两个声调会有不同的变体。中调（M）是低调（L）的变体，低高调（LH）是高调（H）的变体。

对于VCV结构，前V的声调是可以预测的，是一个中调（M）；CV的声调可以是龚语的任何一个声调，其声调没有任何变化。CVCV结构，低调（L）在CVCV结构的首音节时会变成中调（M）；清塞音为首音的音节中，高调（H）无论在前后都没有明显的变化，浊音为首音的音节中，高调（H）的调形在末音节时会从上升变成高平，抑调辅音的影响消失。

参考文献

Capo, H. B. (1990). Towards a viable orthography for Egungbe. *African Languages and Cultures*, *3*.

Chanvoedou, Y. C. (1995). *Etude des Toponymes du Gungbe*. Abomey Calavi: University of Abomey Calavi.

Gbeto, F. (2004). Esquisse de la tonologie synchronique de Wemɛgbe dialecte Gbe du sud-Benin. *Studies in African Linguistics*, *33*.

Gbeto, F. (2006). Esquisse de la tonologie synchronique du Ayizɔ d'Allada, dialecte gbe du Sud-Bénin. *Journal of Applied Linguistics and Literacy*, *27*.

Gnanguenon, C. B. (2014). *Analyse syntaxique et sémantique de la langue "fon" au Bénin en Afrique de l'Ouest, pour la création d'un dictionnaire bilingue en langues fon et français: Approche onomastique: dérivation affixale de la nomenclature des rois du Danxome. Dictionnaire*. Paris: Cergy-Pontoise University.

莱昂：《龚语（Gungbe）声调实验研究——兼论龚语与汉语声调的差别》，硕士学位论文，北京语言大学，2019年。

莱昂、曹文：《龚语的声调及其抑调辅音实验研究》，第十六届全国人机语音通讯学术会议（*National Conference on Man-Machine Speech Communication*），江苏徐州，2021年。

莱　昂

北京语言大学语言科学院，博士在读。学术兴趣为实验语音学。

Email：laiang2017@163.com

曹　文

北京语言大学语言科学院研究员，博士生导师，主要研究领域及学术兴趣包括：语音学、语言资源学、对外汉语教学等。

Email：tsao@blcu.edu.cn

句中“连 NP 都 VP”句式的韵律焦点分析及研究

温宝莹　东韡妍

摘　要　“连”字句是汉语特殊句式之一。本文运用韵律格局的思想，针对“连 NP 都 VP”结构位于句中位置的“连”字句进行实验分析，对 10 位汉语母语发音人的发音从音高、音长、音强三方面考察韵律焦点分布模式。实验结果表明：“连”字句中“连”字结构（连 NP）为韵律焦点，表现为音高调域大幅扩展、音长显著加长、音强显著增强，表现出较强的对比性。“连”字参与焦点表现，为焦点标记词，对焦点前的成分影响较小。“都”字参与焦点表现较为有限，在音高、音长、音强三方面均无显著表现。韵律三要素在焦点后位置表现不同步，音高和音强表现较为一致，而音长的独立性较强。
关键词　“连”字句，焦点，对比性

PROSODIC FOCUS OF STRUCTURE “*LIAN* NP *DOU* VP” AT THE MIDDLE OF ASENTENCE

WEN Baoying, DONG Weiyan

Abstract The Lian-sentence is a key and difficult point in the study of Chinese special sentence patterns. The common form is “Lian... Dou / Ye... ”, which involves three very important words “Lian”, “Dou” and “Ye”. As a function word in Chinese, “Lian” has a lot of controversies about its part of speech and grammaticalization process, which have not been finalized yet; “Dou” and “Ye”, as very important adverbs in Chinese, also bring many complex research problems to sentence patterns. The grammatical significance of Lian-sentence lies in emphasizing polarity and implicit comparison, giving implicit meanings, which has been basically recognized by the academic community. But there are great differences in previous research. Most of the academic research on Lian-sentence is focused on grammar, semantics and pragmatics, lacking analysis and description from the perspective of phonetics.

Based on the concept of prosodic pattern, the present paper explored the prosodic focus of Lian-construction at the middle of asentence, of which the structural form is “*Lian* NP *Dou* VP”. We designed two sets of experimental corpus for comparison studies, and investigated 10 native Chinese speakers on pitch, duration and intensity, to explore the prosodic focus pattern and to take a closer look on the relation among three elements of prosodic focus. The results showed that Lian-construction (*Lian* NP) is the focus of this sentence pattern, with significant expansion in pitch and duration, and enhanced intensity, showing evident contrast. Due to larger loadings of information on Lian-construction at the middle of asentence, it turns into a contrastive focus. Although this construction does not locate the topic position at the beginning of sentence, the focus effect also occurs with expanding in pitch range, extending in duration and enhancing in intensity, to form a stronger contrast. Moreover, post-focus position sees compressing in pitch range, decreasing in duration and reducing in intensity, natural focus changes ihto the highlight of focus, representing a stronger contrast. According to quantitative analysis of prosodic features , “Lian” participates in focus performance, as a focus-sensitive operator, and has a little impact on pre-focus component. “Dou” participates in a more limited focus performance in the middle of a sentence, inferior to the evident focus performance of “Lian”, with no significant effect on pitch range, duration and intensity. The NP construction is the focus of sentence pattern, as correlative component of “Dou”, making a focus performance in pitch, duration and intensity, and post-focus position performance as compressing in pitch range, decreasing in duration and reducing in intensity. The three elements of prosodic focus perform differently on focus position and post-focus position. The three elements of prosodic focus are relatively synchronized on focus performance, while on post-focus position, pitch and intensity perform consistently while duration is more independent, indicating that the three el-

ements of prosodic focus are not equivalent and unbalanced in sentence with focus construction.
Keywords Lian-construction, Focus, Contrast

1. 引言

在句法领域研究中，Halliday（1967）最早提出“焦点”（Focus）的概念，指出焦点是句子中韵律最突出的部分，反映新信息，并提出“新信息优先重读的原则”，焦点是重音表现最显著的部分。Chomsky（1971）在涉及焦点的问题上提出了核心重音定律（Nuclear Stress Rule，NSR），他认为句子的语义解释是和表层结构直接相关，而非深层结构。在生成语法的框架下，他还提出将核心重音（NSR）作为音系表征和表层结构之间的映射规则。Bolinger（1972）提出焦点与重音是一一对应的。焦点跨越了音系、句法、语义、语用等多个层面，成为一种语义和语用功能，在语言研究中具有重要意义。

焦点的主要话语功能是突出和对比，在话语中焦点表现为非对称、不平衡、不完全。Rebuschi 和 Tuller（1999）认为焦点在话语中的表现形式可以是音系的、形态的，也可以是句法的。Gussenhoven（1983）提出的“焦点重音”理论（Focus-to-Accent）和 Reinhart（1995）提出的“重音焦点对应原则”（Stress-Focus Correspondence Principle），二者都认为语音中最为凸显的部分是用音高重音（pitch accents）来标记的，即焦点的表达形式是以重音形式呈现的。

综合上述学者观点和研究分析，我们发现对于焦点的研究从语法、语义和语用角度已经扩展到语音角度的分析和描写，这也表明越来越多的学者意识到，焦点在语音中的表现是一种共时的韵律模式。那么，通过语音表现来解读韵律语法，其合理性何在？从本质上来说，语音变化受到发音生理机制、信息结构表达、话语交际需求等多种因素的影响，同一个信息结构表达在需要表达不同的语义信息或语用信息时，就会受到韵律结构的制约，所以语音表现的变化实质上是由韵律结构的改变直接导致的。石锋（2019）提出“韵律格局”思想，这是对语调格局的进一步发展，通过韵律分布模式来推论焦点类型和信息结构。因此，焦点和重音就是核心问题，即焦点的韵律表现和分布模式。那么，汉语语法结构如何映射到音系结构？汉语中的焦点如何表现？在特殊句式中如何实现？本文试图从这一角度进行分析和探究。

本文选取“连”字句作为实验研究对象，运用语音学实验分析，着眼于焦点类型的韵律表现。为了考察焦点位置不同，是否会对焦点重音的表现产生影响，本文在温宝莹和东韡妍（2019）研究句首“连”字句焦点表现的基础上，重点考察“连 NP 都 VP”在句中位置的韵律表现，并进一步探讨韵律三要素之间的联系。

2. 实验说明

2.1 发音人及录音过程

本文共选取10位发音人，5男5女，均为南开大学在校生，非中文系及相关专业，平均年龄为21岁，均来自北方方言区。

录音在南开大学汉语言文化学院津南校区语音实验室进行。录音软件为 Praat，采样频率 11025Hz，单声道。录音前，每位发音人有2—3分钟时间熟悉语料。录音时要求以自然平稳的状态朗读句子。每个实验句读3—5遍，句隔5秒，取其中最稳定的三遍作为样本，最终得到 10×8×3=240 个样本句。

2.2 实验语料设计

实验语料共8句话，分为2组，每组4句话。一组为参照句，是无焦点标记、语序为 SVO 的基本句式；一组为“连”字句，是将“连……都”结构插入无标记结构句式中，同时谓语和宾语语序有所调换。每组句式内部结构平行，除了“连”

和“都”字外，每个字位四声俱全。

语料内容如下：

(1) 参照句： (2)“连”字句：

交际花没有办法。 交际花连办法都没有。

图书馆开设网咖。 图书馆连网咖都开设。

老年人主张革命。 老年人连革命都主张。

汉语系复习托福。 汉语系连托福都复习。

实验句除“连”和“都”外，每句均为7个音节，可划分为三个韵律单位，分别为句首、句中、句末韵律单位。句首韵律单位为三音节韵律词NP，音节结构为2+1，句中、句末韵律单位均为双音节韵律词。

2.3 数据提取

我们使用南开大学“桌上语音工作室”（MiniSpeechLab）软件，对录制的语料音频进行声学实验分析，测算提取音高（Hz）、音长（ms）、音强（幅度积）等原始数据，分别采用起伏度、时长比、音量比三个参量进行定量分析。

起伏度是以半音值为基础的百分比数值来表示音高方面的字调域、词调域和句调域（由音高赫兹值转换为半音值，再通过公式计算出百分比值）。依据语句中各字调域、词调域上线的最大值为100%，下线的最小值为0，进行归一化计算。起伏度用Q值来表示，计算方法是：

$$Qx = (Kx - Kmin)/(Kmax - Kmin)$$

其中Kmax表示句中各字/词调域上线的最大值；Kmin表示句中各字/词调域下线的最小值；Kx表示最大值和最小值之间各个字音的上线和下线的测算值。最后再根据计算得到的字调域上线和下线的百分比数值，制作字调域条形图，标明词调域框线，显示与句调域的联系。

时长比是相对时长的计算，是指通过对音长毫秒数值进行归一化计算处理得到的以百分比数值来表示的字音时长，计算公式为：

$$Dx = Sx/Smean$$

其中Dx表示单字X的停延率，Sx表示X字音的时长，Smean表示本句音节的平均时长。

音量比是指对代表能量的幅度积进行归一化得到的字音强度。幅度积的计算公式为：

$$\text{某段语音的幅度积 } Gx = Ax \times Sx$$

其中Ax表示某段语音的平均振幅，Sx表示某段语音的时长。

在语句中，幅度积转换为相对化的音量比，计算公式为：

$$\text{音量比 } Ex = Gx/Gmean$$

其中Gx表示某字幅度积，Gmean表示全句平均单字幅度积。

3. 实验结果分析

3.1 音高数据分析

我们按照性别差异将发音人分为男生组和女生组，计算起伏度数值。起伏度数值在可比性的基础上进一步具有统计性，是语调研究音高分析的重要量化指标。我们按照起伏度公式计算出不同性别发音人两组实验句调域上、下线的平均百分比数值，并制作图1。图中分为4个图表，图1a和图1b分别为男性发音人参照句和“连”字句的音高起伏度，图1c和图1d分别为女性发音人参照句和“连”字句的音高起伏度。图中用细线框表示字调域，框内数字代表调域跨度；粗线框表示词调域，上方和下方的数据分别表示词调域的上线和下线；虚线表示句调域，上方和下方的数据分别表示句调域的上线和下线。文中图表下方的例句仅用每组句式中的第一句作为标示，便于对照，所对应的实际数据是四个实验句在相应字位上的集合，后文图例与此相同。

从字调域来看，参照句和“连”字句的字调域跨度最大的音节出现位置不一致。参照句中男生和女生的字调域跨度最大音节均为句首韵律单位中字，男生为62%，大于前字8%，女生为63%，大于前字12%；“连”字句中男生和女生的字调域跨度最大音节则出现在句中韵律单位末字，男生为82%，大于前字10%，女生为81%，大于前字10%。“连”字的字调域跨度较为稳定，男生和女生差距不大，男生为39%，女生为37%；“都”字的字调域跨度则出现一定差距，男生为

42%，女生为35%。“连”字调域上线均高于“都”字，男生分别为74%和57%，女生分别为81%和67%，女生的上线均高于男生。

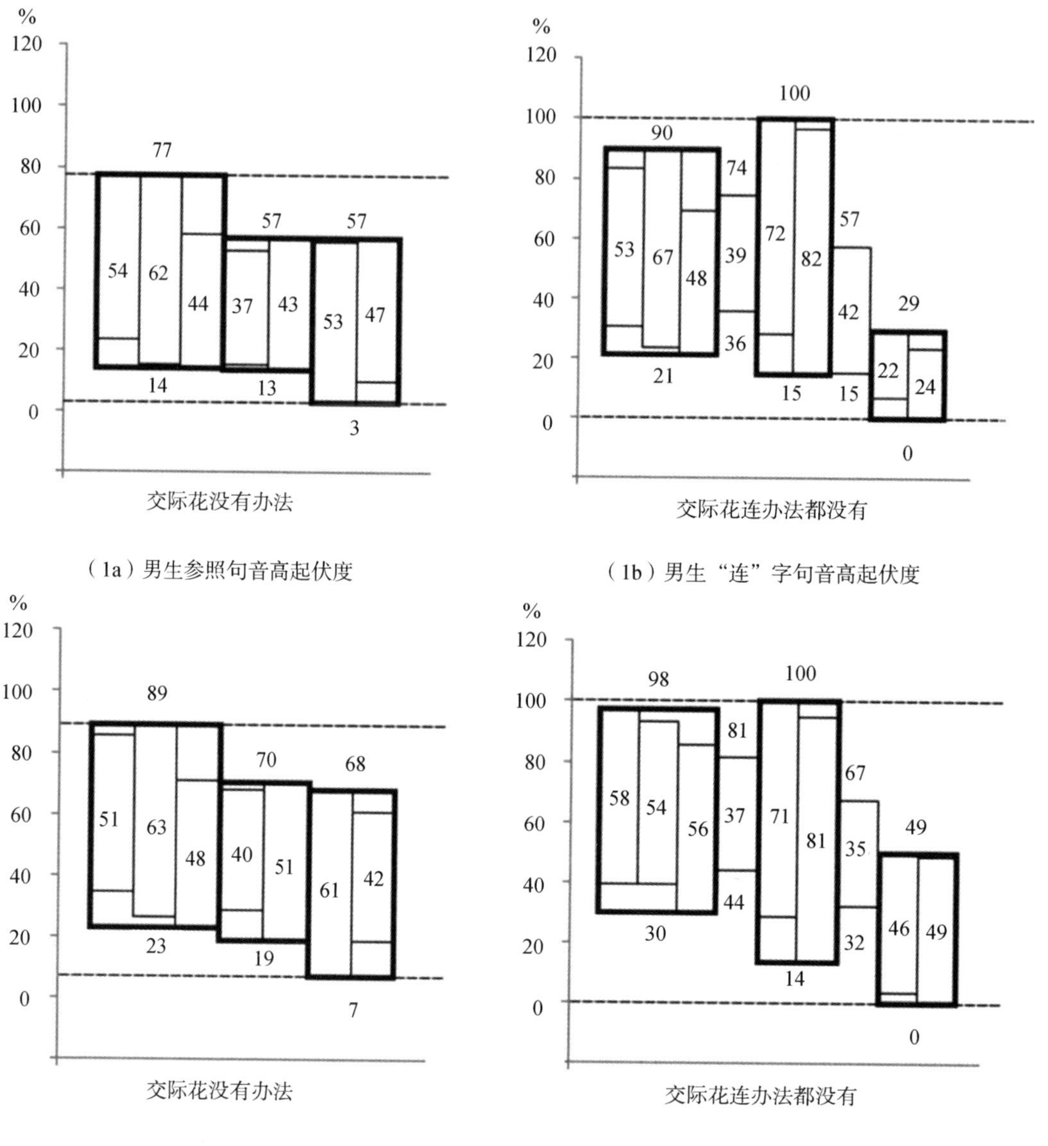

（1a）男生参照句音高起伏度

（1b）男生“连”字句音高起伏度

（1c）女生参照句音高起伏度

（1d）女生“连”字句音高起伏度

图1　音高起伏度

从词调域来看，两组句式的音高趋势有所不同。参照句依旧呈现音高下倾的自然趋势，而“连”字句则呈现先上升再大幅降低的趋势。参照句中词调域的最大值和最小值分别落在句首和句中韵律单位，最大词调域跨度男生为63%，女生为66%，最小词调域跨度男生为44%，女生为51%；“连”字句中词调域的最大值和最小值则分别落在句中韵律单位和句末韵律单位，最大词调域跨度男生为85%，女生为86%，最小词调域跨度男生为29%，女生为49%。参照句的词调域表现为宽—窄—宽的趋势（男生63%—44%—54%，女生66%—51%—61%），“连”字句则恰好相反，表现为窄—宽—窄（男生69%—85%—29%，女生68%—86%—49%），充分体现了“连……都”结构在句中韵律单位带来的大幅扩展以及对句末韵律单位的大幅压缩。

从句调域来看，参照句中男生句调域上线为77%、下线为3%，女生句调域上线为89%、下线为7%，“连”字句中男生和女生句调域上线均为100%、下线均为0，形成全调域，可见“连……都”结构在句中的作用更为明显。“连”字句中句调域上线明显抬高，男生为100%，大于参照句的74%，增幅26%；女生为100%，大于参照句的82%，增幅18%。本来在句中调域跨度最小的韵律单位由于“连”字的出现，使得其音高调域大幅扩展，以凸显焦点位置，同时大幅压缩句末韵律单位的调域予以配合焦点凸显，这表明焦点的凸显除了其自身调域的扩展，还与其后成分的音高变化表现有密切联系，但对其前的成分作用不明显。

3.2 音长数据分析

音长在韵律研究中主要通过时长比表现。在MiniSpeechLab中，时长数据可以从波形图中切取测量每个音节的时长得到。我们按照时长比公式计算每个音节的时长比数值，并制作图2。图中分为4个图表，图2a和图2b分别为男性发音人参照句和“连”字句的时长比，图2c和图2d分别为女性发音人参照句和“连”字句的时长比。若数值大于1则认定发生音段延长，若小于1则未发生音段延长，图中水平虚线作为数值1的参照，竖直虚线作为划分词调域的标记，以便对照。

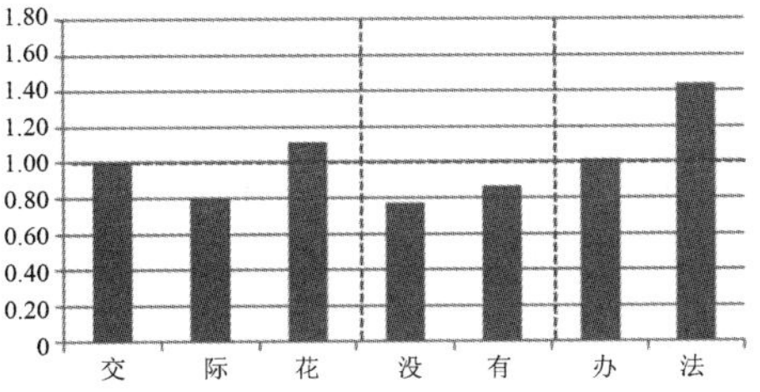

（2a）男生参照句时长比

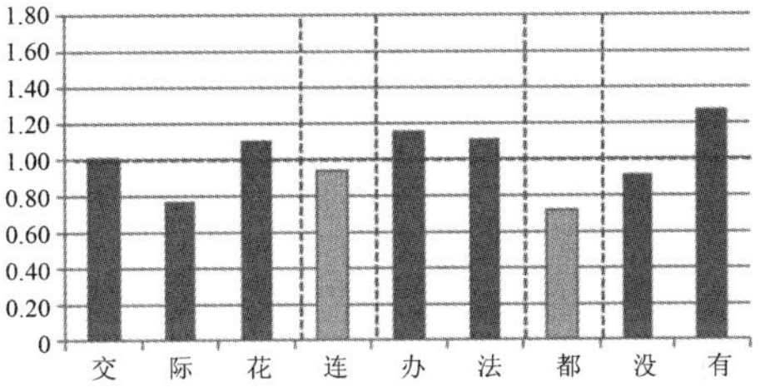

（2b）男生“连”字句时长比

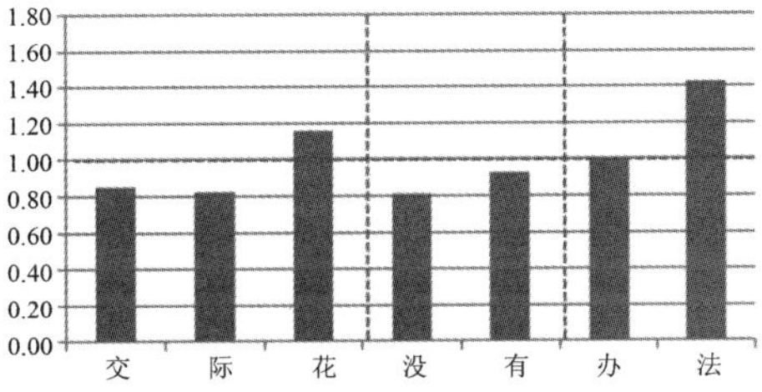

（2c）女生参照句时长比

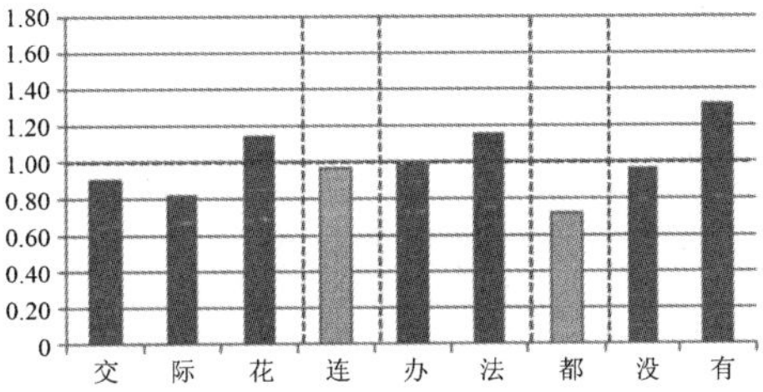

（2d）女生“连”字句时长比

图2 时长比

总体来看，两组句式中男生和女生的表现差别不大。全句最大时长比均为最后一个音节，全句最小时长比音节位置不同，参照句为句中韵律单位第一个音节，“连”字句则后移至全句第七个音节“都”字。在句首韵律单位，参照句中只有末字发生延长，男生为1.11，较前字增幅31%，女生为1.16，较前字增幅34%；“连”字句中末字发生延长，男生为1.11，较前字增幅34%，女生为1.15，较前字增幅33%。可见，同处于句首韵律单位位置，时长比绝对数值及相对变化基本一致，在“连”字句中并未受到句首韵律单位后“连”字的影响，说明“连”字在音长上并不影响其前面的成分。在句中韵律单位，男生和女生在参照句中均未出现停延；而在“连”字句中“连”字本身并未发生音段延长，分别为男生0.94，女生0.97，但其后的两个音节出现了音段延长，末字时长比分别为男生1.11，女生1.16，一方面体现了边界效应，另一方面也体现出“连”字对其后成分的影响，带动其后音节发生延长，从而实现焦点的表现。“都”字未发生延长，男生和女生均为0.72。在句末韵律单位中，参照句中男生的末字时长比为1.44，较前字增幅43%，女生为1.43，较前字增幅43%；“连”字句中男生的末字时长比为1.27，较前字增幅35%，女生为1.32，较前字增幅35%，参照句中的末字延长幅度大于“连”字句，体现了一定的焦点后音长延长幅度缩减。

就音长而言，“连”字句和参照句的主要差别在句中韵律单位，与音高表现类似，相比参照句而言，前字男生增幅39%，女生增幅18%，后字男生增幅24%，女生增幅23%。

3.3 音强数据分析

音强主要通过音量比表现。在MiniSpeechLab中，音强数据可以从波形图中切取测量每个音节获得。我们按照音量比公式计算每个音节的音量比数值，并制作图3。图中分为4个图表，图3a和图3b分别为男性发音人参照句和“连”字句的音量比，图3c和图3d分别为女性发音人参照句和“连”字句的音量比。若数值大于1则认定发生音量增强，若小于1则未发生音量增强，图中水平虚线作为数值1的参照，竖直虚线作为划分词调域的标记，以便对照。

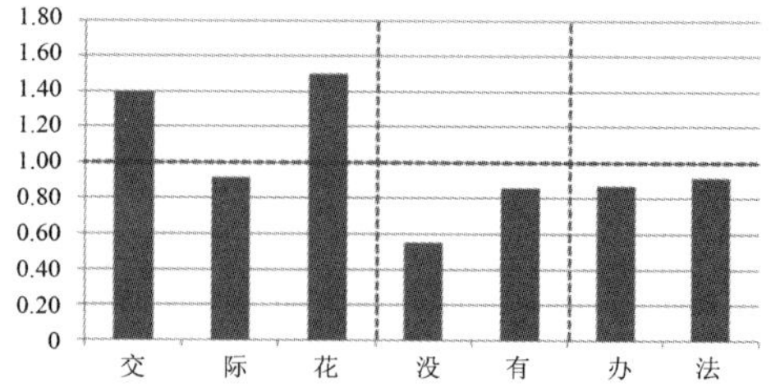

（3a）男生参照句音量比

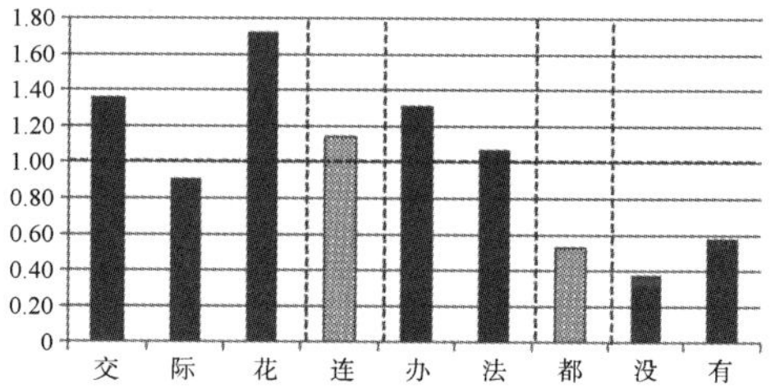

（3b）男生“连”字句音量比

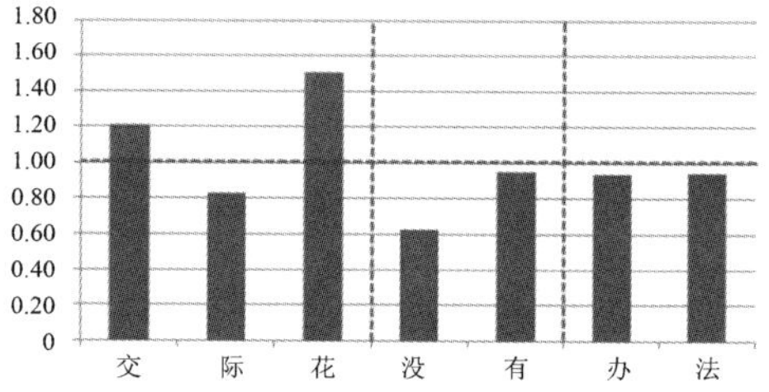

（3c）女生参照句音量比

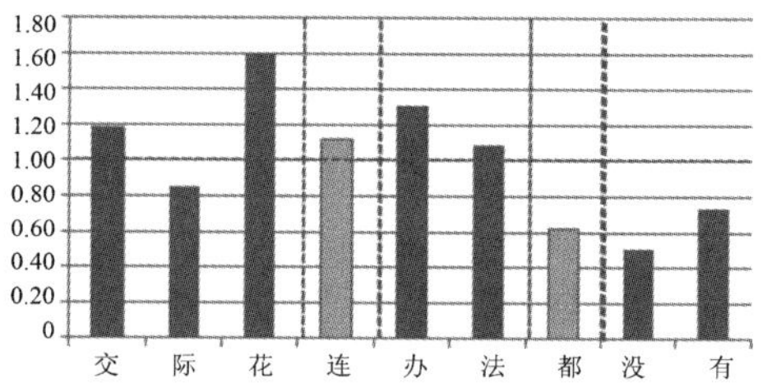

（3d）女生“连”字句音量比

图3 音量比

总体来看，参照句和“连”字句的音量比走势不同。句首韵律单位中，两组句式差距不大，除中字外，男生和女生均发生音量增强，且末字为全句音量比数值最大。句首韵律单位末字在参照句中男生为1.50，较前字增幅59%，女生为1.50，较前字增幅67%；而“连”字句中男生为

1.72，较前字增幅81%，女生为1.60，较前字增幅75%，绝对数值与增幅均大于参照句。句中韵律单位呈现较大差别，参照句中各音节均未出现音量增强，而“连”字句中，句中韵律单位中所有音节全部发生较大幅度音量增强。“连”字本身出现音量增强，男生为1.14，女生为1.12，紧随其后的两个音节音量比均有明显上升幅度，前字音节男生为1.31，女生为1.30；后字音节则出现小幅回落，男生为1.07，较前字降幅24%，女生为1.09，较前字降幅21%。可见，“连”字本身发生音量增强，并带动其后音节即参照句中本来未出现音量增强的音节也发生增强，说明“连”字在音强上参与了焦点表现。在句末韵律单位中，参照句和“连”字句的音量比虽然均未发生音量增强，但也表现出了一定差异。参照句中男生末字音量比为0.91，女生末字音量比为0.94；“连”字句中则呈现先下降后上升的“U”形趋势，“都”字后的音节成为全句最小音量比，男生为0.38，女生为0.50；末字有所上升，体现出一定的边界效应，男生为0.58，女生为0.74。

就音强而言，“连”字句和参照句的主要差别在句中和句末韵律单位，与时长比表现相似。句中韵律单位在“连”字句中的音量增强最为明显，句末韵律单位整体出现下降。可以看出，“连”字结构在句中韵律单位实现大幅度音量增强，成为焦点；而后削弱句末韵律单位的音量，形成音量上的互补。

3.4 小结

通过上述分析，我们将男生和女生的实验结果进行平均，整合得出参照句和“连”字句的起伏度、时长比、音量比数据，并得到两组句式的韵律分布模式，如图4所示。图中分为6个图表，图4a和图4b分别为所有发音人参照句和“连”字句的起伏度，图4c和图4d分别为所有发音人参照句和“连”字句的时长比，图4e和图4f分别为所有发音人参照句和“连”字句的音量比。

从音高来看，参照句句首韵律单位词调域跨度为64%，“连”字句为67%，增幅3%；参照句句中韵律单位词调域跨度为47%，“连”字句为86%，增幅39%；参照句句末韵律单位词调域跨度为57%，“连”字句为39%，减幅18%。

从音长来看，参照句句首韵律单位末字时长比为1.14，“连”字句为1.13，两组句式末字相比减幅1%；参照句句中韵律单位均未出现音段延长，“连”字后的两个音节均发生音段延长，末字为1.14，较前字增幅7%；两组句式末字相比减幅13%。

从音强来看，参照句句首韵律单位末字音量比为1.50，“连”字句为1.66，较前字增幅78%，两组句式末字音量比增幅16%；参照句句中韵律单位各音节均未出现音量增强，而“连”字句句中韵律单位各音节均出现音量增强，“连”字本身音量比为1.13；句末韵律单位中两组句式各音节均未出现音量增强，且“连”字句中音量比绝对数值明显小于参照句，末字音量比减幅27%。

概括而言，参照句和“连”字句在韵律分布模式上具有以下共同特点：从韵律单位内部看，句首韵律单位在三项参量对比中变化不大，调域微扩展；句中韵律单位则表现出音高调域显著扩展、音节时长延长、音量增强，三要素共同参与焦点表现；句末韵律单位表现出音高调域大幅压缩、音量显著减弱，而音长略微有所缩短。

通过参照句和“连”字句的韵律分布模式对比，音高、音长和音强的综合表现说明，句中“连NP”的焦点重音表现是由其本身和焦点后成分共同作用的，而焦点前成分的作用不明显。“连”字结构（连NP）作为韵律焦点，音高、音长和音强共同为NP成分中的每个音节提高、延长和增强。

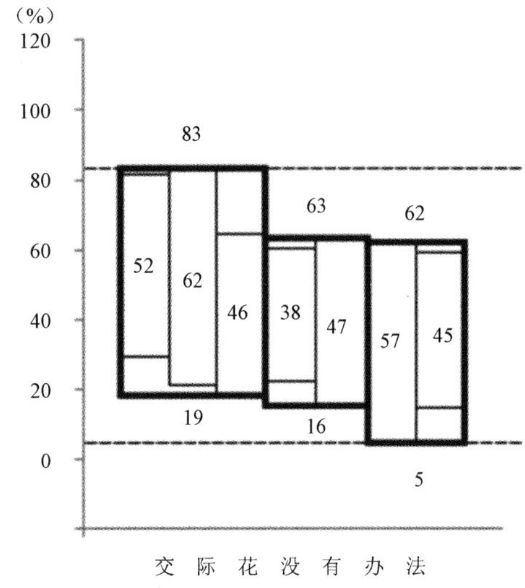

（4a）参照句起伏度

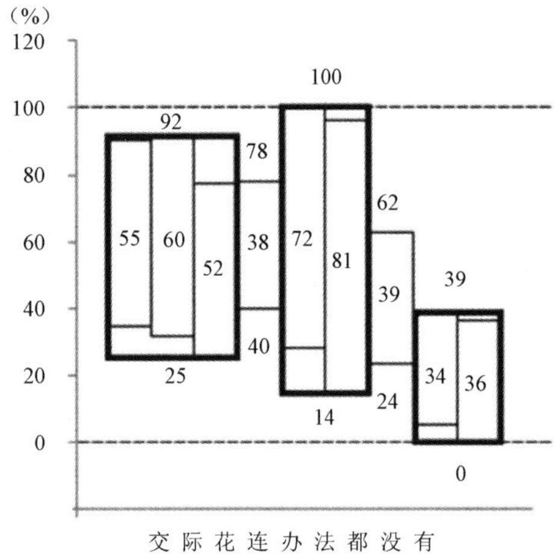

（4b）“连”字句起伏度

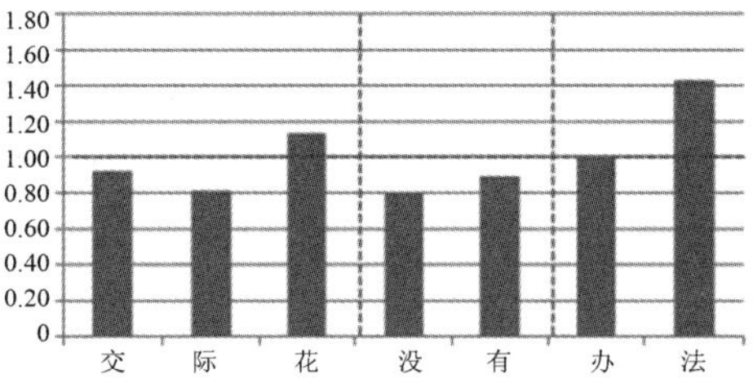

（4c）参照句时长比

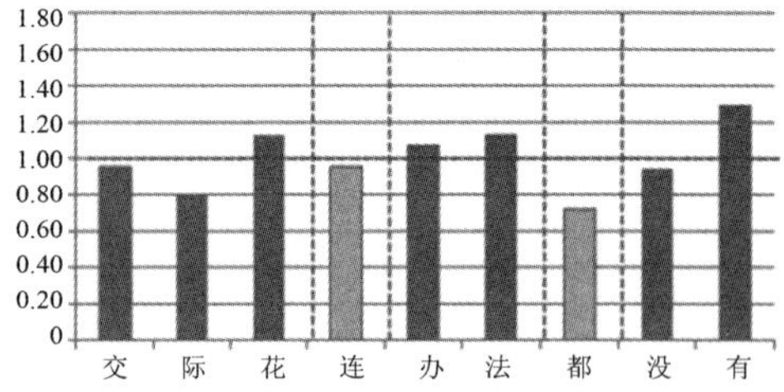

（4d）“连”字句时长比

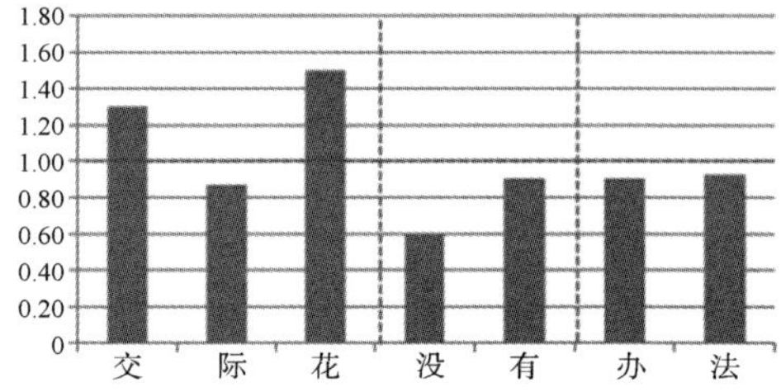

（4e）参照句音量比

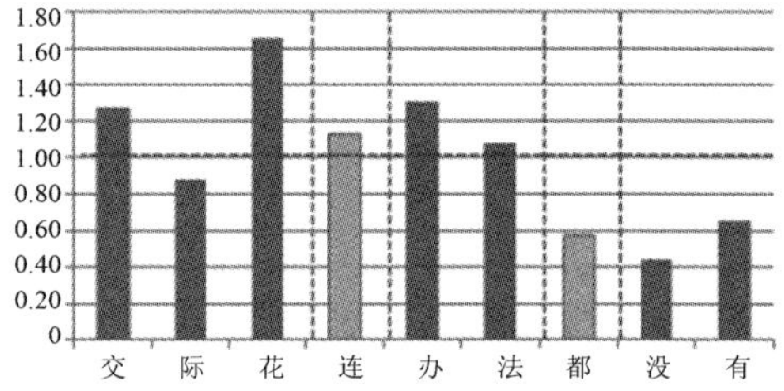

（4f）“连”字句音量比

图4　参照句和“连”字句的韵律分布模式

4. 分析与讨论

4.1　关于“连”及其后NP成分

从本实验中对“连”字句韵律特征的量化分析中我们认为，“连”在句中是焦点标记词，参与焦点表现。对于“连”是焦点标记词还是非焦点标记词，张伯江和方梅（1996）通过三条标点词确认原则认定“连”是一个焦点标记词。方梅（1995）指出，汉语中只有“是”和“连”是焦点标记词，并总结出焦点标记词的三个特征予以证明，本文的实验结果支持这三个特征。但反观洪波（2001）的观点，从两个方面论证“连”不能算作焦点标记词：一是“连”后成分由于逻辑重音的存在，其焦点是不固定的；二是“连”字可以省去。对此我们认为，汉语的焦点标记手段，除了焦点标记词这种句法手段外，还有语序、重音、停顿等手段，它们的作用并不相互排斥，而是共同作用，因而并不能完全否认其作为焦点标记词的作用。对比温宝莹和东韡妍（2019）针对“连”字结构在句首的实验结果，由于“连……都”结构位置的不同，其表达焦点重音的程度是不同的，这正是对语序与焦点标记词共同作用的体现。

再看本实验中位于句中的“连”后成分，因负载了更多的信息量，成为具有对比性的焦点。虽然该成分并不占据句首话题的位置，但同样通过扩展其调域、增长其音长、加强其音强来凸显焦点效果，形成更强的对比性；同时焦点后体现出音高调域压缩、音长缩短、音强压缩，自然焦点指示的重音前移配合焦点凸显，表现出较强的对比性。袁毓林（2006）讨论了“连”后成分是话题还是焦点，他不否认“连”后的NP成分具有话题性，但“连”只要求NP成分具有对比性，与本实验的结论契合。作为一种强调句式，其承载的语用功能是隐含比较和极性对比，以表达某种言外之意，本实验中“连”后成分有明显焦点凸显表现，焦点后句末位置则体现出一定的“去重音”（deaccenting）现象，将自然焦点让渡给对比焦点，使得“连”后成分获得焦点身份，句子的焦点位置发生改变，下倾程度也发生改变。

4.2 关于“都”的影响

进一步分析可以看到，“都”作为焦点敏感算子，在句中位置其自身参与焦点表现较为有限，不如“连”参与焦点表现那样突出。对于“都”的作用，语法学界大多通过位移、替换等方法来论证其作用。刘林（2016）提出用句法和语义完整性来判断焦点标记和焦点算子，如果可以去掉且不影响句法和语义完整性，则为焦点标记，反之为焦点算子。本实验句中如果将“都”去掉则会影响句法和语义完整性，因而支持焦点算子的结论。袁毓林（2005）从焦点理论出发，认为“都”是敏感算子，且其关联方向往往是左向的，即指向“连”所引导的NP，并约束其成为语义焦点。而在语音研究中，贾媛等（2009）通过对比“是”和“连”标记的阳平句焦点成分语音特征发现，“连”后成分的音高没有“是”所标记的成分抬高得多，焦点后的成分也没有被压得更低，原因是“都”的约束和牵制作用。这与我们的实验结果较为一致，句中“连”字句的焦点位置在句中韵律单位，“都”在其后指向NP成分，与“连”共同作用约束其成为语义焦点。周小兵（1990）、崔希亮（1990）、任芝锳（2007）、刘探宙（2008）等认为“连”字句的强调义，不是由“连”单独表现，而是“连……都/也……”这一关联形式共同表现。

4.3 关于韵律三要素的关系

本实验中发现，韵律三要素在焦点位置的表现一致，但是在焦点后的表现并不完全同步，我们通过调域比、时长比和音量比的对比图可以观察得更清楚。①

通过“连”字句和参照句的对比，我们发现，“连”字句的句首韵律单位和参照句的调域比、时长比和音量比整体相似，变化不大。句中韵律单位三项参数均有增大，其中，调域比句中韵律词两字均有显著增大，首字为1.38（参照句为0.77），末字为1.57（参照句为0.95），音量比句中韵律词也有所增大，首字为1.31（参照句为0.59），末字为1.08（参照句为0.90），时长比句中韵律词首字也超过了1.00，为1.07（参照句为0.79），末字为1.14（参照句为0.90）。说明句中韵律单位的音高、音长和音强三要素同时扩展增大，共同参与焦点表现，表现同步。

---

① 从起伏度数值归一化可以得到调域跨度比，调域跨度比是字调域跨度的归一化。计算公式为：WR = Wx/Wmean，其中WR表示某字调域跨度比，Wx表示某字的调域跨度，Wmean表示全句的平均字调域跨度（秦鹏 2018）。

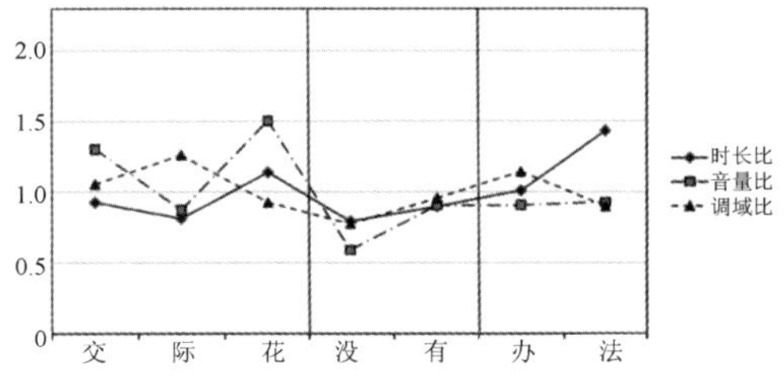

(5a) 参照句的调域比、时长比和音量比

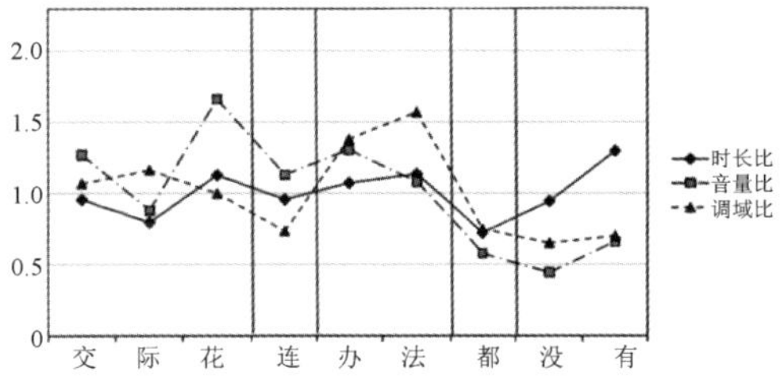

(5b)“连”字句的调域比、时长比和音量比

图5 参照句和“连”字句的调域比、时长比和音量比

在句末韵律单位，音高和音强表现出相同的趋势：句末韵律单位调域大幅压缩、音量显著减弱。音长相对独立，略微有所缩短，并不明显。音量比句末韵律单位首字最低，为0.44（参照句为0.91），调域比首字降至0.65（参照句为1.14）。时长比较参照句也略有减小，但相对于音量比和调域比并不明显（如图5所示），首字时长比为0.94（参照句为1.01），末字为1.30（参照句为1.43）。在焦点后，三项参数表现并不完全一致。

5. 结论

通过对“连NP都VP”结构在句中的“连”字句焦点表现进行分析，从音高、音长、音强三个方面对韵律分布模式进行考察。我们得出如下结论：(1)“连”字句的焦点在句中韵律单位，即“连NP”结构所在的成分，NP为窄焦点，表现为音高调域大幅扩展，音长显著延长，音强显著增强，凸显了较强的对比性。“连”字参与焦点表现，为焦点标记词，对焦点前的成分影响较小。(2)“都”作为焦点敏感算子，参与焦点表现较为有限，其自身在音高、音长、音强三个方面均无凸显表现。但“都”所关联的成分是句子的焦点，即NP成分，在音高、音长、音强方面都有焦点表现，且焦点后成分调域跨度减小，音长略微缩短，音强有所减弱。(3)从音高、音长、音强的数据分析可以看出，韵律三要素在焦点表现中同步，但是在焦点后位置，音高和音强表现较为一致，而音长的独立性较强，相对稳定。这表明韵律三要素在焦点句中并不平衡，三者并不等同。

韵律结构带来的语音变化，实际上反映的是话语在表达中的语义结构甚至是语用结构的变化，它们根据信息结构的表达需要而调整。以上结论仅仅是根据本文设计的实验内容和数据分析得出的，其适用范围和适用程度还需要更多、更为全面的实验来支撑和论证，也需要与更多实验研究结果进行对比参照和验证。

6. 致谢

本文为2022年国际中文教育研究课题“不同母语背景学习者的韵律感知和发展格局”（22YH43B）、2021年南开大学文科发展基金科学研究类项目“汉语普通话儿童的语音发展”；2021年亚洲研究中心资助项目“普通话儿童汉语元音感知的精细化发展”（AS2103）的阶段性研究成果。

参考文献

Bolinger, D. (1972). Accent is predictable (If you're a mind-reader). *Language*, *48*.

Chomsky, N. (1971). Deep structure, surface structure and semantic interpretation. Cambridge: Cambridge University Press.

Gussenhoven, C. (1983). Focus, mode and the nucleus. *Journal of Linguistics*, *19*(2).

Halliday, M. A. K. (1967). Notes on transitivity and theme in English: Part 1. *Journal of Linguistics*, *3*(1).

Rebuschi, G., & Tuller, L. (1999). The grammar of focus: An introduction. In G. Rebuschi & L. Tuller (Eds.) *The grammar of focus*. Amsterdam: John Benjamins Publishing Company.

Reinhart, T. (1995). Interface strategies. OTS Working Papers in Linguistics. Utrecht: Utrecht University OTS.

崔希亮:《试论关联形式"连……也/都……"的多重语言信息》,《世界汉语教学》1990年第3期。

方梅:《汉语对比焦点的句法表现手段》,《中国语文》1995年第4期。

贾媛、李爱军、陈轶亚:《汉语"是"和"连"标记的焦点成分语音特征研究》,《清华大学学报》(自然科学版)2009年第49期。

洪波:《"连"字句续貂》,《语言教学与研究》2001年第2期。

刘林:《汉语焦点标记词的分类与句法特征》,《语言研究集刊》2016年第1期。

刘探宙:《多重强式焦点共现句式》,《中国语文》2008年第3期。

秦鹏:《汉语普通话句子的信息结构和语调模式初探》,博士学位论文,复旦大学,2012年。

任芝锳:《"连"字在焦点结构中的作用——谈焦点结构分析中的几个基本问题》,《广播电视大学学报》(哲学社会科学版)2007年第3期。

石锋:《韵律格局:理念和方法》,《实验语言学》2019年第8卷第2号。

温宝莹、东韡妍:《"连NP都VP"句式的韵律焦点分析》,《汉语学习》2019年第5期。

袁毓林:《"都"的语义功能和关联方向新解》,《中国语文》2005年第2期。

袁毓林:《试析"连"字句的信息结构特点》,《语言科学》2006年第2期。

张伯江、方梅:《汉语功能语法研究》,江西教育出版社1996年版。

周小兵:《汉语"连"字句》,《中国语文》1990年第4期。

温宝莹

南开大学汉语言文化学院,教授,主要研究领域为实验语音学、语言习得。

Email: hywby@ nankai. edu. cn

东韡妍

南开大学周恩来政府管理学院,教师(思教),主要研究方向为实验语音学。

Email: dongweiyan@ nankai. edu. cn

附录 1

音高、音长、音强原始值

	例句		交	际	花	没	有	办	法
参照句	男生均值	上线（St）	21.7	21.7	18.4	17.5	18.2	18.0	18.2
		下线（St）	12.7	11.3	11.1	11.3	10.9	9.2	10.4
		音长（ms）	194	156	218	151	169	197	281
		幅度积（md）	236	151	267	93	147	147	154
	女生均值	上线（St）	27.0	27.5	25.0	24.6	24.8	24.5	23.6
		下线（St）	19.9	18.7	18.2	19.0	17.6	16.0	17.6
		音长（ms）	180	172	247	172	195	212	302
		幅度积（md）	190	138	259	100	151	150	155

	例句		交	际	花	连	办	法	都	没	有
“连”字句	男生均值	上线（St）	22.6	23.8	20.3	21.1	25.4	24.9	18.3	13.5	12.7
		下线（St）	13.8	12.6	12.3	14.7	13.4	11.2	11.3	9.9	8.7
		音长（ms）	185	142	205	173	213	206	132	169	236
		幅度积（md）	241	164	320	207	238	196	91	67	102
	女生均值	上线（St）	28.7	28.1	27.0	26.4	29.1	28.3	24.5	21.9	21.8
		下线（St）	20.5	20.5	19.2	21.1	19.0	17.0	19.5	15.5	15.0
		音长（ms）	189	173	242	203	207	244	151	203	279
		幅度积（md）	199	151	294	204	239	211	106	85	123

附录 2

参照句和“连”字句的调域比、时长比和音量比

参照句的调域比、时长比、音量比								
		交	际	花	没	有	办	法
调域比	平均	1.05	1.26	0.92	0.77	0.95	1.14	0.90
	标准差	1.46	0.36	2.27	1.12	3.95	4.09	2.39
时长比	平均	0.92	0.81	1.14	0.79	0.90	1.01	1.43
	标准差	0.09	0.07	0.09	0.04	0.05	0.05	0.08
音量比	平均	1.30	0.87	1.50	0.59	0.90	0.91	0.93
	标准差	0.16	0.11	0.16	0.08	0.11	0.06	0.13

续表

“连”字句的调域比、时长比、音量比										
		交	际	花	连	办	法	都	没	有
调域比	平均	1.07	1.16	1.00	0.73	1.38	1.57	0.75	0.65	0.70
	标准差	2.85	6.38	3.98	0.56	0.39	0.69	3.33	11.97	12.58
时长比	平均	0.95	0.80	1.13	0.96	1.07	1.14	0.72	0.94	1.30
	标准差	0.09	0.11	0.15	0.08	0.10	0.07	0.04	0.05	0.10
音量比	平均	1.27	0.88	1.66	1.13	1.31	1.08	0.58	0.44	0.66
	标准差	0.20	0.14	0.33	0.20	0.21	0.16	0.10	0.11	0.19

A CONTRASTIVE STUDY ON PHONETIC PROMINENCE BETWEEN MANDARIN CHINESE AND ENGLISH TRISYLLABIC WORDS

GUO Jia, CUI Sihan

Abstract This study makes a contrastive analysis to investigate word phonetic prominence in different types of morphological structures between Chinese and English trisyllabic words to explore the commonalities and differences in the relative prominence between adjacent syllables within words, by taking pitch range ratio, duration ratio and energy ratio into consideration. In the aspect of the word phonetic prominence pattern, the adjacent syllables do demonstrate phonetic prominence in both languages, yet the prominence degree varies: phonetic prominence patterns of English words are obvious while Chinese words present slight phonetic prominence tendency; Secondly, all English trisyllabic word patterns are consistent with English stress patterns, while Chinese words' slight right-edge prominent pattern may be a boundary tendency. Besides, in the aspect of the ranking of the acoustic cues in signaling the stress, English words mainly present the ranking of $\text{intensity}_{\text{amplitude-integral}}$ > pitch range ⩾ duration, while the ranking in Chinese words is duration > intensity(amplitude-integral) ⩾ pitch range.
Keywords Word stress, Phonetic prominence, Trisyllabic words, Morphological structure

汉英三音节词语音突显对比实验分析

郭　嘉　崔思涵

摘　要　汉英词内相邻音节异同的分析是声学对比研究的难点。从传统语言分类来看，英语属于重音语言，汉语属于声调语言，分属不同的语言类型。语音对比研究一直致力于探索两种语言之间可以进行比较的维度。汉语是否有词重音，目前在学界尚处于讨论之中。本研究从声学角度出发，拟采用语音"突显"这一概念进行分析。所谓语音"突显"，主要指发音时某个音节比其相邻音节音高更高、时长更长或音强更强等声学表现，侧重相对差异性，有利于避开尚有争论的相关术语表述，深入探索两种语言之间的异同。

以往关于汉英词内相邻音节的声学表现分别展开的实证研究较多，少有对二者相邻音节之间声学表现的异同进行对比分析；且大多研究聚焦于双音节词，对三音节词的考察不多；同时，基于两种语言词内语素结构进行探讨的声学分析更少。因此，本研究基于韵律格局理论，通过实验语音的方法，采用音高、时长、音强（幅度积）等声学参量分析汉语和英语在孤立词状态下三音节词内不同语素结构中相邻音节的异同，以及三个声学参量之间的语音突显等级异同。

研究对象分为两组，每组4名发音人，分别为英国曼彻斯特的4位英语发音人（两男两女）和中国的4位汉语普通话发音人（两男两女），平均年龄20—22岁，均没有语言学学习背景。实验语料包括8组（24个）英语实验词（单语素结构和双语素结构）和3组（12个）汉语实验词（单语素结构和双语素结构）。音高最大值和最小值由Praat提取，元音时长值和音强（幅度积）值由南开大学文学院设计的语音软件"桌上语音工作室"提取。

实验结果表明：(1)在所有的语素结构中，汉语和英语三音节词内相邻音节的三个声学参量均呈现出语音突显，但是语音突显程度不同：英语三音节词内相邻音节突显模式均很明显，而和英语相比，汉语三音节词内相邻音节间虽有语音突显，但语音突显不明显。(2)所有英语三音节词的语音突显模式和英语三音节词的词重音模式保持一致，即重读音节的语音突显模式更为显著；而汉语三音节词整体表现出词末音节的语音突显略大于首音节和中间音节的语音突显，但由于突显位于词末音节，汉语略偏右重趋势的语音突显究竟是边界调的体现还是词重音的表现需要进一步深入分析。(3)汉语和英语三音节词在语音三要素突显等级排序上呈现出差异性,英语整体表现为音强(幅度积)>音高调域≥时长,而汉语整体表现为时长>音强(幅度积)≥音高调域。

本研究对英汉语音对比研究具有重要意义,并且对语言类型学,尤其是语音类型学的发展具有一定的贡献,同时,对语音教学和语音合成也有一定的借鉴意义。
关键词 词重音,词音突显,三音节词,语素结构

1. INTRODUCTION

Modern prosodic phonology started from studying English to investigate systematically the co-relations between the adjacent sound segments and the hierarchy of phonological constituents. Altmann (2006) divides all languages in the world into stress languages and non-stress languages: English is classified as a stress language and Mandarin Chinese as a non-stress language. Both stress and tone will lead to miscommunication if being placed wrongly.

Being deeply influenced by English prosodic phonology, the fast development of modern Chinese prosodic phonology opens another window to study Chinese. In the recent years, some studies propose that Mandarin Chinese is also a stress language, which challenges the long-established view that Mandarin Chinese is tone-based with no lexical alternation of stressed and unstressed syllables. With such a background, this study aims to provide an objective insight into the underlying lexical phonetic features of the two languages.

1.1 The argumentation of word stress in Mandarin Chinese

The emerging view tends to integrate English and Chinese prosodic phonology together. Feng (2002) emphasizes the importance of stress (foot) in Chinese prosodic words. As Feng (2016) claims, although Beijing dialect does not belong to stress-timed languages like English, it still has word stress realized by syllable rhythm. Ye (2014) proposes the basic rhythmical form of Mandarin Chinese. Zhuang (2015) points out that a word containing three syllables must synchronize all those syllables when footing operates. Duanmu (2014) holds the view that the stress phenomenon is universal and many Chinese stress rules are the same as English stress rules. Duanmu (2016) applies the idea of English metrical foot to study stress issues in Mandarin Chinese. Wang (2004) accepts the foot layer, but considers Mandarin Chinese as lax-tense type instead of heavy-light type. The above has substantially contributed to treating Chinese prosodic phonology in a cross-linguistic typological way.

However, some other studies insist that the tone-based Chinese prosodic phonology should establish its own prosodic structure to well depict Chinese prosodic features. Yin (1989) analyzes Chinese disyllabic words and concluded that most Chinese words do not have unstressed syllables and only 14% carry Chinese neutral tone. Xu (2013) also supports that Chinese may have no word stress. Jiang (2011) states that the assumption of Chinese word stress is a "pseudo-proposition", because Chinese is a F0-pitch-tone language. Zhang (2014) claims that there is no foot layer in Chinese. Zhou (2017) states that Chinese should not be treated as a stress language. Zhang (2021) concludes that the categorical and systematic stress phenomenon does not occur in Mandarin Chinese.

Guo and Zhou (2021) point out that the on-going debate promotes the development of Chinese prosodic phonology and helps to establish its own prosodic phonology. In a nutshell, the main argument above lies in whether Chinese has word stress or not, and more specifically, whether Chinese has the phonetic alternation of stressed and unstressed syllables within a word.

1.2 The concept of phonetic prominence in this study

Prominence is usually discussed in the field of phonetics and is explored, via three important acoustic correlates, pitch, length and loudness, to reveal the way in which speech is produced and perceived (Cruttenden, 2002). Crystal (2004) makes a distinction between stressed syllables and unstressed syllables as the former are more prominent than the latter. Zhou (2018) considers word stress as the use of force to pronounce a syllable and to make it prominent in the sense of hearing.

Relative prominence corresponds with greater articulatory efforts in production, and also with greater salience or audibility on the perceptual side (van der Hulst, 2006). It is commonly believed that, whereas the syllable with higher degree of prominence is regarded as stressed in isolated words, the syntactic constituent with more new information is considered as accented in sentences. Hyman (2018) insists on applying a more general notion "positional prominence" to avoid the ambiguous terminologies such as "stress-accent", "pitch-accent", "accent" or "word accent". Van der Hulst (2012) also suggests to decompose the notion of "word stress".

Fry's *Salience Hierarchy of the Acoustic Correlates of Stress* (SHACS) (Keyworth, 2014) analyzes the importance of the acoustic cues relating to English word stress and puts forward the ranking of contribution of the acoustic realization of stress as pitch > duration > intensity > vowel quality, i.e., pitch plays the most important role while vowel quality the least. SHACS has influenced the latter studies greatly (e.g., Adams & Munro, 1978; Koffi & Mertz, 2018). Zhang (2020) adopts the term "prominence" to analyze English word stress with four acoustic cues including pitch range, duration of vowel, amplitude-integral and F0 slope, and confirms that these four acoustic parameters have impacts on the prominence of English stress.

Considering the above unsettled controversial viewpoints relating to Chinese, a more neutral term, phonetic prominence, is applied here instead of "stress" to describe the different phonetic realization of each syllable in Chinese words.

1.3 Research aims

The fundamental analysis in this study targets the phonetic features of the isolated words in the two languages. As most of the previous studies focused on disyllabic words (Deng et al., 2008; Jia, 2011; Koffi & Mertz, 2018; Liang & Shi, 2010), but less concerned the influence of morphological structures, this study aims to explore trisyllabic words with different morphological structures of the two languages to analyze the corelation among the adjacent syllables within words. Specifically, this study recruits pitch range ratio, duration ratio and energy ratio as indices (see 2.4), aiming to analyze whether there is a change in the prominence pattern and in the contribution ranking of acoustic cues between the two languages.

2. RESEARCH METHODOLOGY

2.1 Subjects

This experiment involves 8 speakers (20 – 22 years old) with clear pronunciation. Four native English speakers were from Manchester (2 males and 2 females) and four Mandarin Chinese speakers (2 males and 2 females) from Nankai University. None of the subjects majored in linguistics and all had little linguistic training before.

2.2 Material

2.2.1 Group 1: Chinese material

Chinese trisyllabic words are selected. The position of each syllable contains four tones respectively (neutral tone is excluded in this study, and will be analyzed in future studies). Moreover, considering the influence of morphological structures on Chinese word prominence, all di-morphemic words are designed with attributive structures. Chinese target words are divided into 3 groups with 4 words in each group (see Table 1).

Table 1 Chinese target words

Types of words	Target words
Mono-morphemic ($syll_1$ + $syll_2$ + $syll_3$) 1+1+1	麦当劳 马德里 康乃馨 华盛顿 mai⁴dang¹lao² ma³de²li³ kang¹nai³xin¹ hua²sheng⁴dun⁴
Di-morphemic ($syll_1$ + $syll_2 syll_3$) 1+2	大汉堡 黑咖啡 紫罗兰 白孔雀 da⁴han⁴bao³ hei¹ka¹fei¹ zi³luo²lan² bai²kong³que⁴
Di-morphemic ($syll_1 syll_2$ + $syll_3$) 2+1	香槟酒 爵士乐 保龄球 木槿花 xiang¹bin¹jiu³ jue²shi⁴yue⁴ bao³ling²qiu² mu⁴jin³hua¹

2.2.2 Group 2: English material

The target English words of this study include 8 groups with 3 words in each group. It should be noted that the English di-morphemic ($syll_1$ + $syll_2 syll_3$) trisyllabic words with the right-heavy stress pattern are not involved because very few English words meet the need.

Table 2 English target words

Types of words	Target words
Mono-morphemic trisyllabic words with the left-heavy stress pattern	library, history, camera

续表

Types of words	Target words
Mono-morphemic trisyllabic words with the middle-heavy stress pattern	tomato, piano, Australia
Mono-morphemic trisyllabic words with the right-heavy stress pattern	kangaroo, violin, Bangladesh
Di-morphemic ($syll_1$ + $syll_2 syll_3$) trisyllabic words with the left-heavy stress pattern	newspaper, bicycle, pineapple
Di-morphemic ($syll_1$ + $syll_2 syll_3$) trisyllabic words with the middle-heavy stress pattern	portfolio, reunion, disorder
Di-morphemic ($syll_1 syll_2$ + $syll_3$) trisyllabic words with the left-heavy stress pattern	governor, interview, telescope
Di-morphemic ($syll_1 syll_2$ + $syll_3$) trisyllabic words with the middle-heavy stress pattern	Australian, composer, translator
Di-morphemic ($syll_1 syll_2$ + $syll_3$) trisyllabic words with the right-heavy stress pattern	volunteer, engineer, Japanese

2.3 Data collection

CoolEdit Pro 2.0 recording software set as mono sound was used to collect the data (the sampling rate: 44100 Hz; the sampling resolution: 16 bits). Subjects were required to read the target words aloud and clearly at a moderate speaking rate twice. 96 Chinese words (12 words × 4 subjects × 2 times) and 192 English words (24 words × 4 subjects × 2 times) were collected in total. And the better recorded one was selected for further phonetic analysis. The original values of the maximum and the minimum pitch of each syllable were extracted by Praat; the duration and the intensity $_{\text{amplitude-integral}}$ of vowels were extracted by Minispeech-Lab software.

2.4 Data analysis

This study mainly applies Shi's Prosodic Pattern Theory (2021), which is based on Intonation Pattern Theory (Shi, 2013), and focuses on the co-relation of the adjacent prosodic words in different sentence positions and the general acoustic tendency of the sentence as a whole. Prosodic Pattern Theory has been applied widely in Chinese study. Chen and Shi (2011) analyze four types of narrow-focused sentences in different sentential positions in Mandarin and find out that the expansion of pitch range of the focused words towards the whole sentential pitch range and that of the last syllable towards the focused word are the key features of the intonational pitch representation of focus. Based on prosodic matching paradigm, Wen and Xie (2018) investigate the adjacent prosodic words in different Chinese sentential positions acquired by Japanese students, revealing that Japanese students get positive value on both single cross matching and across items matching, yet this positive value is lower because of the lag of semantic processing mechanism. Huang (2019) explores the prosodic distribution pattern of Mandarin prosodic words in different sentential focus positions and finds out the consistency and inconsistency of the co-ordinational differences of the acoustic cues in pre-focus, middle-focus and post-focus position.

Even though the Prosodic Pattern Theory mainly concerns the acoustic features of prosodic units in sentences, it also emphasizes the importance of sound segments and puts forward that the degree of accuracy in articulating sound segment is a very important index. It proposes three principles—articulating principle, selecting principle and corresponding principle. Among them, corresponding principle is essential. It is linked with relative pitch, duration, and energy, and is closely related to the degree of accuracy in pronouncing sound segment. Asa syllable is the sound segment within a word, this study conducts a contrastive analysis of the acoustic features of adjacent syllables within both English and Mandarin Chinese trisyllabic words and the acoustic features of the word on the whole.

The pitch range ratio is employed to analyze the distribution of syllables' pitch range in the whole word. The duration ratio is the relative duration between the adjacent syllables. The energy ratio is the relative intensity (amplitude-integral) between the adjacent syllables. Here, we use intensity(amplitude-integral) to refer to the totality of amplitude of every sampling point within the selected sound segment to distinguish it from the intensity obtained from Praat. The amplitude-integral based intensity is an integral of intensity and duration and emphasizes the square value of intensity within the specific period of time of the selected segment (Liang & Shi, 2010). Guo (2022) finds out that the English heavy-light alternative stress patterns correspond to the strong-weak intensity(amplitude-integral) pattern in English disyllabic words.

These parameters allow us to compare different languages in the same dimensions with individual variation being eliminated. The calculating formulas of acoustic ratios will be illustrated as below.

At first, the measured original value of pitch (Hz) is converted to semitone (St):

$$St = 12 \times \lg(f/f_r)/\lg 2 \qquad (1)$$

Here, f refers to the original pitch value to be converted and f_r refers to the reference frequency, which is 55 Hz for the male speaker and 64 Hz for the female speaker.

The pitch range of different word domains is then obtained in terms of semitone and the fluctuation degree is calculated in percentage to investigate the performance of prosodic units.

$$S_i = 100 \times (V_i - W_{min})/(W_{max} - W_{min}) \qquad (2)$$

$$S_j = 100 \times (V_j - W_{min})/(W_{max} - W_{min}) \qquad (3)$$

$S_r = S_i - S_j$ (4)

Here, V_i and V_j represent the maximum and the minimum pitch in semitone of the syllables respectively. W_{max} and W_{min} represent the maximum and the minimum pitch in semitone in the word domain respectively; S_i and S_j represent the maximum and the minimum pitch in percentage of the syllables respectively; and S_r represents the percentage value of the pitch range of this syllable. The number is converted to percentage ranging from 0% to 100% (Shi et al., 2009).

For each syllable,

Pitch range ratio $= S_r / S_{mean}$ (5)

Duration ratio $= S_v / V_{mean}$ (6)

Energy ratio $= S_a / A_{mean}$ (7)

Here, S_{mean} represents the average pitch range of all syllables within the whole word; S_v represents the duration of the vowel of this syllable; V_{mean} refers to the average duration of vowels in a word; S_a represents the intensity (amplitude-integral) of the vowel of this syllable; A_{mean} refers to the average intensity (amplitude-integral) of vowels in a word. Here we mainly concern vowels in case the number of consonants will influence the result.

3. RESULTS

3.1 Word prominence of mono-morphemic trisyllabic words in Mandarin Chinese and English

3.1.1 Word prominence in Chinese mono-morphemic trisyllabic words

Based on the average data of the four Chinese speakers, Table 3 first provides the pitch percentage distribution of Chinese mono-morphemic trisyllabic words with pitch percentage maximum (100%) locating on the first syllable and the pitch percentage minimum (0) locating on the last syllable to form a pitch percentage pattern. The pitch maximum declines after the first syllable while the pitch minimum turns slightly higher on the second syllable and then declines. Moreover, on the whole, the pitch decreases from the first syllable to the third (by 18.3% for the maximum and by 32.5% for the minimum), which results in the broader pitch range of the last syllable (81.7%) compared with the first one (67.5%) and the second one (64.5%). With the largest pitch range ratio, duration ratio and energy ratio, the third syllable presents primary phonetic prominence compared with the first and second syllables. And duration ratio is the biggest in number among the three cues of the primary prominent syllable for it is numerically largest (syllable 3, 1.18). The specific ranking of the three acoustic cues tends to be duration > pitch range > intensity (amplitude-integral).

Table 3 Average ratios in Chinese mono-morphemic trisyllabic words

	$syll_1$	$syll_2$	$syll_3$
Pitch Maximum(%) (S_i)	100.0	97.4	81.7
Pitch Minimum (%) (S_j)	32.5	32.9	0.0
Pitch Range (%) (S_r)	67.5	64.5	81.7
Pitch Range Ratio	0.95	0.91	1.15
Duration Ratio	0.95	0.87	1.18
Energy ratio	0.99	0.90	1.11

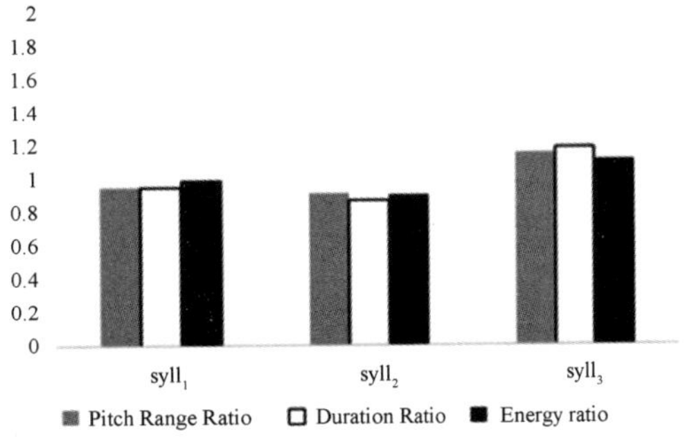

Fig. 1 Phonetic realization of each syllable in Chinese mono-morphemic trisyllabic words. The y-axis represents the ratio (the same in the figures below).

The first syllable is also considered more prominent than the middle one because the first syllable has larger values in all the acoustic features (0.95vs. 0.91, 0.95vs. 0.87, 0.99vs. 0.90). Therefore, a "medium-weak-strong" prominence tendency was observed in Chinese mono-morphemic trisyllabic words. But whether this kind of prominence is a word stress prominence or a boundary tendency needs further analysis as it locates just at the end of the word.

3.1.2 Word prominence in English mono-morphemic trisyllabic words

Three kinds of mono-morphemic structure of English mono-morphemic trisyllabic words are analyzed, the left-heavy, the middle-heavy and the right-heavy stress pattern.

As Table 4 shows, in English, the pitch minimum always lies on the last syllable, while the pitch maximum locates on the most prominent syllable except for the right-heavy pattern. In the right-heavy pattern, the second syllable rather than the third one carries the pitch maximum, and its pitch minimum is also high and reaches 86.7%. But its pitch range is the smallest (13.3%). It seems that, though the native speakers tend to keep their pitch high when they pronounce the second syllable, they try to achieve a remarkable contrast on the third syllable by enlarging the pitch range to highlight the right-heavy stress pattern (85.2% > 13.3%). Noticeably, the same phenomenon occurs also in the words of right-heavy pattern with the "$syll_1$ $syll_2$ + $syll_3$" structure as illustrated in 3.2.2 (see Table 8). More analysis is needed to find out the underlying mechanism.

Moreover, we compared the values of the three acoustic ratios of the primary prominent syllable in the word to reveal the relative importance of acoustic cues signaling word prominence. It can be observed that intensity (amplitude-integral) has the most significant effect in the left-heavy (2.03) and the middle-heavy words (1.76), while pitch range plays the most important role in the right-heavy words with the largest ratio value (1.94).

The figure 2 shows the phonetic realization of each syllable in three kinds of English mono-morphemic trisyllabic words (Fig. 2-a). For the left-heavy words, the obvious "strong-medium-weak" prominence pattern marked by the broadest pitch range, the longest duration and the strongest intensity (amplitude-integral) on the first syllable is presented. The middle-heavy words (Fig. 2-b) present the "weak-strong-medium" prominence pattern. For the right-heavy stress pattern (Fig. 2-c), the last syllable is the most prominent and the "medium-weak-strong" prominence pattern is presented.

Table 4 Average ratios in English mono-morphemic trisyllabic words

	Left-heavy			Middle-heavy			Right-heavy		
syll	1	2	3	1	2	3	1	2	3
Pitch Maximum (%) (S_i)	100.0	39.4	8.4	96.5	100.0	30.4	79.3	100.0	85.2
Pitch Minimum (%) (S_j)	77.8	26.0	0.0	81.9	61.6	0.0	46.0	86.7	0.0
Pitch Range (%) (S_r)	22.2	13.3	8.4	14.6	38.4	30.4	33.3	13.3	85.2
Pitch Range Ratio	1.53	0.91	0.57	0.53	1.39	1.09	0.76	0.30	1.94
Duration Ratio	1.50	0.79	0.70	0.51	1.44	1.05	0.85	0.55	1.61
Energy ratio	2.03	0.64	0.32	0.51	1.76	0.73	0.83	0.58	1.59

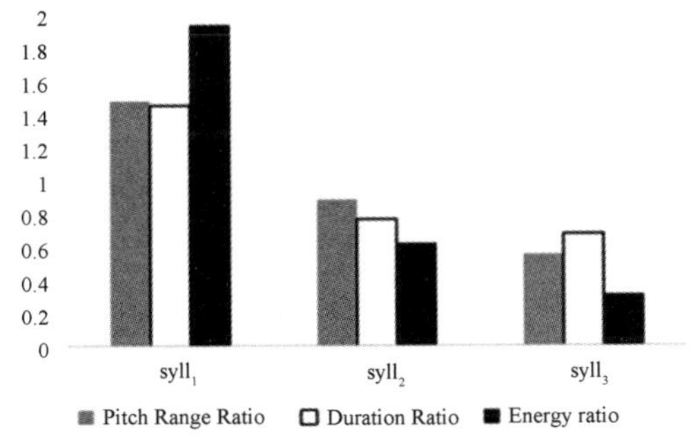

Fig. 2-a Phonetic Realization of Each Syllable in English Mono-morphemic ($syll_1$ + $syll_2$ + $syll_3$) Trisyllabic Words (lefc-heavy)

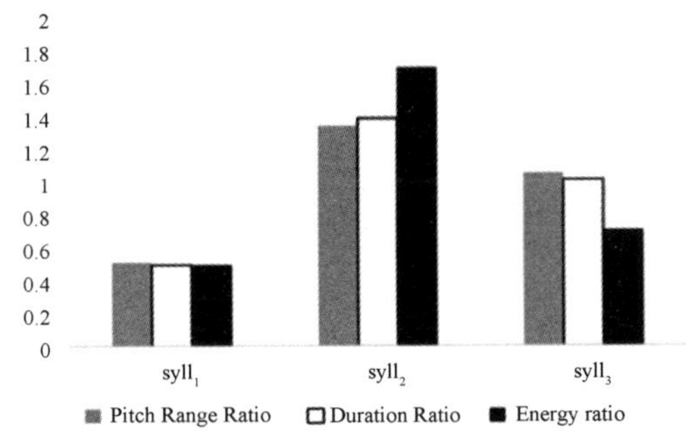

Fig. 2-b Phonetic Realization of Each Syllable in English Mono-morphemic ($syll_1$ + $syll_2$ + $syll_3$) Trisyllabic Words (mid-heavy)

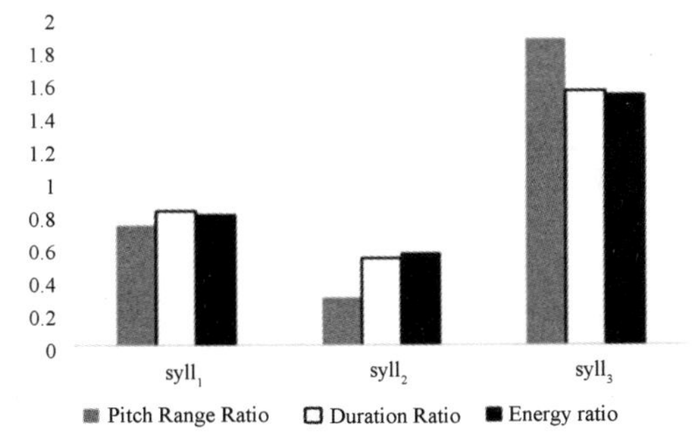

Fig. 2-c Phonetic Realization of Each Syllable in English Mono-morphemic ($syll_1$ + $syll_2$ + $syll_3$) Trisyllabic Words (right-heavy)

3. 1. 3 Contrastive analysis on word prominence between Chinese and English mono-morphemic trisyllabic words

In the following, we made a contrastive analysis on word prominence between Chinese and English mono-morphemic trisyllabic words. Firstly, both languages present that the three syllables do differentiate in terms of degrees of prominence and that there is a syllable relatively more prominent than the others.

On the other hand, Chinese and English present some differences. The phonetic prominence pattern of English trisyllabic words is a straightforward reflection of their metrical stress patterns with the primary stressed syllables having the greatest acoustic prominence. In contrast, Chinese words present slightly "medium-weak-strong" prominence pattern with the last Chinese syllables being just a little bit more prominent compared with the evident prominence in English. As shown in Table 3 and Figure 1, all acoustic ratios in Mandarin Chinese are close to 1 and the ratio differences (i. e. , the maximum acoustic ratio minus the corresponding minimum acoustic ratio in the word; pitch range ratio: 1. 15 – 0. 91; duration ratio: 1. 18 – 0. 87; energy ratio: 1. 11 – 0. 90) range from 0. 21 to 0. 31. But the acoustic ratio differences in English words are much larger in number as shown in Table 4 and Figure 2. They range from 0. 8 to 1. 71 (1. 53 > 0. 57, 1. 50 > 0. 70, 2. 03 > 0. 32) in the left-heavy stress words, is above 1 for all three ratios in the right-heavy stress pattern (1. 94 > 0. 30, 1. 61 > 0. 55, 1. 59 > 0. 58), and is above 0. 85 (1. 39 > 0. 53, 1. 44 > 0. 51, 1. 76 > 0. 51) in the middle-heavy stress pattern.

Regardless of the stress type, the average pitch range ratio, duration ratio and energy ratio of the primary prominent syllables are 1. 63, 1. 52 and 1. 79 in English mono-morphemic trisyllabic words, and 1. 15, 1. 18 and 1. 11 in the Chinese counterparts (see Figure 3).

Figure 3 shows that acoustic ratios of the primary prominent syllables in English words are larger than those in Chinese. Moreover, it can be concluded that the two languages differ in terms of the relative markedness, i. e., ranking, of acoustic correlates in signaling the word prominence, with intensity (amplitude-integral) > pitch range > duration in English and duration > pitch range > intensity (amplitude-integral) in Mandarin Chinese.

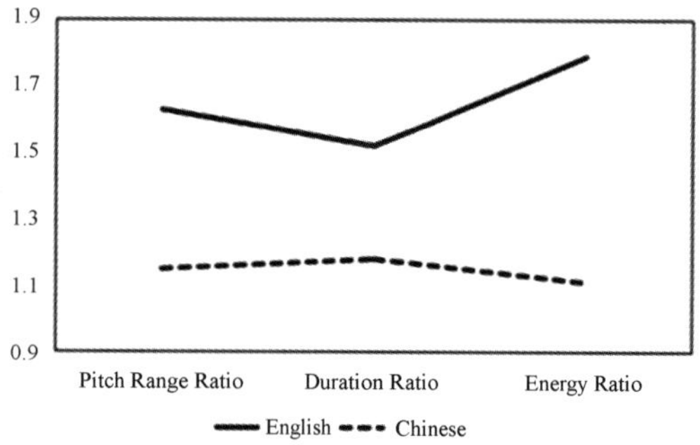

Fig. 3 Phonetic realization of the primary prominent syllables in Chinese and English mono-morphemic trisyllabic words

3.2 Word prominence of di-morphemic trisyllabic words in Mandarin Chinese and English

3.2.1 Word prominence in Chinese di-morphemic trisyllabic words

Two kinds of morphemic structures are analyzed in Chinese di-morphemic trisyllabic words: the "$syll_1$ + $syll_2$ $syll_3$" structure (the first syllable represents a morpheme and the last two represent another), and "$syll_1$ $syll_2$ + $syll_3$" (the first two syllables stand for a morpheme and the last one stands for another one).

Table 5 Average ratios in Chinese di-morphemic ($syll_1$ + $syll_2$ $syll_3$) trisyllabic words

续表

	$syll_1$	$syll_2$	$syll_3$
Pitch Maximum (%) (S_i)	100.0	97.3	81.2
Pitch Minimum (%) (S_j)	25.4	33.1	0.0
Pitch Range (%) (S_r)	74.6	64.2	81.2
Pitch Range Ratio	1.02	0.88	1.11
Duration Ratio	0.96	0.73	1.32
Energy ratio	0.98	0.88	1.14

Table 6 Average ratios in Chinese di-morphemic ($syll_1$ $syll_2$ + $syll_3$) trisyllabic words

	$syll_1$	$syll_2$	$syll_3$
Pitch Maximum (%) (S_i)	100.0	87.1	74.2
Pitch Minimum (%) (S_j)	41.0	33.1	0.0
Pitch Range (%) (S_r)	59.0	54.0	74.2
Pitch Range Ratio	0.95	0.87	1.19
Duration Ratio	0.92	0.58	1.49
Energy ratio	1.19	0.51	1.30

The results of both types of Chinese di-morphemic trisyllabic words are similar to Chinese mono-morphemic words (see 3.1.1). The pitch maximum is on the first syllable while the pitch minimum on the last syllable. In fact, both parameters decline, but the pitch minimum decreases more rapidly than the pitch maximum does in these two kinds of word structures (by 18.8% for the maximum and by 25.4% for the minimum in "$syll_1$ + $syll_2$ $syll_3$"; by 25.8% for the maximum and by 41.0% for the minimum in "$syll_1$ $syll_2$ + $syll_3$"). Again, the acoustic ratios of the last syllables show the largest values as compared with those of the first and the second syllables. Therefore, the last syllables are considered more prominent compared with the other two (see Figure 4). Duration ratio of the most prominent syllable is more marked than the other two ratios because of its largest value (1.32 in "$syll_1$ + $syll_2$ $syll_3$" and 1.49 in "$syll_1$ $syll_2$ + $syll_3$").

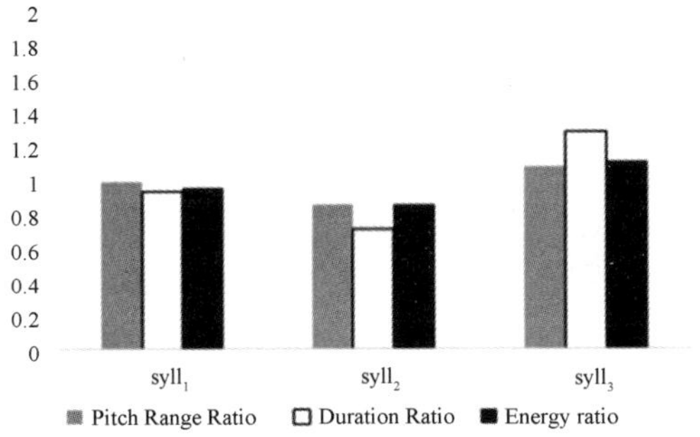

Fig. 4-a Phonetic Realization of Each Syllable in Chinese Di-morphemic ($syll_1$ + $syll_2 syll_3$) Trisyllabic Words

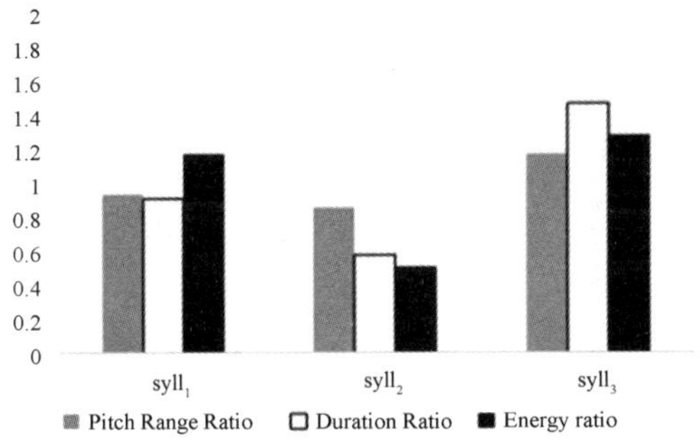

Fig. 4-b Phonetic Realization of Each Syllable in Chinese Di-morphemic ($syll_1 syll_2$ + $syll_3$) Trisyllabic Words

As is illustrated in Figure 4, the "medium-weak-strong" prominence pattern is repeatedly observed in Chinese di-morphemic trisyllabic words. The ratio differences show that the variance between the second and the third syllable is generally not intense, with small difference in pitch range ratio and energy ratio (1.11 > 0.88 in pitch range ratio of "$syll_1$ + $syll_2 syll_3$", 1.30 > 0.51 in energy ratio of "$syll_1 syll_2$ + $syll_3$" structure). The largest difference lies on duration ratio in the "$syll_1 syll_2$ + $syll_3$" structure (1.49 − 0.58 = 0.91), yet not exceeding 1.

The results also suggests that the morphemic structure makes influences on the pattern of Chinese word prominence by affecting the less prominent syllables, i. e., the first and the second syllable. The ratio differences between the first and the second syllable range from 0.1 to 0.23 (1.02 > 0.88, 0.96 > 0.73, 0.98 > 0.88) in the "$syll_1$ + $syll_2 syll_3$" structure. In the "$syll_1 syll_2$ + $syll_3$" structure, however, the ratio differences of the first and the second syllable in duration (0.92 − 0.58 = 0.34) and in energy (1.19 − 0.51 = 0.68) are larger despite of the comparable pitch range ratios (0.95 vs. 0.87).

3.2.2 Word prominence in English di-morphemic trisyllabic words

The acoustic values of English di-morphemic trisyllabic words are shown in Table 7 and Table 8.

Table 7 Average ratios in English di-morphemic ($syll_1$ + $syll_2 syll_3$) trisyllabic words

	Left-heavy			Middle-heavy		
syll	1	2	3	1	2	3
Pitch Maximum(%) (S_i)	100.0	75.8	15.5	97.4	100.0	21.7
Pitch Minimum(%) (S_j)	68.8	52.4	0.0	69.7	60.4	0.0
Pitch Range(%) (S_r)	31.2	23.4	15.5	27.7	39.6	21.7
Pitch Range Ratio	1.34	0.98	0.69	0.93	1.38	0.70
Duration Ratio	1.39	0.87	0.74	0.71	1.63	0.66
Energy ratio	1.94	0.71	0.34	0.73	1.82	0.45

For the "$syll_1 + syll_2syll_3$" structure, the pitch maximum and pitch minimum locate on the stressed syllable and the last syllable respectively, similar to the finding of English mono-morphemic word (see 3.1.2). In the left-heavy words the first syllable is the most prominent syllable Nith the pitch aximum peaking on it. In the middle-heavy words, the pitch maximum peaks on the second syllable and then declines. The ratios further indicate that the second syllable carrying stress is of the greatest prominence. The first syllable is a little stronger than the last with the ratio differences ranging from 0.05 to 0.28(0.93 >0.70, 0.71 >0.66, 0.73 >0.45 for pitch range ratio, duration ratio and energy ratio respectively) probably in order to highlight the first isolated morpheme. Furthermore, in terms of the relative markedness of acoustic correlates on word prominence, it can be observed that intensity (amplitude-integral) has the most significant effect in the di-morphemic ($syll_1 + syll_2syll_3$) word structure, which can be straightly revealed by Figure 5.

In the left-heavy words (see Figure 5-a), the "strong-medium-weak" prominence pattern is marked acoustically with ratio differences of the strong vs. the weak ranging from 0.65 to 1.6 (1.34 > 0.69, 1.39 > 0.74, 1.94 >0.34 for pitch range ratio duration ratio, and energy ratio, respectively). In the middle-heavy words(see Figure 5-b), the "medium-strong-weak" prominence pattern is demonstrated with ratio differences of the strong vs. the weak ranging from 0.68 to 1.37 (1.38 > 0.7, 1.63 > 0.66, 1.82 > 0.45). Compared with the findings of Chinese (see Figure 4-a and Figure 4-b), the word prominence patterns in English show sharper variation from syllable to syllable than Chinese ones, whose ratio differences do not exceed 1, and most are less than 0.60 (see 3.2.1). For the "$syll_1syll_2 + syll_3$" structure, in the left-heavy words(see Figure 6-a), both

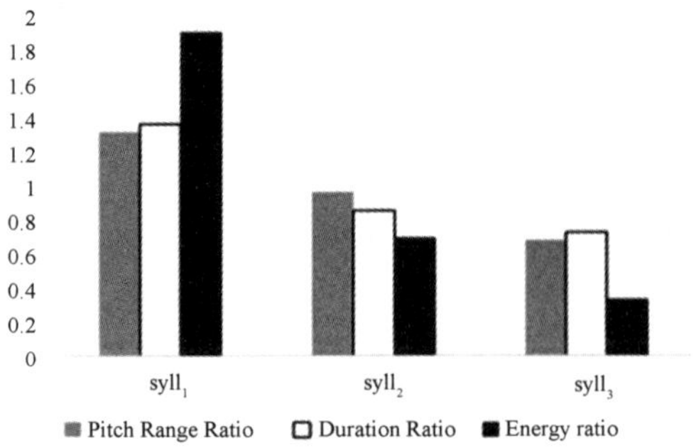

Fig. 5-a Phonetic realization of each syllable in English di-morphemic ($syll_1 + syll_2syll_3$) trisyllabic words

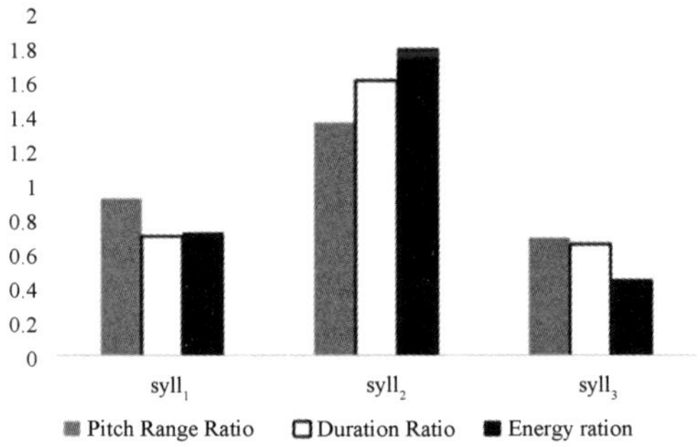

Fig. 5-b Phonetic realization of each syllable in English di-morphemic ($syll_1 + syll_2syll_3$) trisyllabic words

the pitch maximum and the pitch minimum peak at the first syllable and then fall one after the other. Three parameter ratios indicate that the first syllable is of great prominence phonetically whereas the third one is stronger than the second with the ratio differences ranging from 0.18 to 0.53 (1.10 > 0.57, 1.08 > 0.61, 0.72 > 0.54). In the middle-heavy words(see Figure 6-b), the pitch maximum remains at a high level and then declines at the last syllable while the pitch minimum falls one after another. The second syllable is the most prominent in terms of pitch range (41.4%, see Table 8). In the right-heavy words(Figure 6-c), the pitch maximum locates at the second syllable and the pitch maximum of all the three syllables are above 90%.

Table 8 Average ratios in English di-morphemic ($Syll_1Syll_2 + Syll_3$) trisyllabic words

	Left-heavy			Middle-heavy			Right-heavy		
syll	1	2	3	1	2	3	1	2	3
Pitch Maximum(%) (S_i)	100.0	80.6	27.0	100.0	100.0	29.3	90.2	100.0	92.3
Pitch Minimum(%) (S_j)	68.8	67.0	0.0	77.1	58.6	0.0	53.1	80.1	0.0
Pitch Range (%) (S_r)	31.2	13.5	27.0	22.9	41.4	29.3	37.0	19.9	92.3
Pitch Range Ratio	1.34	0.57	1.10	0.74	1.35	0.92	0.74	0.41	1.86
Duration Ratio	1.31	0.61	1.08	0.61	1.41	0.99	0.66	0.38	1.96
Energy ratio	1.74	0.54	0.72	0.52	1.86	0.62	0.85	0.40	1.75

Besides, the pitch minimum of the second syllable is also very high and falls sharply towards that of the third syllable, which results in a significant expansion of the pitch range of the third syllable (92.3%). And similar to the mono-morphemic right-heavy words (see 3.1.2), the pitch maximum (100%) of the di-phonemic right-heavy words locates on the second syllable and the pitch minimum of the second syllable is also high (80.1%), leading to the minimum pitch range (19.9%).

Moreover, intensity (amplitude-integral) exerts the most significant effect on the highlight of the primary prominent syllables in left-heavy (1.74) and middle-heavy words (1.86), while duration plays the most important role in right-heavy words (1.96), as and Table 8 reveals.

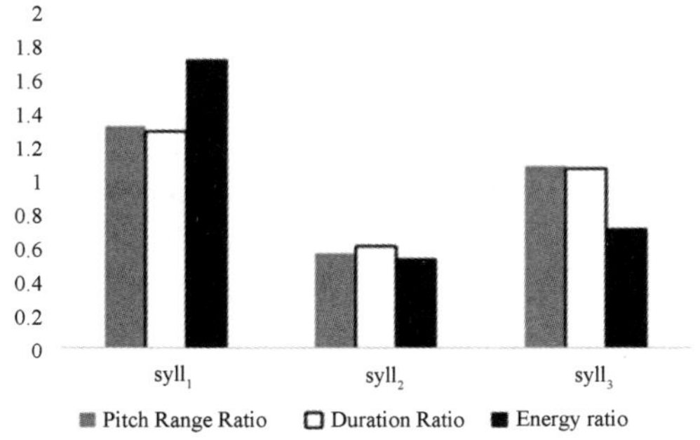

Fig. 6-a Phonetic realization of each syllable in English di-morphemic ($syll_1 syll_2 + syll_3$) trisyllabic words (left-heavy)

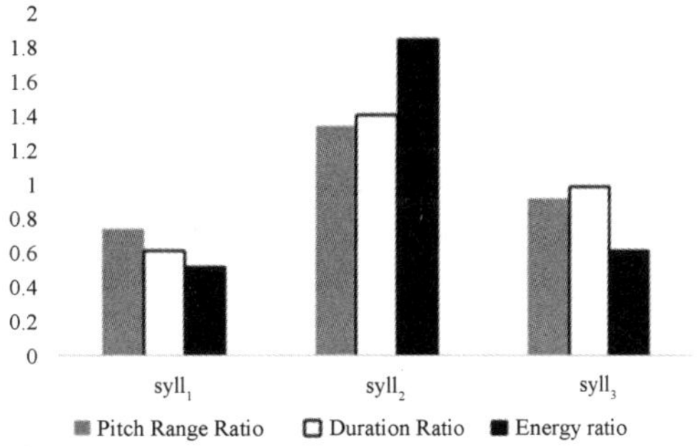

Fig. 6-b Phonetic realization of each syllable in English di-morphemic ($syll_1 syll_2 + syll_3$) trisyllabic words (middle-heavy)

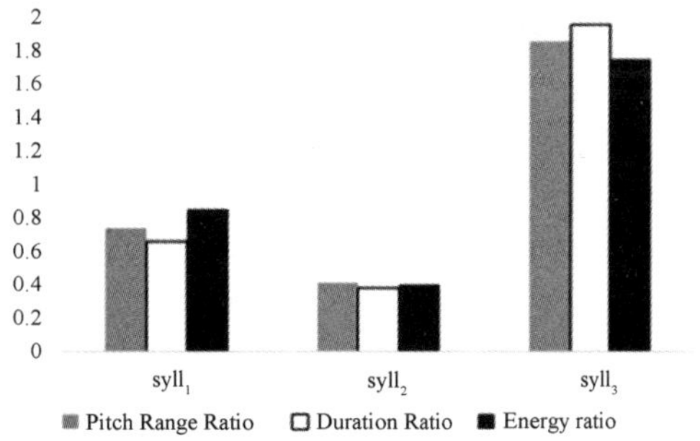

Fig. 6-c Phonetic realization of each syllable in English di-morphemic ($syll_1 syll_2 + syll_3$) trisyllabic words (right-heavy)

In Figure 6-a, the left-heavy words demonstrate obviously the "strong-weak-medium" prominence pattern, which is marked by the largest pitch range, the longest duration, and the strongest intensity (amplitude-integral) on the first syllable and the ratio differences of the strong vs. the weak (i. e., syllable 1 vs. syllable 2) range from 0.7 to 1.2 (1.34 > 0.57, 1.31 > 0.61, 1.74 > 0.54 for pitch range ratio duration ratio and energy ratio, respectively). In Figure 6-b, the middle-heavy words present the "weak-strong-medium" prominence pattern with the ratio differences of the strong vs. the weak (i. e., syllable 2 vs. syllable 1) ranging from 0.61 to 1.34 (1.35 >0.74, 1.41 >0.61, 1.86 >0.52). In Figure 6-c, the right-heavy words display noticeable "medium-weak-strong" prominence pattern with the ratio differences of the strong vs. the weak (i. e., syllable 3 vs. syllable 2) ranging from 1.35 to 1.58 (1.86 > 0.41, 1.96 >0.38, 1.75 >0.4).

3.2.3 Contrastive analysis on word prominence between Chinese and English di-morphemic trisyllabic words

Similar to the conclusion regarding mono-morphemic words (see 3.1.3), the syllables in di-morphemic words differentiate in terms of degrees of prominence in Chinese and English. The prominence pattern of English trisyllabic words shows the consistency with their stress patterns while Chinese presents a slightly "medium-weak-strong" prominence pattern with mild variation between syllables as reflected by the ratio differences between the corresponding maximum syllables and the minimum syllables (lower than 1, and most are lower than 0.60, see 3.2.1). Thus, the morphemic structure would have stronger influences on English word prominence, not only with respect to the values of acoustic ratios, but also with respect to the prominence patterns of words.

Furthermore, the average pitch range ratio, duration ratio and energy ratio of the most prominent syllables in the two languages are obtained: 1.45, 1.54 and 1.82 in English and 1.15, 1.41 and 1.22 in Chinese (see Figure 7).

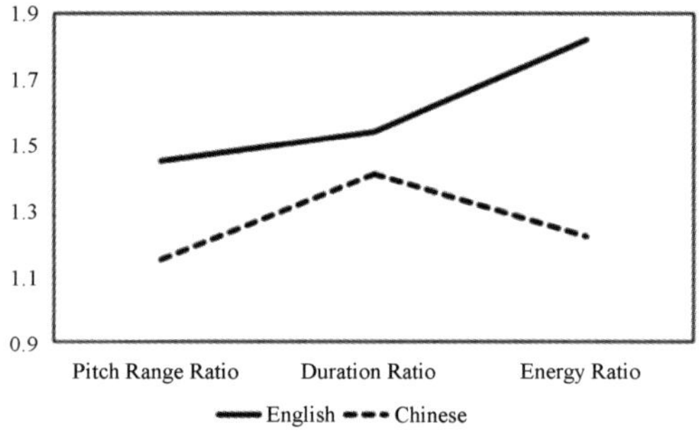

Fig. 7 Phonetic realization of the primary prominent syllables in Chinese and English di-morphemic trisyllabic words

Firstly, all acoustic ratios of the primary prominent syllables in English words are larger in number than those in Chinese, consistent with the pattern shown in Figure 3. Moreover, it can be observed that two languages differ in terms of the ranking of acoustic correlates, with a ranking of intensity (amplitude-integral) > duration > pitch range in English and a ranking of duration > intensity (amplitude-integral) > pitch range in Chinese.

3.3 A preliminary contrastive analysis on word prominence between Chinese and English trisyllabic words

Based on the above comparisons between Chinese and English mono-morphemic words and di-morphemic words, we attempt to make a preliminary contrastive analysis on word prominence between Chinese and English trisyllabic words on the whole. The current study explores the most prominent syllables of the two languages by comparing the average acoustic ratios in different kinds of trisyllabic words in the two languages, see Table 9. More explorations will be conducted in the future.

Table 9 Average ratios of the most prominent syllables in Chinese and English trisyllabic Words

	English	Chinese
Pitch Range Ratio	1.54	1.15
Duration Ratio	1.53	1.30
Energy ratio	1.81	1.17

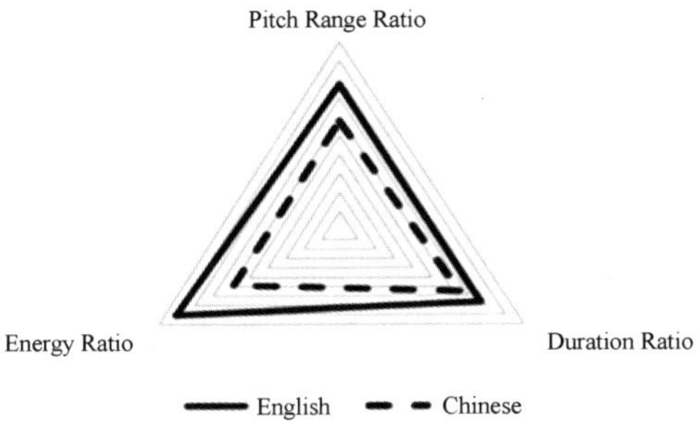

Fig. 8 Overall ratios of the most prominent syllables in Chinese and English trisyllabic words

Table 9 and Figure 8 indicate that English word stress presents the ranking of using acoustic cues as intensity (amplitude-integral) > pitch range ⩾ duration on the whole, while Chinese manifests the ranking as duration > intensity (amplitude-integral) ⩾ pitch range.

The significance of intensity (amplitude-integral) suggests that English relies on intensity to distinguish sounds and word stress. The native speakers prefer to pronounce stressed syllables with more energy to differ it from unstressed syllables within the word, which is different from many previous findings with the view that intensity plays a minor role in English word stress (see Fry 1955, 1958; Conlen, 2016, etc.). But this study supports Jiang (2011), Xu (2019) and Guo (2022) and points out that English is likely to be a language featuring in intensity. In contrast, Chinese speakers tend to use duration more than other cues to convey the rhythmic pattern, which is in accordance with Liu (2007).

4. DISCUSSIONS

In discussion part, we make a general comparison between Chinese and English and we will come back to the concerns raised in 1.2. To summarize, the main commonalities and differences on word prominence between Chinese and English are listed in Table 10.

Table 10 Commonalities and differences on word prominence between Chinese and English

	Items	English	Chinese
Commonality	Phonetic realization of each syllable	The syllables in a word differentiate in terms of degrees of prominence in both Chinese and English words.	
Differences	Prominence pattern	(i) The prominence patterns of all English words are the same as English stress patterns. (ii) Phonetic prominence patterns of English words are significant, which indicates that English prominence patterns within words are mainly word-stress motivated. (iii) The morphemic structure may have strong influence on English word prominence.	(i) All Chinese words present the slightly "medium-weak-strong" patterns, indicating a boundary tendency at the end of the words. (ii) Chinese phonetic prominence patterns are not significant, and are unlikely to be word-stress motivated. (iii) The morphemic structure may have weak influence on Chinese word prominence.
	Ranking of the acoustic cues	intensity (amplitude-integral) > pitch range ⩾ duration	duration > intensity (amplitude-integral) ⩾ pitch range

Our results show that the syllables in a word do differentiate in terms of degrees of prominence in both Chinese and English words and that there always exists a syllable that can be regarded as relatively more prominent than the others in the two languages (see Table 10). In this perspective, it seems that the views of Chinese word stress are grounded. But the prominence patterns of the two languages vary greatly, which indicates we need be more careful to make such a conclusion. Firstly, the phonetic prominence between adjacent syllables within English words is much more obvious than Chinese ones. Secondly, all English words tend to present the prominence pattern consistent with the English stress pattern, which coincides with the viewpoint that the stressed syllables always have greater prominence than unstressed ones in English words. Thirdly, different from variable English word prominence types, the prominence patterns determined by acoustic correlates tend to be stable in the three types of Chinese trisyllabic words; all present the "medium-weak-strong" prominence pattern with the last syllable being slightly more prominent. However, this last-syllable-prominence phenomenon cannot lead to the conclusion that Chinese have word stress with right-heavy stress pattern. This kind of prominence is weak, and not as obvious as English ones. Besides, it occurs only at the end of the word. Duration, as discussed above, plays the major role as Chinese speakers tend to utter the last syllable longer. Therefore, we need to be aware that such phonetic prominence may reflect a boundary tendency instead of word stress. Moreover, we can also observe a similar situation in Figure 2-c and Figure 6-c in English, in which the prominence patterns in the right-heavy words are more obvious compared with those in the left-heavy and those in the middle-heavy words because probably the last syllable in the right-heavy pattern carries both word stress and boundary effect. Cao and Xie (2018) conduct a perceptual experiment with Chinese trisyllabic words and find out that no word stress in Chinese trisyllabic words are perceived by the native speakers. Our current study makes the similar conclusion.

This study makes a preliminary analysis about the influence of morphemic structure on the word prominence of the two languages and finds out that the ratio differences of English (ranging from 0.65 to 1.6, 0.68 to 1.37, 0.7 - 1.2, 0.61 - 1.34, 1.35 - 1.58) are more significant than those of Chinese, whose ratio differences do not exceed 1, and most are less than 0.60 (see 3.2.1 and 3.2.2). Due to the complexity of the morphemic structure, more detailed analyses need be carried out before making a sound conclusion.

5. CONCLUSIONS

The present research adopts the prosodic pattern approach to make a contrastive study on the production of word prominence between Chinese and English trisyllabic words that have different morphological structure. Two aspects that are mainly concerned, including the prominence pattern and the markedness ranking of acoustic parameters to signal the prominence.

Three main differences include: (i) phonetic prominence patterns of English words are more significant compared with Chinese ones; (ii) The prominence patterns of all English trisyllabic word are consistent with English stress patterns, while Chinese words' slight right-edge-prominence pattern may be just a boundary tendency; (iii) English words present the ranking of intensity (amplitude-integral) > pitch range ≥ duration while the ranking in Chinese words is duration > intensity (amplitude-integral) ≥ pitch range.

This study applies phonetic prominence

and acoustic correlates ratios to make the contrastive study between different language typologies, and the findings indicate that the phonetic word prominence patterns of the two languages are different. More data need to be collected and the complexity of Chinese tone combination needs more consideration before a sound and objective conclusion is made. This study can provide an insightful approach for cross-language studies and contribute to general phonetic studies.

6. ACKNOWLEDGEMENTS

This work is supported by the National Philosophy and Social Science Foundation, No. 17BYY037. Many thanks to comments from two anonymous reviewers.

REFERENCES

Adams, C., & Munro, R. (1978). In search of the acoustic correlates of stress: fundamental frequency, amplitude, and duration in the connected utterance of some native and nonnative speakers of English, *Phonetica*, *35*(3).

Altmann, H. (2006). *The perception and production of second language stress: A cross-linguistic experimental study*. Newark: University of Delaware.

Cao, W., & Xie, J. (2018). Calculating the stress distribution of Chinese tonal trisyllabic words and phrases on perceptual basis. *Chinese Journal of Phonetics*, 2. (曹文、谢君:《汉语普通三字组重音分布感知研究》,《中国语音学报》2018年第2期。)

Conlen, M. M. (2016). *A linguistic comparison: stress-timed and syllable-timed languages and their Impact on second language acquisition*. Honors College Theses, Wayne State University.

Chen, Y., & Shi, F. (2011). The intonation of sentences with emphasized focus in Standard Chinese. *Nankai Linguistics*, 1. (陈怡、石锋:《普通话强调焦点句语调的音高表现》,《南开语言学刊》2011年第1期。)

Cruttenden, A. (2002). *Intonation*. Peking University Press, Beijing.

Crystal, D. (Eds.). (2004). *A dictionary of linguistics and phonetics* (4th ed.) translated by Jiaxuan Shen. The Commercial Press, Beijing. (戴维克里斯特尔(编),沈家煊(译):《现代语言学词典(第四版)》,商务印书馆2004年版。)

Deng, D., Shi, F., & Lü, S. N. (2008). Study on duration features of Chinese disyllabic prosodic words. *Chinese Journal of Phonetics*, 1. (邓丹、石锋、吕士楠:《普通话双音节韵律词时长特性研究》,《中国语音学报》2008年第1期。)

Duanmu, S. (2014). Stress theory and stress phenomena in Chinese. *Contemporary Linguistics*, *16* (3). (端木三:《重音理论及汉语重音现象》,《当代语言学》2014年第16卷第3期。)

Duanmu, S. (2016). *Foot and stress*. Beijing Language and Culture University Press, Beijing. (端木三:《音步和重音》,北京语言大学出版社2016年版。)

Feng, S. L. (2002). On the interface between prosodic morphology and prosodic syntax. *Studies of the Chinese Language*, 6. (冯胜利:《韵律构词与韵律句法之间的交互作用》,《中国语文》2002年第6期。)

Feng, S. L. (2016). Mandarin Chinese is a stress language. *Linguistic Sciences*, 5. (冯胜利:《北京话是一个重音语言》,《语言科学》2016年第5期。)

Fry, D. B. (1955). Duration and intensity as physical correlates of linguistic stress. *The Journal of the Acoustical Society of America*, *27*.

Fry, D. B. (1958). Experiments in the perception of stress. *Language & Speech*, *1*.

Guo, J., & Zhou, C. L. (2021). The theories and development of Chinese prosodic phonology. *Modern Chinese*, 2. (郭嘉、周朝岚:《汉语韵律音系学的理论源流及发展》,《现代语文》2021年第2期。)

Guo, J. (2022). Study on the Energy Ration of English Lexical Stress. *Nankai Linguistics*, 1. (郭嘉:《英语词重音研究的音量比维度分析》,《南开语言学刊》2022年第1期。)

Huang, J. W. (2019). A study on the prosodic distribution of focus declarative sentences in Mandarin. *Chinese Language Learning*, 6. (黄靖雯:《焦点词在陈述句不同位置的韵律表现》,《汉语学习》2019年第6期。)

Hyman, L. (2018). Positional prominence vs. word accent: Is there a difference? Goedemans, R. Heinz J. & van der Hulst, H. (Eds.). *The study of word stress and accent: Theories, methods and data*. Cambridge: Cambridge University Press.

Jia, Y. (2011). Stress patterns of disyllabic words

terms with identical pronunciation and different morph-syntactic structures in standard Chinese. *Journal of Tsinghua University (Science and Technology)*, 9.(贾媛:《普通话同音异构两音组重音类型辨析》,《清华大学学报(自然科学版)》2011年第9期。)

Jiang, D. (2011). On stress, accent and tone. *Language Teaching and Linguistic Studies*, 4. (江荻:《重音、重调和声调》,《语言教学与研究》2011年第4期。)

Keyworth, R. P. (2014). A cross-linguistic study of lexical stress shifts in level 1 [+ cyclic] derivations. *The Journal of the Acoustical Society of America, 21.*

Koffi, E., & Mertz, G. (2018). Acoustic correlates of lexical stress in central Minnesota English. *Linguistic Portfolios*, 7(7).

Liang, L., & Shi, F. (2010). The energy ratio of di-syllabic words in Mandarin Chinese. *Nankai Linguistics*, 2.(梁磊、石锋:《普通话两字组的音量比分析》,《南开语言学刊》2010年第2期。)

Liu, X. Q. (2007). *Study on modern Chinese metrics.* Beijing Language and Culture University Press, Beijing.(刘现强:《现代汉语节奏研究》,北京语言大学出版社2007年版。)

Shi, F. (2013). *The Intonation pattern: the cornerstone of experimental Linguistics.* The Commercial Press, Beijing.(石锋:《语调格局—实验语言学的奠基石》,商务印书馆2013年版。)

Shi, F. (2021). *The Prosodic Pattern-the combination of phonetics and semantics, grammars and pragmatics.* The Commercial Press, Beijing.(石锋:《韵律格局—语音和语义、语法、语用的结合》,商务印书馆2021年版。)

Shi, F., Wang, P., & Liang, L. (2009). The undulating scale of the intonation of declarative sentences in Mandarin Chinese. *Nankai Linguistics, 2.* (石锋、王萍、梁磊:《汉语普通话陈述句语调的起伏度》,《南开语言学刊》2009年第2期。)

Van der Hulst, H. (2006). Stress and accent. *Encyclopedia of Cognitive Science*, *4*(4).

Van der Hulst, H. (2012). Deconstructing stress. *Lingua*, 122 (13).

Wang, H. J. (2004). On the metrical type of modern Mandarin Chinese-a type based on looseness. *Linguistic Sciences*, 3.(王洪君:《试论汉语的节奏类型—松紧型》,《语言科学》2004年第3期。)

Wen, B. Y., & Xie, C. W. (2018). An experimental study on intonation of Chinese declarative sentences by Japanese students. *Nankai Journal (Philosophy, Literatwre and Social Science Edition)*, 4. (温宝莹、谢郴伟:《日本学习者汉语陈述句语调的韵律匹配》,《南开学报(哲学社会科学版)》2018年第4期。)

Xu, X. M. (2013). Tone-based rhythm of Chinese and stress-based rhythm of English. *Journal of PLA University of Foreign Languages*, 5.(许希明:《汉语声调支点节奏与英语重音支点节奏》,《解放军外国语学院学报》2013年第5期。)

Xu, X. M. (2019). Phonological Difference of Tone in English and Chinese. Journal of Ningbo University Humanities and Scienle, 4. (许希明:《英汉语声调的音系差异》,《宁波大学学报(人文科学版)》2019年第4期。)

Ye, J. (2014). The phonetic study of Chinese rhythmical words. *Journal of Jilin Normal University (Humanities and Social Science Edition)*, 2, 36 – 43.(叶军:《汉语韵律词语音研究》,《吉林师范大学学报(人文社会科学版)》2014年第2期。)

Yin, Y. M. (1989). *Phonological aspects of word formation in Mandarin Chinese* (Ph. D. thesis). University of Texas, Austin.

Zhang, H. M. (2014). Some issues on prosodic phonology and Chinese prosodic studies. *Contemporary Linguistics*, 3.(张洪明:《韵律音系学与汉语韵律研究中的若干问题》,《当代语言学》2014年第3期。)

Zhang, J. S. (2021). On the lexical stress in Chinese revisited. *Studies of the Chinese Language*, 1. (张吉生:《也论汉语词重音》,《中国语文》2021年第1期。)

Zhang, Q. W. (2020). *The prominence of English lexical stress and metrical stress* (M. D. thesis). Nankai University, Tianjin.(张秦纬:《英语词重音与节律重音的突显度研究》,硕士学位论文,南开大学,2020年。)

Zhou, R. (2017). Three iconicity principles in Chinese prosodic grammar research. *Studies of the Chinese Language*, 5.(周韧:《汉语韵律语法研究中的轻重象似、松紧象似和多少象似》,《中国语文》2017年第5期。)

Zhou, R. (2018). A review on Mandarin word stress study in 60 years. *Language Teaching and Linguistic Studies*, 6.(周韧:《争议与思考: 60年来汉语词重音研究述评》,《语言教学与研究》2018年第6期。)

Zhuang, H. B. (2015). On definingci in Chinese: a perspective from prosodic grammar. *TCSOL Studies*, 2.(庄会彬:《韵律语法视域下汉语"词"的界定问题》,《华文教学与研究》2015年第2期。)

GUO Jia
PhD, Associate Professor of College of Foreign Languages, Nankai University. Her research interests include experimental phonetics, prosodic phonology, comparative linguistics and second language acquisition. She is the corresponding author of this paper.
Email: guojia@ nankai. edu. cn

CUI Sihan
She is a postgraduate of College of Foreign Languages, Nankai University. Her research interests include experimental phonetics, prosodic phonology, comparative linguistics and second language acquisition.
Email: 527204788@ qq. com

河南武陟方言两字调实验研究

朱玉柱　李爱军

摘　要　本文基于武陟方言11位发音人的9207条两字调语料，在语音变调范围内讨论了两字调的连读变调和协同发音作用。本文对连读变调和声调协同发音概念做了梳理，总结了两条参考性标准：标准一是音高数据显示调型出现明显变化，可直接认定为连读变调；标准二是音高数据显示调型不变，但音高和单字调相比，声调特征由H变为L或L变为H，认定为连读变调。基于此，从音系学角度分析了武陟方言两字调连读变调。随后，对两字调进行了协同发音分析，结果显示：1. 逆向作用大于顺向作用，顺向作用和逆向作用之间是一种非对称性关系；2. 两字调边界处的声调极值对声调的方向影响较大；3. 越是靠近边界处的基频点，其所受影响越大；4. 两字调基频最低点基本上只出现在后字末尾，两字调最高点取决于两字组合中单字调的最高音值。

关键词　武陟方言，两字调，连续变调，协同发音，声学分析

A PHONETIC STUDY OF DISYLLABIC TONE SANDHI IN WUZHI DIALECT

ZHU Yuzhu, LI Aijun

Abstract This paper presented a detailed analysis of the disyllabic tone sandhi and coarticulation in Wuzhi dialect, based on the experimental production data of 9207 items collected from 11 speakers. In the current study, we focused on the tonal sandhi of disyllabic words and the role of coarticulation on this process. The experimental procedure involved using xRecorder to record all the items, automatic segmentation of sound files by xSegmenter and manual proofreading of TextGrid files. Praat Scripts were then used to extract detailed fundamental frequency of the pitch, then 10 disyllabic tone sandhi combinations of pitch contour are drawn and analyzed. In order to avoid the problem of confused boundaries during defining the reconstruction of tone sandhi, the distinction standards were based on the actual pitch value as the main judgement indicator, including the tonal shape and tonal register, supplemented by the listening criteria for reference to the mother tongue. In this study, we proposed two criteria for identifying tone sandhi. One is when there is a significant change in the pitch contour, the involved tonal combination can be directly identified as tone sandhi. Another criterion is the significant change in tonal register from H to L or L to H. We also analyzed the phonological pattern of disyllabic tone sandhi in Wuzhi dialect and provided a phonological explanation formula. Additionally, we compared the duration of disyllabic tone sandhi and a coarticulatory analysis was to examine the relationship between duration and pitch contour. It has been found that the regressive assimilation is more significant than progressive assimilation, that is, the second syllable affects the first one more than the reverse, thus an asymmetric relation has been identified. The duration of T1 – T5 in disyllables is shorter than that in monosyllables. Furthermore, in disyllabic tones, the duration of T1 – T5 is shorter in the first syllable than that in the second syllable. The impact that the second syllable on the first syllable in T1 – T5 + X combinations is greater than that of the first syllable on the second syllable in X + T1 – T5 combinations, indicating an asymmetric relationship. The study also indicates that the pitch value at the boundary of the disyllabic tone sandhi greatly influences the pitch contour. F0 point is affected much more by the boundary when closer to it. Specifically, in the T1 + X combination, the tone value changes from 44 to 42 when T1 was combined with T4 due to the influence of the low starting point of the second syllable T4. Similarly, in the T2 + X combination, the tone value changes from 31 to 33 when T2 is combined with T3 due to the effect of the high starting point of the second syllable T3. The minimal pitch of the disyllabic word generally only appears at the end of the second syllable, and the position of the pitch peak depends on the highest pitch of the citation tone in the disyllabic tonal combination. Whether it is the T1 – T5 + X combination or the X + T1 – T5 combination, the highest F0 point is mainly located at T3, with six groups showing the highest F0 point appearing in the first syllable and four groups in the second syllable.

Keywords Wuzhi dialect, Disyllabic tone, tone sandhi, Tonal coarticulation, Acoustic analysis

1. 引言

从李荣（1979）在《方言》杂志创刊号上发表《温岭方言的连读变调》以来，汉语方言的连读变调现象始终是学界关注的热点话题，不断有连读变调的材料发表（贺巍，1979；张盛裕，1979、1980；张惠英，1979；侯精一，1980、1982；许宝华、汤珍珠、钱乃荣，1981、1982、1983；张振兴，1983；邢向东，1999；王晓梅，2003；孔祥卿，2011；崔平、王韫佳，2019；曹梦雪，2020），新材料涌现的同时也推进了对连读变调的性质、类型和特殊变调的理论概括和认识（王福堂，1999；王洪君，1999；李小凡，2004）。尤其是对连读变调性质的认识，从赵元任（1979：21）提出"当声调连在一起时，就出现某些音位的音位变体的变化，这就是变调"这一权威表述以来，学界已经逐渐认识到连读变调不仅仅只是单纯语音性质的语流音变，至少还涉及构词和句法结构等因素（熊正辉，1984；何伟棠，1987；李小凡，1998、2004，王福堂，1999），各家的提法虽有不同之处，但最终目的都是将连读变调中的非语音音素逐一剥离出来，分而析之，进而认清连读变调的真面目。

从已有文献来看，学界对河南武陟方言中的连读变调现象研究不多，目前仅可见牛顺心（2009）《河南武陟方言的降升式连读变调及其成因初探》一文。文中根据李小凡（2004：19）的分类，将武陟方言的连读变调（含两字和三字）分为A类的语音变调和B类的音义变调，且重点分析了B类的降升式连读变调现象。

本文将在语音产出数据的基础上，运用实验语音学方法，从音系学角度分析河南武陟方言的两字调连读变调现象，且只涉及语音变调，不讨论音义变调。基于《河南武陟方言单字调实验研究》（朱玉柱、李爱军，待刊）的发现，本文将重点关注以下几个问题：①两字调的数据产出情况；②音系学视角下两字连调的模式及形式变化；③两字调中前后字的声调协同发音效应。

2. 材料与方法

2.1 发音人及语料

本次调查地点为河南省焦作市武陟县（发音人出生地：大虹桥乡8人、三阳乡1人、谢旗营镇2人，不同乡镇声调差异不大），调查及录音时间为2021年4月13—18日。两字调的发音合作人为11人，其中有7名男性，编号M1 – M7（和单字调的发音人相比，增加了M7）；4名女性（F5由于客观原因没有进行两字调录音），编号为F1 – F4。发音合作人均没有听力和发音障碍，其年龄、学历等分布如表1。

表1 发音人情况表

男性发音人			女性发音人		
编号	年龄	学历	编号	年龄	学历
M1	31	初中	F1	31	中专
M2	31	中专	F2	35	中专
M3	46	初中	F3	46	初中
M4	59	初中	F4	58	初中
M5	69	高中	—	—	—
M6	73	小学	—	—	—
M7	33	研究生	—	—	—

本次录音所用两字调连读变调的语料参考《方言调查词汇表》拟定。连读变调样例如下，限于篇幅，只举部分：

表2 两字调连读变调举例

前＼后	清平	浊平	清上	浊上		清去	浊去	清入	浊入	
清平	飞机	清明	工厂	孙女	公社	书记	车站	钢笔	生日	生活
浊平	农村	农民	牙齿	牛奶	城市	难过	名字	毛笔	农业	粮食
清上	火车	水池	手表	起码	水稻	水库	手艺	粉笔	体育	死活
浊上	老师	码头	老板	养老	远近	满意	午饭	美国	礼物	老实
	坐车	象棋	动手	道理	犯罪	市镇	社会	道德	动物	技术
清去	汽车	酱油	报纸	送礼	制造	会计	政治	政策	四月	中毒
浊去	地方	大门	代表	大雨	味道	位置	大路	办法	树叶	事实
清入	国家	骨头	黑板	谷雨	接受	节气	铁路	节约	作业	复习
浊入	木工	麦田	日子	物理	落后	力气	立夏	蜡烛	目录	越剧
	读书	实名	石板	十五	活动	白菜	实现	白色	十六	学习

2.2 录音数据采集及实验分析方法

录音的采集地为武陟县城，在隔音良好的居民楼中的安静卧室进行。

设备信息为笔记本电脑外加声卡，录音软件为中国社会科学院语言研究所熊子瑜开发的 xRecorder 软件（采样率为 22KHz），语音数据自动切分使用 xSegmenter 软件（熊子瑜，2019）。

根据选定的 837 个两字组词，每位发音人录一遍，这样我们就得到了 837 × 11 = 9207 条录音数据。数据处理包括语音标注、声学参数提取和基频规整。

首先进行语音标注。根据已经确定的武陟方言调类和调值（朱玉柱，2018），运用 xSegmenter 软件对所有音节自动切分，然后利用 Praat 进行三层语音标注：文本层、音节层、声母韵母层。五位标注人员的标注一致率在 90% 以上。

其次，利用 Praat 脚本自动提取声学参数（熊子瑜，2019）。提取前，先对自动提取的基频进行人工校对修改，然后提取所需声学参数，包括两字组中每个韵母的时长（调长）、每个韵母段等间隔的 11 个基频音高值（即声调音高值）。

最后，按照每个人的音高均值和标准差，对每个发音人的音高数据进行 Z-Score 规整（朱晓农，2010：281 – 282），公式如（1）所示（朱晓农，2010：287 – 288）。

$$LZ = (x_i - \mu)/\sigma \qquad (1)$$

语音数据分析过程中，分别按照两字调的所有声调组合分析音高数据，分别包括前字同调 1 + X，2 + X，3 + X，4 + X，5 + X；后字同调 X + 1，X + 2，X + 3，X + 4，X + 5。每个人的录音数据整体计算处理完成之后，按照这 10 组的方式分别绘制基频音高曲线图。

3. 两字调的语音数据分析

根据声调组合情况，我们分为十组来分析武陟方言中的两字调表现情况。为便于比较，此处列出同批次录音中的单字调基频音高曲线图（朱玉柱、李爱军，待刊），如图 1。

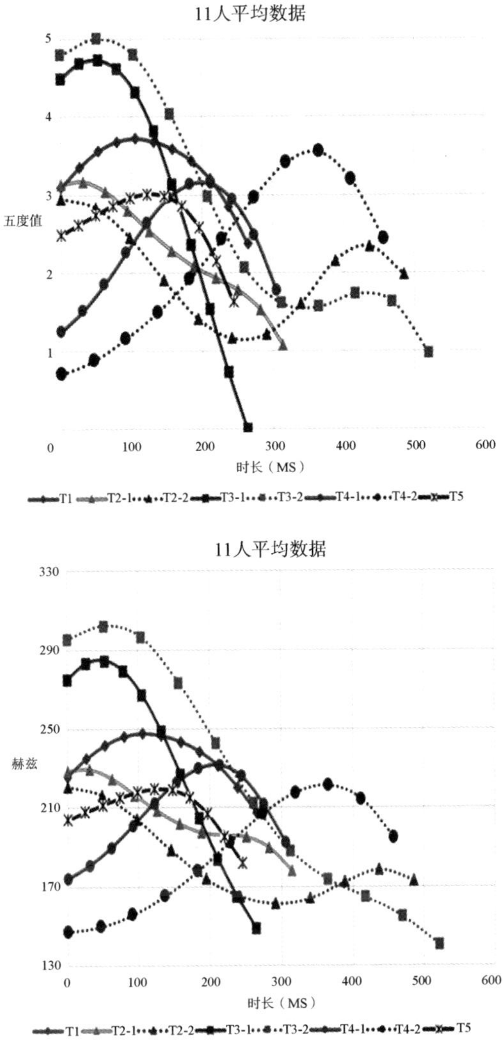

图1　武陟方言单字调音高曲线图

音值如下：

表3　　武陟方言单字声调和特征

调类	阴平 T1	阳平 T2	上声 T3	去声 T4	入声 T5
调值	/44/	/31/	/51/	/242/	/3/
声调特征	HH	ML	HL	LHL	M

说明：单字中的T2/T3/T4三个声调各有两种变体，T2－2调值是［312］，T3－2调值是［522］，T4－2调值是［142］，但并不影响其声调特征的描述，我们以第一种形式作为本调。因为声调系统中存在两个降调，声调特征用LMH三级音高来表示，更符合实际的音高特征，一个字母表示的为短调，两个字母表示的为常规声调，三个字母表示的为折调。

3.1　两字X＋T1

从图2来看，后字为T1时，后字变化并不大，仍可定为44，仍保持HH特征。

前字变化：T2为31，保持ML特征；T3变为42，保持HL特征；T4变为23，声调特征由LHL变为LM，丢掉降尾，但仍保持为升调；T5变为4，由M变为H特征。

3.2　两字X＋T2

从图2来看，后字为T2时，后字由31变为41。

前字变化：T1、T3、T5都变为高平调55，其中T3声调特征由HL变为HH（微降），T5由3变为5，声调特征由M变为H。T2、T4都变为35，其中T2声调特征由ML变为LH；T4声调特征由LHL变为MH，丢掉降尾，但仍保持为升调。

3.3　两字X＋T3

从图2来看，后字为T3时，后字不变，T3仍为51调，保持HL特征。

前字变化：T1变为55调，仍为HH；T5变为短调5，声调特征由M变为H；T2、T3变为33调，其中T2由ML变为MM，T3由HL变为MM；T4变为24调，丢掉降尾，但仍保持LH特征。

3.4　两字X＋T4

从图2来看，后字为T4时，在T1、T2、T5后变为12（或121），仍能看到后半段略有凸拱状；在T3后变为11；T4后变为21；整体来看，T4作为后字时，调值略有差异，但后字T4声调特征由LH变为LL。

前字变化：T1 变为 42，声调特征由 HH 变为 HL；T2 变为 32，仍保持 ML 特征；T5 仍保持短调 3，特征为 M；T3 变为 54，声调特征由 HL 变为 HH；T4 变为 35，由 LHL 变为 MH 特征，丢掉降尾，但仍保持为升调。

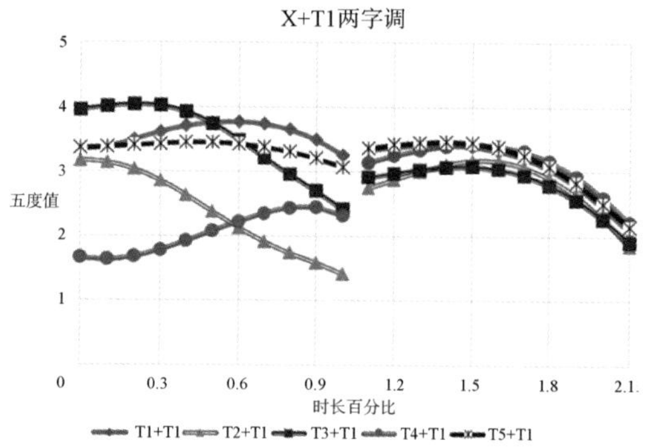

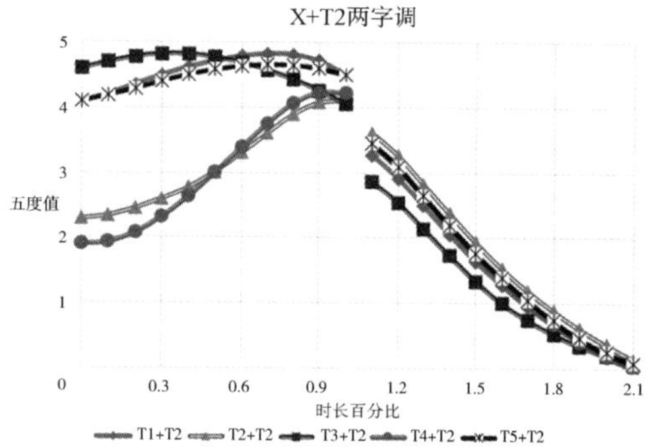

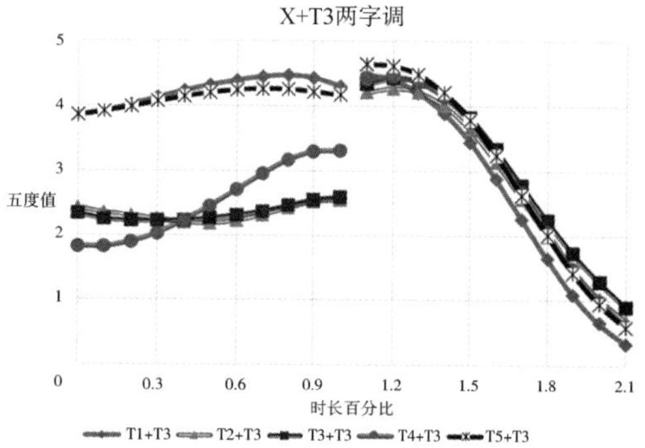

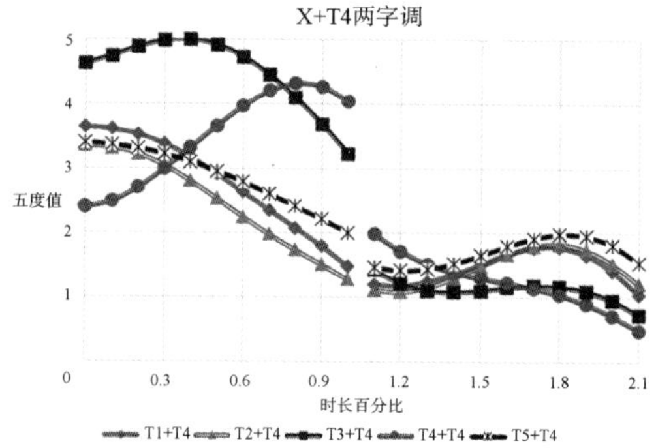

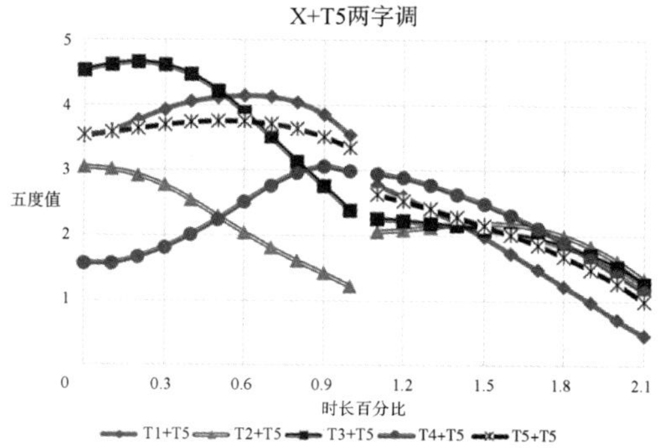

图 2　武陟方言两字调 X + T1 – T5 基频音高曲线图

3.5　两字 X + T5

从图 2 来看，后字为 T5 时，声调特征由 M 变为 ML。

前字变化：T1 变为 55，仍保持 HH 特征；T2 为 31，仍保持 ML 特征；T3 变为 53，由 HL 变为 HM 特征，但仍为降调；T4 变为 24，丢掉降尾，保持 LH 特征；T5 变为短 4，由 M 变为 H 特征。

3.6　两字 T1 + X

从图 3 来看，前字为阴平 T1 时，除 T1 + T4 外，仍保持 HH 特征。

前字变化：在 T1、T5 前保持原调 44，T2、T3 前变为 55，仍保持 HH 特征；在 T1 + T4 中 T1 由平调 44 变为高降调 42，声调特征由 HH 变为 HL。

后字变化：T1 + T2 中 T2 变为 41，由 ML 变为 HL；T1 + T4 中 T4 变为 22，由 LHL 变为 LL，调型微凸，也可记为 lhl；T1 + T5 中 T5 由单字短调 3 变为 31，由 M 变为 ML。

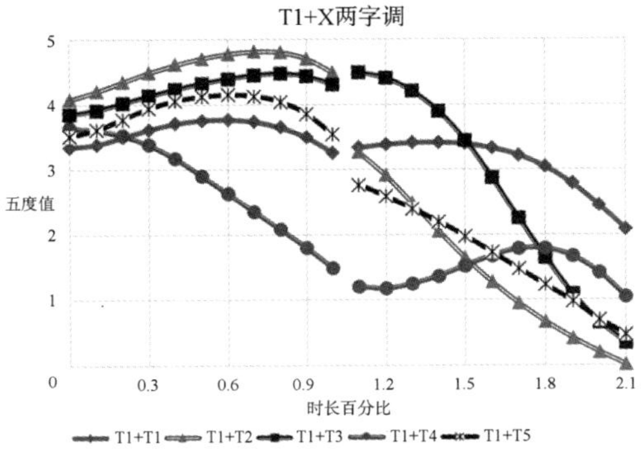

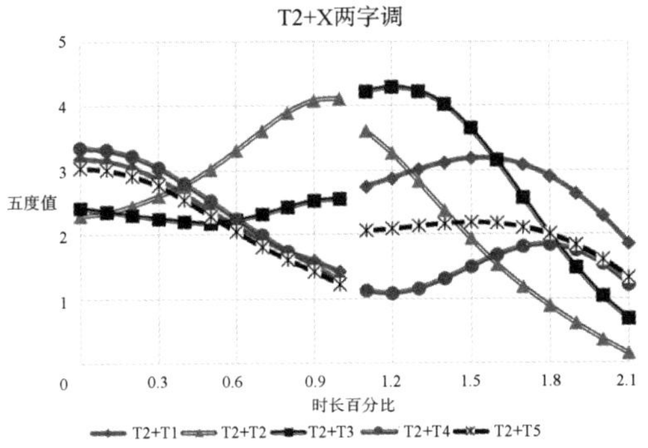

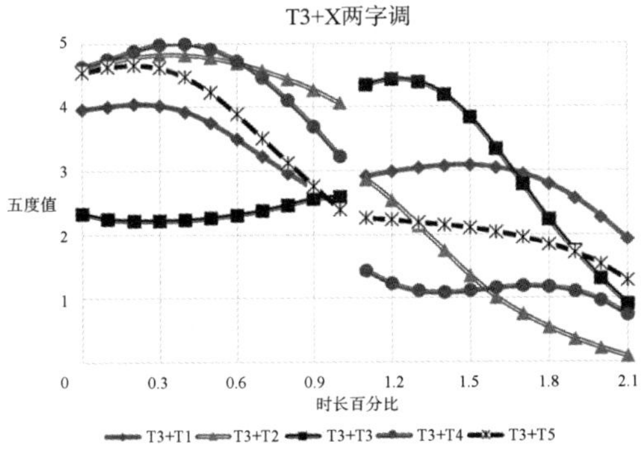

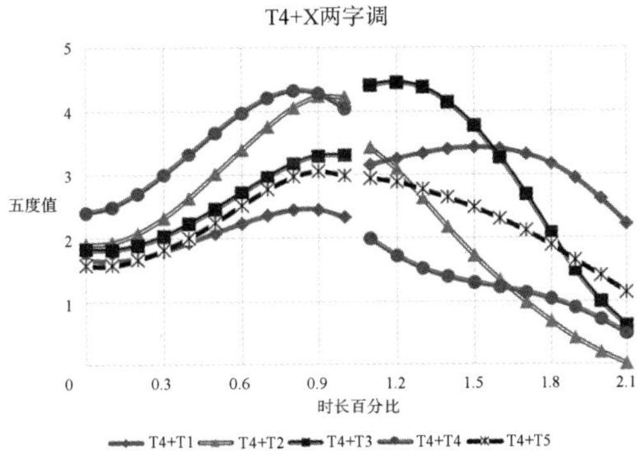

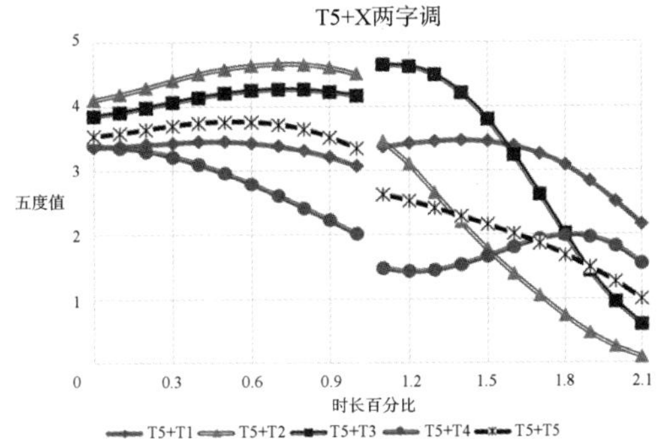

图 3　武陟方言两字调 T1 – T5 + X 基频音高曲线图

3.7　两字 T2 + X

从图 3 来看，前字为 T2 时，无折调出现。

前字变化：T2 + T1，T2 + T4，T2 + T5 中，前字 T2 变为 42，声调特征由 ML 变为 HL；T2 + T2 中，前字 T2 变为 35，声调特征由 ML 变为 MH；T2 + T3 中，T2 变为 33，声调特征由 ML 变为 MM。

后字变化：T2 + T2 中，后字 T2 变为 51，声调特征由 ML 变为 HL；T2 + T4 中，后字 T4 变为 22（或 23），声调特征由 LHL 变为 LL，调型微凸，也可记为 lhl；T2 + T5 中，后字 T5 变为 22，由 M 变为 LL。

3.8 两字 T3 + X

从图3来看,前字为T3时,总体上是高降消失。

前字变化:T3 + T1、T3 + T5中,前字T3变为53,声调由HL变为HM特征,但保持降的特点;T3 + T2、T3 + T4中,前字T3变为54,声调特征由HL变为HH,但仍保持微降;T3 + T3中,前字T3变为33调,声调特征由HL变为MM。

后字变化:T1变为33,声调特征由HH变为MM;T2仍为31,保持ML特征;T4变为21(或22),声调特征由LHL变为LL;T5变为32,声调特征由短调M变为ML。

3.9 两字 T4 + X

从图3来看,前字为T4时,凸调消失,只保留前半段的上升段,末尾1/3处的下降段消失。

前字变化:T4 + T1中,前字T4变为23,特征由LHL变为LM,仍为上升调;T4 + T2、T4 + T4中,前字T4变为35,特征由LHL变为MH;T4 + T3、T4 + T5中,前字T4为24,丢掉末尾的L,保持LH特征。

后字变化:T4 + T2中,后字T2由31变为41,声调特征由ML变为HL;T4 + T4中,后字T4由242变为31,声调特征由LHL变为ML,单字的上升段丢失,只剩下下降段;T4 + T5中,T5由短平调3变为32,声调特征由M变为ML。

3.10 两字 T5 + X

从图3来看,前字为T5时,总体仍保持短平调,由短平调3变为短平调4(或5),声调特征由M变为H。

前字变化:T5 + T1,T5 + T5中前字T5变为短调4,由M变为H特征;T5 + T2,T5 + T3中前字T5变为短调5,由M变为H特征;T5 + T4中,前字T5变为短短调43,声调特征由M变为HM。

后字变化:T5 + T2中,后字T2由31变为41,声调特征由ML变为HL;T5 + T4中,后字T4变为23(或22),声调特征由LHL变为LL,调型微凸,也可记为lhl;T5 + T5中,后字T5变为32,由短调变为普通调,特征由M变为ML。

4. 两字调的音系学分析

4.1 连读变调和声调协同发音的区别

在讨论两字调变调情况之前,我们先要对连读变调和声调协同发音概念做一个较为明确的区分。

从定义来看,连读变调是指"在语流里,由于音节和音节相连时相互发生影响,基本调值会发生变化。通常把一个音节单念时的调值叫本调,音节相连时本调发生了变化就叫变调"(北京大学中文系现代汉语教研室,1993:21)。"只在语音层面发生声调变异的为语音变调,在语音层面和语义层面都发生变异的为音义变调"(李小凡,2004:29)。

协同发音是指语流中普遍存在的一种语音生成机制,普遍作用于音段音位(如:元音和辅音)和超音段音位(如:声调)。协同发音的动力源于语言交际中的两种需要:精确原则和省力原则(Sun、Shih,2021)。

Shen,X. S.(1990)曾指出协同发音和变调的区别:(1)变调受语言特有的形态音位限制所致,即:各个语言都有自己特有的不同变调规则;协同发音则受生物力学的限制,即:协同发音在不同语言中是普遍存在且类似的。(2)变调和协同发音的语音机制不同。变调中,声调变化包含同化和异化;协同发音则不包含声调异化。(3)变调不必保存原来声调本身的特性,变调作用是音位的。

李智强(2023)指出"在声调语言中,相邻声调之间发生的不引起范畴改变的音高变化现象称为'声调协同发音'。声调协同发音不同于声调的连读变调,前者主要表现为声学语音变化,通常不改变声调自身的听觉感知范畴,也不会导致音系对立中和。不过在某些情况下,二者之间的界限不是很容易界定。如普通话两个去声相连时,前音节去声变为半去(Chao,1968)"。

从以上观点可以看出，连读变调主要是音系学层面的声调音位变化，更强调各个不同语言声调变化的特殊性；声调协同发音主要是语音学、生理学层面的声调变化，更强调不同语言之间的声调变化的普遍性。

对于连读变调和声调协同发音的区别，我们同意李智强（2023）的观点。在语音变调范围内，语音学层面的声调协同发音导致声调发生变化，这种量变达到一定程度就会引起质变，也即声调协同发音一旦突破声调自身的听觉感知范畴，就可认定为出现了音系层面的连读变调。总之，如果用一句话来概括：在语音变调范围内，声调协同发音和连读变调之间是量变和质变的关系。

但从量化的角度，要把两者做出非常明确的区分，并非易事。因为界定连读变调的标准虽然是“本调发生变化”“引起音系对立中和”或“改变听觉感知范畴”，但变化的标准是什么，听觉感知的范畴以什么为准，并没有特别明确的量化标准，比如上文提到的普通话两个去声相连时，前音节去声变半去（Chao，1968）。

包智明、曹栌文（2014：262）在讨论汉语声调的连读变调时，提到：“大量的声调材料证明调高和调形是分开的。”这在我们的两字调分析中是同样适用的。

基于以上观点，我们倾向于采取如下做法：

（1）为避免仅靠耳听定调可能会出现声调细节疏漏的情况，两字调的连调定调，以实际得到的音高数据作为主要指标，辅以耳听的判断来确定最终的两字调连调情况。比如：T1 + T3，音高数据显示前字 T1 读为 55 调，但在实际听感上前字是介于 4 与 5 之间的，此时我们以音高数据为准。

（2）为保证两字调分析的准确性，本文两字调分析的大前提是只限定在语音变调范围内，语义和结构都不在本文语料及讨论范围之内。比如：本次调查语料中录音的“处理、好歹、小姐、小米”等词，在 11 位发音人中不同程度地出现了降升式连调的情况，在数据处理过程中已全部剔除。

（3）为避免在界定连读变调和协同发音时出现的界限模糊问题，我们的区分标准仍是以实际音高数据（调型标准 + 调高标准）作为主要判别指标，辅以参考母语者的听感标准。

符合以下两个标准可认定为连读变调：

标准一是音高数据显示调型出现明显变化，可直接认定为连读变调，比如：T2 + T2 中前字由 31 变为 35，前字认定为连读变调，从声调的特征表达来看，即为 ML→MH。

标准二是音高数据显示调型不变，但音高和单字调相比，声调特征由 H 变为 L 或 L 变为 H，认定为连读变调，比如：T1 + T4 中前字由 44 变为 42，前字可认定为连读变调，从声调的特征表达来看，即为 HH→HL。

4.2 武陟方言连读变调的音系学解释

根据 3.1—3.10 的具体描写，结合 4.1 确定的两个标准，只有 T1 + T4、T2 + T2、T2 + T3、T3 + T3、T5 + T4 的前字符合连读变调的标准。

我们可以将武陟方言的连读变调用音系学公式表示如下：

T1 为前字：HH→HL/__LHL（T4）；后字为低调时，T1 变高降。

T1 为后字：HH 不变调。

T2 为前字：

ML→LH/__ML（T2）；后字为 T2，前字变 LH。

ML→MM/__HL（T3）；后字为 T3，前字变 MM。

T2 为后字：

前字无论是什么，后字 T2 起点略高，不变调。

T3 为前字：

HL→MM/__HL（T3）；后字为本调 T3 时，前字变 MM。

T3 为后字：HL 不变调。

T4 为前字：

后字无论是什么调，前字 T4 都只保留单字调中前半段的上升部分，不变调。

T4为后字：

前字无论是什么调，后字T4都变为低调LL。其中在T1/T2/T5之后，亦可表示为调域受到压缩的凸调，即lhl。结合T4在单字中的变体表现以及在句末的表现，我们认为这是T4的调域压缩，不是连读变调。

T5为前字：

M→HL／__LHL（T4）；后字为T4时，前字出现和T1在T4前类似的变化。

T5为后字：前字无论什么调，后字T5时长略有延长，不变调，详见4.3。

4.3 调长比较

从时长比较来看，T1—T5在两字调中的时长均小于单字调时长；且在两字调中，T1—T5在前字的时长小于在后字的时长。

同时，我们还可以观察时长与前后字的音高和调型变化关系，分析如下：

T1在前字时，时长大约在180—220ms，在T1—T5前分别是188ms、200ms、197ms、211ms、217ms。在T4前，T1时长较长，且由平调变为降调。

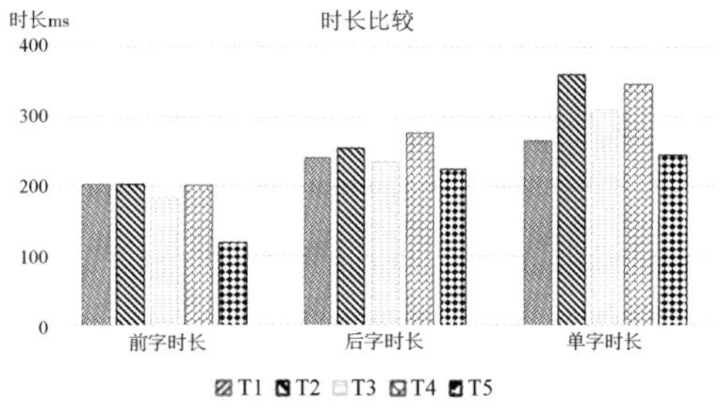

图4 声调时长比较

表5 时长比较表 （单位：ms）

声调	前字时长	后字时长	单字时长
T1	203	241	265
T2	203	255	361
T3	183	236	311
T4	201	276	347
T5	120	225	245

T1在后字时，时长大约在230—260ms，在T1—T5后分别是258ms、243ms、237ms、231ms、234ms。后字T1调型无明显变化。

T2在前字时，时长大约在200—210ms，在T1—T5前分别是201ms、201ms、199ms、205ms、207ms。T2和T3前的T2变调和时长无明显关联。

T2在后字时，时长大约在230—280ms，在T1—T5后分别是239ms、272ms、272ms、247ms、241ms。T2在后字时，全都由31变为41，ML→HL。

从11位发音人的两字音频图来看，M6和F1后字T2时长分别是299ms和317ms，这两人的后字T2都表现为折调，M1后字T2时长是336ms，但也表现为降调。其他8位发音人后字T2时长都在250ms以下，且都表现为降调HL。

T3在前字时，时长大约在160—190ms，在T1—T5前分别是181ms、169ms、193ms、184ms、186ms。前字T3（除T3+T3外）由51变53，即HL→HM，可能和前字T3的时长缩短有关。

T3在后字时，时长大约在220—240ms，在T1—T5后分别是239ms、239ms、230ms、228ms、240ms。后字T3无明显变化。

T4在前字时，时长大约在180—210ms，在T1—T5前分别是201ms、205ms、188ms、197ms、212ms。前字T4虽然音高并不完全一致，但基本保留了单字调的前半段升的特征。

T4在后字时，时长大约在240—290ms，在T1—T5后分别是289ms、288ms、277ms、247ms、279ms。在T1、T2、T5后仍呈现出凸调特征，但调域出现明显的压缩，即LHL→lhl，且T1、T2、T5后的T4时长都比较长，维持的凸调特征可能和时长较长有关。

从11位不同发音人的两字音高图来看，M1、M6、F1的后字T4时长分别为322ms、323ms、317ms，后字凸调压缩幅度普遍较小；以M6为例，其后字T4在T1、T2、T3、T5后的音高值可描写为132，和单字调242相比，压缩并不明显。

其他 8 位发音人的后字 T4 时长都在 280ms 以下，且在 T1、T2、T5 后都出现了不同程度的调域压缩情况，即 LHL→lhl。据此，可以看出时长和维持凸调特征呈现正相关的关系。

T5 在前字时，时长大约在 110—140ms，在 T1—T5 前分别是 115ms、113ms、114ms、121ms、133ms。整体来看，T5 为前字时，音高由 M 提到 H。但总体仍保持为入声的短调。

T5 在后字时，时长大约在 200—230ms，在 T1—T5 后分别是 233ms、232ms、232ms、207ms、216ms。在后字位置时，T5 由入声的短调变为和舒声调同样的正常时长。调型由 M 变为 ML，其听感上有低降的特点，这可能和边界效应相关。

4.4 小结

根据图 2 和图 3 两字连读变调的音高曲线图，可从中总结出如下两字调变调情况表（采用声调特征来表达，只标记声调特征变化的情况，用加下划线表示，声调特征无变化的划√）：

表 4 X + T1—X + T5 两字调情况表

前＼后	T1	T2	T3	T4	T5
T1	√	√	√	HL + LHL	√
T2	√	LH + ML	MM + HL	√	√
T3	√	√	MM + HL	√	√
T4	√	√	√	√	√
T5	√	√	√	HL + LHL	√

5. 两字调的协同发音分析

Shen, X. S.（1990）提到：“声调协同发音是同化作用，也就是说，一个低升调终点或始点使后面的始点或前面的终点降低，而一个高声调终点或始点把后面的始点或前面的终点抬高。”结合图 2 和图 3 两字调音高曲线图和实际的两字调协同发音的情况，我们可以观察武陟方言两字调声调协同发音中的顺向作用和逆向作用。

5.1 顺向作用

从图 2 中 X + T1、X + T2、X + T3 的情况来看，阴平 T1、阳平 T2、上声 T3 在 5 个声调后基本保持不变，声调起点略有差异，主要是受前字声调终点高低的影响呈现同步变化。

从图 2 中 X + T4 的情况来看，去声 T4 由单字调的 242 变为 11 或 22 的低平调（去声 T4 后，变为 21 调）。声调起点不同，也是受前字声调终点高低的影响呈现同步变化。前字声调终点较低的情况下（前字声调为 T1、T2、T5），呈现出原有的凸调调型，近似 121 调，表现为调域压缩下的凸调。前字声调终点较高的情况下，凸调调型特征消失。

从图 2 中 X + T5 的情况来看，入声 T5 由单字调的短调 3 变为舒声 31 调。声调起点略有差异，也是受前字声调终点高低的影响呈现同步变化。

结合 T4、T5 在单字、句子中的表现，T4、T5 在后字的变化，不认定为连续变调。

5.2 逆向作用

从图 3 中 T1 + X 的情况来看，前字 T1 音高起点都是 4，但终点差异比较大，在阳平 T2 和上声 T3 前，前字 T1 终点能达到 5。在阴平 T1 和入声 T5 前，前字 T1 终点仍为 4。在去声 T4 前，前字 T1 终点为 2。可以说，前字终点音高受到后字起点音高的影响，呈现出同步变化的趋势。

从图 3 中 T2 + X 的情况来看，前字 T2 音高起点受后字音高起点的影响，呈现出两分趋势：后字音高起点高的 T2 和 T3，前字 T2 音高起点略低，为 3；后字音高起点略低的 T1、T4 和 T5，前字 T2 音高起点略高，为 4。前字 T2 音高终点呈现出三分趋势：后字 T2 时，前字 T2 由 31 变 35，声调的协同发音量变引起质变，后字音高起点和前字音高终点同步变为 5；后字 T3 时，前字 T2 音高终点受后字 T3 的音高起点 5 影响，同步变高；后字为 T1、T4 和

T5时，前字T2音高终点保持一致。

从图3中T3 + X的情况来看，前字T3音高起点受后字音高起点的影响，基本呈现出后字音高起点高，前字音高起点低的特点。其中，T3 + T3中前字出现异化，变为33调。前字音高终点呈现的特点是：后字音高起点高，前字音高终点低；后字音高起点低，前字音高终点高。

从图3中T4 + X的情况来看，前字T4音高起点受后字音高起点影响，呈现出后字音高起点高，前字音高起点低的特点。其中，后字为上声T3和去声T4时，对前字T4影响更显著。后字为阴平T1、上声T3、去声T4和入声T5时，前字音高终点呈现出后字音高起点高，前字音高终点低的特点；后字为阳平T2时，后字音高起点由单字调的3提升到4，前字去声T4的音高终点则由2提升到5。

从图3中T5 + X的情况来看，前字T5音高起点略受后字音高起点影响，并不是非常显著，可以分开来观察：前字为阳平T2和上声T3时，呈现出后字音高起点高，前字音高起点低的特点；前字为去声T4和入声T5时，呈现出后字音高起点高，前字音高起点高的特点。前字音高终点受后字音高起点的影响较大，整体呈现出后字音高起点高，前字音高终点高的特点。

5.3 小结

根据上文的分析，我们可以对武陟方言中两字调的声调协同发音总结如下：

（1）后字对前字的影响大于前字对后字的影响，即逆向作用大于顺向作用，顺向作用和逆向作用之间是一种非对称性关系，T1—T5 + X组合中前字所受影响程度远大于X + T1—T5组合中后字受前字影响的程度。

（2）一般情况下，两字调边界处的声调极值对声调的方向影响较大，如：T1 + X组合中T1 + T4，前字T1在后字T4低起点的影响下，调值由44变为42；T2 + X组合中T2 + T3，前字T2在后字T3高起点的影响下，调值由31变为33；T5 + X组合中T5 + T4，前字T5在后字T4低起点的影响下，调值由3变为42。

（3）从两字调边界处5个基频点的数据来看，越是靠近边界处的基频点，其所受影响越大。

（4）两字调音高曲线的最低点基本上只出现在后字末尾（例外：X + T1组中T2 + T1，最低点是前字T2末尾）；且在T1—T5 + X组合中，五种组合中的音域最低点只出现在后字T2末尾。

（5）两字调音高曲线的最高点则取决于两字组合中单字调的最高音值，无论是T1—T5 + X组合还是X + T1—T5组合，任一组合中的最高点以T3为主（例外：T1 + X组中T1 + T2，最高点在前字T1）。在10个组合中，最高点出现在前字有6组，有4组最高点出现在后字（T2 + X，T4 + X，T5 + X ，X + T3）。

（6）从时长比较来看，在武陟方言中，单字调时长 > 两字组的后字时长 > 两字组的前字时长。

6. 结语

本文基于语音产出的实验数据，对武陟方言的两字调进行详细分析，且将两字连调的范围限定在语音变调内，不考虑音义变调，目的是将两字调变调的非语音因素排除在外，确保本文的分析是在纯语音范围内，讨论前后字的连读变调和协同发音作用。本文绘制的两字调音高曲线图，采用了和单字调音高曲线图同样的方法，以确保在比较时标准的一致性。

在对两字调进行音系学和协同发音作用分析之前，本文对连读变调和声调协同发音的概念做了界定，我们认为：在语音变调范围内，语音学层面的声调协同发音作用导致声调调值发生变化，这种量变达到一定程度就会引起质变，也即声调协同发音一旦突破声调自身的听觉感知范畴，就可认定为出现了音系层面的连读变调。总之，如果用一句话来概括：在语音变调范围内，声调协同发音和连读变调之间是量变和质变的关系。

但学界对于连读变调和声调协同发音之间的区分仍存在界限模糊的问题，本文总结了两条标准：标准一是音高数据显示调型出现明显变化，可直接认定为连读变调；标准二是音高数据显示调型不变，但音高和单字调相比，声调特征由H变为L或由L变为H，认定为连读变调。

本文在明确划定了两字调的纯语音变调范围，梳理并明确了连读变调和协同发音的量化标准之后，进而从音系学角度分析了武陟方言两字调连读变调。随后对两字调进行了协同发音分析，我们发现：(1)后字对前字的影响大于前字对后字的影响，即逆向作用大于顺向作用，顺向作用和逆向作用之间是一种非对称性关系；(2)一般情况下，两字调边界处的声调极值对声调的方向影响较大；(3)从两字调边界处5个基频点的方差分析数据来看，越是靠近边界处的基频点，其所受影响越大；(4)两字调音高曲线的最低点基本上只出现在后字末尾；两字调音高曲线的最高点则取决于两字组合中单字调的最高音值。

以上发现，是我们基于武陟方言11位发音人的9207条语料进行数据分析之后所观察到的情况。而武陟方言两字调中出现的声调协同发音效应，在周边方言以及其他汉语方言中是否有类似现象，这一协同发音效应是否为汉语方言两字调的普遍现象，这需要我们对更多方言做同类型的数据分析和比较才能进一步确认。

7. 致谢

本研究得到了中宣部文化名家暨“四个一批”人才自主选题项目“语调类型学研究”的经费支持。此次调查得到中国社会科学院语言研究所熊子瑜研究员、澳门科技大学博士生黄干的诸多技术支持；论文写作过程中，美国旧金山大学李智强教授提供了诸多建设性建议。中国社会科学院语言研究所博士生张小砚、北京语言大学硕士生何鑫、英国伦敦大学学院硕士生熊声悦帮忙处理了数据，在此一并致谢。文中如有问题，文责由笔者承担。

参考文献

Chao, Y. R. (1968). *A Grammar of Spoken Chinese*. Berkeley: University of Berkeley Press.

Shen, X. S. (1990). Tonal coarticulation in Mandarin. *Journal of Phonetics*, 18.

Yan Sun, Chilin Shih (2021). Boundary-conditioned anticipatory tonal coarticulation in Standard Mandarin. *Journal of Phonetics*, 84.

包智明、曹栌文：《汉语声调和生成音系学理论》，《当代语言学》2014年第3期。

北京大学中文系现代汉语教研室编：《现代汉语》，商务印书馆1993年版。

曹梦雪：《河北昌黎城关方言非叠字两字组连读变调和轻声》，《方言》2020年第4期。

崔平、王韫佳：《抚顺话“上声+阴平”变调的声学和知觉研究》，《中国语音学报》2019年第11辑。

何伟棠：《广东增城方言的变调》，《方言》1978年第1期。

贺巍：《获嘉方言的连读变调》，《方言》1979年第2期。

侯精一：《平遥方言的连读变调》，《方言》1980年第1期。

侯精一：《平遥方言广用式三字组的连读变调》，《方言》1982年第2期。

孔祥卿：《辛集方言两字组连读变调与轻声》，《中国语文》2011年第1期。

包智明、曹栌文：《汉语声调和竹成音系学理论》，《当代语言学》2014年第3期。

李荣：《温岭方言的连读变调》，《方言》1979年第1期。

李小凡：《苏州方言语法研究》，北京大学出版社1998年版。

李小凡：《汉语方言连读变调的层级和类型》，《方言》2004年第1期。

李智强：《声调协同发音》，《中国大百科全书》(第三版网络版) 2023。

牛顺心：《河南武陟方言的降升式连读变调及其成因初探》，《南开语言学刊》2009年第2期。

王福堂：《汉语方言语音的演变和层次》，语文出版社1999年版。

王洪君：《汉语非线性音系学》(增订版)，北京大学出版社2008年版。

王晓梅：《天津方言三字组的连读变调》，《中国语文》2003年第2期。

邢向东：《神木方言的两字组连读变调和轻声》，《语言研究》1999年第2期。

熊正辉：《怎样求出两字组的连读变调规律》，

《方言》1984年第2期。
熊子瑜：《xSegmenter音段自动切分与标注工具》,《中国语音学报》2019年第11辑。
许宝华、汤珍珠、钱乃荣：《新派上海方言的连读变调》,《方言》1981年第2期。
许宝华、汤珍珠、钱乃荣:《新派上海方言的连读变调（二)》,《方言》1982年第2期。
许宝华、汤珍珠、钱乃荣:《新派上海方言的连读变调（三)》,《方言》1983年第3期。
张惠英:《崇明方言的连读变调》,《方言》1979年第4期。
张盛裕:《潮阳方言的连读变调》,《方言》1979年第2期。
张盛裕:《潮阳方言的连读变调（二)》,《方言》1980年第2期。
张振兴:《漳平（永福）方言的连读变调》,《方言》1983年第3期。
赵元任（吕叔湘译):《汉语口语语法》,商务印书馆1979年版。
朱晓农:《语音学》,商务印书馆2010年版。
朱玉柱:《武陟方言名词变韵研究》,博士学位论文,清华大学,2018年。
朱玉柱、李爱军:《河南武陟方言单字调实验研究》待刊。

朱玉柱
博士，北京第二外国语学院文化与传播学院讲师/中国社会科学院语言研究所博士后，主要研究领域包括汉语方言学、实验语音学。
Email：yuzhu789@126.com
李爱军
博士，中国社会科学院语言研究所研究员，主要研究领域为言语韵律、L1 & L2语音习得、情感语音。系本文通信作者。
Email：liaj@cass.org.cn

音段研究

从声学距离计算看汉语声韵母的特点

黄 玮 冉启斌

摘 要 本文使用动态时间归整（DTW）算法计算了汉语普通话声母、韵母的美尔倒谱系数（MFCC）声学距离，使用平均组间联接法和邻接法进行了聚类，并做了二维主成分分析。平均组间联接法聚类的结果表明，相同发音部位或结构近似的音往往能在末端节点聚集，鼻韵尾的人际变异性比较大。主成分分析的结果表明，主成分 1 主要与声韵母的响度/固有振幅有关，主成分 2 主要体现频谱能量集中区频率和能量持续时间的加和作用。邻接法聚类的结果表明，汉语声母和韵母之间界限清楚，声母类中又依据是否为响音（m、n、l、r）分为两类。非响音中发音部位和发音方法交替作用主导分类，但塞音和塞擦音、擦音总是截然分开的，塞音和塞擦音中，送气与否的作用相对较小。韵母中齐齿呼、撮口呼韵母与开口呼、合口呼韵母的界限较为清晰。在开口呼和合口呼韵母中，往往又会依据韵腹发音部位的近似程度聚为不同的小类。此外，在汉语声母、韵母的聚类中，邻接法比平均组间联接法效果更好。

关键词 声学距离，声母，韵母，聚类，主成分分析

ANALYSIS OF THE CHARACTERISTICS OF INITIALS AND FINALS IN MANDARIN FROM THE PERSPECTIVE OF ACOUSTIC DISTANCE

HUANG Wei, RAN Qibin

Abstract In previous studies on the similarity of the initials and finals in Mandarin, researchers have typically calculated the perceptual distances, while the acoustic distances among those phonemes were less studied. In addition, the investigation on the initials is more often seen than that on the finals in terms of both the perceptual distance and the acoustic distance. While most of these studies have analyzed the initials and finals separately, only a limited number of them have compared the initials and finals on the same level, which is regarded to be useful to understand the characteristics of the initials and finals in Mandarin.

In this paper, the initials and finals in Mandarin were placed in the context of"X-Y-X", where X could be one of the six monophthongs (i. e., /a o ɤ i u y/), and Y could be any of the the 21 initials and 39 finals in Mandarin. We collected recording data from four speakers (two males and two females) who were asked to read the segmental combinations in a sound-proofed laboratory. All speakers are trained students in phonetics. The "Dynamic Time Warping"algorithm was used to calculate the acoustic distance (based on Mel-frequency cepstral coefficients) of the initials and finals in Mandarin. According to the distance matrix based on acoustic distance data, the Average Linkage (between-group) method and Neighbor Joining method were used to cluster, and the two-dimensional Principal Component Analysis was carried out. The clustering results of the Average Linkage method showed that sounds with the same place of articulation or similar structure often gathered at one terminal node, but the interpersonal variability of nasal ending was relatively large.

The results of PCA showed that 1st component was mainly related to the loudness of sounds or the intrinsic amplitudes of sounds; 2nd component mainly reflected the additional effect of frequency and duration of energy in the spectral energy concentration region. The results of Neighbor Joining clustering showed that the boundary between the initials and the finals is clear, and the initials are further divided into two categories according to whether or not it is a sonorant (i. e., m, n, l, r in this study). The place and manner of articulation alternately played a leading role in the classification of non-sonorants. Stops were always completely separated from affricates and the fricatives. For affricates and fricatives, the role of aspirating was relatively unimportant. In the category of finals, the *Qichihu* finals and the *Cuokouhu* finals were clustered into one group, while the *Kaikouhu* finals and the *Hekouhe* finals were clustered into another group. The *Kaikouhu* finals and the *Hekouhu* finals were often divided into different sub-categories according to the main vowels. Last but not least, we showed that the Neighbor Joining method was better at clustering of the Chinese initials and finals than the Average Linkage (between-group) method.

Keywords The acoustic distance, Initials, Finals, Clustering, Principal component analysis

1. 引言

在汉语普通话中，有辅音声母21个，韵母39个。传统上一般依据发音部位和发音方法等对声母进行分类，依据介音、结构、韵尾等对韵母进行分类（黄伯荣、廖序东，2017）。这样的分类方法在传统音韵学的基础上又结合了现代音系学和语音学的研究成果，能够简明清晰地反映汉语普通话声韵母在发音部位、发音方法、构成成分等方面的特点。在传统分类的基础上，计算汉语普通话声韵母之间的距离，形成相似度矩阵并进行聚类和主成分分析，有助于从客观角度出发加深对汉语普通话声韵母特点的认识。学界已有不少学者做出了探索，但在相似度矩阵的构建和聚类算法的选择上各有不同。张家騄等（1981）采用心理物理实验，利用知觉混淆的多维分析方法，依据听音人的清晰度分数形成了汉语辅音的混淆矩阵，并提炼出了汉语辅音的二维知觉结构。张家騄（2005）依据汉语普通话声母、韵母的知觉相似度聚类，辅以区别特征理论和传统音韵学分类，定义和建立了汉语普通话的区别特征系统。章斯宇和孟子厚（2009）同样以计算清晰度分数的方法考察了混叠效应下声母听感相似和易混淆情况，并分别形成了混响和噪声条件下的声母听觉相似度聚类图，后来又建立了混响条件下韵母的听觉相似度聚类图并进一步分为有无介音两种情况进行分析（章斯宇、孟子厚，2013）。黄高扬等（2010）计算了汉语韵母线性预测编码（LPC）频域特征向量间的欧氏距离，并采用层次聚类方法进行聚类，建立了韵母感知混淆树。吴育昊（2017）使用感知距离矢量分别构建了汉语声韵母聚类。

不难看出，上述研究都是基于知觉（感知）距离对汉语普通话声韵母进行聚类和特征分析。在声学方面，也有学者通过抽取平均过零率、相对能量等参数作为分类特征对汉语声韵母进行分类（如徐秉铮、邱伟，1993），与本文将要使用的基于整个频谱计算声学相似度的方法有本质上的不同，故不再详细介绍。另外，也有学者将声母的感知距离和声学（特征参数）距离统一起来，如陈赛（2014）对声母的梅尔频率倒谱系数（MFCC）和感知预测系数使用类间、类内距离度量方式进行层次聚类分析，并通过言语测听实验得到的混淆矩阵计算出了不同声母间的感知距离，提出使用斯皮尔曼等级相关系数作为量化评价两种距离单调相关性强弱的标准，探讨了汉语声母感知距离与声学距离之间的关系。李戈等（2016）则为基于言语知觉特性的韵母区别特征匹配声学参数，对非介音韵母的判别决策树进行调整，实现了对非介音韵母的唯一确定。

韩璐璐（2021）和王鸿宇（2021）使用动态时间规整（Dynamic Time Warping, DTW）算法分别计算了汉语普通话声母和韵母的声学距离，并使用平均组间联接法和邻接法对声母和韵母分别进行聚类，同时对声母和韵母做了二维平面上的主成分分析。将语音转换为MFCC谱后使用DTW算法进行距离计算已经是一项比较成熟的技术。Mielke（2012）使用DTW算法计算了英语中58个音素（元音17个，辅音41个）的声学距离，使用邻接法对58个音素进行了聚类，并进行了主成分分析。值得注意的是，Mielke（2012）是将英语的元音和辅音放在同一平面进行的计算和分析。DTW算法也运用于词汇语音层面的距离计算，并有良好的表现，如冉启斌（2020）、冉启斌等（2021）以及黄玮等（2021）。

综上，对汉语普通话声母和韵母相似度的计算在感知距离层面相对较多，而在声学距离层面的进展则较为缓慢。另外，不论在感知距离上还是声学距离上，对声母的探讨要多于韵母，并且几乎都是将声母和韵母放在不同平面分别分析，少有研究将声母和韵母放在同一平面进行讨论。将声母和韵母统一在同一平面分析，有助于系统地认识汉语声韵母和展现声韵母的声学特点。基于 DTW 算法的 MFCC 声学距离计算是较为客观的，也为将声韵母统一到一起分析提供了可能性。

本文将使用 DTW 算法计算汉语普通话声韵母之间的 MFCC 声学距离，并使用平均组间联接法和邻接法（Neighbor Joining）进行聚类分析，同时在二维平面上进行主成分分析。

2. 材料与方法

2.1 语料收集与预处理

Mielke（2012）计算声学距离使用的是4名经过语音学训练的语言学家（phonetically trained linguists）作为发音人。为便于探讨普通话声韵母的一般情况，本实验也使用4名（两男两女，分别记为 M1、M2、F1、F2）具有语音学知识的发音人，他们均是语言学相关专业的研究生，且均来自北方方言区，普通话标准。

鉴于声母在单独发音时存在一定困难；如果从音节中单独剪切出来又会丢失部分频谱信息，同时为了方便将声母和韵母统一到一个平面分析，本实验采用“X-Y-X”框架格式设计录音语料。其中，X 分别为/a、o、ɤ、i、u、y/6个元音，Y 分别为21个声母和39个韵母，例如/ioi/、/ofo/等。表1中列出了汉语普通话的21个辅音声母和39个韵母，需要说明的是，在后续使用的软件中有的国际音标字符不能正常显示，因此使用的是表1中括号内的符号。

鉴于发音材料中有的组合在普通话音系中不存在，发音人在录音之前熟悉了发音材料（以国际音标形式呈现），并做了必要的练习。语料在安静的录音室中使用语音分析软件 Praat 录制，脚本程序将上述组合以国际音标形式每个随机呈现三次。录音采样率均设置为44100Hz，采样精度为16bit，采用单声道录制，录音存储为 wav 格式。最终，收集到每位发音人的录音共计 6×(21+39)×3=1080 条，其中声母378条，韵母702条。录音采集完成后，使用 Praat 脚本程序自动降噪，并去除音节前后空白段，最后对每条录音进行人工核查，以确保录音准确可用。

2.2 声学距离计算与分析

本实验在 Praat 软件中使用脚本调用软件内置的 DTW 算法自动将声音转换为 MFCC 谱后计算声音之间的声学距离。DTW 算法在时间维度上将录音频谱拉伸或压缩，以找到最小距离，具体计算原理可参看 Holmes 和 Holmes（2001）以及 Mielke（2012）。DTW 算法早期广泛应用于语音识别领域，尤其适用于对孤立词的匹配和识别，具有计算速度较快、结论直观等优点。我们将使用 DTW 算法计算出的录音 MFCC 谱之间的 DTW 距离称为声学距离。DTW 算法运用到录音声学距离计算上可以分为两种计算方式：

表1 汉语普通话21个辅音声母和39个韵母

类别	国际音标（括号中为在分析软件中显示的符号）
声母（21个）	/p/（b）、/p^h/（p）、/m/（m）、/f/（f）、/t/（d）、/t^h/（t）、/n/（n）、/l/（l）、/k/（g）、/k^h/（k）、/x/（h）、/tɕ/（j）、/tɕ^h/（q）、/ɕ/（x）、/tʂ/（zh）、/tʂ^h/（ch）、/ʂ/（sh）、/ʐ/（r）、/ts/（z）、/ts^h/（c）、/s/（s）
韵母（39个）	/a/（a）、/o/（o）、/ɤ/（e）、/i/（i）、/u/（u）、/y/（v）、/ɿ/（ii）、/ʅ/（iii）、/ər/（er）、/ɛ/（ee）、/ai/（ai）、/ei/（ei）、/ɑu/（ao）、/ou/（ou）、/ia/（ia）、/iɛ/（ie）、/ua/（ua）、/uo/（uo）、/yɛ/（ve）、/iau/（iao）、/iou/（iou）、/uai/（uai）、/uei/（uei）、/an/（an）、/ian/（ian）、/uan/（uan）、/yan/（van）、/ən/（en）、/in/（in）、/uən/（uen）、/yn/（vn）、/ɑŋ/（ang）、/iɑŋ/（iang）、/uɑŋ/（uang）、/əŋ/（eng）、/iŋ/（ing）、/uəŋ/（ueng）、/uŋ/（ong）、/iuŋ/（iong）

第一种是将不同声/韵母的所有框架进行两两计算，即每个声/韵母的任一框架除了要和别的声/韵母的该框架计算外，还要分别和剩下5个框架计算。拿声母/f/的/o/框架举例来说，/ofo/除了要和/opo/、/omo/等以/o/为框架的语音计算外，还要和/afa/、/ɤfɤ/、/ifi/、/ufu/、/yfy/等/f/的其余5个框架，以及以/a/、/ɤ/、/i/、/u/、/y/为框架的其余声音进行计算。韩璐璐（2021）计算声母和王鸿宇（2021）计算韵母使用的是这种方式。

第二种是将框架对应的录音进行计算，例如/ofo/只与/opo/、/omo/等计算，而不与/ifi/、/ufu/等计算，更不与/ipi/、/imi/等计算。第二种计算方式由于采用的是对应计算，将不同框架带来的差异排除在外，得到的距离会更小，与实际情况更接近。本文采用的是第二种计算方式。

本实验的声学距离是将每位发音人的声母和韵母放在一起计算出的声学距离，而非单独计算声母或韵母的距离。声学距离计算完成后，使用Python脚本将距离数据转化为声学距离矩阵，以备进一步分析和绘图。在得到距离矩阵后，在软件SPSS 26中进行主成分分析和系统聚类（平均组间联接法），并在软件MEGA-X中使用邻接法绘制网状图。邻接法本质上是一种寻找最优拓扑结构的聚类算法，是距离法中使用最广泛的方法，由Saitou和Nei（1987）提出（参看黄原，2012）。

3. 汉语声韵母的系统聚类结果

图1、图2为4名发音人的声韵母系统聚类树形图。在树形图中，横轴表示重新标度后的距离，数值越小代表距离越近。总体来看，F1、F2和M1的聚类比M2更有规律。M2的塞音、鼻音以及擦音h与韵母聚成一类，剩余的声母自成一类，其他三人则是声母自成一类，韵母自成一类，声韵母之间区别明显。我们将主要基于F1、F2和M1的情况进行分析。

在系统聚类中，末端节点（从右往左看最后一个分支节点）往往会有比较好的效果。有些在结构或发音部位上比较近似的音，通常会在一个较小的标度（横轴）上聚在一起。o和uo在发音时舌位都比较靠后，是一对近似的音，听感上也比较接近，4名发音人的o和uo均在一个较小的标度范围（>1）内聚在一起。uai和uan均是合口呼韵母，韵腹均是a，组成结构近似，在4名发音人树形图中的距离也都很近（标度>1）。声母方面，在标度最小的末端节点，F1是d-t、b-p各自聚在一起，F2是zh-ch、b-g各自聚在一起，且还有k-p-d三者聚在一起，M1是zh-ch、z-c、g-k聚在一起，M2则是j-q、z-c聚在一起，每个人的情况不尽相同。可见在末端节点发生的聚合既与声母或韵母在结构和发音部位上的相似程度有关，又会受到个体发音差异的影响。

末端节点聚类的人际差异也有不同的情况，下面主要阐述两点：

第一，同一组近似的音，虽然都聚在同一个末端节点下，但各个发音人的距离标度可能是不同的。例如，iang和iao在组成结构和发音部位上是近似的，在4名发音人中均能聚在同一个末端节点下，但二者在F1和F2树形图中的距离（标度>1）比M1和M2（标度>2）要小。

第二，某些成分的有无对每个人聚类结果的影响是不同的。比如，鼻韵尾的有无对4名发音人的影响不同。在M1的树形图中，a-ang、i-in、v-vn分别在末端节点聚在一起，F1仅有e-eng在末点节点聚在一起，F2的ia-ian、ua-uan、v-vn分别在末端节点聚在一起，鼻韵尾的有无对这几组韵母聚类的影响是比较小的，而且M1、F1和F2没有出现前、后鼻韵尾在末端节点聚集的情况。M2的ia-iang、ua-uang分别在末端节点聚在一起，体现了鼻韵尾对这两组韵母聚类的影响较小，与此同时，M2的in-ing、en-eng、uen-ueng也分别在末端节点聚在一起，说明前鼻韵尾和后鼻韵尾的区别作用较小，即可能出现前后鼻音不分的情况。鼻韵尾的人际变异性比较大，鼻韵尾的有无、鼻韵尾的前后，在声学距离差异上不太稳定，不同发音人之间差异较大。

再如，塞音、塞擦音和擦音的不同发音方法以及塞音和塞擦音是否送气，对每个人末端节点聚类的影响是不同的。对F1来讲，塞音d-t、b-p分别在末端节点聚集（但g-k没有在末端节点聚集），塞擦音j-q、z-c、zh-ch也分别在末端节点聚集，上述几组声母最大的区别就在于是否送气。对F2来讲，不送气塞音b-g在末端节点聚集，但d与送气塞音p-k聚在一起（t没有与p-k在末端节点聚集，但在标度>2的范围内也能形成一类），即在塞音中送气与否的影响比较大，倾向于送气的与送气的聚集，而不送气的与不送气的聚集。与此同时，F2的塞擦音j-q、zh-ch在末端节点聚集，即送气与否相对来讲影响是不太大的。F2的另一对以送气与否对立的塞擦音z和c没有在较近的标度内聚集，应该是由其他原因导致的。此外，F2的擦音sh-x在末端节点聚集可能是因为发音方法相同。对M1来讲，塞音和塞擦音中送气与否的对立更为模糊，具体表现在于全部仅以是否送气区别的声母对立（b-p、d-t、g-k、j-q、z-c、zh-ch）均在末端节点聚集，此外，同为擦音的s-sh也在末端节点聚集。对M2来讲，情况又有所不同的，M2的k-p-t在末端节点聚集，它们都是送气音，不送气的b-g也在末端节点聚集，但在塞擦音中送气与否的影响又不同，j-q、z-c在末端节点聚集，但ch-sh没有在末端节点聚集。此外，擦音sh-x与F2一样在末端节点聚集。

值得注意的是，在系统聚类中，末端节点有如此多样的表现较为主要的原因是个体的差异，但将距离标度放大以后共性的特征就会更加凸显。比如在声母的聚类中，倾向于响音（本文中指m、n、l、r）聚为一类，塞音聚为一类，塞擦音聚为一类，擦音聚为一类，其中塞擦音与擦音之间的距离又比较近。在韵母的聚类中，往往带介音的韵母会依据韵头和韵腹发音部位的相似程度聚成若干小类，其中带i、v介音的小类之间距离又更近。在开口呼韵母中与a相近的音往往会形成小类，其余的开口呼韵母则散落在各个小类中。限于篇幅，不再赘述。

4. 汉语声韵母的主成分分析结果

我们在SPSS中使用主成分分析法（Principal Component Analysis）分别将4名发音人的声韵母映射到二维平面上，以便分析声韵母的特征。图3为4名发音人的声学距离主成分图，横纵坐标分别代表决定声韵母分布情况的两个最为主要的成分，而这两个成分分别具有怎样的意义，是需要自行分析的。为行文方便，参照数学中的惯用方法，按逆时针方向由右上方开始将四个区域分别称为第一、二、三、四象限。

需要说明的是，M2的主成分图与其他三人有几处不同，因此下文将首先以其他三人为主进行分析。从图来看，汉语普通话中声韵母的分布情况主要有以下规律。

从分布空间来看，最左往往是塞擦音j、q或z、c，最右往往是齐齿呼或合口呼韵母，最上往往是i、v或齐齿呼、撮口呼韵母，最下往往是u或合口呼韵母。声母和韵母之间的分野比较明确，声母均分布在二、三象限，形成声母群，韵母则分布在一、四象限，形成韵母群。韵母群分布范围较广，在主成分1和主成分2两个维度上的跨度都比较大。声母群在主成分1维度上有较大的跨度，在主成分2维度上的跨度相对较小。

在声母群和韵母群中又可以分出不同的小群，且各有特点。在声母群中，m、n、l、r形成一个响音小群，剩下的又可分为塞音小群和塞擦音、擦音小群，塞擦音与擦音的距离比与塞音的距离要小。响音小群是声母群中与元音群距离最近的，分布范围往往比较大，分布密度较小，而且与其他小群界限较明显（r除外）。塞音小群与塞擦音、擦音小群之间距离总体较近，但b、p、g与塞擦音、擦音小群之间距离较远。塞擦音、擦音小群的成员绝大部分位于第二象限，塞音小群往往位于第三象限。

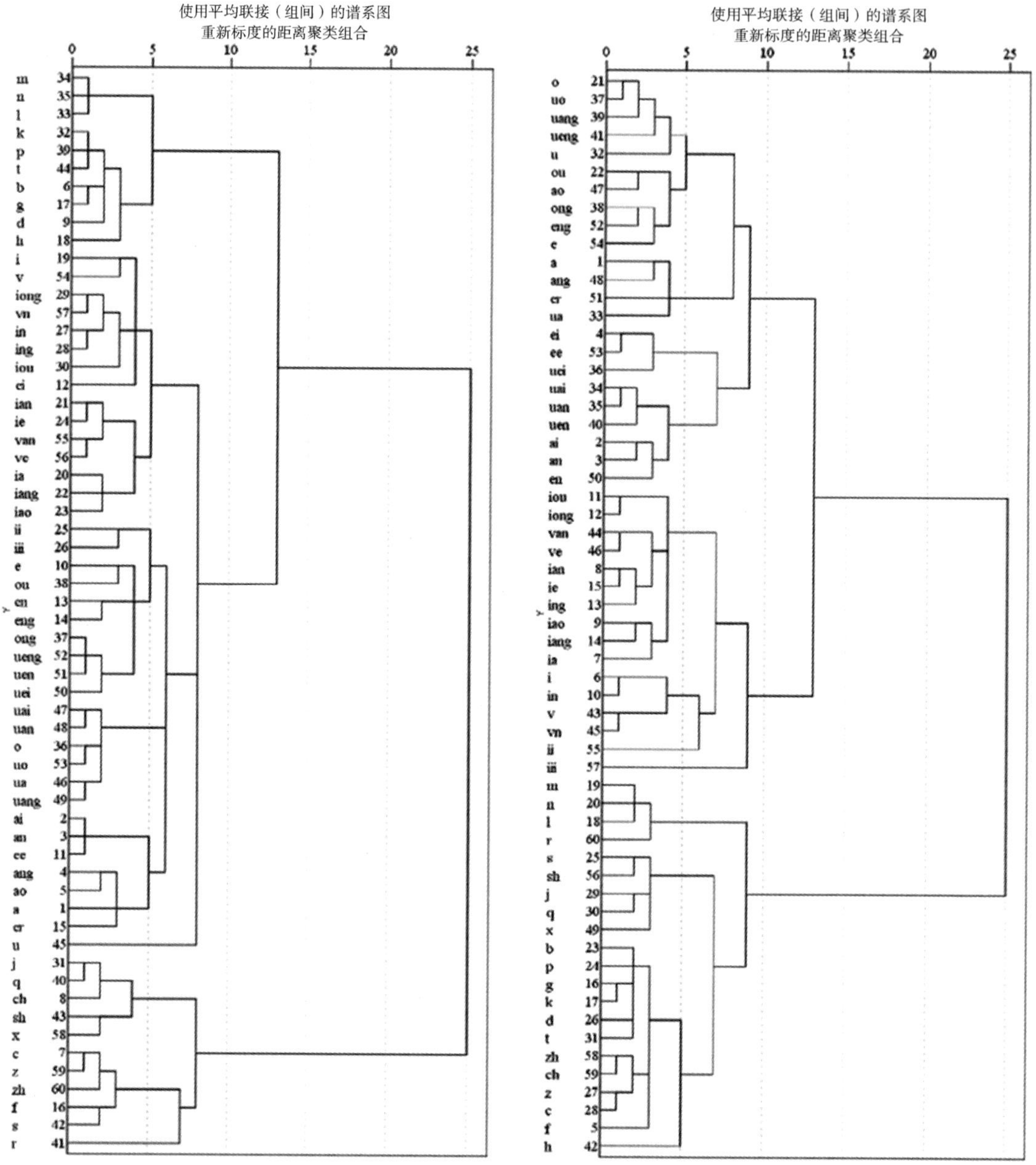

图1 男性系统聚类树形图（左为M1，右为M2）

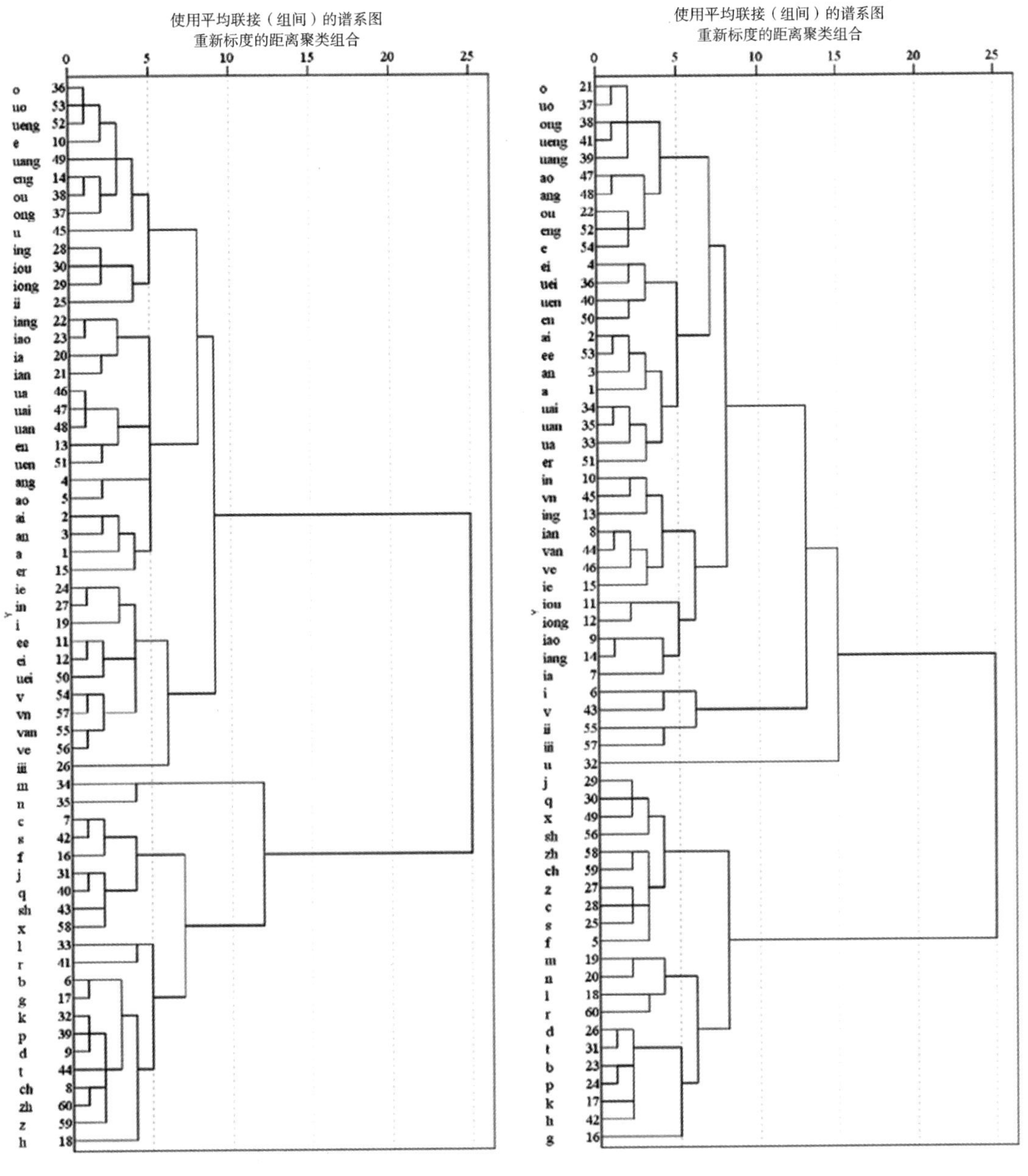

图 2　女性系统聚类树形图（左为 F1，右为 F2）

在韵母群中，比较有趣的是，a、i、u 三个“顶点元音”也是呈三角分布的。i 和 u 的位置比较稳定，分别位于一、四象限，a 的位置不稳定，但往往是三者中离主成分 2 原点最近的音。并且，韵母的分布绝大部分位于三个“顶点元音”形成的三角范围之外。王鸿宇（2021）所做的韵母主成分分析结果显示，绝大部分韵母是在三个“顶点元音”形成的三角形范围之内的。本文的结果与之不同，原因可能在于本文是将声母和韵母放在同一个平面分析的，更好地凸显出了某些能将声韵母区别开来的因素。韵母的组成比声母复杂很多，因此在小群之间往往互相交杂，不易区分。总的来看，第一象限分布的几乎是带i或v元音的韵母，齐齿呼和撮口呼韵母居多，第四象限分布的主要是带a、u、o元音的韵母，开口呼和合口呼韵母居多。

从图3上已经可以看到，4名发音人的声韵母分布虽然有一定的个体差异，但一致性还是比较强的。下面我们将对主成分1和主成分2两个维度所体现的语音特征进一步探讨。

主成分1的两端分别是声母和韵母。声母和韵母之间实际上有很多显而易见的区别。例如，一般来讲韵母的时长要长于声母，韵母的响度要大于声母，韵母的发音部位动态程度大于声母，韵母的频谱能量变化比声母更为丰富。在声韵母的主成分分析中，我们认为主成分1主要体现的是响度上的特征。不过响度是一个听觉感知概念，在物理声学上应该和不同语音的固有振幅相关。从响度或固有振幅来看，音素的响度通常有如下顺序（参看Zec，2007）：低元音 > 中元音 > 高元音 > 半元音 > 流音 > 鼻音 > 带音擦音 > 带音塞音 > 不带音擦音 > 不带音塞音。在主成分1上，低元音a是响度较大的元音，位置比较靠右的，高元音i、u的响度不及低元音大，位置也稍靠左一些。在辅音中，m、n、l、r的响度要比其他大，在主成分1上更接近于元音，这一点在M2的主成分图中最为明显（这也与M2的鼻音较“重”有一定关系）。塞音、塞擦音和擦音在主成分1上前后位置相差不大，响度差异不算明显，且总体上看是塞擦音更靠后一些。同时，我们也看到，主成分1与响度/固有振幅的关系只是具有一定的倾向性，并非完全吻合。

主成分2的情况比主成分1要更加复杂，尤其是在韵母上。我们初步认为主成分2主要体现的是频谱能量集中区频率的高低以及能量持续时间的长短。一般来讲，u的第一共振峰（F1）和第二共振峰（F2）都比较低，因而能量主要集中在低频区（音素的频率、时长、性质等有关内容一并参看鲍怀翘，2008；鲍怀翘和林茂灿，2014；熊子瑜，2016），在主成分图中，u和ong的位置都是偏低的。i往往有两个能量集中区，第一个是在300Hz以下，第二个是由F3（3000Hz左右）和F4（3500Hz左右）组成的。其他元音的能量集中区频率均没有i的第二个能量集中区高，因此，在主成分2上，i的位置也几乎是最高的。对辅音来讲，清擦音中s、sh、x的能量是比较高的，一般来讲，s的能量集中在5000Hz左右，sh在5000Hz以下有两个较明显的强频区，分别在1700Hz和3000Hz左右，x也有两个明显的强频区，一般在3000Hz和4000Hz左右。清擦音中f往往没有明显的频谱，总能量是比较低的，h的总能量也比较低，但与f不同的是，h的变异性更大，更容易受到后接元音的影响。将清擦音的总能量由大到小排序是这样的：x > sh > s > h > f。在主成分2上，x、sh、s的位置几乎都比h、f高，且几乎是所有声母中位置最高的（除M2）。擦音和塞擦音的能量主要在摩擦段产生，一般情况下，塞擦音的摩擦段时长在30—70ms，而擦音的摩擦段时长一般在70ms以上，这应该是在主成分2上同部位的塞擦音位置要低于擦音的原因。而对于塞音来讲，除了除阻时刻能量的突然上升外，几乎是没有明显的摩擦段的（若有摩擦段通常也小于30ms），即相对于擦音和塞擦音来说，塞音的能量是短时的，这应该是主成分2上塞音几乎全部位于擦音和塞擦音以下的原因。鼻音m、n的F1较强，且有分布较均匀的低中频能量（一般不超过4000Hz），边音l和卷舌音r的频谱模式则具有“类元音”特征，通常认为r还带有擦音性质，这些特点也能在一定程度上解释它们在主成分2上的位置。限于篇幅，不能对每个声母和韵母一一分析。

这里对M2的主成分图稍做说明。可以看到M2的声韵母分布情况与其余三人是有所不同的，其主要原因在于M2的发音中响音和塞音声母过于“清晰”，在语图上则表现为塞音冲直条、鼻音共振峰更为明显，与后接元音的融合程度也更高（这在系统聚类树形图中也有所体现，即塞音、鼻音、边音和h与元音聚为一大类）。

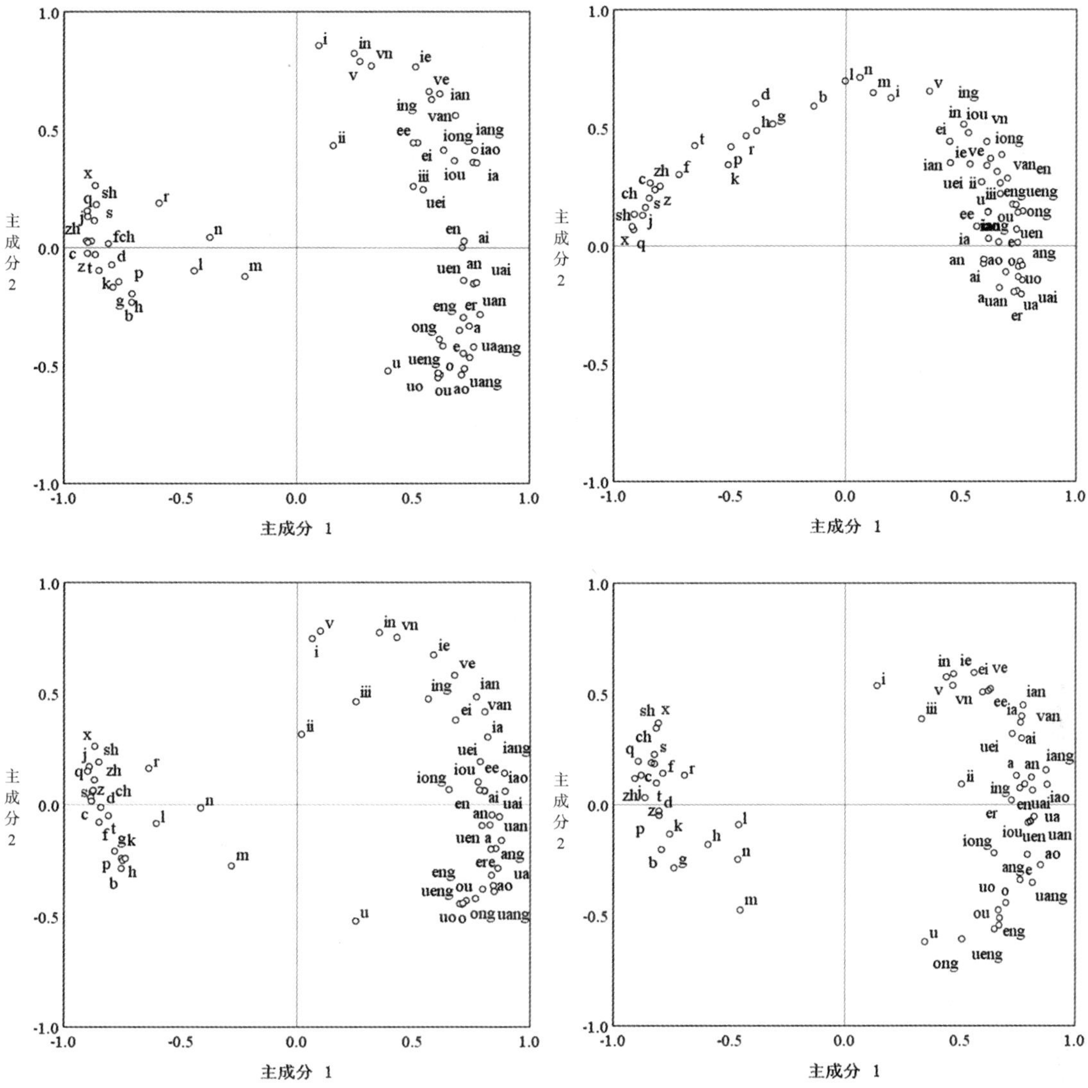

图 3　主成分图（左上为 M1，右上为 M2，左下为 F1，右下为 F2）

5. 汉语声韵母的邻接法聚类结果

为了进一步探究汉语声韵母的特点，我们又使用邻接法分别对 4 名发音人的声韵母进行了聚类。图 4 是 4 名发音人的聚类结果。总体上看，邻接法的聚类效果要好于系统聚类的效果。

在 F1 的聚类结果中，除舌尖元音 ii 和 iii 处于中间地带（与声母的距离稍近）自成一类外，其余的韵母归为一大类，声母也归为一大类。在声母中，响音 m、n、l、r 聚为一类，其中鼻音 m 和 n、边音 l 和卷舌音 r 又分别聚在一起，非响音则聚为另一类。

在非响音中（h 除外），又可根据发音方法分为塞音和非塞音。在非塞音中又依据主动发音部位分为舌面前音（x、q、j）、舌尖后音（ch、sh、zh）、舌尖前音（s、c、z）和唇齿音（f）。实际上这四类非塞音的归并也是有先后顺序的，即舌面前音先聚在一起，之后再与舌尖后音聚在一起，进而与舌尖前音聚在一起，最后与唇齿音合并成为非塞音类。有趣的是，这个顺序就是发音部位由内往外的顺序。在塞音中，也是发音部位的作用较大，双唇音 b-p 聚在一起，舌面后音 g-k 聚在一起，舌尖中音 d-t 聚在一起，合并的顺序是 b-p 并入 g-k，再并入 t-d 聚为一类，这也进一步表明送气与否的作用较小。可见，对 F1 的声母来讲，影响聚类因素的优先级大致是这样的：是否为响音 > 发音方法（此处塞擦和擦近似，可看作是同一种发音方法）> 发音部位 > 送气与否。舌面后音 h 的情况较为特殊，不能适用于上述顺序，但总体上看 h 与同部位的 g-k 的距离还是较近的。

在 F1 的韵母中（ii 和 iii 不论），也可以排出一个影响聚类因素的大致优先级。为行文方便，在讨论下一条件时，默认将满足上一条件的类排除在外。（1）元音 i、v 及 i/v + 鼻韵尾。在这个条件下，最邻近声母的这一支中只有 iou 不满足。（2）以 i、v 为介音。在这个条件下可以把含有 i、v 介音的聚为一类，其余的聚为一类。（3）以/a/（区别于/ɑ/）或 e、ee 为主元音，且不带后鼻韵尾。此时可以划分为两类，满足条件的只有 e 被分到了另一类；在满足条件的这一类中，ua、uai、uan、uen 都是 u 做介音，聚在一起，ei 和 uei 的主元音和韵尾一致聚在一起，此外，ai、a、an 的距离也比较近。（4）带发音部位靠后的元音 o、u 或后鼻韵尾，在这个条件下，er 和 e 被分出来。剩下的全是满足条件的。

F2 的声韵母聚类结果与 F1 有同有异，最显著的不同有两处，一处是 F2 的 iii 融入到了元音类，另一处是 f 从带“擦”的类中分离出来了。将 ii 抛开不论，F2 也是声母和韵母分别自成一类。在声母中，同样是响音 m、n、l、r 聚在一类，其中鼻音 m 和 n、边音 l 和卷舌音 r 又分别聚在一起，非响音聚为另一类。可见，在分类的优先级中，同样最重要的影响因素为是否为响音。除开 f 和 h，非响音中同样可以根据发音方法分为塞音和非塞音（此时 t 不适用该条件）。在非塞音中（除开 t）发音方法与发音部位的作用是交叉的，但比较明确的一点是送气与否同样是最不重要的影响因素。F2 的韵母相对来讲更为整齐，主要表现在所有的齐齿呼和撮口呼韵母都聚在一类中，开口呼和合口呼韵母除 ii 和 iii 外都在另一类中。微观上，o、uo、u 聚在一类，ai、a、an 聚在一类，ei、ee、uei 聚在一类，ao、ang、uang 聚在一类，表现较好。

在 M1 的声韵母聚类中，舌尖元音 ii 和 iii 的情况与 F1 是类似的，均是与声母更接近。M1 的 h 和 f 虽然没有融入其他擦音的聚类中，但 h 和 f 二者已经聚为一类了。将 ii 和 iii 抛开不论，M1 也是声母和韵母分别自成一类。在声母中，是否为响音依然是最重要的影响因素，响音 m、n、l、r 聚在一类，其中鼻音 m 和 n、边音 l 和卷舌音 r 又分别聚在一起，非响音聚为另一类。M1 非响音的聚类结果与 F2 是相似的，比较明显的不同之处是 M2 的 sh 与 s、c 与 z、g 与 k 距离更近，分别组成小类。M1 的韵母也与 F2 类似，齐齿呼和撮口呼韵母聚在一类，开口呼和合口呼韵母聚为另一类。

M2 的声韵母聚类也有自己的特点。与其他人最大的不同之处在于舌尖元音 ii 和 iii 都进入元音类中，没有与辅音聚在一起。此外，r 没有与 l 紧密聚为一类的，但总体上仍然属于辅音这一大类。可以说 M2 的声母和韵母也都是自成一类。M2 声母的聚类大致上与 F1 是相同的，舌面前音 x、q、j 首先聚为一类，然后和舌尖后音 zh、ch、sh 归为一类，进而与舌尖前音 z、c、s 合并，最后再并入唇齿音 f，这个顺序实际上也是主动发音器官由内往外的顺序。此外，送气塞音 k、p、t 聚在一起，不送气塞音 d、g、b 聚在一起，说明送气与否对 M2 来讲是比较明显的一个声学特征，这与其他三人是不同的。M2 韵母的聚类是比较整齐的，齐齿呼和撮口呼韵母均聚在一类，除 ei 与齐齿呼韵母聚在一起外，其他的开口呼和合口呼韵母均聚在一类，且其中又有一些特征较为明显的小类，例如 uei、ong、uen、ueng 等几个含 u 介音的韵母聚在一起。

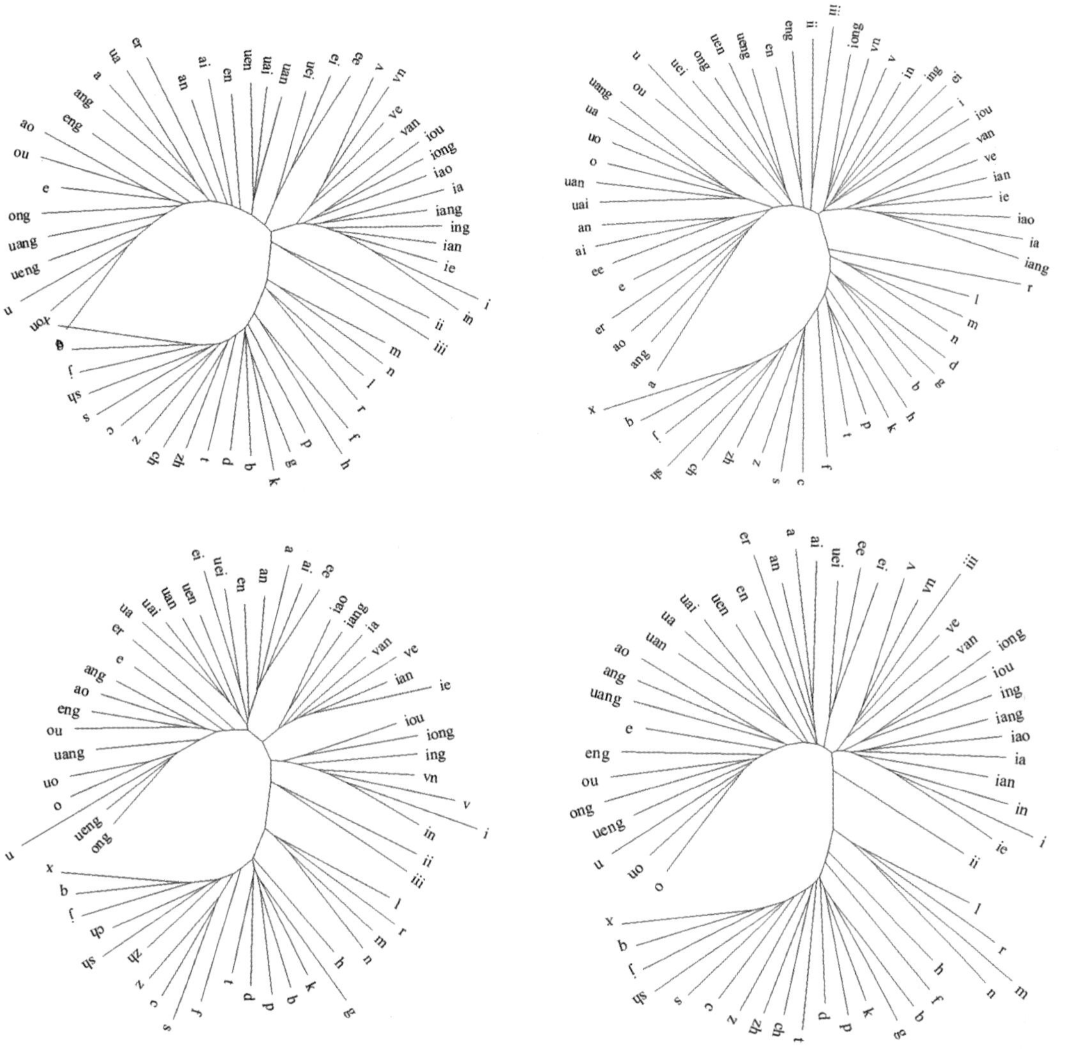

图 4　邻接法网状图（左上为 M1，右上为 M2，左下为 F1，右下为 F2）

总体来看，声母和韵母是可以明显区分开的。声母的聚类中，是否为响音是比较重要的一个因素，此外是否带“擦”和发音部位在非响音的进一步分类中交替起作用，在塞音和塞擦音声母中是否送气大多数情况下是作用较小的一个因素。在韵母的聚类中，大致是齐齿呼和撮口呼韵母聚为一类，开口呼和合口呼韵母聚为另一类，在开口呼和合口呼韵母中，主要元音相同、相近或含有 u 介音的韵母往往又会形成小类。不得不说的是，声韵母的聚类或多或少会受到个人发音习惯和方言背景的影响，例如 M2 的塞音和塞擦音聚类中，送气与否的作用比其他三人更大。

6. 讨论

从系统聚类树形图、主成分图和邻接法网状图中可以看到，汉语普通话声母（辅音）和韵母（元音）的聚类倾向于界限清晰，声母会聚为一类，韵母会聚为一类。相比英语来讲，这是汉语声韵母语音的特点之一。在 Mielke（2012）对英语中17个元音和41个辅音的声学主成分图中，元音和辅音并非是截然分开的。但在世界范围的语言中，元音和辅音之间的界限还是比较清晰的。Jäger（2018）使用计算点间互信息（Pointwise Mutual Information，PMI）的方法，衡量了世界范围内近7000种语言核心词转写材料中各个音类（使用ASJP码对音素的分类）的相似度情况，基于相似度的聚类结果显示，元音和辅音是截然分为两类的，其中辅音类又可以进一步分出唇音、齿音和软腭音等类别。本文基于汉语普通话声韵母声学数据的分类也支持 Jäger（2018）指出的元辅音分开这一现象，但在辅音小类的划分上又体现出了汉语自身的特点。

声母和韵母这两个概念的实质，来源于传统音韵学的反切等语音实践。声母和韵母是对汉语音节构成部分的划分（简化来看就是音节前面部分是声母，后面部分是韵母）。从这个角度来看，声母和韵母都是音节的一部分，具有同等的地位，应该放在同一平面分析。本文采用框架格式的语料，使用 DTW 算法计算声音频谱之间的声学距离，为将声韵母放在一起计算提供了可能和便利。可以看到，声母中不同小类与韵母之间的关系是不同的，比如响音“m、n、l、r”相对其余声母来讲，与韵母的关系更近。此外，塞音与擦音、塞擦音相比与韵母的距离又更近一些。这些现象只有将声韵母放在同一平面分析才能浮现出来。将声韵母放在同一平面分析，对主成分分析也是有利无弊。在主成分图中，声韵母的分布范围、分布模式都是各有特点的，这正适合看作一个系统中的两个不同成员。如果分别对声母和韵母做主成分分析，就难以看到声韵母之间的联系和分布情况的不同。本文主成分分析结果与韩璐璐（2021）以及王鸿宇（2021）的声韵母的主成分分析结果有所不同。单从韵母来看，在王鸿宇（2021）的分析中，韵母绝大部分分布在三个“顶点元音”所形成的三角形范围之内，但本文的结果显示大部分韵母是分布在该三角形之外的。这个现象说明，将声韵母放在同一平面分析和单独对声母和韵母分析会有不同的结果，原因可能在于前者是将声母和韵母放在一个系统中分析，而后者是将声母和韵母各自作为单独的系统分析。这说明，将声韵母看作同一个系统的两个成员，放在同一平面分析，与前人的研究相比，不仅能使我们看到这两个成员之间的联系，对成员内部的情况也有相应的影响。

从整体来看，本文所用的4名发音人中 F1、F2 和 M1 的情况是比较一致的，而 M2 的情况则有较大不同。从微观来看，主要是在末端节点的聚类上，是否带鼻音、是否送气等语音特征对每个发音人的影响也是不同的，这些不同可能较难在听感上被分辨出来，但在基于声学距离的聚类中是有所体现的。M2 发音器官健康，但普通话不如其余三人标准，略带山西方言的口音，这可能是造成 M2 的计算结果与其余三人不同的原因。

7. 结语

本文尝试将汉语普通话的声母和韵母放在同一平面分析，使用 DTW 算法计算了声韵母的 MFCC 声学距离，并基于距离矩阵做了系统聚类分析、主成分分析和邻接法网状图绘制。结果表明，系统聚类分析中，末端节点的聚类有较好的结果，相同发音部位或结构近似的音往往能在末端节点聚集，同时鼻韵尾、是否送气等语音特征对末端节点聚类的影响具有一定的个体差异。主成分分析的结果表明，主成分1主要与声韵母的响度/固有振幅有关，主成分2主要体现频谱能量集中区频率和能量持续时间的加和作用。主成分分析的结果也进一步说明，将汉语普通话声韵母放在同一平面分析的结果，与单独对声母和韵母进行分析的结果是不同的。邻接法网状图的情况表明，汉语声母和韵母之间界限清楚，邻接法比系统聚类的方法效果更好。

通过对汉语普通话声韵母声学距离的计算与分析，有助于从声学的角度加深对汉语声韵母特点的认识，同时也能为从共时层面考察汉语声韵母历时演变的研究提供一定参照。例如从声母的邻接法网状图来看，非响音声母中塞音声母是首先产生的，而j、q、x是最后演化出来的。音韵学上的研究表明，精组和见组声母细音字的腭化现象出现在明清时期，在声母的演化中也是比较晚的。（游帅，2016）说明通过共时层面反映汉语声、韵母的历时演变是有可能的。以后应该对汉语各个方言中的声、韵母情况展开研究，更加全面地描绘汉语声韵母的特点。

8. 致谢

本文为国家社科基金重大项目“中国境内语言核心词汇声学数据库及计算研究”（19ZDA300）的成果之一。本文语料由王鸿宇和韩璐璐录制。本文曾在《中国语音学报》青年学者论坛上报告，凌锋老师提出过建设性的意见和建议，本文投稿后匿名审稿专家提出了中肯的意见。一并在此谨表谢忱。

参考文献

Holmes, J., & Holmes, W. (2001). *Speech Synthesis and Recognition.* CRC Press.

Jäger, G. (2018). Global-scale phylogenetic linguistic inference from lexical resources. *Scientific Data, 5*(1).

Mielke, J. (2012). A phonetically based metric of sound similarity. *Lingua, 122*(2).

Saitou, N., & Nei, M. (1987). The neighbor-joining method: A new method for reconstructing phylogenetic trees. *Molecular Biology & Evolution, 4*(4).

Zec, D. (2007). The syllable. In De Lacy, P. (Ed.) *The Cambridge handbook of phonology.* Cambridge University Press.

鲍怀翘：《辅音声学特征简议》，《中国语音学报》2008年第1期。

鲍怀翘、林茂灿主编：《实验语音学概要（第2版）》，北京大学出版社2014年版。

陈赛：《汉语声母声学距离与感知距离关系的研究》，硕士学位论文，天津大学，2014年。

韩璐璐：《汉语普通话声母的声学距离与分类》，《南开语言学刊》2021年第2期。

黄伯荣、廖序东主编：《现代汉语（增订六版）》，高等教育出版社2017年版。

黄高扬、贾珈、蔡莲红：《基于LPC谱的汉语韵母感知度量的研究》，《第九届中国语音学学术会议论文集》2010年。

黄玮、冉启斌、龙国治、原新梅：《基于词汇声学距离的语言分类再探》，《南开语言学刊》2021年第2期。

黄原：《分子系统发生学》，科学出版社2012年版。

李戈、刘亚丽、孟子厚：《韵母区别特征声学参数匹配》，《中国语音学报》2016年第2期。

冉启斌：《基于词汇声学距离的语言计算分类实验》，《民族语文》2020年第3期。

冉启斌、梁煜珠、吴丹丽：《基于词汇声学距离的语言计算分类方法探索》，《辽宁师范大学学报》（社会科学版）2021年第4期。

王鸿宇：《汉语普通话韵母的声学距离与分类》，《南开语言学刊》2021年第2期。

吴育昊：《汉语音节感知分布的计算与听力评估》，博士学位论文，清华大学，2017年。

熊子瑜：《普通话清辅音声母的发音同一性研究》，《中国语音学报》2016年第2期。

徐秉铮、邱伟：《汉语普通话声母的分类与识别》，《中文信息学报》1993年第1期。

游帅：《见精组声母的细音腭化历史演变述要》，《钦州学院学报》2016年第8期。

张家騄、齐士钤、吕士楠：《汉语辅音知觉结构初探》，《心理学报》1981年第1期。

张家騄：《汉语普通话区别特征系统》，《声学学报》2005年第6期。

章斯宇、孟子厚：《混响环境下汉语语音知觉特征的实验分析》，《声学学报》2013年第1期。

章斯宇、孟子厚：《基于混叠效应下听感相似度的普通话声母聚类分析》，《清华大学学报》（自然科学版）2009年第S1期。

黄　玮
硕士研究生，南开大学汉语言文化学院，主要研究方向为实验语音学。
Email：hwhw97@163.com
冉启斌
博士，南开大学文学院教授，主要研究方向为实验语言学、语音计算。系本文通信作者。
Email：ranqibin@126.com

THE TYPOLOGY OF VOICELESS FRICATIVES ACROSS CHINESE DIALECTS

ZHANG Jialin, LI Mingxing

Abstract This study examines the typology of voiceless fricatives across 201 Chinese dialects, focusing on their inventories, place contrasts in two vowel contexts [_i] and [_a], as well as the phonotactics of voiceless fricatives in terms of their combinations with the two vowels. The results show an average of 4.11 fricatives per dialect, with [s f ɕ x] as the most frequently observed. As for fricative inventories, [f s ɕ x] is the most frequent and [f s ɕ ʂ x] the next. For voiceless fricatives, the [_a] context is generally more likely to license place contrasts than the [_i] context. In terms of phonotactics, fricatives at different places show different patterns in their combinations with vowels, with [ɕ ʃ] most frequently followed by [i] while [f s ʂ x h] by [a].
Keywords Voiceless fricative, Place contrast, Phonotactics, Chinese dialects

汉语方言中清擦音的类型

章佳琳　李明兴

摘　要　在世界语言和汉语方言类型学研究中，前人对擦音的种类和擦音系统的特点进行了广泛探索。就辅音的部位对立而言，有研究显示不同部位辅音之间的音系对立，在不同元音环境中的表现可能有所不同。本文考察清擦音的类型，检验前人对擦音类型的结论，同时探索汉语方言中清擦音在［_i］和［_a］两个元音环境中的部位对立，以及不同清擦音和这两个元音的组合情况。本研究以《方言》杂志1979—2020年之间发表的描写汉语方言语音系统的文章为材料，考察了不同方言区共201种方言的清擦音。本研究的主要结果包括以下几点：（1）就清擦音的出现频率而言，汉语方言中最常见的依次为［f s x］，分别出现在70%以上的方言中，其次为［x h ʂ］，基本验证了前人对汉语方言清擦音类型的总结。（2）就清擦音系统而言，本研究所涉及的201种方言中，平均每种有4.11个清擦音，具体到每个方言有2—6个清擦音不等。（3）清擦音数相同的系统，所包括的擦音组合差别很大，丰富多样；5个擦音的系统以［f-s-ɕ-ʂ-x］最常见，4个擦音的系统以［f-s-ɕ-x］最常见，3个擦音的系统以［f-s-h］较为常见；2个擦音的系统以［s-h］较为常见。（4）就清擦音的部位对立而言，如果汉语方言中被描写为［ɕia］的音节可以在音系上视作相当于［ɕa］，那么元音［_a］环境中存在部位对立的情况（例如［fa-sa-ɕa］）基本多于相应的元音［_i］环境中存在部位对立的情况（例如［fi-si-ɕi］），这与前人类型学研究发现的元音［_i］有避免辅音部位对立的倾向相符。（5）就清擦音和［_i］或［_a］之间的组合而言，［ɕ ʃ］和［_i］组合的情况多于和［_a］组合的情况，而［f s ʂ x h］都是和［_a］的组合多于和［_i］的组合。
关键词　清擦音，部位对立，声韵搭配，汉语方言

1. INTRODUCTION

Fricatives are sounds in which a turbulent airstream is produced within the vocal tract (Ladefoged & Maddieson, 1996), which are widely distributed among the world's languages (Maddieson, 1984) as well as across Chinese dialects (Lee & Zee, 2010, 2014; Ye, 2011). The typological survey in Maddieson (1984) across different languages showed an average of about four fricatives per language, with [s]-like fricative as the most frequently observed, followed by [ʃ] and [f]. For fricatives in Chinese dialects, the studies by Lee and Zee (2010, 2014) across 86 and 70 Chinese dialects respectively showed that [s] is the most frequent, followed by [f ç h x] etc. Based on a survey of 140 dialects, Ye (2011) made a slightly different observation that [h] is the most frequent (140 out of 140), for which no distinction was made between [x] and [h], followed by [s] and [f], which appeared respectively in 137 and 116 dialects.

In terms of place contrasts, extensive studies have shown that, for the same two consonants at different places, their place contrast in a language may be allowed in some phonetic contexts but not in others (Steriade, 2008). For sibilant fricatives, typological studies across languages (Lee-Kim, 2014) and across Chinese dialects (Li, 2021) have shown that the [_i] context tends not to allow certain place contrasts, e.g., a three-way contrast of [si-ɕi-ʂi] is avoided in Mandarin Chinese, with the alternation of the vowels after the alveolar and the retroflex sibilants into [sɹ̩-ɕi-ʂɹ̩].

For the typology of fricatives across Chinese dialects, the reports in Lee and Zee (2010, 2014) and Ye (2011) described clearly the patterns in terms of inventories. On the other hand, there has been relatively few studies attempting to examine the place contrasts of fricatives in different vowel contexts. For Chinese dialects, the survey in Li (2021) focused on sibilant consonants, excluding the non-sibilant fricatives such as [f x], and there is no report on the place contrasts in contexts other than [_i]. The current typological survey has two objectives: (i) to verify the patterns observed in the literature about fricatives, and (ii) to examine the patterns of fricative place contrasts in different vowel contexts.

For a modest scope of attempt, this study focuses on voiceless fricatives, excluding segments such as [ʐ], whose status can be ambiguous as voiced fricative or approximant in a dialect. For the vowel contexts, [_i] and [_a] or their closest counterparts are focused on.

2. MATERIALS

The journal *Fangyan* 方言 [Dialects] was adopted as the database, which includes articles describing the segments and syllables of Chinese dialects. A total of 202 dialects were identified from *Fangyan* 1979 to 2020, including the combinations of fricative onsets and different rimes such as [i] and [a]. The dialects are geographically distributed across 23 provinces, regions, or municipalities. A manual check showed that Yixian 黟县 (碧阳) dialect (Li, 2018) does not have [i] as a rime, thus it was excluded from the survey since the examination of vowel contexts is of importance to this study.

It needs to be noted that researchers follow different conventions in reporting a fricative, e.g., as a postalveolar [ʃ] or a retroflex [ʂ]. Despite such potential, a pool across 201 dialects is expected to provide insights on the typological properties of fricatives. In addition, the survey in this study focuses on the phonetic forms of the fricatives as reported in the different dialects, without an attempt to discuss the phonological organizations of different fricatives in any particular dialect.

3. FRICATIVE INVENTORIES

3.1 Overall patterns

Table 1 presents the frequencies of 12 voiceless fricatives as reported across the 201 dialects. For example, the bilabial fricative [ɸ] is reported to exist in Wenchang 文昌 (Liang, 1986) and eight other dialects, giving a total of nine, which amounts to 4.5% of the 201.

Table 1 Frequencies of fricatives

Fricative	Present in no. of dialects	out of 201 (%)
ɸ	9	4.5%
f	172	85.6%
θ	7	3.5%
s	191	95.0%
sf	1	0.5%
ɬ	7	3.5%
ɕ	142	70.6%
ç	6	3.0%
ʃ	25	12.4%
ʂ	62	30.8%
x	129	64.2%
h	76	37.8%

Among the 12 fricatives, the most frequent ones are [s] [f] [ɕ] [x] in a decreasing order, which confirms the observation in Lee and Zee (2010, 2014). More specifically, the alveolar [s] is present in 191 dialects, accounting for 95.0% of the total 201. The labio-dental [f] is the second most frequent, present in 85.6%. The alveolo-palatal [ɕ] and the velar [x] have their frequencies as 70.6% and 64.2% respectively. In the survey of Ye (2011), [x] and [h] were treated as the same on the basis that they often did not contrast with each other. This is shown to be true across most of the 201 dialects. On the other hand, there are a few rare cases of contrasts such as [xi] 欺 "to cheat" vs. [hi] 希 "to wish" in Wenchang 文昌 (Liang, 1986), both with a high-level tone. We follow the convention in Lee and Zee (2010, 2014) by keeping a difference between [x] and [h]. In addition, the retroflex [ʂ] appears in 30.8% of the 201 dialects and the postalveolar [ʃ] appears in 12.4% of the total.

The least frequent fricatives are [sf] [ç] [θ] [ɬ] and [ɸ], with increasing occurrence rates of 0.5%, 3.0%, 3.5%, 3.5%, and 4.5%, respectively. The fricative [sf] is reported in Wudu 武都 (Shi, 1992) only, which involves a [f] gesture instead of being a consonant cluster. In Wudu 武都 (Shi, 1992), [sf] is a different onset from [s], with contrasts such as [sfu] 书 "book" vs. [su] 速 "speed", both in a low-falling tone. The palatal [ç] contrasts with [ɕ] in dialects such as Muping 牟平 (Luo, 1995), e.g., [çi] 西 "west" vs. [ɕi] 稀 "rare", both with a high-falling tone. The interdental [θ] contrasts with [s] in Jüxian 莒县 (Shi, 1987), e.g., [θa] 傻 "foolish" vs. [sa] 撒 "to release", both with a high-level tone. The alveolar lateral fricative [ɬ] contrasts with the alveolar [s] in dialects such as Nanning 南宁 (白话) (Xie, 1994), e.g., [ɬa] 洒 "to spill" vs. [sa] 耍 "to play", both with a high-rising tone. In the nine dialects reported to have the bilabial [ɸ], none involves the labio-dental [f], which means the [ɸ] in these dialects is possibly the equivalent of a [f] in other dialects.

Table 2 presents an overview of the inventories of voiceless fricatives across the 201 dialects, in a decreasing number of voiceless fricatives. A calculation across the total 201 yields an average of 4.11 voiceless fricatives per dialect, which is close to the result in Maddieson (1984) across different languages.

Table 2 Inventories of fricatives

No. of fricatives	No. of dialects	Percent out of 201	Example dialects
6	4	2.0%	Wudu 武都 (Shi, 1992)
5	62	30.8%	Nancheng 南城 (Qiu, 1991)
4	98	48.8%	Haizhou 海州 (Su, 1990)

续表

No. of fricatives	No. of dialects	Percent out of 201	Example dialects
3	27	13.4%	Rongxian 容县 (X. Chen, 1999)
2	10	5.0%	Chenghai 澄海 (Lin, 1994)

As shown in Table 2, the number of voiceless fricatives in an inventory varies from 6 to 2. In general, the most frequent one is a four-fricative system, which takes up 48.8% of the total 201. For instance, Haizhou 海州 (Su, 1990) is reported to have a four-fricative inventory of [f ɕ ʂ x]. The second most frequent inventory is a five-fricative system, with a frequency of 30.8%. A six-fricative system, on the other hand, is found in only 4 out of the 201, corresponding to 2.0%, as the least frequent.

Below, separate reports are given to the inventories with different numbers of fricatives.

3.2 Six-fricative system

Table 3 presents the four dialects reported to have a six-fricative inventory. The fricatives [f] [s] [x] appear in all the four dialects; the alveolo-palatal [ɕ] appears in three of the four.

Table 3 Inventories of six fricatives (4 dialects)

Index	Inventory	Number (%)	Example dialect
a.	f-θ-s-ɕ-ʂ-x	1 (25%)	Jüxian 莒县 (Shi, 1987)
b.	f-s-sf-ɕ-ʂ-x	1 (25%)	Wudu 武都 (Shi, 1992)
c.	f-s-ɕ-ʂ-x-h	1 (25%)	Liulang 六郎 (Liu & Chen, 2018)
d.	f-s-ʃ-ɕ-ʂ-x	1 (25%)	Ganyü 赣榆 (B. Liu, 1990)

3.3 Five-fricative system

Table 4 presents a summary of the 62 dialects with five fricatives. The number of dialects with a particular system, e. g., 1 for [ɸ-s-ɕ-ʃ-h], is accompanied by its percentage out of 62, e. g., 1.6% (≈ 1/62). Of these cases, the most frequent inventory is f. [f s ɕ ʂ x], taking up 69.4% of the total 62. In this system, the four fricatives [f s ɕ x] happen to be the most frequent four across the 201 dialects as presented in Table 1. The next frequent one is g. [f s ɕ ʂ h] (8.1%), which is far less frequent than [f s ɕ ʂ x]. The other nine five-fricative inventories have their occurrence rates ranging from 1.6% to 4.8%, all of which are even lower. Furthermore, for five each involves only one known case (1.6%) inventories, such as Yugan 余干 (Chen, 1990). The alveolar [s] exists in all the 62 cases, whereas the palatal [ç] and the bilabial [ɸ] both appear only in three cases.

Table 4 Inventories of five fricatives (62 dialects)

Index	Inventory	Number (%)	Example dialect
a.	ɸ-s-ɕ-ʃ-h	1 (1.6%)	Yugan 余干 (Chen, 1990)
b.	ɸ-s-ɕ-ʂ-h	1 (1.6%)	Xiangtan 湘潭 (Zeng, 1993)
c.	ɸ-s-ɕ-ʂ-x	2 (3.2%)	Daping'ao 大坪坳 (Wang, 2017)
d.	f-s-ɕ-ʃ-x	3 (4.8%)	Xuancheng 宣城 (Shen & Huang, 2015)
e.	f-s-ɕ-ʃ-h	2 (3.2%)	Susong 宿松 (Sun, 2002)
f.	f-s-ɕ-ʂ-x	43 (69.4%)	Ji'nan 济南 (Qian, 1995)
g.	f-s-ɕ-ʂ-h	5 (8.1%)	Pingxiang 萍乡 (Wei, 1995)
h.	f-s-ɕ-ç-x	1 (1.6%)	Muping 牟平 (Luo, 1995)
i.	f-s-ɕ-ç-h	2 (3.2%)	Nancheng 南城 (Qiu, 1991)
j.	f-s-ʃ-ʂ-x	1 (1.6%)	Jinggangshan 井冈山 (Lu, 1995)
k.	f-s-ʃ-ʂ-h	1 (1.6%)	Suining 绥宁 (Li, 2019)

3.4 Four-fricative system

Table 5 shows the inventories with four fricatives, with diverse patterns across the 98 dialects. As shown in Table 5, the most frequent inventory is g. [f s ç x] (52.0%), taking up over half of the total 98. Interestingly, the four fricatives in this system are exactly the most frequent four across the 201 dialects as in Table 1. The next frequent inventory h. [f s ç h] is reported in 17 of the 98 dialects (17.3%), which differs from the most frequent one in [h] vs. [x] only. Apart from these two, the other inventories are all relatively rare, with their occurrence rates lower than 10%. Eleven inventories are each unique to one reported dialect, e.g., [f s ʂ h] in Wuhua 五华 (Wei, 1997).

Table 5 Inventories of four fricatives (98 dialects)

Index	Inventory	Number (%)	Example dialect
a.	ɸ-s-ç-h	1 (1.0%)	Shanghai 上海(老派) (Xu & Tao, 1995)
b.	ɸ-s-ç-x	1 (1.0%)	Guanyang 灌阳 (Huang, 2008)
c.	ɸ-s-x-h	2 (2.0%)	Danzhou 儋州 (Wu, 1988)
d.	f-θ-ʃ-x	1 (1.0%)	Mengjiang 濛江 (Yang, 2013)
e.	f-θ-ʃ-h	2 (2.0%)	Zhongshan 钟山 (Deng, 2000)
f.	f-s-ɬ-h	4 (4.1%)	Wuchuan 吴川 (Zhang, 1992)
g.	f-s-ç-x	51 (52.0%)	Guangfeng 广丰 (Akitani, 2000)
h.	f-s-ç-h	17 (17.3%)	Changle 长乐 (Qian, 2003)
i.	f-s-ʃ-x	6 (6.1%)	Babu 八步 (Mai, 2008)
j.	f-s-ʃ-h	5 (5.1%)	Lingui 临桂 (Liang, 1996)
k.	f-s-ʂ-x	1 (1.0%)	Jiahe 嘉禾 (Xu, 2019)
l.	f-s-ʂ-h	1 (1.0%)	Wuhua 五华 (Wei, 1997)
m.	f-s-x-h	1 (1.0%)	Haikou 海口 (Du, 2007)
n.	f-ɬ-ʃ-x	1 (1.0%)	Lianzhou 廉州 (Cai, 1987)
o.	f-ç-ʂ-x	1 (1.0%)	Haizhou 海州 (Su, 1990)
p.	θ-s-ç-h	1 (1.0%)	Xinyü 新余 (Wang, 2010)
q.	s-ç-ʂ-x	1 (1.0%)	Xingxian 兴县 (Shi & Zhang, 2014)
r.	s-ç-ʂ-h	1 (1.0%)	Qinglong 晴隆 (Wu, 2019)

Across the 98 dialects in Table 5, the alveolar [s] occurs the most frequently, in all the systems except the five dialects in d. e. n. and o. The labio-dental [f] is the next most frequent, absent only in the seven dialects in a. b. c. and p. q. r. The alveolar lateral [ɬ] is limited to the four dialects in f., e.g., Wuchuan 吴川 (Zhang, 1992) and n., i.e., Lianzhou 廉州 (Cai, 1987).

3.5 Three-fricative system

Table 6 presents the three-fricative systems in 27 dialects. Cases such as Meixian 梅县 (Huang, 1992) represents the most frequently occurring inventory [f s h], which corresponds to 51.9% of the total 27. The next most frequent system is [s ç x], occupying 25.9% of the 27 three-fricative dialects. The inventories a., b., c., and f. are reported to be presented each in one dialect only, as in Gongcheng 恭城 (Guan, 2005), Huaiji 怀集 (Yang, 2012), Wuping 武平 (Liang, 1990), and Cangwu 苍梧 (Zhong, 2015), respectively. Across the 27 cases, the alveolar [s] remains the most commonly occurring, which is reported in 23 of the 27 dialects, followed by [f], which is presented in

19 dialects.

Table 6 Inventories of three fricatives (27 dialects)

Index	Inventory	Number (%)	Example dialect
a.	ɸ-s-x	1 (3.7%)	Gongcheng 恭城 (Guan, 2005)
b.	f-θ-h	1 (3.7%)	Huaiji 怀集 (Yang, 2012)
c.	f-s-x	1 (3.7%)	Wuping 武平 (Liang, 1990)
d.	f-s-h	14 (51.9%)	Meixian 梅县 (Huang, 1992)
e.	f-ɬ-h	2 (7.4%)	Rongxian 容县 (Chen, 1999)
f.	f-ʃ-h	1 (3.7%)	Cangwu 苍梧 (Zhong, 2015)
g.	s-ɕ-x	7 (25.9%)	Loudi 娄底 (Li, Liu, & Yan, 1987)

3.6 Two-fricative system

Table 7 shows the two-fricative systems in 10 dialects, which involve two patterns: nine dialects have a [s h] inventories, as represented by Chenghai 澄海 (Lin, 1994), while one dialect has a [θ h] system, i. e., Sanya 三亚 (迈话) (Jiang, Ouyang, & Zou, 2007). The two types both contain the glottal [h].

Table 7 Inventories of two fricatives (10 dialects)

Index	Inventory	Number	Example dialect
a.	s-h	9	Chenghai 澄海 (Lin, 1994)
b.	θ-h	1	Sanya 三亚 (迈话) (Jiang, Ouyang, & Zou, 2007)

4. PLACE CONTRASTS ACROSS DIFFERENT INVETORIES

This section focuses on the place contrasts of voiceless fricatives in different vowel contexts. For a preliminary attempt, the examination of sibilant place contrasts in this study focuses on the four most frequent fricatives [f s ɕ x] as presented in Table 1.

Table 8 gives the place contrasts of [f s ɕ x] in the [_i] context and the [_a] context across 101 dialects involving these four fricatives. To be more specific, the 101 dialects include the three dialects in Table 3 (a., b., c.), the 47 dialects in Table 4 (d., f., h.), as well as the 51 dialects in Table 5 (g.). The number of dialects involving a contrast, i. e., 1 with [fi si ɕi xi], is accompanied by a percentage out of the total 101 involving the target fricatives, e. g., 1/101 ≈ 1.0%. A special note is needed about the [_a] context. While the other fricatives typically combine with a rime [a], the onset [ɕ] generally does not, with the [ɕa] syllable reported only in two out of the 201 Chinese dialects, i. e., Yueqing 乐清 (Cai, 1999) and Anxiang 安乡 (Ying, 1988); in other dialects, [ɕ] typically combines only with the rime [ia]. For syllables such as [ɕia] in Mandarin Chinese, Ladefoged and Maddieson (1996) argued that the so-called onglide [i] in [ɕia] is literally equivalent to the consonant-to-vowel formant transition, by which [ɕia] is literally [ɕa]. In this survey, the [ɕia] syllables are taken to be the equivalent of [ɕa]. While it is possible that, in a particular dialect, the phonetic properties of the onglide [i] in [ia] might not be completely

Table 8 Contrasts of [f-s-ɕ-x] across 101 dialects

Index	Contrast	No. of dialects (% out of 101)	Example dialect
a.	fi si ɕi xi	1 (1.0%)	Qimen 祁门 (Shen, 1989)
b.	fa sa ɕa xa	65 (64.4%)	Yanqi 焉耆 (Liu, 1988)

the same as their counterpart in Mandarin Chinese, the general complementary distribution of [ɕa] and [ɕia] across Chinese dialects should support a treatment of [ɕia] at least as a phonological equivalent of [ɕa]. The same convention applies to later analyses in this study.

Table 8 reveals that, across the 101 dialects, the contrast of [fi si ɕi xi] exits in one dialect (1.0% of the 101), with Qimen 祁门 (Shen, 1989) as the only reported case to allow the four-way place contrast in the [_i] context. On the other hand, the contrast of [fa sa ɕa xa] exits in 64.4% of the total 101. In short, the [_a] context is much more likely to allow a four-way distinction of [f s ɕ x] as compared with the [_i] context.

Table 9 summarizes the place contrasts of the three most frequent voiceless fricatives [f s ɕ] among 127 Chinese dialects involving the three, including the three in Table 3 (a., b., c.) and the 56 in Table 4 (d., e., f., g., h., i.) and the 68 in Table 5 (g., h.). Table 9 shows that a three-way place contrast of [fi si ɕi] is allowed in 17.3% of the total 127 cases, while a three-way contrast of [fa sa ɕa] is allowed in 63.8% of the total. It is thus clear that the three-way place contrast for [f s ɕ] occurs more frequently in the [_a] context than in the [_i] context.

Table 9 Contrasts of [f-s-ɕ] across 127 dialects

Index	Contrast	No. of dialects (% out of 127)	Example dialect
a.	fi si ɕi	22 (17.3%)	Yongzhou 永州 (Li, 2003)
b.	fa sa ɕa	81 (63.8%)	Yanqi 焉耆 (Liu, 1988)

Table 10 presents the contrasts of the two most frequent voiceless fricatives [f] and [s] across 163 dialects, including four in Table 3 (a., b., c., d.), 58 in Table 4 (d., e., f., g., h., i., j., k.), 86 in Table 5 (f., g., h., i., j., k., l., m.), and 15 in Table 6 (c., d.). It can be seen that the [fi si] contrast (24.5%) occurs in a much lower percentage of the 163 than that of [fa sa] (69.9%). Again, the [_a] context is better in licensing the place contrast of [f s] than the [_i] context.

Table 10 Contrasts of [f-s] across 163 dialects

ndex	Contrast	No. of dialects (% out of 163)	Example dialect
a.	fi si	40 (24.5%)	Suzhou 苏州（老派）(Ye, 1992)
b.	fa sa	114 (69.9%)	Ji'nan 济南 (Qian, 1995)

5. PHONOTACTICS OF FRICATIVES AND VOWELS

The generalizations in Section 4 imply that the [_a] context is more likely to allow the place contrasts of voiceless fricatives than the [_i] context. The absence of a fricative place contrast might be rooted in various reasons, such as the historical development of the sound system in a dialect and the phonotactic gaps in terms of the non-combination of certain fricatives and vowels. For a preliminary attempt, an examination was given to the combinations of the rimes [i] and [a] with the fricatives [f s ɕ ʃ ʂ x h], which all occur in more than 10% of the 201 dialects as in Table 1. The results are summarized in Table 12. For instance, for the 142 dialects that involve the fricative [ɕ], 138 cases have the [ɕi] combination, corresponding to 97.2% out of the 142, while 126 cases have the [ɕa] combination, corresponding to 88.7% of the total.

As a general observation, the fricatives fall into two groups in terms of whether the relative frequencies of their combination with [i] or [a]. As shown in Table 11 a, the [ɕi] combination appears in 97.2% of the 142 relevant dialects, which is higher than the rate of [ɕa] at 88.7%. A similar pattern applies to [ʃi] (68.0%) vs. [ʃa] (64.0%), although the difference is much smaller than for [ɕ]. On the other hand, Table 11b shows that, for the five voiceless fricatives [f s ʂ x h], their combinations with the rime [i] occur less frequently than those with [a] across all the relevant dialects. Of the five fricatives in Table 11b, all their rates of combining with [a] are higher than 70%

Table 11 Combination with [i] and [a]

a. Fricatives more compatible with [i]

Fricatives	No. of dialects	Ci	Ca
ɕ	142	138 (97.2%)	126 (88.7%)
ʃ	25	17 (68.0%)	16 (64.0%)

b. Fricatives more compatible with [a]

Fricatives	No. of dialects	Ci	Ca
f	172	80 (46.5%)	122 (70.9%)
s	191	85 (44.5%)	186 (97.4%)
ʂ	62	2 (3.2%)	46 (74.2%)
x	129	21 (16.3%)	125 (96.9%)
h	76	38 (50.0%)	73 (96.1%)

across the relevant dialects, with the highest rate for the alveolar [s]. Simply put, the results in Table 11 indicates that the fricatives [ɕ] and [ʃ] are more likely to combine with [i] than [a], while for [f s ʂ x h] the reverse is true.

Across the 14 onset-rime combinations in Table 11, the highest rates occur to the [ɕi] combination, in which the consonant and the vowel literally have the same place of articulation, and the [sa] [xa] [ha] combinations, in which the vowel [a] seems to be highly compatible with the alveolar, velar, and glottal fricatives. On the other hand, the lowest combination rate occurs to [ʂi] (3.2%), which is reported in two dialects only, i. e., Qimen 祁门 (Shen, 1989) and Wuhua 五华 (Wei, 1997). This rarity is likely to be related to the relative incompatibility in the articulatory gestures of a retroflex [ʂ] and those of a high-front vowel [i] (Pulleyblank, 1984; Hamann, 2003; Li, 2021) The [xi] combination also has quite a low rate (16.3%), which is probably related to the palatalization of velar fricative in the [_i] context, e. g., [xi] →[ɕi], in diachronic sound changes (Chen, 1976; Wang, 1980, 1985). Moreover, the relatively lower rate of [si] (44.5%), as compared with [sa] (97.4%), should be relevant to the development of apical vowels, such as [si] →[sɹ̩], in the diachronic sound changes (Wang, 1980, 1985), which created accidental gaps such as [si].

6. CONCLUSIONS

For voiceless fricatives, the survey across 201 Chinese dialects indicates that, in terms of frequencies, [s] [f] [ɕ] [x] are the most frequent, confirming the observation in the literature (Lee & Zee, 2010, 2014; Ye, 2011). In terms of the fricative inventories, there is an average of 4.11 voiceless fricatives, with [f-s-ɕ-x] as the most frequent, followed by [f-s-ɕ-ʂ-x]. For place contrasts, the [_a] context generally allows more place contrasts of voiceless fricatives than the [_i] context. In terms of phonotactics, however, [ɕ ʃ] seem to be more compatible with [i] while [f s ʂ x h] more compatible with [a], based on their rates of combination.

The pattern of [_a] allowing more place contrasts than [_i] echoes the observation about sibilant place contrasts in the literature and supplements additional evidence on the difference between the two vowel contexts in licensing consonant place contrasts (Lee-Kim, 2014; Li & Zhang, 2017; Li, 2021). On the other hand, the survey shows a difference across fricatives at different places in their combination with different vowels, for which further studies are necessary to uncover the underlying perceptual or articulatory mechanisms.

7. ACKNOWLEDGEMENTS

The research is partially supported by Hong Kong Baptist University Faculty Research Grant (FRG) Category Ⅱ [Grant No. FRG2/17 – 18/076] and Hong Kong Baptist University Research Committee's Start-up Grant for New Academics.

REFERENCES

Akitani, H. (2000). Jiangxi Guangfeng fangyan yinxi [The phonology of the Guangfeng dialect, Jiangxi Proninc] . *Fangyan* [Dialects], *3*. (秋谷裕幸:《江西广丰方言音系》,《方言》2000年第3期。)

Cai, Q. (1987). Guangxi Lianzhou fangyan yinxi [The phonology of Lianzhou dialect in Guangxi Autonomous Region] . *Fangyan* [Dialects], *1*. (蔡权:《广西廉州方言音系》,《方言》1987年第1期。)

Cai, R. (1999). Zhejiang Yueqing fangyan yinxi [The phonology of Yueqing dialect in Zhejian Pronvince] *Fangyan* [Dialects], *4*. (蔡嵘:《浙江乐清方言音系》,《方言》1999年第4期。)

Chen, C. (1990). Yügan fangyan tongyin zihui [Homophonic syllable inventory of Yügan dialect] . *Fangyan* [Dialects], *3*. (陈昌仪:《余干方言同音字汇》,《方言》1990年第3期。)

Chen, M. Y. (1976). From Middle Chinese to Modern Peking. *Journal of Chinese Linguistics*, *2*.

Chen, X. (1999). Guangxi Rongxian Kejia fangyandao diaocha ji [An investigation of the Hakka dialect island in Rongxian, Guangxi Autonomous Region] . *Fangyan* [Dialects], *3*. (陈晓锦:《广西容县客家方言岛调查记》,《方言》1999年第3期。)

Deng, Y. (2000). Guangxi Zhongshan fangyan yinxi [The phonology of the Zhongshan dialect in Guangxi Autonomous Region] . *Fangyan* [Dialects], *4*. (邓玉荣:《广西钟山方言音系》,《方言》2000年第4期。)

Du, Y. (2007). Haikou fangyan (laopai) tongyin zihui [The homophonous syllabary of the old-styled Haikou dialect, Hainan Province] . *Fangyan* [Dialects], *2*. (杜依倩:《海口方言(老派)同音字汇》,《方言》2007年第2期。)

Guan, Y. (2005). Guangxi Gongcheng Zhihua yinxi [The phonology of Zhihua dialect in Gongcheng County of Northern Guangxi Autonomous Region] . *Fangyan* [Dialects], 3. (关英伟:《广西恭城直话音系》,《方言》*2005*年第*3*期。)

Hamann, S. (*2003*). *The phonetics and phonology of retroflexes*. Utrecht: LOT Press.

Huang, Q. (*2008*). Guangxi Guanyang Guanyinge tuhua yinxi [The phonology of Guangyinge dialect, Guanyang, Guangxi Automomous Region] . *Fangyan* [Dialects], *3*. (黄启良:《广西灌阳观音阁土话音系》,《方言》2008年第3期。)

Huang, X. (1992). Meixian Kejiahua de yuyin tedian [The phonetic properties of Hakka dialect in Meixian County] . *Fangyan* [Dialects], *4*. (黄雪贞:《梅县客家话的语音特点》,《方言》1992年第4期。)

Jiang, D., Ouyang, J., & Zou, J. (2007). Hainansheng Sanyashi Maihua yinxi [The phonology of Maihua in Sanya City, Hainan Province] . *Fangyan* [Dialects], *1*. (江荻、欧阳觉亚、邹嘉彦:《海南省三亚市迈话音系》,《方言》2007年第1期。)

Ladefoged, P., & Maddieson, I. (1996). *The sounds of the world's languages*. Oxford Cambridge, MA: Blackwell.

Lee, W. S., & Zee, E. (2010). Phonetic typology of the consonants of Chinese dialects. Paper presented at *Conference on Phonetic Universals*, Leipzig, Germany.

Lee, W. S., & Zee, E. (2014). Chinese phonetics. In C. J. Huang, Y. A. Li, & A. Simpson (Eds.), *The handbook of Chinese linguistics*. Malden, MA: Wiley-Blackwell.

Lee-Kim, S-I. (2014). *Contrast neutralization and enhancement in phoneme inventories: Evidence from sibilant place contrast and typology*. Ph. D. diss., New York Univ.

Li, H. (2018). Anhui Yixian Biyang fangyan tongyin zihui. [The syllables and homophones in Yixian Biyang dialect in Anhui Province] . *Fangyan* [Dialects], *1*. (栗华益:《安徽黟县碧阳方言同音字汇》,《方言》2018年第1期。)

Li, J., Liu, L., & Yan, Q. (1987). Hu'nan Loudi fangyan tongyin zihui [The syllables and homophones in Loudi dialect, Hu'nan] . *Fangyan* [Dialects], *4*.(李济源、刘丽华、颜清徽:《湖南娄底方言的同音字汇》, 《方言》1987年第4期。)

Li, K. (2019). Hu'nan Suining Hekou Xiangyu fangyan yinxi. [The phonology of Suining Hekou Xiangyu dialect in Hu'nan Province]. *Fangyan* [Dialects], *4*.(李康澄:《湖南绥宁河口湘语方言音系》,《方言》2019年第4期。)

Li, M. (2021). The typology of sibilant place contrasts in the high-front vowel context across Chinese dialects. *Journal of East Asian Linguistics*, *30*.

Li, M., & Zhang, J. (2017). Perceptual distinctiveness between dental and palatal sibilants in different vowel contexts and its implications for phonological contrasts. *Laboratory Phonology*: *Journal of the Association for Laboratory Phonology*, 8 (1).

Li, X. (2003). Hu'nan Yongzhou Lanjiaoshan Tuhua yinxi [The phonology of Lanjiaoshan dialect in Yongzhou, Hu'nan]. *Fangyan* [Dialects], *1*. (李星辉:《湖南永州岚角山土话音系》,《方言》2003年第1期。)

Liang, J. (1996). LinguiLiangjian Pinghua tongyin zihui [The homophonous syllabary of Liangjiang Pinghua in Lingui]. *Fangyan* [Dialects], *3*. (梁金荣:《临桂两江平话同音字汇》,《方言》1996年第3期。)

Liang, Y. (1986). Hainandao Wenchang fangyan yinxi [The phonology of Wenchang dialect in Hainandao Island]. *Fangyan* [Dialects], *2*. (梁猷刚:《海南岛文昌方言音系》,《方言》1986年第2期。)

Liang, Y. (1990). Wupingxian Zhongshanzhen Junjiahua [The "Junjiahua" dialect in Zhongshanzhen, Wuping County]. *Fangyan* [Dialects], *3*. (梁玉璋:《武平县中山镇的"军家话"》,《方言》1990年第3期。)

Lin, L. (1994). Guangdongsheng Chenghai fangyan tongyinzihui [The homophonous syllabary of Chenhai dialect in Guangdong Province]. *Fangyan* [Dialects], 2. (林伦伦:《广东省澄海方言同音字汇》,《方言》1994年第2期。)

Liu, B. (1990). Ganyu (Liugou) fangyan tongyinzihui [The syllabic inventory of Ganyü (Liugou) dialect]. *Fangyan* [Dialects], 1. (刘斌:《赣榆(刘沟)方言同音字汇》,《方言》1990年第1期。)

Liu, L. (1988). Yanqiyinxi jilue [A brief phonology of Yanqi dialect]. *Fangyan* [Dialects], *1*. (刘俐李:《焉耆音系记略》,《方言》1988年第1期。)

Liu. X., & Chen, L. (2018). Anhui WuhuLiulang fangyan yuyin xitong. [The phonology of Wuhu Liulang dialect in Anhui Province]. *Fangyan* [Dialects], *3*. (刘祥柏、陈丽:《安徽芜湖六郎方言语音系统》,《方言》2018年第3期。)

Lu, S. (1995). Jinggangshan Kejiahua yinxi [Phonology of Hakka dialect in Jinggangshan]. *Fangyan* [Dialects], *2*. (卢绍浩: 《井冈山客家话音系》,《方言》1995年第2期。)

Luo, F. (1995). *Muping fangyan cidian* yinlun [Introduction in *A dictionary of Muping dialect*]. *Fangyan* [Dialects], *1*. (罗福腾:《〈牟平方言词典〉引论》,《方言》1995年第1期。)

Maddieson, I. (1984). *Patterns of sounds*. Cambridge: Cambridge University Press.

Mai, Y. (2008). Guangxi BabuEtang "Baduhua" yinxi [The phnology of "Badu dialect" in Etang, Babu, Guangxi]. *Fangyan* [Dialects], *1*. (麦耘:《广西八步鹅塘"八都话"音系》,《方言》2008年第1期。)

Pulleyblank, E. G. (1984). *Middle Chinese*: *A study in historical phonology*. The University of British Columbia Press.

Qian, Z. (1995). *Ji'nan fangyan cidian* yinlun [Introduction in *A dictionary of Ji'nan dialect*]. *Fangyan* [Dialects], *4*. (钱曾怡:《济南方言词典》引论》,《方言》1995年第4期。)

Qian, Z. (2003). Changlehua yinxi [The phonology of Changle dialect in Zhejiang Province]. *Fangyan* [Dialects], *4*. (钱曾怡:《长乐话音系》,《方言》2003年第4期。)

Qiu, S. (1991). Nancheng fangyan de yuyin xitong [The phonology of Nancheng dialect]. *Fangyan* [Dialects], *1*. (邱尚仁:《南城方言的语音系统》,《方言》1991年第1期。)

Shen, M., & Huang, J. (2015). Anhui Xuancheng (Yanchi) fangyan yinxi [The phonology of Xuancheng (Yanchi) dialect in Anhui]. *Fangyan* [Dialects], *1*. (沈明、黄京爱: 《安徽宣城(雁翅)方言音系》,《方言》2015年第1期。)

Shen, T. (1989). Qimen fangyan de yuyin tedian [The phonetic properties of Qimen dialect]. *Fangyan* [Dialects], *1*. (沈同:《祁门方言的语音特点》,《方言》1989年第1期。)

Shi, J. (1992). Gansusheng Wudu fangyan tongyin zihui [The syllables and homophones in Wudu dialect in Gansu]. *Fangyan* [Dialects], *1*. (时建国:《甘肃省武都方言同音字汇》, 《方言》1992年第1期。)

Shi, M. (1987). Shandongsheng Jüxian fangyan yinxi [The phonology of Jüxian dialect in Shandong]. *Fangyan* [Dialects], *3*. (石明远:《山

东省莒县方言音系》,《方言》1987年第3期。)

Shi, X., & Zhang, L. (2014). Shanxi Xinxian fangyan tongyin zihui [The homophonous syllabary of Xingxian dialect in Shanxi Province]. *Fangyan* [Dialects], *4*. (史秀菊、张丽:《山西兴县方言同音字汇》,《方言》2014年第4期。)

Steriade, D. (2008). The phonology of perceptibility effects: The P-map and its consequences for constraint organization. In K. Hanson & S. Inkelas (Eds.), *The nature of the word: Essays in honor of Paul Kiparsky*. Cambridge, Mass.: The MIT Press.

Su, X. (1990). Haizhou fangyan tongyin zihui [The homophonous syllabary of Haizhou dialect]. *Fangyan* [Dialects], *2*. (苏晓青:《海州方言同音字汇》,《方言》1990年第2期。)

Sun, Y. (2002). Anhui Susong fangyan tongyin zihui [The homophonous syllabary of Susong dialect in Anhui Province]. *Fangyan* [Dialects], *4*. (孙宜志:《安徽宿松方言同音字汇》,《方言》2002年第4期。)

Wang, F. (2017). Shaoshan fangyan tongyinzihui liangzhong [Two homophonous syllabaries of Shaoshan dialect]. *Fangyan* [Dialects], *3*. (王福堂:《韶山方言同音字汇两种》,《方言》2017年第3期。)

Wang, L. (1980). *Hanyu shigao* [*A draft of the history of the Chinese language*]. Zhongguo Shuju Chubanshe [Zhonghua Book Company]. (王力:《汉语史稿》中华书局出版社1980年版。)

Wang, L. (1985). *Hanyu yuyin shi* [*Chinese historical phonology*]. Zhongguo Shehui Kexue Chubanshe [China Social Sciences Press]. (王力:《汉语语音史》中国社会科学出版社1985年版。)

Wang, X. (2010). JiangxiXinyu Gan fangyan yinxi [The phonology of Gan dialect in Xinyü, Jiangxi Province]. *Fangyan* [Dialects], *3*. (王晓君:《江西新余赣方言音系》,《方言》2010年第3期。)

Wei, G. (1995). *Pingxiang fangyan cidian* yinlun [Introduction in *A dictionary of Pingxiang dialect*]. *Fangyan* [Dialects], *3*. (魏钢强:《〈萍乡方言词典〉引论》,《方言》1995年第3期。)

Wei, Y. (1997). Wuhua fangyan tongyin zihui [The homophonous syllabary of Wuhua dialect]. *Fangyan* [Dialects], *3*. (魏宇文:《五华方言同音字汇》,《方言》1997年第3期。)

Wu, W. (2019). Guizhou Qinglong Changliu "Laba miao" tuhua yinxi. [The phonology of Qinglong Changliu dialect in Guizhou Province]. *Fangyan* [Dialects], *4*. (吴伟军:《贵州晴隆长流"喇叭苗"土话音系》,《方言》2019年第4期。)

Wu, Y. (1988). Hainansheng Danzhou fangyan danyinzibiao [The homophonous syllabary of Danzhou dialect, Hainan Province]. *Fangyan* [Dialects], *2*. (吴英俊:《海南省儋州方言单字音表》,《方言》1988年第2期。)

Xie, J. (1994). Nanning Baihua tongyinzihui [The homophonous syllabary of Nanning Baihua]. *Fangyan* [Dialects], *4*. (谢建猷:《南宁白话同音字汇》,《方言》1994年第4期。)

Xu, B., & Tao, H. 1995. *Shanhai fangyan cidian* yinlun [Introduction in *A dictionary of Shanghai dialect*]. *Fangyan* [Dialects], *4*. (许宝华、陶寰:《〈上海方言词典〉引论》,《方言》1995年第4期。)

Xu, R. (2019). Hu'nan Jiahezhuquan Tuhua tongyin zihui. [The homophonous syllabary of Jiahezhuquan Tuhua, Hu'nan Province]. *Fangyan* [Dialects], *3*. (徐睿渊:《湖南嘉禾珠泉土话同音字汇》,《方言》2019年第3期。)

Yang, B. (2012). Guangdong Huaiji Xiafanghua tongyin zihui [The homophonous syllabary of Xiafang dialect, Huaiji, Guangdong Province]. *Fangyan* [Dialects], *4*. (杨璧菀:《广东怀集下坊话同音字汇》,《方言》2012年第4期。)

Yang, S. (2013). Guangxi Tengxian Mengjiang fangyan yinxi [The phonology of Mengjiang dialect, Tengxian, Guangxi Zhuang Autonomous Region]. *Fangyan* [Dialects], *1*. (杨世文:《广西藤县濛江方言音系》,《方言》2013年第1期。)

Ye, X. (1992). *Suzhou fangyan cidian* yinlun [Introduction in *A dictionary of Suzhou dialect*]. *Fangyan* [Dialects], *4*. (叶祥苓:《〈苏州方言词典〉引论》,《方言》1992年第4期。)

Ye, X. (2011). *Hanyu fangyan yuyin de leixingxue yanjiu* [A typological survey of sounds across Chinese dialects]. PhD diss. Fudan Univ. (叶晓锋:《汉语方言语音的类型学研究》,博士学位论文,复旦大学,2011年。)

Ying, Y. (1988). Hu'nan Anxiang fangyan jilüe [A brief description of the Anxiang dialect in Hu'nan Province]. *Fangyan* [Dialects], *1*. (应雨田:《湖南安乡方言记略》,《方言》1988年第1期。)

Zeng, Y. (1993). Xiangtan fangyan tongyin zihui [The syllables and homophones in Xiangtan dialect]. *Fangyan* [Dialects], *4*. (曾毓美:《湘潭方言同音字汇》,《方言》1993年第4期。)

Zhang, Z. (1992). Guangdongsheng Wuchuan fangyan jilüe [A brief description of Wuchuan dialect in Guangdong]. *Fangyan* [Dialects], *3*. (张振兴:《广东省吴川方言记略》,《方言》1992年第3期。)

Zhong, Z. (2015). Guangxi Canwu bendihua yinxi [The phonology of Cangwu dialect in Guangxi Automamous Region]. *Fangyan* [Dialects], 2. (钟梓强:《广西苍梧本地话音系》,《方言》2015年第2期。)

ZHANG Jialin
MA, English and Chinese language teacher. Her research interests include language pedagogy, TESOL, second language acquisition, and speech sounds.
Email: jialinzhangz@163. com

LI Mingxing
PhD, Assistant Professor in Department of English Language and Literature at Hong Kong Baptist University. His research interests include phonology, phonetics, experimental linguistics, second language acquisition, language typology, and sound change. He is the corresponding author of this paper.
Email: mingxingli@hkbu. edu. hk

四平方言中元音声学研究

唐安琪　JIMÉNEZ Jesús

摘　要　本文从声学上分析四平方言的中元音变体。通过研究该地区女性发音人的中元音的第一、第二共振峰频率、音长和音强，讨论中元音变体数量及其特性。结果表明，四平方言区中元音存在最多的五个元音是［o］，［ɤ］，［ə］，［ẹ］和［e］，但对于某些发音人来说，［ẹ］和［e］被视为同一个元音的变体。在学界，尽管有些学者根据互补分布规则认为中元音只需一个音位，但由于这五个变体之间较远的声学距离，大部分学者根据唇形的圆展和发音部位的不同，普遍认为中元音需多个独立的音位。

关键词　中元音，四平方言，共振峰，音长，音强

AN ACOUSTIC ANALYSIS OF MID VOWELS IN SIPING DIALECT OF CHINESE

TANG Anqi, JIMÉNEZ Jesús

Abstract In this paper, we analyzed the mid vowels that are found in the Chinese spoken in Siping (Jilin province, northeastern China). The study has two main objectives: first, to characterize acoustically the realization of these vowels, second, to discuss which phonological interpretation fits better the attested variants. To study the mid vowels, we have recorded a group of six young female speakers from the Siping variety, with a similar cultural background. The vowels appear in eight different contexts: in open syllables, after a palatal consonant: yē "coconut", after a velar consonant: gē"brother", after a retroflex alveolar consonant: shē "luxurious", after a labial consonant: pō "hillside", in closed syllables, before a front glide: gěi "to give", before a back round glide: gōu "ditch", before an alveolar nasal: gēn "to follow", and before a velar nasal, gēng "to change", All the words have been registered inside the carrier sentence wǒ shuō_dā yí cì "I say_dā once", to obtain a sample as homogeneous as possible both segmentally and tonally. The subjects were asked to read aloud each sentence seven times. All in all, we have analyzed a sample of 336 vowels: 6 speakers × 7 repetitions × 8 contexts. The vowels have been manually segmented and labeled with Praat, taking the spectrogram and the intensity as acoustic cues. A Praat script has been used to extract the duration of the whole segment and measure at the center of each vowel, the intensity and the first two formants, which have been normalized following Watt & Fabricius (2002) procedure. With these data, one-way analysis of variance (ANOVA) tests have been carried out, taking the extracted parameters as the dependent variables and the vocalic contexts as the independent variable.

The results showed that there are no differences in the intensity of the vowels. As for the duration, vowels in closed syllables tend to be longer than vowels in open syllables, as expected. Finally, the data drawn from the normalized formants indicate that there are up to five different segments: [o] (context gōu), [ɤ] (contexts gēn, gē, shē, and pō), [ə] (context gēng), [ẹ] (context yē), and [e] (context gěi). According to the first normalized formant, the variants display two degrees of openness, with [o] and [e] as slightly more closed than [ɤ], [ə], and [ẹ]. Since the two most closed vowels, [o] and [e], appear before the glides [w] and [j], their relative closeness can be attributed to the assimilatory influence of these segments. On the other hand, although the statistic test distinguishes between [ẹ] and [e], these sounds can be considered variants of the same vowel, whose openness depends on its length, being the longest segment, [ẹ], the most open vowel.

As for the place of articulation of the segments, based on the second normalized formant, there are four distinctions, going from the back round vowel [o] to the front vowels [ẹ] and [e], with [ɤ] closer to [o] and [ə] closer to [e̞] and [e]. The back unrounded vowel [ɤ] displays small differences in place of articulation in the contexts gēn, gē, shē, and pō, but the test interprets these variants as occurrences of the same vowel, realized as slightly fronted (in the context gēn) or slightly backed (in the context pō) with respect to a central reference in the contexts gē and shē. The realization of the vowel in the context pō, approximately as the vowel in gē and differently from the back round segment in gōu (namely, as a back unrounded vowel [ɤ]), is a typical feature of the Chinese spoken in northeastern China (see, among others, Cai Yue, 2021). As for the variants [ɤ] (context gēn, gē, shē, and pō) and [ə] (context gēng), defined by the statistic as different, their distance is similar to the separation found in the allophones of the vowel /a/ in the contexts gān "to dry" and gāng "just"; hence, they could be considered variants of the same vowel as well.

The five variants in the Siping variety occur in complementary distribution and, therefore, could be derived from a single mid vowel, as suggested by some researchers (see, for instance, Cheng, 1973, and Duanmu, 2007). In our case, /ɤ/, which is the variant appearing in most open syllables, would be the best candidate to derive other pronunciations. However, the great acoustic distance existing between some of these variants makes their interpretation more plausible as realizations of different mid phonemes, which is the most common view among Chinese researchers (see, for instance, Wang, 1983; Tian, 1996; Huang & Liao, 2002; Shao, 2007, and Liu, 2015). According to our data, there are a front unrounded vowel /e/, with two contextual variants [e̞] and [e]; a back unrounded vowel /ɤ/, with a more fronted variant [ə] and a more backed variant [ɤ], and a back round vowel /o/. This Siping three-vowel system is, hence, defined by the roundness of segments and by their place of articulation, with height differences mostly dependent on the length of the variants, as determined by their syllabic distribution.

Keywords Mid vowels, Siping Chinese, Formants, Duration, Intensity

1. 引言

关于元音音位的归纳，学界一直存在不同意见（黄伯荣、廖序东，2002），主要存在两种归纳方法（可参考 Cole & Hualde，2011；Krämer，2012）。自 Trubetzkoy（1939）起，学界普遍认为，如果两个音素处于对立关系中，那么这两个音素则被视为不同的音位，比如“跟”字里的中元音与“肝”字里的低元音就分属于两个不同的音位。但当两个相对相似的音素处于互补分布的关系中，可将这两个音素归纳成同一个音位，因为在相同语音环境里的音素不可能是对立关系。

以普通话元音为例，归纳中元音的第一种方法主要依据互补分布原则，比如 Cheng（1973）、徐世荣（1980）和 Duanmu（2007）都认为普通话中元音只需一个音位 /ə/，该音位包含五个音位变体。基于徐世荣（1980）和 Duanmu（2007）的观点，我们在表 1 中列举了普通话的各中元音变体及其例字。[E]：也可标为比 [e] 再低些的 [e̞]，是中元音区的前半低元音，出现在韵头 i、ü 后边，在 ie、üe 两韵母中做主要元音，如在“椰、约”等字韵母里做主要元音。[e]：前半高元音，出现在韵尾 -i 前，在 ei 韵母中做主要元音，比如在“给、飞”等字韵母中做主要元音。[ə]：央中元音，出现在韵尾 -u 前以及出现在韵尾 -n 前或 -ng 前，如在“沟、跟、更”等字韵母里做主要元音。① [ɤ]：后半高不圆唇元音，出现于 e 韵母中，如在“哥、奢”等字韵母里做主要元音。[o]：后半高圆唇元音，出现在唇音声母之后，在 o、uo 俩韵母中做主要元音，如在“泼、窝”等字韵母里做主要元音。

表 1　普通话音位 /ə/ 的中元音变体

变体	韵母	例字
[e̞] 或 [E]	出现在韵头 i、ü 后边：韵母 ie、üe	椰、约

① 在表 1 和整篇文章中，由于学者们都一致认为“跟”字里的中元音为开口度中等的央元音，近似 [ə]，所以我们将出现在“跟”字里韵母的主要元音作为参考元音，以用于在文中讨论中元音特性。同时，我们将使用表 1 中中元音所在的例字分析四平方言的中元音特性。

续表

变体	韵母	例字
[e]	出现在韵尾 -i 前：韵母 ei	给、微
[ə]	出现在韵尾 -u 前、-n 前或 -ng 前：韵母 ou、en、eng	沟、跟、更
[ɤ]	出现在 e 韵母中	哥、饿、社
[o]	出现在唇音声母之后：韵母 o、uo	窝、泼

第二种方法侧重语音的近似性。在普通话中，尽管各个中元音互补分布，但由于元音之间的语音差异较大，王理嘉（1983）和田小枫（1996）则从语音近似原则出发，根据语音变体的舌位前后进行音位归纳，包括前元音 /e/、央元音 /ə/ 和后元音 /ɤ/ 三个音位。这种归纳方式既可以简化语音系统，还可以减少实际发音和归纳音位之间的差异。

另外，在根据分布互补与强调语音近似性的原则下，部分学者也会更侧重语音细节，根据不同变体的实际音值进行音位归纳。比如刘思维（2015）根据嘴唇圆展这一特征将各变体分为圆唇元音（归为音位 /o/ 或 /ɔ/）和不圆唇元音，而在不圆唇元音这组，又根据舌位前后将各变体分为前元音（归为音位 /e/ 或 /ɛ/，或开口程度中等的 /E/）和非前元音（归为音位 /ɤ/ 或 /ə/）（黄伯荣、廖序东，2002；邵敬敏，2007）。

以上的音位归纳的处理意见有的侧重于互补分布，有的侧重于语音近似性。根据互补原则，各个中元音理论上似乎可以归纳为一个音位，可简化语音系统（田小枫，1996）。互补分布的分析弥补了对立分析法的不足，在音素互不相遇、互不对立的情况下解决了部分音位的归并（徐青，1992）。然而，从互补分布原则来看，其主要问题在于单一的音位和变体可能存在发音上和声学上的很大的差异。

国内的学者在互补分布的原则上更强调语音的近似性。根据邵敬敏（2007），互补分布是把变体归纳为一个音位的必要条件，但不是充分条件。是否应该归纳为一个音位，还要看语音是否近似。属于一个音位的各个变体在语音上应该是近似的，至少本地人听起来比较近似，如果两个音的音感差异明显，即使存在互补关系也不能归并为一个音位。当然，只强调语音近似的归纳方法同样可以简化语音系统，但另一方面却不能有力地解释个别变体的差异以及其分布的局限性。

正如赵元任（2003）指出："把一种语言里的音简化化成音位系统，通常不止一种可能的方法，得出的不同的系统或答案可以只看成适用于各种目的的好坏问题。这些原则有时是相互矛盾的，有不同的侧重点，而所属的音位系统可能存在一定的差异。"

值得注意的是，目前研究的重点都集中于普通话，本文探讨四平方言中元音的音系归纳问题。根据《中国语言地图集》第二版（中国社会科学院语言研究所，2012），四平方言属于东北官话，与吉林省的长春、白城、东丰等66个县市的方言同属于哈阜片（张志敏，2005）。该片区方言的语音特征与普通话较为接近（朱剑、景体渭，2011）。由于目前尚未有关于四平方言的语音研究，我们参考了蔡悦在《白城方言声调与元音格局研究》（蔡悦，2021）中对白城方言音系的研究，正如上文所说，四平市与白城市均位于吉林省，同属于东北官话中的哈阜片的长锦小片，二者方言在语音上十分相近。

白城方言与普通话的元音系统基本相似，共有韵母37个，其中包括8个单元音韵母：ɑ [A]、e [ɤ]、i [i]、u [u]、ü [y]、-i [ɿ]、i [ʅ]、er [ɚ]；13个复元音韵母：ɑi [ai]、ei [ei]、ɑu [au]、ou [ou]、iɑ [iA]、ie [iɛ]、uɑ [uA]、uo [uɤ]、üe [yɛ]、iɑu [iau]、iou [iou]、uɑi [uai]、uei [uei]，和16个带鼻音韵母：ɑn [an]、en [ən]、iɑn [iɛn]、in [in]、uɑn [uan]、uen [uən]、üɑn [yan]、ün [yn]、ɑng [aŋ]、eng [əŋ]、ong [uŋ]、iɑng [iaŋ]、ing [iŋ]、iong [yŋ]、uɑng [uaŋ]、ueng [uəŋ]（蔡悦，2021）。关于中元音，在白城方言中，不存在单元音

韵母 o。比如“泼”字的主要元音不是 o，而是不圆唇元音 e [ɤ]，单元音韵母 [ɤ] 的实际音值为 [ə]（蔡悦，2021）。由此可以看出，白城方言与普通话唯一不同在于白城方言不区分圆唇音 [o] 和不圆唇元音 [ɤ]。这一现象也在东北官话的其他方言中普遍存在（单永贤，1995；Duanmu，2007）。但除了蔡悦（2021）以外，目前几乎没有针对东北官话方言元音系统的实验研究。此外，这种中后元音不区分圆唇不圆唇的现象或许能为元音系统的音位归纳方法提供新的视角和数据。

2. 研究方法

2.1 发音人

发音人为 6 名四平方言母语者，年龄均在 26—28 岁，皆为女性。所有发音人教育程度相似，都受过大学本科教育，无长时间在外生活的经历。第二语言为英语且学习英语的经历相似。所有发音人均自愿参与。

2.2 样本采集

本研究在安静的环境中进行录音，录音设备使用心型指向性电容式麦克风（AKG C520L）和数字录音机（Zoom H4），采样频率为 48kHz，分辨率为 24bits。

录音过程中，要求发音人以正常的语速，朗读含有目标字的实验句：我说“椰（[ɛ]）、给（[e]）、跟（[ə]）、哥（[ɤ] 或 [ə]）、奢（[ə]）、更（[ə]）、坡（[ɤ] 或 [ə]）、勾（[o]）”搭一次。为了更清楚地分析目标元音，同时防止将目标元音与之后的“一”字连读产生混淆，我们在目标字和“一”字之间增加了“搭”字。每个目标句需连续录制 7 遍。

2.3 元音的声学分析

本研究利用 Praat 软件（Boersma & Weenink，2016）进行了元音的声学分析。由于“椰、给、沟”字韵母里的韵腹与介音相邻，所以在频谱图中很难找到这两个音之间明确的边界。我们通过观察音强线以及元音共振峰向介音过渡的位置来标注元音：我们找到“椰”字的介音向韵腹过渡时音强线不再升高的位置点，以及找到“给、沟”字的韵腹向韵尾过渡时音强线开始下降的位置点，通过这两个位置来界定韵腹的边界。

待标记好所有目标元音后，使用 Praat 脚本提取以下参数：元音的音长（单位：ms）、音强（单位：dB）和元音中点位置的第一、第二共振峰频率（下文分别记作 F1 和 F2，单位：Hz）。

2.4 元音共振峰频率归一化

为了进一步减少各个发音人在声道形态方面上的声学差异，本文采用 Watt 和 Fabricius（2002）的 S 中心点（S-centroid）归一法，通过计算不同发音人元音空间中不同元音到元音三角中心之间的距离对发音人所发元音的第一、第二共振峰频率值进行归一化处理，① 通过计算不同发音人不同元音约第一、第二共振峰、频率值，并除以 S 中心点，对其所发的元音的共振峰频率值进行归一化处理。图 1 为该方法的示意图。

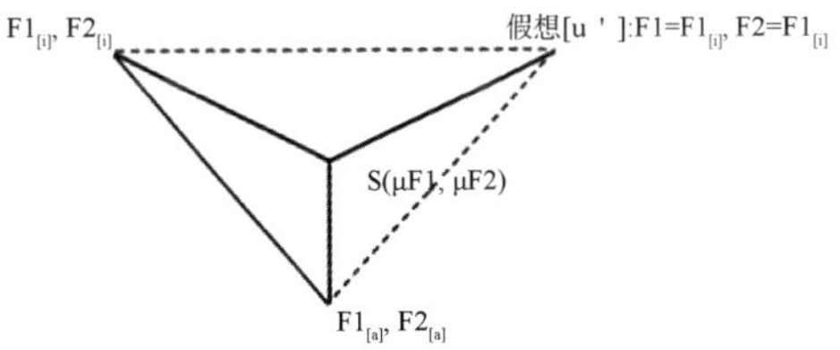

图 1　S 中心点归一法示意图

由图 1 可见，在该方法中，元音三角的三个顶点分别为元音/a/、/i/和假想 u。其中，i 为实验句“我说滴搭一次”中的“滴”字的 i，i 值为连读 7 遍“滴”字中 i 的 F1、F2 均值；a 为实验句“我说搭搭一次”中的“搭”字的 a，a 值为连读 7

① 目前学界还有其他方法可以对元音进行归一化处理，对不同方法的测评可以参看 Fabricius 等（2002）。S 中心点归一法的优点在于中央元音归一化后的 F1 和 F2 通常都接近 1，便于实验结果分析。

遍“搭”字中 a 的 F1、F2 均值；假想 u（[u′]）的数值则根据 i 的值而定，假想 u 的 F1、F2 值均为 i 的 F1 值。S 为三角形的中心（S-centroid），F1 为三个顶点元音 F1 值的平均值，F2 为三个顶点元音 F2 值的平均值。

为了对单个发音人的数据进行归一化处理，我们将每个元音具体的共振峰频率赫兹值 [F1, F2] 除以每位发音人所对应的 S 点的值 [S1, S2]，这样每个元音就得到了两个无单位的归一值 NF1 和 NF2：

$$\mathrm{NF1} = \frac{F1}{S1} \tag{1}$$

$$\mathrm{NF2} = \frac{F2}{S2} \tag{2}$$

NF1 值越小，说明元音越闭合；当一个元音开口度越大，NF1 值就越大。NF2 值越小，说明该元音就越靠后，反之则更靠前。如果一个元音的 NF1 和 NF2 的数值接近 [1, 1]，也就是中点 S 的值，那么该元音则趋向于中央元音。

2.5 数据统计分析

我们利用 SPSS 进行了单因素方差分析（ANOVA），NF1、NF2 的归一化值、音长和音强，因素为各个中元音。如果某参数存在显著差异，则进行事后分析（post-hoc）以查看元音的分组情况。考虑到在我们的案例中，不同因变量会存在方差不齐的现象，因此我们选择使用 Games-Howell 事后检验法。

3. 实验结果

图 2 为四平方言归一化后的中元音在元音空间上的分布。为了方便比较，我们将三个顶点元音/i/、/a/、/u/ 的 F1、F2 归一化均值置于该声学空间中进行分析（该三个元音的绝对值可在附录 4 中查阅）。这三个顶点元音分别取自“滴、搭、督”三个字（其归一化值为/i/ = [0.65, 1.74]，/a/ = [1.71, 1.04]，/u/ = [0.70, 0.53]。① 此外，为了更直观地对比各中元音在声学空间中的位置，我们在横坐标 1.04 位置处绘制了一条竖线作为参照，对应元音 a 的 NF2 值；同时在纵坐标 1.056 位置处绘制了一条横线作为参照，该数值也就是“跟”字韵母里元音的 NF1 值。

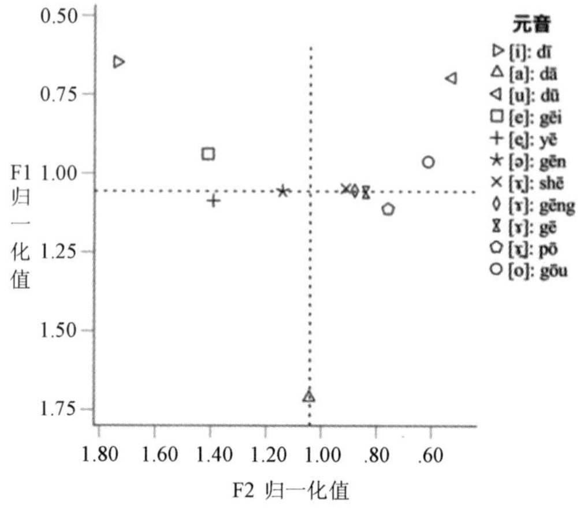

图 2　四平方言普通话中元音和三个顶点元音在声学空间中的位置

图 2 表明，中元音各个变体在 NF1 和 NF2 上均呈现出不同的数值。方差分析结果显示，各中元音的 NF1 值存在显著差异 [$F(7, 328) = 13.682$, $p < 0.001$]，并且可以根据 Games-Howell 事后检验结果分为两个不同的组（见表 2）。

---

① 该 u 的值取自于实验句“我说督搭一次”中的“督”字里的 u（Tang, 2020）。在原本的归一化方法中并没有使用以赫兹为单位的 u 的绝对值，因为在英语中该元音的共振峰具有很高的可变性（Watt & Fabricius, 2002）。但四平方言的元音 u 并没有太大变化（Tang, 2020；详细数据请见附录 2 和附录 4）。我们本可以使用该元音的值作为三角形第三个顶点的值，但和其他语言一样，在普通话中，与 i 相比较，u 的 F2 值更接近 a 的值（详细数据请见附录 4）。所以假如我们用 u 的共振峰赫兹值来表示第三个顶点，那三角中心点 S 在水平位置上有可能会偏向 i，这将会导致归一化值出现偏差，比如像“搭”字里的 a 一样的央元音的 F2 值就不会像本研究一样接近 1（其值为 1.04），而可能小于 1。为了实现本研究的目标之一，即确定各个元音的舌位前后，在我们的研究方法中，居央元音 a 的 F2 值需要接近 1，因此，根据 Watt 和 Fabricius（2002）的归一方法，我们建议用假想 u 值作为元音三角的第三个顶点。

表2 四平方言各中元音F1归一化值的均值和标准差（左）。根据Games-Howell检测，各中元音F1归一化值的分组情况（右）

中元音所在字	样本	F1的归一化值		Games-Howell事后检验，subset for alfa = 0.05	
		均数	标准差	1	3
gēi	42	0.937	0.075	0.937	
gōu	42	0.962	0.097	0.962	
shē	42	1.048	0.092		1.048
gēng	42	1.052	0.119		1.051
gēn	42	1.056	0.046		1.056
gē	42	1.059	0.094		1.059
yē	42	1.086	0.115		1.086
pō	42	1.112	0.156		1.112

一组由“给、沟”字的两个主要元音组成（$p = 0.889$），二者开口程度较小。而其余的开口度较大的元音则组成另外一组，在这组中元音中，即使差异最大的“奢”和“泼”字的元音也在同一组里（$p = 0.310$①）。可见“给、沟”字里的两个主要元音在NF1值上与其余元音区别较大。

各中元音的NF2值同样存在差异［$F(7, 328) = 279.260$，$p < 0.001$］。我们再次执行Games-Howell事后检测来查看分组，该分组情况较为复杂，共分为五组，如表3。

表3 四平方言各中元音F2归一化值的均数和标准差（左）。根据Games-Howell检测，各中元音F2归一化值的分组情况（右）

中元音所在字	样本	F2的归一化值		Games-Howell事后检验，subset for alfa = 0.05				
		均数	标准差	1	2	3	4	5
gōu	42	0.613	0.045	0.613				
pō	42	0.758	0.156		0.758			
gē	42	0.840	0.099		0.840	0.840		
gēng	42	0.881	0.088			0.881		
shē	42	0.913	0.125			0.913		
gēn	42	1.141	0.069				1.141	
yē	42	1.392	0.085					1.392
gēi	42	1.410	0.175					1.410

组1、组4和组5的元音舌位呈从后到前的趋势：从“沟”字里的主要元音，即舌位最靠后的元音，到“椰”和“给”字里的主要元音，即两个舌位最靠前的元音（$p = 0.999$）；舌位居央位的元音为“跟”的元音。除了这三组以外，“泼、哥、更、奢”字的元音可以分为两组，而“哥”中的元音在这两组中起到一个过渡的作用：“哥”和“泼”里的后元音为一组（$p = 0.146$），而另外一组则是由“哥”字，以及“更、奢”字里的前元音组成（$p = 0.283$）。总的来说，虽然组2和组3可以合并为同一组，但如表3所示，检测表明可分为五个不同的组。

音长方面，方差分析表明中元音的音长存在差异［$F(7, 328) = 35.296$，$p < 0.001$］，Games-Howell事后检测结果如表4所示。

如表4所示，闭音节“跟、更、给、狗”字里的主要元音并未被分为同一组，但这些元音的音长均最短。第一组由“给、沟、椰”字里的主要元音组成，这三个元音的音长居中，对比“给、椰”字里的主要元音，这一组分成一组的最小可能性相当高（$p = 0.483$）。另外一组由音长最短的“跟、更”字里的元音组成，该组成组的可能性很高（$p = 1$）。最后，出

① 在SPSS中，除了表明这个值正常大于$p = 0.05$之外，Games-Howell检测并没有为含有两个以上元音的子集提供概率值。在这种情况下，为方便评估分组的可靠性，我们使用该组中相距最远的两个元音的分组概率值作为参考，也就是该组成组的最小概率值。

现在开音节的“泼、奢、哥”字里的元音组为一组，该组元音音长最长，成组的最小可能性为 $p = 0.986$。

表4　四平方言各中元音音长的均数和标准差（左）。根据 Games-Howell 检测，各中元音音长的分组情况（右）

中元音所在字	样本	音长（ms）		Games-Howell 事后检验，subset for alfa = 0.05		
		均数	标准差	1	2	3
gēn	42	57.17	13.835	57.17		
gēng	42	58.02	13.417	58.02		
gēi	42	84.10	28.738		84.10	
gōu	42	94.45	33.889		94.45	
yē	42	94.98	20.126		94.98	
pō	42	130.00	47.559			130.00
shē	42	137.88	44.973			137.88
gē	42	140.55	60.712			140.55

最后，音强的方差分析表明各元音的强度之间没有差异［$F(7, 328) = 1.105$，$p = 0.359$］。因此，如表5所示，Games-Howell 事后检测将所有变体归为同一组，各变体的音强几乎相同。正如前文所说，所有的元音均为重读、语境相同且声调一致，所以音强也相同。

表5　四平方言各中元音音强的均数和标准差（左）。根据 Games-Howell 检测，各中元音音强的分组情况（右）

中元音所在字	样本	音强（dB）		Games-Howell 事后检验，subset for alfa = 0.05
		均数	标准差	1
shē	42	76.26	6.033	76.26
pō	42	76.36	5.465	76.36
gē	42	76.90	6.411	76.90
gōu	42	77.19	6.819	77.19
gēng	42	78.00	3.436	78.00
yē	42	78.12	3.858	78.12

续表

中元音所在字	样本	音强（dB）		Games-Howell 事后检验，subset for alfa = 0.05
		均数	标准差	1
gēi	42	78.29	5.936	78.29
gēn	42	78.36	3.900	78.36

4. 讨论

在本节中，我们将对数据进行分析并对四平方言的中元音变体的标音进行讨论。根据实验结果，“沟”字里的主要元音：该元音为半高后圆唇元音，与普通话的特征一致（Howie，1976；邵敬敏，2007），因为与“跟”字里的元音相比，“沟”字里的主要元音与介音韵尾相邻，介音影响该元音，具有使韵腹偏高、偏后且圆唇的作用。同样，“给”字里的主要元音也同样出现了这种情况，元音 i 自身的性质决定了当它作为介音时，具有使韵腹偏高、偏前的作用（刘思维，2015），该前元音的特性与普通话一致。接下来，“椰”字的元音同样受介音的影响作用，为前元音，根据实验结果，该元音与普通话一样，舌位居中，且比“给”字里的主要元音要低。

“给、椰”字里的主要元音的 NF2 值相似，但在舌位高低和音长上均有所不同：“椰”字的中元音音长最长，开口程度也最大。由于元音 F1 的值与音长相关，所以这两个开口程度不同的元音可归为同一个音位：在开音节中，元音音长越长开口程度越大；在闭音节中，元音音长越短开口程度越小，其他语言里也同样遵循该语音现象（Lehiste，1970；Toivonen 等，2014）。本文研究数据表明，元音的音长与 F1 归一化值确实存在一定的相关性（样本数 = 84，$r = 0.242$，$p = 0.026$）。在研究过程中发现，其中有两位发音人的数据与其他发音人略有不同，如果排除这两位发音人的数据，那么相关性则增加（个案数 = 56，$r = 0.608$，$p < 0.001$）。因此，

我们将“给、椰”字里的中元音视为同一变体，其开口程度与元音音长相关，但仍需要进一步收集更多的样本才能完全确定二者之间的相关性。

鉴于两个前元音存在这种关系，我们也对两个音长不同的“沟、泼”字里的中元音进行了同样的研究，以了解二者在音长和舌位高低之间是否也存在相关性。但测试结果显示这两个变量之间并不存在相关性（个案数 = 84，r = −0.060，p = 0.588），因此，元音的高低似乎与其音长并无相关性。

因为在前期实验中并未研究出现在介音 u 后的变体，如“窝”字里的主要元音，所以本文研究数据并未包括该元音。但后期我们分析了句子“我说搭搭一次”中“我”字的主要元音的相关数值，并将该元音与“沟、泼”二字里的中元音进行了比较。结果表明，该元音的音强（76dB）基本与其他元音相同，另外该元音的音长（93.17ms）与“沟、椰”字里的中元音的音长几乎相同。另外，该元音NF2 值为 0.76，可以推测这个元音与“泼”字的元音的舌位一致，但比“沟”字里的主要元音要更靠前；该元音 NF1 值为0.98，表明该元音比“泼”字的元音更闭合，与“沟”字里的主要元音的高度基本相同。①。当然，为了更确切地研究出现在介音之后的中元音，其字音仍需保持在语境相似、声调相同的前提才能做进一步的研究。目前来看，“我”字的主要元音更接近“沟”字里的主要元音。总的来说，“椰、给”字里的中元音仅在舌位高低上有区别，而且“我、沟”二字的中元音的舌位高低相似，但舌位前后不同，嘴唇的圆展也可能不同（王理嘉，1983）。②

“奢、哥、更、泼”字里的中元音的NF1 和 NF2 值均相似：这四个字的主要元音均为中元音，与王萍（2009）关于普通话“哥、更”字的元音的研究结果一致。四平方言的这些元音在 NF1 值上基本无差异，说明可能在舌位前后上略有不同：“泼”字的元音最靠后，“奢”的元音最靠前，“哥、更”二字的元音居央。由于这四个元音在 F2 上呈从后到前的趋势，我们将这个四个元音归为同一个音位[ɤ]，也是因为受邻近声母协同发音异化作用的结果，“泼”字的元音受唇音声母的影响更靠后；“哥、更”字的元音受软腭音的影响位置居央；“奢”字的元音受卷舌音的影响更靠前。

在舌位前后上，四平方言“更”字的元音要更靠后，与普通话一致（邵敬敏，2007）。但在舌位高低上却与普通话不同，研究表明该元音居中，而在普通话中为半低元音（王理嘉，1983）或半高元音（邵敬敏，2007）。关于“泼”字的元音，在四平方言中，该元音比“哥”字的元音要略靠后，但基本无区别。

最后，“跟、更”二字的元音仅在舌位前后有区别，与普通话一致，前者比后者更靠前（王萍，2009）。从韵尾就可以预测出二者的不同，由于后鼻音 ng 在腭咽闭合前的上膛音即口腔共鸣比前鼻音 n 宽，导致韵母 eng 中的元音的 F2 值较低，从而能合理解释这一现象。这种现象也同样出现在位于前鼻音和后鼻音之前的低元音/a/的变体中，例如“三”和“乓”字里的两个低元音。

根据图 2 声学空间图和实验数据，表 6 从前元音到后元音，总结了本文所研究的四平方言的中元音特征：“给”字里的中元音变体为前半高元音，可标为[e]；“椰”字里的变体为前半元音，我们将其表示为[e̞]。[e]与[e̞]的开口程度上不同于音长有关：元音音长越长则开口更

① 由于“我”字主要元音的 F1 值与“沟”的基本一致，虽然研究这两个元音的音长和开口程度之间的相关性的意义不大，但我们还是发现这两个元音在音长和开口度上存在一定的相关性，也就是说，这一组的元音同样也是开口度越大则音长越长（样本数 = 84，r = 0.419，p < 0.001）。但是本研究并未观察出“我、泼”二字的中元音在音长和开口度方面存在关联（样本数 = 84，r = −0.151，p < 0.170）

② “椰、给”字里的两个主要元音的舌位高低不同，而“我、沟”字里的主要元音在舌位高低上却相同。从类型学角度来看，这种现象非常有趣，在其他语言里也会出现该现象，也就是说，如果前元音和后元音在舌位高低上的差异性均有不同，那么前元音的差异性可能会更大（Schwartz 等，1997）。

大；音长越短则越闭合，因此这两个变体可视为同一个音［e］，其F1的值取决于音长；“跟”字里的中元音变体为央中元音，可表示为［ə］，在后文所讨论的四个变体之中，该元音最靠后。“奢、更、哥、泼”字里的四个变体均为后不圆唇元音，均可表示为一个音［ɤ］，由于协同发音异化作用的影响，最靠前的是“奢”字里的变体，“更、哥”的变体居中，最靠后的是“泼”字的变体。在四平方言，“泼”字与“沟”字里的主要元音不同：“沟”字里的主要元音是一个典型的后圆唇元音且略闭合，表示为［o］，该元音开口度与“给”字里的主要元音相同，这是由于二者受到邻近介音舌位高度的影响。相反，“我、泼”二字的元音同样都靠后，并且“我”字和“给、沟”二字里的主要元音一样均为偏闭合的中元音；我们可以将“我”字的中元音描写为一个偏前的［o̟］，但该元音的特征，尤其是圆唇与否，还需在与其他元音相同语境、相同声调的情况下做进一步的研究。关于音强，各中元音的音强并没有区别；关于音长，开音节中的元音音长更长，而闭音节中的元音音长更短。

表6 四平方言普通话中元音特征汇总

	中元音			
	不圆唇			圆唇
半高	［e］（［ke̞j］给）		我	［o］（［kow］沟）
中	［e̞］（［je̞］椰）	［ə］（［kən］跟）	［ɤ］（［ʂ̥ɤ̟］奢，［kɤŋ］更，［kɤ］歌，［pʰɤ］波）	
	前	央	后	

总体而言，研究结果证明四平方言共存在五个不同的中元音：［e］、［e̞］、［ə］、［ɤ］和［o］。本研究数据证实了“椰、给、跟、哥、奢、沟、更”字里的中元音特征与普通话中元音变体的特征一致。“更”字里的元音为中后不圆唇元音，且与“哥”的元音相似。而“泼”的元音为不圆唇元音，这也证实了单永贤（1995）、Duanmu（2007）和蔡悦（2021）关于东北方言区中元音特性的观点。

与普通话相同的是，四平方言中元音的特性同样可以通过韵母的特性简单地推测出来，比如［je̞］“椰”和［kej］“给”里的中元音在舌位高度上的区别，抑或是［ʂ̥ɤ̟］“奢”，［kɤ］“哥”和［pʰɤ̠］“泼”的中元音在舌位前后的区别，同样也可以推测出［kəŋ］“跟”和［kɤŋ］“更”的元音的舌位前后。然而整体上这些变体都是固化变体，不能仅从周围的声韵母来推测出其中的差别，即使Duanmu（2007）根据分布互补原则将中元音都归为同一个音位，但不同变体之间的固化性加上不同变体在声学上的差异，使得将各个中元音归为多个不同音位的观点更为合理。

按照舌位的前后，四平方言的各个中元音最多可分为四组，从前到后可归为/e/、/ə/、/ɤ/和/o/四个音位。但我们认为/ə/和/ɤ/可不作区别，均可简化归为“哥”字元音所在的音位/ɤ/。因此，可简化为三个音位：/e/、/ɤ/和/o/，同时我们参考黄伯容和廖序东（2002）、邵敬敏（2007）和刘思维（2015）根据嘴唇圆展对普通话中元音音位进行归纳的观点，将这三个音位分为具有圆唇特征的音位/o/，以及不圆唇且靠前的音位/e/和不圆唇不靠前的音位/ɤ/。该音位的归纳方式准确地反映了各个变体的发音部位，相比于归纳为同一音位，归纳成三个音位的优势是大大消除了音感不同的变体之间所存在模糊界限。但各中元音变体在第一共振峰上并无区别，正如我们所讨论的关于“椰［je̞］”和“给［kej］”中的中元音变体那样，元音的高低或取决于元音的音长，因此从中元音所在字音的音节结构就可以提前判断出中元音的高低特性。简而言之，归纳四平方言中元音最可取且最简化的方式是根据元音舌位前后的位置，分为三个音位：/e/、/ɤ/和/o/。

5. 致谢

本文研究项目得到西班牙国家研究机构（http：//www. ub. edu/GEVAD）项目（编号：PID2020-113971GB-C21）、西班牙瓦伦西亚大学研究项目（编号：GI-UV2013-137）和湖南省教育厅科学研究项目“汉语与西班牙语元音系统实验对比及应用”（21B0073）的经费支持。感谢瓦伦西亚天主教大学的 Ricard Herrero 教授及 Maria-Rosa Lloret 女士的指导。同时非常感谢审稿人的意见。

参考文献

Boersma, P. , & Weenink, D. (2016). Praat: doing phonetics by computer, version 6. 0. 21. http://www. praat. org/ visited 25 – Sep. – 16.

Cheng, C. C. (1973). *A synchronic phonology of Mandarin Chinese*. The Hague: Mouton.

Cole, J. , & Hualde, J. I. (2011). Underlying representations. In van Oostendorp, M. , Ewen, C. J. , Hume, E. , & Rice, K. (Eds.) *The Blackwell companion to phonology*. Oxford: John Wiley.

Duanmu, S. (2007). *The phonology of standard Chinese*. Oxford: Oxford University Press.

Fabricius, A. H. , Watt, D. , & Johnson, D. E. (2002). A comparison of three speaker-intrinsic vowel formant frequency normalization algorithms for sociophonetics. *Language Variation and Change*, 21, 413 –435.

Howie, J. M. (1976). *Acoustical studies of Mandarin vowels and tones*. Oxford: Oxford University Press.

Krämer, M. (2012). *Underlying representations*. Cambridge: Cambridge University Press.

Lehiste, I. (1970). *Suprasegmentals*. Cambridge. MA: The MIT Press.

Schwartz, J. -L. , Boë, L. -J. , Vallée, N. , & Abry, C. (1997). Major trends in vowel system inventories. *Journal of Phonetics*, 25(3), 233 –253.

Tang, A. (2020). *Estudio acústico de las vocales del noreste de China y de su adquisición por parte de hablantes con castellano como L1 y catalán como L1*. PhD Dissertation. Universitat de València, Spain.

Toivonen, I. , Blumenfeld, L. , Gormley, A. , Hoiting, L. , Logan, J. , Ramlakhan, N. , & Stone, A. (2014). Vowel Height and Duration. In Steindl, U. *et al.* (Eds.) *Proceedings of the 32nd West Coast Conference on Formal Linguistics*. Somerville: Cascadilla Proceedings Project.

Trubetzkoy, N. (1939). *Grundzüge der Phonologie*. Prague: Jednota Československých Matematiků a Fysiků.

Watt, D. J. L. , & Fabricius, A. H. (2002). Evaluation of a technique for improving the mapping of multiple speakers' vowel spaces in the F1 ~ F2 plane. *Leeds Working Papers in Linguistics and Phonetics*, (09).

蔡悦：《白城方言声调与元音格局研究》，硕士学位论文，辽宁师范大学，2021年。

黄伯荣、廖序东：《现代汉语》，高等教育出版社2002年版。

刘思维：《普通话复韵母里中元音音位归并的探测性研究》，《现代语文》2015年第6期。

单永贤：《谈东北话与普通话语音的对应规律》，《语文学刊》（高等教育版）1995年第5期。

邵敬敏：《现代汉语通论》，上海教育出版社2007年第二版。

田小枫：《普通话中元音音位评述》，《南都学坛》（哲学社会科学版）1996年第5期。

王理嘉：《北京话的中元音音位》，《语文研究》1983年第3期。

王萍：《北京话声调和元音的实验与统计》，南开大学出版社2009年版。

徐青：《论音位的互补分布》，《湖州师专学报》1992年第1期。

徐世荣：《普通话语音知识》，文字改革出版社1980年版。

张志敏：《东北官话的分区（稿）》，《方言》2005年第2期。

赵元任：《语言问题》，商务印书馆2003年版。

中国社会科学院语言研究所：《中国语言地图集》（第二版），商务出版社2012年版。

朱剑、景体渭：《长春地区方言语音探析》，《吉林华桥外国语学院学报》2011年第2期。

唐安琪
博士，湖南师范大学外国语学院讲师，主要研究领域为语音学、西班牙语语音习得。
Email：tanganqi913@163. com

JIMÉNEZ Jesús
博士，西班牙瓦伦西亚大学加泰罗尼亚语系副教授，主要研究领域为加泰罗尼亚语语音学和音韵学、语言变异研究和方言学。
Email：jesus. jimenez@ uv. es

附录1　　四平方言各发音人（共7位发音人）的中元音F1的均值（单位：Hz；括号内为标准差）和整体均值（μ；42个样本）

元音	1	2	3	4	5	6	μ
gēi	536（10）	519（14）	475（12）	475（5）	602（15）	513（6）	520（45）
yē	517（25）	673（38）	539（7）	637（6）	650（34）	593（10）	601（62）
gēn	613（10）	604（47）	537（10）	599（11）	586（12）	572（7）	585（32）
shē	561（10）	639（13）	543（17）	610（23）	509（13）	617（8）	580（48）
gēng	542（21）	544（12）	526（16）	666（5）	652（10）	568（14）	583（57）
gē	547（8）	677（8）	580（31）	544（10）	557（10）	614（43）	586（52）
pō	530（12）	691（10）	559（46）	676（9）	531（14）	702（13）	615（79）
gōu	565（17）	490（43）	479（20）	496（17）	599（33）	567（25）	533（53）
wǒ	*488（60）*	*475（21）*	*587（25）*	*575（23）*	*533（24）*	*591（11）*	*541（56）*

附录2　　四平方言各发音人（共7位发音人）的顶点元音i，a和u的F1均值（单位：Hz；括号内为标准差）和整体均值（μ；42个样本）

元音	1	2	3	4	5	6	μ
dī	415（26）	413（14）	363（18）	371（16）	301（16）	293（6）	359（51）
dā	918（46）	914（38）	880（11）	892（74）	1059（21）	1018（41）	947（79）
dū	369（10）	444（15）	396（13）	438（13）	319（6）	347（17）	385（48）

附录3　　四平方言各发音人（共7位发音人）的中元音F2的均值（单位：Hz；括号内为标准差）和整体均值（μ；42个样本）

元音	1	2	3	4	5	6	μ
gēi	2353（35）	2261（83）	2288（128）	2695（53）	2346（63）	1930（186）	2312（246）
yē	2499（29）	2038（77）	2286（25）	2391（138）	2187（134）	2324（48）	2287（170）
gēn	1780（101）	1752（33）	1971（65）	2004（29）	1804（93）	1932（114）	1874（125）
shē	1360（35）	1330（62）	1790（23）	1693（18）	1160（93）	1689（38）	1504（239）
gēng	1146（77）	1238（50）	1372（56）	1653（31）	1344（75）	1503（53）	1376（177）
gē	1189（80）	1346（42）	1607（67）	1365（67）	1173（20）	1612（18）	1382（185）
pō	879（29）	1231（69）	1278（31）	1435（40）	1001（40）	1655（34）	1247（264）
gōu	929（30）	913（38）	1037（67）	1009（33）	1020（75）	1140（60）	1008（91）
wǒ	*1288（113）*	*1317（24）*	*1278（106）*	*1147（94）*	*1199（44）*	*1269（41）*	*1249（94）*

附录 4　　四平方言各发音人（共 7 位发音人）的顶点元音 i，a 和 u 的 F2 均值（单位：Hz；括号内为标准差）和整体均值（μ；42 个样本）

元音	1	2	3	4	5	6	μ
dī	2761（32）	2517（35）	2927（91）	2878（54）	3002（17）	3074（42）	2860（190）
dā	1826（78）	1550（45）	1926（44）	1638（29）	1594（80）	1764（59）	1716（146）
dū	819（16）	843（63）	973（67）	919（40）	797（71）	846（74）	866（78）

伊犁州厄鲁特蒙古语元音格局研究

赵春明

摘　要　本文采用语音实验的方法，基于元音音位特征和离散度揭示新疆伊犁州厄鲁特蒙古语元音声学格局。厄鲁特蒙古语元音是以/i，ɐ，o/和/iː，ɐː，oː/为顶点元音的锐角“倒三角形”，前重型格局。厄鲁特蒙古语词首音节和非词首音节的长元音和短元音在声学元音图高低维度上被分为六个层级，在前后维度上被分为三个层级，是“六三格局”。圆唇元音在相对应的展唇元音右侧有序排列；长、短高元音和次高元音的F1离散度均高于F2离散度，分布模式为高低扩展模式。不同位置/o/元音及词首音节/ɔ/元音的分布模式为前后扩展模式，而词首音节和非词首音节/oː/元音的变化以高低变化为主。低元音中/ɐ//ɐː/的F2离散度高于F1离散度，主要分布模式为前后扩展模式，而/æ//æː/的F1离散度均高于F2离散度，主要分布模式为高低扩展模式。

关键词　厄鲁特，元音，离散度，分布模式，格局

A STUDY ON THE VOWEL PATTERN OF OGELED-MONGOLIAN IN YILI

ZHAO Chunming

Abstract　The sound patterns of languages, especially those of the ethnic minorities in China have been a hot research area in phonology and phonetics. Adopting an experimental approach, the current study explored the vowel patterns of Ogeled-Mongolian mainly spoken in Yili, Xinjiang Uygur Autonomous Region, with a specific focus on their phonological and distributional features. The vowel system of the Ogeled sub-dialect of Yili Mongolian is basically the same as that of the Torghut sub-dialect in Xinjiang. In the initial syllable of the word, there are more short vowels in the Ogeled sub-dialect than in the Torghut sub-dialect, and the vowel /ʉ/ in the Ogeled sub-dialect is an allophone of the vowel /y/. The long vowels in the initial syllable are /ɐː/, /æː/, /eː/, /øː/, /ɔː/, /iː/, /yː/, and /oː/ in the two dialects. More short vowels can be found in the position of the non-initial syllables of the Ogeled sub-dialect. However, not all short vowels in these positions are reduced vowels which are largely related to their environment and syllable structures. The non-initial syllables in the Ogeled sub-dialect also feature the same long vowels, such as /ɐː/, /æː/, /iː/, /oː/, and /yː/. The sound patterns of Ogeled Mongolian vowels have acute angles and inverted triangles as vertex vowels, with /i, ɐ, o/ or /iː, ɐː, oː/ as top vowels. There are more front vowels in the Ogeled sub-dialect while the front and back vowels in Standard Mongolian are similar in numbers. The acoustic pattern of Ogeled sub-dialect is characterized with front heavy pattern while the pattern of Standard Mongolian is more of a front-and-back equivalent pattern. The long vowels and short vowels in the initial syllables and non-initial syllables of Ogeled sub-dialect can be divided into six levels: high, sub-high, medium-high, medium, sub-low, and low levels in terms of vowel height. In terms of back-to-front position, they can be divided into three levels: front, central, and back. Taken together, the sound pattern of this sub-dialect can be summarized as a “six-three pattern”. The dispersion of short vowels is found to be not necessarily consistent with that of corresponding long vowels. Rounded vowels are aligned to the right of the unrounded counterparts. For high onol sub-high vowels, the diffusion of F1 is stronger than that of F2. The vowel /o/ at various positions and the initial /ɔ/ expand from back to front while the initial and non-initial vowels of /oː/ change on the basis of height. There are some differences between the distribution model of the vowels of Ogeled dialect and Standard Mongolian vowels. The distribution model may be different for the same vowel in different vowel systems. The low vowels /ɐ/ and /ɐː/ expand from front to back, with stronger F2 diffusion than that of F1 while

/æ/ and /æ:/ develop from high to low, with stronger F1 diffusion than that of F2. The /ɐ/ vowel of the initial syllable in Standard Mongolian expand from high to low, with stronger F1 diffusion than that of F2.
Keywords Ogeled-Mongolian, Vowels, Measure of dispersion, Distribution model, Sound pattern

1. 前言

语音格局理论（石锋、冉启斌、王萍，2010）自提出至今，发展迅速，已被成功地应用到了普通话、少数民族语言语音研究、语言类型研究及二语习得相关研究中。前人对蒙古语标准音（呼和，2018）、正蓝旗土语（宝玉柱，2015）展开了较全面的研究，主要集中在词首音节、非词首音节短元音及变体的出现频率、词中位置、舌位格局、圆展格局、阴阳格局及演变等方面，而未基于离散度、元音分布图对词首音节长元音、非词首音节长短元音的分布模式进行研究。土尔扈特话是卫拉特方言的主要分支之一，学者们相对更注重土尔扈特话的研究。图雅在土尔扈特话语音格局的相关研究（图雅，2008a）中，对具有对立关系的词首音节长短元音在格局图上的远近距离及和谐方向作出了阐释，把非词首音节短元音均视为弱化元音，而未对其音质及格局特点进行进一步研究。需运用格局理论进一步深入研究元音的定位系统、内部变体及整体特征。

厄鲁特话是厄鲁特蒙古族所用语言，是蒙古语卫拉特方言中最具代表性的方言。厄鲁特话语音格局研究对于解释蒙古语语言接触、语言演变、语言类型和西蒙古历史文化有重要价值。

厄鲁特蒙古族主要分布在新疆边境地区。在新疆蒙古族人口中，厄鲁特人大约有3万人，人口比较集中。其中在尼勒克县的厄鲁特人有8000多人，在昭苏县有18000多人，另外在阿勒泰和乌苏等地也分布着少量厄鲁特人。厄鲁特话语音相关研究成果除涉及蒙古国厄鲁特话元音、新疆厄鲁特话元音和土尔扈特话元音的声学对比研究（乌日很，2016）、蒙古语卫拉特方言土尔扈特土语、苏北土语、青海土语短元音声学对比研究（朝鲁门等，2016）等内容之外，还涉及阿拉善土尔扈特话声学研究方面的内容（木其尔，2022）。

2. 厄鲁特话元音系统

厄鲁特话和土尔扈特话均为新疆卫拉特方言主要分支。厄鲁特话与土尔扈特话元音音系既有很多相同之处，也存在些许差别。本文通过对比分析厄鲁特话、土尔扈特话与蒙古语标准音来凸显厄鲁特话元音音系特征。

伊犁州厄鲁特话词首音节有如下9个短元音：/ɐ、i、e、æ、ø、ɔ、o、ʉ、y/，而土尔扈特话有/ɑ、i、e、æ、ø、ɔ、o、y/8个词首音节短元音（图雅，2008b）。厄鲁特话比土尔扈特话多了个/ʉ/元音，厄鲁特话中的/ʉ/元音为/y/元音的变体。厄鲁特话和土尔扈特话中的/ɐ/和/ɑ/元音舌位稍有差别，标记也有所不同。伊犁州厄鲁特话词首音节短元音中/ɐ/的出现频率最高，/e/的次之，分别占总数的27.3%和16.1%；/ʉ/的出现频率最低，占总数的3.8%；/æ/和/y/的出现频率相对低，分别占总数的5.4%和7.2%。伊犁州厄鲁特话、新疆土尔扈特话词首音节长元音为/ɐ:、æ:、e:、ø:、ɔ:、i:、y:、o:/（赵春明，2022）。伊犁州厄鲁特话中/æ:/的出现频率最高，占总数的20.3%。/ɐ:、y:、o:/的出现频率相对高，分别占总数的15.5%、16.5%和14.6%；/e:、i:、ø:、ɔ:/的出现频率分别占总数的9.3%、8.8%、8.1%和6.9%。

伊犁州厄鲁特话非词首音节短元音有/ɐ、æ、e、ɘ、ə、i、o、ɔ、ɛ、ɜ、ɞ、ɵ、ʉ、y/14个。非词首音节短元音不具备音位对立，不视为独立音位。其中/ə/的出现频率最高，占总数的18%。这说明伊犁州厄鲁特话非词首音节短元音有/ə/化、弱化现象。非词首音节短元音/e、ɜ、o/

的出现频率相对高，分别占总数的15.2%、14.7%和11%；/y/的出现频率最低，只占总数的1.2%；/ɵ、ʉ、ɔ、ʚ/的出现频率较低，所占比例在2%、3%左右。图雅（2008b）认为土尔扈特话非词首音节短元音均为弱化元音，土尔扈特话非词首音节只有/ə/元音音位。她还认为弱化元音的音系特征与功能区别于词首音节短元音音位，不能把词首和非词首音节短元音相提并论。词首音节短元音支配和影响非词首音节短元音的性质和特点，非词首音节短元音在语音系统互补关系中有所显现，音质完全由词首音节短元音的性质来决定。确精扎布（1959）认为卫拉特方言非词首音节短元音为所对应的词首音节短元音变体，非词首音节有/a、e、i、æ、ɔ、u、ø、y/等变体。呼和（2009）认为蒙古语标准音中的词首音节长元音、词首音节短元音和非词首音节短元音的关系不再是音位和音位变体之间的关系，而是独立音位之间的关系。笔者认为卫拉特方言非词首音节短元音并非全是弱化元音，元音的弱化特性与它的出现环境、音节结构有很大的关系。

伊犁州厄鲁特话和新疆土尔扈特话非词首音节均有/ɐ̱ː、æː、iː、oː、yː/5个长元音（根据描述，对土尔扈特话的标记稍作改动——引用者）（图雅，2008b），而厄鲁特话非词首音节位置还出现了/eː、ɔː、ʉː/长元音，/ɐː/的出现频率最高，/æː/的次之，分别占总数的46.2%和25.3%；/oː/的出现频率占总数的14.5%；/eː/和/ʉː/的出现频率分别占总数的5.4%和4.2%，/ɔː/只出现3次，/iː/只出现2次。

厄鲁特话中的词首音节和非词首音节中的/i/和/y/元音及/iː/和/yː/元音为唇形展圆相对的两对高元音。词首音节/e/和/ø/元音及其/eː/和/øː/元音，非词首音节/ə/和/ɵ/元音及/ɜ/和/ʚ/元音为四对唇形展圆相对的次高和中高元音。词首音节和非词首音节/o/和/ɔ/元音及/oː/和/ɔː/元音为圆唇元音。图2和图3显示，厄鲁特话圆唇元音在相对应的展唇元音右侧有序排列。

3. 研究方法

本研究在传统语音学研究的基础上，采用实验语音学的方法，运用语音格局理论，分析厄鲁特话语音格局特点，进而对比分析厄鲁特话语音与蒙古语标准音格局异同。

本次实验以新疆伊犁州昭苏县夏特乡、二牧场、哈拉乌苏以及尼勒克县为调查点，进行语音调查，选取6位发音人。录音设备采用IBMR51笔记本电脑和SONY话筒（SONY Electrets Condenser Microphone ECM－44B），在伊犁州昭苏县夏塔乡牧民家里，无杂音环境下进行录音。录音采样率为22050Hz，采样精度为16Bits，单声道记录，信噪比不低于45dB。发音合作人按照提前制定好的语料库读单词、句子和篇章语料。反复试听和斟酌采集到的语音资料，最终选取两位发音人的语音作为本次实验语料。巴音德力格尔：男，41岁，伊犁州昭苏县夏塔乡人，文化传承人，发音清晰，无嗓音性疾病；萨日娜：女，35岁，伊犁州昭苏县察汗乌苏人，民间艺人，发音清晰，无嗓音性疾病。词录音过程包括录音前的设备连接调试，录音时每个词读两遍，若发现发音人有读错的现象，会及时进行纠正，录音文件保存时一般将各发音人的录音独立保存为一个或多个数据文件。通常白天录音，晚上逐字逐句核查录音材料确保材料的完整、准确和清晰，若发现问题第二天重新录音。建立声音文件库时采用切音软件Audacity对录音波形文件进行切音整理，以便标注和声学分析时调用。本次实验对录音语料中的词进行声学分析。用于分析的男女发音人词语数量均为3841个，男女录音样本各有3100例。

本文借鉴中国社会科学院呼和研究员创建的“中国少数民族语言语音声学参数统一平台”建设的方法和原理，运用Praat软件进行三层标注。在此基础上，利用“自动加五层标注脚本”，添加五层标注层并运行自动标注脚本，得到八层标注，建立“声学参数标注库”。

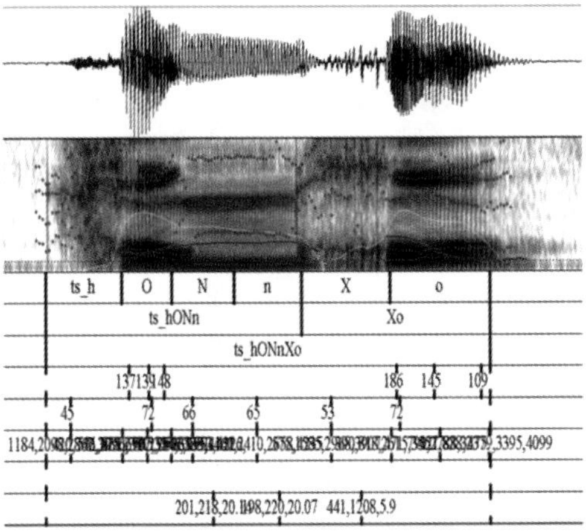

图1 厄鲁特话“耳鸣”一词的八层标注样本

用自动提取软件提取数据，完成数据库的建立。用Excel和SPSS软件对第一共振峰F1、第二共振峰F2进行统计，利用SMA4－WINL.48E软件画出以第一共振峰F1为纵坐标（线性刻度）、以第二共振峰F2为横坐标（对数刻度）的JOES型声学元音图。本文支持石锋（2008）的研究观点。如，声学元音图虽然不能完全和舌位图相同，但是在相对位置上大致对应。我们从中可以直观地考察不同元音之间的分布关系。这里需要说明的是本文中的“高低扩展模式”“前后扩展模式”为声学元音图纵轴和横轴上的分布模式，与舌位高低与前后有一定的对应关系。Ladefoged（2008）指出：传统的基本元音图与以听觉基础为刻度的声学元音图有本质关联。

本文将以男性发音人的元音格局图与元音分布图为例，从声学元音图、离散度两个方面探析伊犁州厄鲁特话不同音节，长短元音的格局特征，进而讨论元音演变模式。

4. 厄鲁特蒙古语元音格局分析

4.1 声学元音图

图2和图3显示，厄鲁特话是以/i，ɐ，o/和/iː，ɐː，oː/为顶点元音的锐角、“倒三角形”，前重型格局，且词首音节和非词首音节长、短元音的空间位置、范围不同。

厄鲁特话词首音节和非词首音节的长、短元音在声学元音图高低维度上被分为高、次高、中高、中、次低和低六个层级，在声学元音图前后维度上被分为前、后、央三个层级，是“六三格局”。厄鲁特话词首音节和非词首音节高元音为/i、y、iː、yː/，次高元音为/ʉ、ʉː、ɘ、ɵ/，中高元音为/e、ə、ø、o、ɞ、eː、øː、oː/，中元音为/ɔ、ɔː、ɜ/，次低元音为/æ、æː/，低元音为/ɐ、ɐː/。厄鲁特话词首音节和非词首音节前元音有/i、iː、y、yː、e、eː、æ、æː、ø/，央元音有/ɐ、ʉ、ɜ、ɞ、ɵ、ə、øː/，后元音有/ɔ、ɔː、o、oː/。

图2和图3中的实心圆代表的是词首音节元音，实心圆代表的是非词首音节元音。

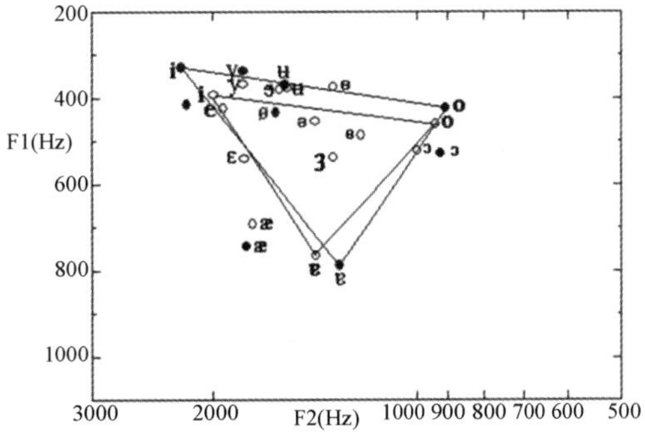

图2 词首、非词首音节短元音格局图（男）

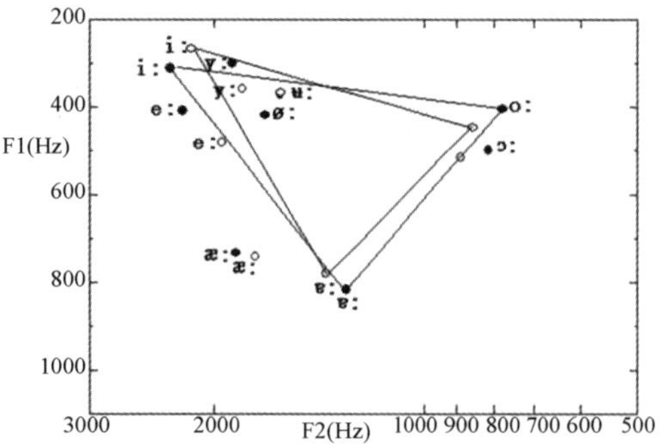

图3　词首、非词首音节长元音格局图（男）

4.2　元音离散度分析

从厄鲁特话元音分布图4、图5和图6、图7能够直观地观察到词首音节各元音分布模式及离散度的大小。

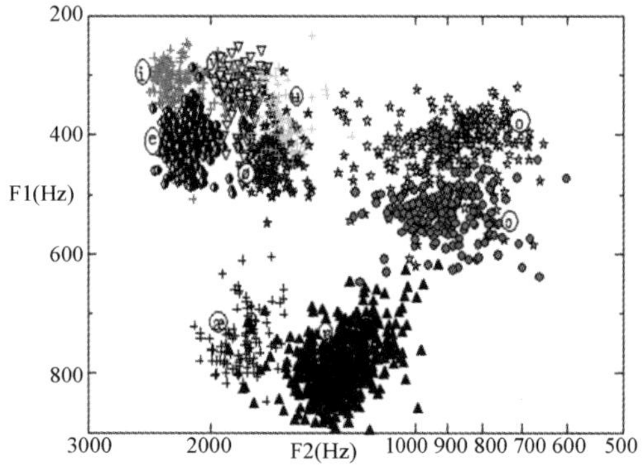

图4　词首音节短元音分布图（男）

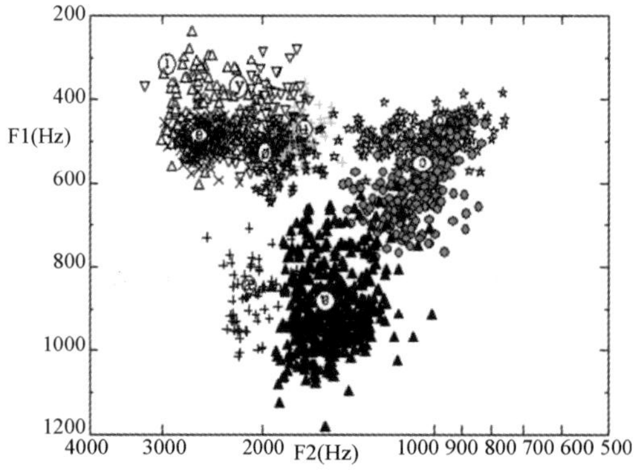

图5　词首音节短元音分布图（女）

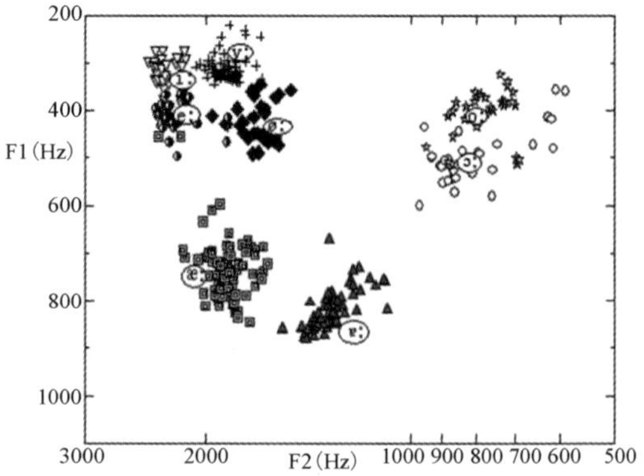

图6　词首音节长元音分布图（男）

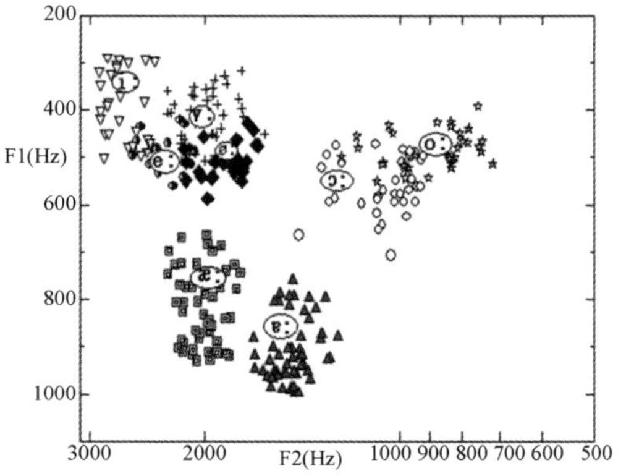

图7　词首音节长元音分布图（女）

采取标准差与平均值的比值（称为离散度）作为衡量各变体距平均值的远近的标准是较有效的方法（鲍怀翘、阿西木，1988）。本文中我们也采用此方法计算出新疆伊犁州厄鲁特话各元音F1、F2的离散度并进行比较。下文将把厄鲁特话长、短元音分为高、次高、中高（央）、中（央）元音；中、中高（后）元音和低、次低元音三组分析其离散度，进而揭示这些元音分布模式及演变规律。

4.2.1　高、次高、中高（央）、中（央）元音离散度分析

通过对不同位置男女发音人前、高元音/i、y、iː、yː/；前、次高元音/ʉ、ʉː、ɘ、ɵ/；央、中高元音/e、ə、ø、ɞ、eː、øː/及央、中元音/ɜ/的F1、F2离散度进行详细分析，得知厄鲁特话男性发音

人的前、高元音，前、次高元音，央、中高元音 F1 离散度均高于 F2 离散度。女性发音人除了非词首音节/ɜ/元音和词首音节/eː、øː/元音 F2 离散度比 F1 离散度高之外（差值分别为 -1%、-0.5%和 -1.8%），其他高元音、次高元音、中高（央）元音 F1 离散度均比 F2 离散度要高。不同音节高、次高元音 F1 离散度均值比 F2 离散度均值要高。高、次高、中高（央）元音的音位及音位变体在声学空间图上的分布模式为“高低扩展模式”。

表 1 为伊犁州厄鲁特话所有高、次高、中高（央）、中（央）元音离散度均值。

表1 高、次高、中高（央）、中（央）元音离散度均值表（女 & 男）

（单位:%）

		F1 离散度均值		F2 离散度均值	
		女	男	女	男
短元音	词　首	10.6	11.2	8.0	5.4
	非词首	11.4	10.8	10.3	7.4
长元音	词　首	11.6	10.9	7.9	4.8
	非词首	6.3	11.9	4.5	6.2
均　值		10.0	11.2	7.8	6.0

4.2.2　中、中高（后）元音离散度分析

对伊犁州厄鲁特话不同位置/o/和/ɔ/元音及/oː/和/ɔː/元音离散度做详细分析后发现，男女发音人元音离散度不一致。因此，下文要着重考察后、中和后、中高元音在具体环境中的离散度。

表2　中、中高（后）元音离散度均值表（女 & 男）（单位:%）

续表

		F1 离散度均值		F2 离散度均值	
		女	男	女	男
词　首	o	8.0	12.0	15.0	15.0
	ɔ	7.0	8.0	11.0	14.0
非词首	o	8.0	11.0	12.6	13.0
	ɔ	7.0	10.0	11.0	8.0
词　首	oː	7.7	9.8	15.0	9.0
	ɔː	9.3	11.3	11.4	13.4
非词首	oː	9.6	12.0	9.0	9.8
均值		8.1	10.6	14.2	11.7

表 2 数据表明：男女发音人不同音节/o/元音、词首音节/ɔ、ɔː/元音的 F2 离散度均高于 F1 离散度，分布模式为“前后扩展模式”，而非词首音节/oː/元音的 F1 离散度则高于 F2 离散度，分布模式为“高低扩展模式”。可以得知，短元音的离散度不一定与对应的长元音离散度相一致。

4.2.3　低、次低元音离散度分析

在这一部分对伊犁州厄鲁特话低元音/ɐ、ɐː/、次低元音/æ、æː/的离散度进行考察分析。

表3　低、次低元音离散度均值表（女 & 男）（单位:%）

		F1 离散度均值		F2 离散度均值	
		女	男	女	男
词　首	ɐ	8.0	6.0	15.0	7.0
非词首	ɐ	8.0	9.0	12.6	9.0
词　首	ɐː	7.0	5.4	8.0	10.0
非词首	ɐː	9.4	5.0	13.8	7.8
词　首	æ	9.5	9.6	8.3	6.0
非词首	æ	11.5	9.0	10.4	5.0
词　首	æː	9.8	9.0	6.6	7.0
非词首	æː	7.7	8.0	6.6	5.5

表 3 数据表明：伊犁州厄鲁特话中除了男发音人非词首音节/ɐ/元音 F1 离散度和 F2 离散度相同之外，男女发音人各个音节/ɐ、ɐː/元音的 F2 离散度均高于 F1

离散度，分布模式为“前后扩展模式”。除了女发音人非词首音节/æː/元音的F1离散度低于F2离散度之外，男女发音人各个音节/æ、æː/元音的F1离散度均高于F2离散度，分布模式为“高低扩展模式”。

5. 结论

伊犁州厄鲁特话和新疆土尔扈特话词首音节均有/ɐ、i、e、æ、ø、ɔ、o、y/短元音，厄鲁特话音系中多了个/ʉ/元音，/ʉ/元音为/y/元音的变体。词首音节长元音均为/ɐ̱ː、æː、eː、øː、ɔː/，/iː、yː、oː/。非词首音节均有/ɐ̱ː、æː、iː、oː、yː/5个长元音，而伊犁州厄鲁特话非词首音节位置还出现了/eː、ɔː、ʉː/长元音，/iː/只出现2次，/ɔː/只出现3次。厄鲁特话非词首音节短元音性质有待进一步深入研究。

伊犁州厄鲁特话语音受其语言环境的影响，前、高元音，前、次高元音，央、中高元音数目和音位比蒙古语标准音要多。蒙古语标准音格局为前后对等型格局（呼和，2018），而厄鲁特话元音格局为前重型格局。厄鲁特话中的舌前位置不同音节中的高元音/y/、次高元音/ɘ、ʉ、ɵ/、次低元音/æ/，舌中位置中高元音/ø、ɞ/的F1离散度均高于F2离散度，在声学空间图高低维度上的活动较灵活，/ɘ、元音可能由/ə/元音演变而来，而舌中位置低元音/ɐ/以及舌后位置不同音节中的/o/元音、词首音节/ɔ、ɔː/元音的F2离散度均高于F1离散度，分布模式为“前后扩展模式”，非词首音节/oː/元音的F1离散度高于F2离散度，分布模式为高低扩展模式。

6. 讨论

鲍怀翘曾用实验证明，普通话单元音生理舌位图上元音三角形横向分布较宽，纵向分布较窄，反映出发音器官的某些特点：人的口腔前后轴（横向）长，上下轴（纵向）短，并由此推论，舌高点的横向移动对元音音色的变化相对不太敏感，而纵轴上的少量位移往往会引起元音的变化（鲍怀翘，1984）。拉波夫（W. Labov，1988）曾提出元音链移的三种情况，即：（1）长元音高化，（2）短元音低化（包括前向复元音的韵核低化），（3）后元音前化。他把这三条看作是统管元音链移式音移的“通则”（general principles）。其中以长元音高化最为常见，而且几乎没有例外。时秀娟（2010）提出元音空间的不同区域隐含着元音的不同性质，能够反映元音的属性及元音演化的轨迹。她还用实验证明，元音空间组成部分参数的不同性质也对元音的变化有很大影响，汉语方言元音F1的离散度大，因此汉语方言元音的主要演变方向是高低维度上的变化。胡方（2008）以宁波方言为例研究元音产生中的舌运动机制，并提出语言学上元音高低、前后之对立均可以用“回缩及后举”和“前举”这两个机制来解释。呼和（2018）在蒙古语标准音实验研究中发现，蒙古语标准音词首音节圆唇元音为前后扩展模式，即圆唇元音的变体主要分布在前后维度上（舌位前后上），而展唇元音为高低扩展模式，即展唇元音的变体主要分布在高低维度（舌位高低上）。

在伊犁州厄鲁特话中，不同音节/o/元音、词首音节/ɔ、ɔː/元音分布模式为前后扩展模式；非词首音节/oː/元音的F1离散度高于F2离散度，分布模式则为高低扩展模式，以高低变化为主。这一变化模式符合拉波夫提出的“长元音高化”的通则。在伊犁州厄鲁特话中，低元音/ɐ、ɐː/元音音位主要分布模式为前后扩展模式，有可能在前后维度上发生音变；/æ、æː/元音音位主要分布模式则为高低扩展模式，有可能在高低维度上发生音变。

伊犁州厄鲁特话元音与蒙古语标准元音在分布模式上存在异同。如，伊犁州厄鲁特话和蒙古语标准音圆唇元音/o、ɔ/的分布模式均为前后扩展模式；蒙古语标准音词首音节展唇元音/ɐ/主要分布模式为高低扩展模式，而厄鲁特话/ɐ/元音的分布模式为前后扩展模式；厄鲁特话词首音节圆唇元音/y、ø、ʉ/及非词首音节圆唇元音/ɞ、ɵ、ʉ、y/的F1离散度均高于F2离散度，是高低扩展模式。

综上所述，厄鲁特话与蒙古语标准元音在分布模式上有所不同，同一个元音在不同的元音系统中，分布模式有可能不同。短元音离散度不一定与对应的长元音离散度相一致。如，不同位置/o/元音分布模式为前后扩展模式，/oː/元音分布模式却为高低扩展模式；短元音离散度通常比对应的长元音离散度大。

7. 致谢

本文研究得到了西北民族大学民族语言文字信息技术重点实验室的经费和技术支持，还得到了国家社科基金项目（编号：22XYY043）的经费支持，在此表示感谢。

参考文献

鲍怀翘、阿西木：《维吾尔语元音声学初步分析》，《民族语文》1988年第5期。
鲍怀翘：《论普通话单元音分类的生理解释》，《中国语文》1984年第2期。
宝玉柱：《蒙古语正蓝旗土语元音和谐律研究》，《语言研究》2015年第1期。
朝鲁门：《蒙古语卫拉特方言土尔扈特土语、苏北土语、青海土语短元音声学对比研究》，《第十二届全国语音学学术会议》2016年。
木其尔：《阿拉善额济纳土尔扈特话元音声学研究》，硕士学位论文，西北民族大学，2022年。
胡方：《论元音产生中的舌运动机制》，《中国语音学报》2008年第1辑。
呼和：《蒙古语语音声学研究》，辽宁民族出版社2009年版。
呼和：《蒙古语语音声学研究》，社会科学文献出版社2018年版。
石锋、冉启斌、王萍：《论语音格局》，《南开语言学刊》2010年10月。
确精扎布：《关于卫拉特方言音位体系》，《蒙古语言文学历史》1959年第3期。
石锋：《语音格局——语音学和音系学的交汇点》，商务印书馆2008年版。
石锋、郭嘉译：《语言变化原理：内部因素（威廉·拉波夫著）》，商务印书馆2019年版。
时秀娟：《汉语方言的元音格局》，中国社会科学出版社2010年版。
图雅：2008a，《从声学角度考察土尔扈特话元音和谐律》，《中国蒙古学》2008年第6期。
图雅：2008b，《卫拉特方言元音的实验语音学研究》，内蒙古人民出版2008年版。
乌日很：《蒙古国厄鲁特土语元音声学分析》，硕士学位论文，内蒙古大学，2016年。
赵春明：《基于声学参数数据库的新疆伊犁州厄鲁特话元音研究》，博士学位论文，西北民族大学，2020年。

赵春明
博士，西北民族大学中国语言文学学部副教授，硕士生导师。主要研究领域包括实验语音学、蒙汉语言对比与翻译研究。
Email：1210811479@ qq. com

应用研究

自闭症儿童语音情感感知研究

祁　晶　吴西愉　杨　洁　杜佳楣

摘　要　自闭症谱系障碍是一种严重的广泛性发育障碍，患者一般存在社会情感互动及人际沟通上的缺陷。自闭症患者在语音情感的感知上是否存在缺陷，与普通人在情感识别的模式上是否存在差异，此类问题在前人的研究中存在很大的分歧。该研究通过对比自闭症儿童与典型发展儿童在识别开心、生气、害怕、伤心四种情感语音时的表现，发现虽然在各种情感的混淆情况及识别偏向上自闭症儿童与典型发展儿童的趋势基本一致，但自闭症儿童识别正确率显著弱于典型发展儿童。通过 VB-MAPP 得分与情感感知得分的显著相关及上述结果可以看出，自闭症儿童在语音情感感知能力上并没有缺陷，其表现较差是因其任务执行相关能力较弱而非情感感知缺陷导致的。

关键词　自闭症，情感语音感知，语音韵律，儿童

A STUDY ON SPEECH EMOTIONAL PERCEPTION OF CHILDREN WITH AUTISM

QI Jing, WU Xiyu, YANG Jie, DU Jiamei

Abstract Autism Spectrum Disorder (ASD) is a serious pervasive developmental disorder. People with ASD generally have defects in the interaction of social emotion and communication. The study of the emotional perception of autistic people is important to deepen the understanding of the pathological mechanisms of ASD. In terms of the emotional perception ability of autistic people, researchers mainly focus on facial expressions. Howerer, speech rhythm abnormalities are one of the key features of autism, and research on the perception of speech emotion of autistic children has important implications for the study and treatment of language disorders in children with autism. Research on speech emotion recognition is inadequate, especially in China. Are there any defects in the perception of speech emotion in autistic people? Are there any differences between autistic children and typical development children in emotion recognition patterns? Previous studies have not reached consistent conclusions.

In this study, twenty TD (Typically Developing) children and twenty ASD (Autism Spectrum Disorder) children were matched on age and gender. They served as subjects in a speech emotion identification task for four different emotions, including happiness, anger, fear, and sadness. The four kinds of emotional speech were performed by the same speaker based on the same expository text. And the identification of speech emotions based on these materials reached a high level of agreement in tests with adults. By comparing the performance of TD children and ASD children in identifying four emotional sounds through repeated measured ANOVA and T-test, we investigated whether there are differences between the two groups in the ability to recognize speech emotions in terms of identifying trends and confusions. We also conducted a correlation analysis between VB-MAPP (Verbal Behavior Milestones Assessment and Placement Program) scores and perception scores of speech emotion in ASD children to explore the relationship between their task executian-lelcted ability and speech emotion perception ability.

As a result, we found that the performance of recognition accuracy of ASD children was significantly weaker than that of TD children. However, the trend of emotional confusion and recognition preference of ASD children were basically consistent with that of TD children. Based on the above results and the significant correlations between the VB-MAPP scores and the emotional perception score, it can be concluded that ASD children have no defects in the ability to perceive emotions from speech. Their poor performances are caused by weak task execution-related ability rather than emotional perception defects.

The results of this study support the notion that the deficit in emotional perception is not a core deficit of autism. For children with autism, the scores on multiple items of the VB-MAPP correlated well with scores on the emotional speech identification task, suggesting that training in some of the basic abilities of children with autism may be useful in improving their performance on emotional speech perception. This also reveals that it is important to pay attention to the design of tasks when conducting experiments with ASD children. Sometimes it is the ability to execute tasks rather than the ability we want to explore that restricts the performance of autistic people.
Keywords Autism spectrum disorder, Emotional perception of speech, Speech prosody, Child

1. 前言

自闭症是一种以社会交往障碍、言语发展障碍带来的沟通能力障碍为主要症状，并伴随刻板行为的严重广泛性发育障碍。《精神疾病诊断与统计手册——第4版》（1994）称之为广泛性发育障碍（Pervasive Developmental Disorder），包括儿童自闭症（Autistic Disorder）、阿斯伯格综合征（Asperger Syndrome）、雷特氏症（Rett's Disorder）、儿童期瓦解性障碍（Childhood Disintegrative Disorder）以及待分类的广泛性发育障碍。《精神疾病诊断与统计手册——第5版》（2013）以自闭症谱系障碍（Autism Spectrum Disorder）概括了除雷特氏症以外的广泛性发育障碍的各个类别。

自Kanner（1943）首次对自闭症作出描述以来，自闭症因其独特的症状和严重的危害性而受到相关领域研究者广泛而持续的关注。随着人们对这一障碍认识的不断深入及流行病学调查的开展，自闭症的确诊人数在持续增加。根据美国疾病控制与预防中心（CDC）的调查，2000—2016年，自闭症的诊断率从6.7‰增长到了18.5‰。[①] 这一障碍已经成为人类面临的严重的社会问题之一。虽然对自闭症的研究已经持续了半个多世纪，但人们对自闭症病理机制的认识仍未达成共识，目前也尚未找到可以彻底治愈的医学手段或干预方法。为了全面地了解自闭症症状产生的原因，有必要对其症状的相关因素进行深入探索。

自闭症的重要表现之一是社交回避，感情淡漠，因此感情障碍曾被认为是自闭症的核心缺陷之一。尽管这个假说现已被排除，但自闭症患者情感感知能力的研究对于增进对病理机制的了解仍有重要作用。大量研究发现自闭症患者在基于面部表情和语音韵律的情感的感知能力上存在障碍，然而自闭症情感感知相关研究主要集中在面部表情上，对于语音情感的研究则相对不足。言语韵律异常是自闭症的一个关键特征之一。Shriberg等人（2001）曾指出，自闭症人士在语音韵律上的明显缺陷在语法相关的韵律上没有发生，而更多地与语用和情感处理过程有关。因此，对自闭症语音情感感知展开探索，不仅能推进对自闭症患者情感认知的理解，对深入了解和治疗自闭症儿童的语言障碍也有重要的启示意义。

国内自闭症言语韵律的研究多数集中在声调及其范畴感知上，而缺乏韵律情感感知的研究。如万璇（2014）探究了自闭症儿童对音乐和语言音高的加工，发现他们有正常的旋律分辨能力与略逊的音高知觉；黄蔚雯等人（2021）的研究则表明自闭症儿童的声调感知具有一定的范畴性，但声调感知的范畴性弱于典型发展儿童。国外相关研究结果比较复杂。Hobson等人（1988）对自闭症患者、智力障碍和普通人在匹配了年龄和语言能力后进行了对比研究，在匹配表情和情感语音，以及非情感照片和事件的任务中，自闭症患者在情感相关任务上表现更差。Lindner和Rose'n（2006）研究了自闭症儿童使用韵律线索匹配社交言语情感与情绪化面部表情的能力，发现其表现不如典型发展的同龄人。

与之相反，一些研究发现自闭症患者与常人在根据韵律识别基本情感的能力基本相当，比如Boucher等人（2000）发现，自闭

① 数据来自美国疾病控制与预防中心（CDC）官网：https://www.cdc.gov/ncbddd/autism/data.html。

症儿童在根据单个单词的情感韵律标注六种基本情感的能力与TD同龄人相当，而在将韵律表达的情感与情绪面孔的照片匹配上存在缺陷。Brennand等人（2011）测试了自闭症青少年从情感韵律中识别基本情感（愤怒、恐惧、快乐、悲伤）的能力，当这些情感被嵌入没有任何语义内容的假句中时，自闭症参与者也没有表现出缺陷。

前人研究虽结论不一致，但都证实了自闭症具有一定的识别语音情感的能力，进一步，他们对于不同情感的识别混淆情况与普通人相同么？对于语音情感的识别倾向上是否有差异？很多研究者都关注自闭症患者与普通人在语音情感识别模式上的区别并尝试回答上述问题。Wang和Tsao（2015）的研究发现高功能自闭症儿童存在积极情感韵律认知的选择性障碍，即他们在中性情感相关话语内容中识别快乐韵律的能力低于正常儿童，而在愤怒和悲伤的识别上没有任何问题。Brennand等人（2011）认为自闭症儿童在情感区分上的表现与正常被试是一致的，情感混淆矩阵是相同的模式，他们情感识别上的差异可能是语言能力带来的。Brooks和Ploog（2013）在研究中指出，正常儿童表现出对积极情感韵律句子的偏好，自闭症儿童没有这种偏好，Ploog等人（2014）使用被试不熟悉的语言重复相似实验，排除了语义干扰之后，正常儿童对于积极情感句子的偏好消失，因此只从语音韵律线索出发，自闭症和正常儿童对情感的感知偏向基本模式应该是一致的。

自闭症在语音情感的感知上是否存在缺陷，是否与普通人有识别模式上的差异，前人没有达成完全一致的结论，对于自闭症个体的情感缺陷是否存在也尚未达成完全一致的共识。本研究计划将典型发展儿童与自闭症儿童进行年龄匹配，对比被试在识别开心、生气、害怕、伤心四种感情语音时的表现，探究自闭症儿童与典型发展儿童通过语音韵律进行情感识别的能力是否存在差异，观察他们在各种情感的混淆情况，以及在识别偏向上是否存在不同的表现，并据此进一步讨论自闭症儿童的情感感知缺陷是否存在。

2. 研究方法

2.1 被试

本研究进行自闭症与典型发展儿童的对比实验。考虑到自闭症儿童的特殊性，在征得其监护人知情同意后，实验在北京星希望孤独症康复中心的协助下开展；对照组儿童来自北京市陶然亭街道图书馆内的随机抽样。实验组通过VB-MAPP里程碑评估结果进行了初步筛选，对照组和实验组在年龄性别上进行了匹配。排除了不能配合及不能理解实验意图的被试，获得有效被试40名：20名自闭症儿童（$M=6.25$，$SD=1.71$）和20名典型发展儿童（$M=6.4$，$SD=1.79$）。由于自然状态下自闭症患者男多女少，实验组和对照组各有18位男生和2位女生。

2.2 实验设计

实验采用2（组别）×4（情感类型）混合设计。分自闭症组（ASD）和典型发展儿童组（TD），情感类型包括“生气”“伤心”“开心”“害怕”。以情感感知的正确率为因变量进行统计分析，探究自闭症儿童与典型发展儿童在情感语音感知能力上是否存在区别，以及在不同的语音情感的感知上是否存在差异。分析自闭症和典型发展儿童语音情感感知混淆的情况，探求自闭症儿童和典型发展儿童的基本情感感知特征的差异。本实验尽量对潜在的额外变量进行了控制，为研究不同儿童通过韵律感知情感的能力，尽量避免内容的干扰，录音材料为同一段说明文的不同情感的录音；为平衡材料判断难度差异对测量结果的趋势性影响，不同材料在每位被试的实验任务中以随机顺序呈现。

2.3 材料

2.3.1 实验材料

实验材料包括图形和录音。图形材料包括四张分别带有“开心”“伤心”“害怕”和“生气”的表情符号卡片，卡片大小一致，卡片上的表情符号图片大小一致，四种表情符号的图片如图1所示。

图1　四种表情符号

录音材料来自一位汉语普通话一级甲等的女性专业播音员。发音人不考虑字面意义，对同一段说明文《鲸》进行多种情感的演绎，该材料在对成年人的情感测试中达成了很高的一致性。对其中“生气”“伤心”“开心”和“害怕”四种不同情感的录音进行剪切，分别得到时长相近的不同情感的清晰完整的语段句子。每种情感的材料根据内容做的剪切相同，每种情感有5种字面语义内容不同的材料，其中1—2的字面语义没有任何感情倾向，3—5的字面语义带有负面的情感倾向。具体内容如下：

（1）鲸生活在海洋里，因为体形像鱼，许多人管它叫鲸鱼。其实它不属于鱼类，而是哺乳动物。

（2）鲸的种类很多，总的来说可以分为两大类：一类是须鲸，没有牙齿；另一类是齿鲸，有锋利的牙齿。

（3）须鲸主要吃虾和小鱼。它们在海洋里游的时候，张着大嘴，把许多小鱼小虾连同海水一齐吸进嘴里，然后闭上嘴，把海水从须板中间滤出来，把小鱼小虾吞进肚子里，一顿就可以吃两千多公斤。

（4）齿鲸主要吃大鱼和海兽。它们遇到大鱼和海兽，就凶猛地扑上去，用锋利的牙齿咬住，很快就能吃掉。

（5）有一种号称“海中之虎”的虎鲸，常常好几十头结成一群，围住一头三十多吨重的长须鲸，几个小时就能把它吃光。

2.3.2　VB-MAPP

语言行为里程碑评估及安置计划（Verbal Behavior Milestones Assessment and Placement Program，VB-MAPP）（Sundberg，2008），整合了应用行为分析的程序及教导方法以及斯金纳的语言分析，为语言发育迟缓的儿童提供以行为为基础的评估程序，通过测定儿童相关技能的基础水平，为儿童个别化教育计划的制订提供关键信息，因此被广泛应用于自闭症儿童的临床干预和技能训练中。VB-MAPP包括了五部分，分别是：里程碑评估、障碍评估、转衔评估、任务分析和支持性能力，以及VB-MAPP安置和个别化教育计划目标。本研究以自闭症儿童VB-MAPP里程碑评估得分作为判断其能力的依据。

VB-MAPP里程碑评估测试孩子跨越三个语言发展阶段（0—18月、18—30月、30—48月）的基本能力，包含16个领域：提要求、命名、对话、仿说、动作模仿、阅读、书写、听者反应、复杂听者反应、视觉感知和样本配对、独立游戏、社交、教室常规和集体能力、语音、语言结构、算术。这16个领域在三个阶段展开，部分能力在不同的阶段重复出现，所有能力的评估体现为170个学习与语言的里程碑，计分时每达到一个里程碑计1分，计分时存在0.5分。如“提要求1-M——发出2个话语、手语、图片，可能需要仿说、模仿辅助，但不需肢体辅助”，若只发出1个计0.5分。本研究中ASD儿童的VB-MAPP里程碑的分数由北京星希望孤独症康复中心的专业语言治疗师进行测试所得。

3.2.3　实验程序

实验主要分为预实验和正式实验两部分。在预实验中，被试进行情感词语图片匹配任务，要求被试将主试口述的情感词与表情符号卡片进行匹配。词语包括：“开心”“生气”“伤心”“害怕”。此实验是为了保证儿童被试能够理解四种情感以及具有做出响应的能力，只有通过了预实验才“会”（或“能”）进入正式实验。

正式实验中，要求被试听“开心”“生气”“伤心”和“害怕”四种录音，然后选出与录音中说话者的感情匹配的表情符号卡片给主试。实验分为练习组和正式组，练习组包括4个试次（使用的材料是四种不同情感的2.3.1中材料3），让被试熟悉听音及判断的流程。正式组共32个试次，每个试次播放一个语音材料，每个情感的语音材料播放8次（即材料1、

2、4、5各播放两次），语音材料的播放顺序随机。记录下语音材料顺序以及被试的判断结果。

3. 实验结果

经过实验我们得到了40位被试的判断结果，整理不同情感语音下被试回答正确的个数，以回答正确的个数除以语音总数计算正确率，使用SPSS对数据进行统计分析，并无两个标准差外数据，被试均为有效被试。

以自闭症儿童作为实验组（ASD），典型发展儿童作为对照组（TD），接下来将展示两组被试的正确率结果的描述性统计及对比分析，两组在语音情感识别时的混淆情况与识别偏向，以及自闭症儿童情感识别分数和VB-MAPP项目得分的相关性分析。

3.1 语音情感识别能力分析

ASD儿童和TD儿童对于不同情感语音的感知正确率描述性统计如表1所示。

表1 情感识别正确率结果（$M \pm SD$）（表格中的数字均为百分比）

	ASD	TD
开心	61.25 ±27.48	85.00 ±24.20
生气	46.88 ±27.17	57.50 ±32.80
害怕	43.13 ±25.16	63.75 ±30.32
伤心	39.38 ±24.09	51.88 ±30.15
总正确率	47.66 ±20.87	64.53 ±22.36

对两组儿童语音情感识别的总正确率分别进行正态分布检验，ASD组符合正态分布，TD组不符合正态分布，因此对两组的总正确率进行独立样本t检验和非参检验，独立样本t检验结果显示：$t(38) = -2.467$, $p = 0.018$，即ASD儿童语音情感识别的总正确率显著低于TD儿童。双样本*Kolmogorov-Smirnov*检验结果显示*K-S Z* = 1.581, $p = 0.013$。即ASD儿童与TD儿童总正确率分布存在显著差异。

以组别为组间变量，语音的不同情感为组内变量，感知结果正确率为因变量，进行2×4重复测量方差分析，分析两组儿童在不同情感语音识别上的差异。Mauchly球形度检验显示，不同情感下的正确率不满足球形检验假设（$p = 0.03$），采用Greenhouse-Geisser矫正后的结果。方差分析的结果显示，情感的主效应显著，$F(2.478, 94.180) = 13.76$, $p < 0.001$；情感与组别的交互作用不显著，$F(2.478, 94.180) = 0.974$, $p = 0.396$。该结果表明儿童对于不同情感的识别能力有所差异，但是这差异在ASD和TD组中并不表现出显著的不同。进行事后比较发现，开心的正确识别率显著高于其他三种情感（$p < 0.001$），生气、害怕、伤心三种情感的识别正确率两两无显著差异。

分组进行情感的简单主效应分析发现，对于ASD儿童，开心显著高于害怕（$p = 0.03$）和伤心（$p = 0.019$）的正确率，其余则两两差异不显著；对于TD儿童，开心识别正确率则显著高于其他三种情感的识别正确率。通过独立样本t检验进一步对比ASD和TD在不同情感下的表现，发现开心（$p = 0.006$）和害怕（$p = 0.025$）两种情感下ASD和TD组正确率有显著差异，在生气（$p = 0.272$）和伤心（$p = 0.156$）两种情感下识别正确率无显著差异。正确率的详细情况如图2所示（并未标出ASD不同情感识别率的显著差异）。

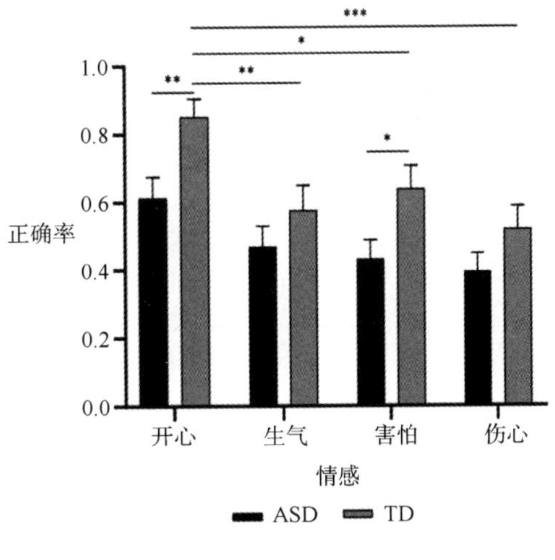

图2 ASD儿童和TD儿童在不同情感下的正确率

注：*** $p < 0.001$，** $p < 0.01$，* $p < 0.05$。

3.2 语音情感识别混淆情况及识别偏向

在四种情感下，ASD 儿童和 TD 儿童皆有错认的情况，统计两个群体在不同条件下对于情感的识别总个数，ASD 儿童和 TD 儿童关于语音情感识别的混淆矩阵如表2 和表3 所示，两个矩阵相关系数 $r = 0.9491$。

以语音的四种情感为横轴，以每种情感语音下识别出的情感数目为纵轴，画出两个组的情感识别堆叠条形图如图3，从图中我们能够更直观地发现在每种情感的错误趋势上，ASD 儿童和 TD 儿童都表现出较为一致的混淆倾向，如两类儿童对于害怕情感的语音，都最容易错误识别为伤心、其次是生气、最难识别为开心。

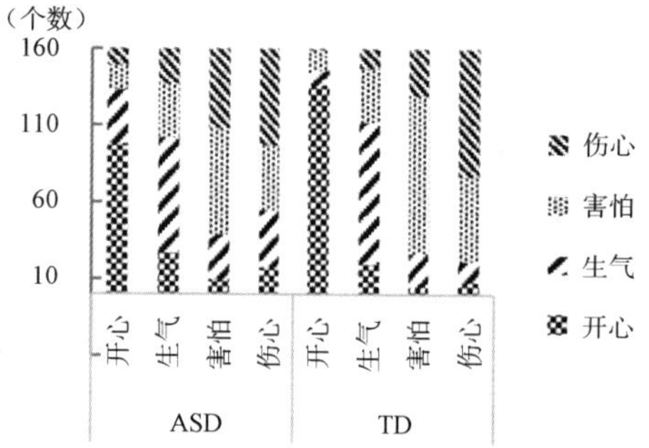

图3 ASD 和 TD 儿童对不同情感的识别情况

计算各种情感下的精确率（P）、召回率（R）以及 F 值，结果如表2、表3 中所示。召回率即正确率，主要针对样本个数计算分类结果的正确性，精确率针对预测结果个数计算分类结果的正确性，F 值是综合以上两者的结果，能够更为准确地反映多分类判断结果的准确性，计算方法见公式（1）。

$$F = \frac{2RP}{R + P} \tag{1}$$

以开心为例，召回率指被正确识别为开心的个数占开心语音总个数的比例（$R_{开心} = 98/160$）；精确率指被正确识别为开心的个数占被识别为开心的语音总数的比例（$P_{开心} = 98/153$）。F 值等于判断为开心正确的个数乘以二，除以开心语音总个数加被识别为开心的语音个数。［$F_{开心} = 98 \times 2 / (160 + 153)$］。综合所有参数来看，两组儿童在开心这一情感的识别上都最精确，其他三种消极情感则较差，在伤心的识别上表现最差。

四类感情中，ASD 儿童生气的判断最多，但 ASD 儿童的四类判断总数与四种感情的真实数目都比较接近。TD 儿童做出害怕的判断最多，远大于害怕的语音的真实数目。考虑到这种差异可能出于材料语义的影响，我们统计了两组儿童对于不同内容的语音材料的判断个数，具体情况如表4。

经比较可发现在材料1 和材料2 中二者都无情感识别偏向，在材料4 和材料5 的情感识别中，TD 儿童情感识别偏向于害怕，而 ASD 儿童仅在材料5 上表现出了低水平的生气识别偏向。综上，两组儿童根据韵律识别感情的偏向并无差异，其差异是材料语义影响造成的。

3.3 语音情感识别与自闭症儿童基本能力

对每个 ASD 儿童情感识别的总正确率与其 VB-MAPP 测试总分、VB-MAPP 各项能力得分进行相关分析。因部分项目得分呈非正态分布，采用 Spearman 相关分析，Pearson 相关分析为参考。Spearman 相关分析结果显示，情感识别的正确率与 VB-MAPP 测试总分显著相关。此外，情感识别总正确率还与命名、听者反应、视觉配对、游戏、社交、LRFFCC（复杂听者反应）、对话、算术显著相关。Pearson 相关分析结果除增加语言结构的显著相关外，其余与 Spearman 相关分析结果一致，具体相关系数及 p 值如表5。

表2 ASD儿童情感识别混淆矩阵

		识别结果					
		开心	生气	害怕	伤心	总数	正确率R（%）
语音情感	开心	98	35	16	11	160	61.3
	生气	27	75	35	23	160	46.9
	害怕	10	29	69	52	160	43.1
	伤心	18	37	42	63	160	39.4
	总数	153	176	162	149		
	精确率P（%）	64.1	42.6	42.6	42.3		
	F值	0.6262	0.4464	0.4286	0.4078		

表3 TD儿童情感识别混淆矩阵

		识别结果					
		开心	生气	害怕	伤心	总数	正确率R（%）
语音情感	开心	136	10	13	1	160	85.0
	生气	20	92	35	13	160	57.5
	害怕	5	22	102	31	160	63.8
	伤心	8	14	55	83	160	51.9
	总数	169	138	205	128		
	精确率P（%）	80.5	66.7	49.8	64.8		
	F值	0.8267	0.6174	0.5589	0.5764		

表4 不同语义内容的情感总识别数情况

		语音材料			
		1	2	4	5
ASD	开心	37	42	37	37
	生气	41	39	44	52
	害怕	41	44	44	33
	伤心	41	35	35	38
TD	开心	48	44	38	39
	生气	33	36	36	33
	害怕	39	40	60	66
	伤心	40	40	26	22

该结果表明VB-MAPP总分对于情感识别的总正确率有很好的预测力，除此之外还向我们揭示了任务可能涉及的基本能力：命名、听者反应、视觉配对、游戏、社交、LRFFCC（复杂听者反应）、对话以及反应儿童逻辑思维能力的算术能力。

4. 讨论

研究发现自闭症儿童在感情识别上比典型发展儿童表现要差，但在各种情感的混淆情况及识别偏向上与典型发展儿童趋势一致，同时发现了儿童基础能力与感情识别结果的相关性，具体讨论如下。

表 5　ASD 儿童各能力与情感识别正确率相关性

	Spearman		Pearson	
	相关系数	p	相关系数	p
VB-MAPP 总分	0.597 **	0.005	0.572 **	0.008
提要求	0.385	0.094	0.405	0.076
命名	0.506 *	0.023	0.476 *	0.034
听者反应	0.473 *	0.035	0.475 *	0.034
视觉配对	0.491 *	0.028	0.457 *	0.043
游戏	0.669 **	0.001	0.590 **	0.006
社交	0.467 *	0.038	0.499 *	0.025
模仿	0.057	0.811	0.166	0.485
仿说	0.096	0.688	0.184	0.436
语音	—	—	—	—
LRFFC	0.607 **	0.005	0.548 *	0.012
对话	0.573 **	0.008	0.563 *	0.010
团体	0.369	0.110	0.328	0.158
语言结构	0.402	0.079	0.499 *	0.025
阅读	0.390	0.089	0.306	0.190
书写	0.439	0.053	0.389	0.090
算术	0.646 **	0.002	0.566 **	0.009

注：*** 指 $p<0.001$，** 指 $p<0.01$，* 指 $p<0.05$。

在整体正确率上，自闭症儿童显著低于典型发展儿童，具体来说，开心和害怕的识别正确率两组有显著差异，生气和伤心的识别正确率两组无显著差异，上述不同情感的组间差异与 Wang 和 Tsao（2015）的研究结果一致，即在积极情感上表现出显著差异。害怕的正确率差异很可能是由于典型发展儿童受语义影响存在害怕的识别偏向而导致的。

从组内四种情感的识别正确率来看，自闭症儿童和典型发展儿童都能够更好地识别开心，但其余三种情感都更差，且彼此无显著差异。重复测量方差分析的结果表明情感和组别不存在交互作用，即不同情感对于自闭症儿童和典型发展儿童在正确率上影响是一致的。

除了正确率，我们根据感情识别的混淆矩阵，验证了两种儿童在语音情感的混淆模式上的统一性。自闭症和典型发展儿童更容易将生气错认为害怕，其次是开心，最少错认为伤心；更容易将害怕错认为伤心，其次是生气，最少错认为开心；更容易将伤心错认为害怕，其次是生气，最少错认为开心；仅在开心上有出入，但也都同样最少将开心错认为伤心，开心上轻微的差别极可能是材料语义导致典型发展儿童更多判断为害怕情感造成的。通过材料 1 和材料 2 的结果我们认为两组儿童从韵律出发，都不存在感情的识别偏向。整体上典型发展儿童表现出害怕的倾向是受到语义的干扰，自闭症儿童因为语言能力整体弱于典型发展儿童，反而可以更加集中于语音的韵律特征而非语义内容，因此并未表现出害怕的识别偏向。

尽管在总的情感正确率以及部分情感正确率上两个组别存在显著差异，但根据其情感混淆模式及识别偏向的一致趋势，我们认为自闭症儿童并不具有语音情感识别上的缺陷，其表现差很有可能是由于其任务执行能力所限导致的。Ozonoff 等人（1990）研究就认为自闭症在情感感知任务中的表现很可能主要基于别的领域的缺陷而非特定的情感感知缺陷，当自闭症组通过语言心理年龄和控制组进行匹配时，没有发现组间差异。当自闭症组在非言语心理年龄上与控制组进行匹配时，则存在显著差异。Brennand 等人（2011）的研究也有相同的观点，差异更可能是语言能力带来的。我们使用语言能力测试 VB-MAPP 里程碑测试的成绩与情感识别正确率的相关性也验证了这一点。

VB-MAPP 里程碑测试检验了自闭症儿童的一些语言相关的基本能力，总得分对于情感识别正确率是具有可预测性的，这或许能够表明自闭症儿童基础能力越好，他们在语音情感识别任务中的表现也越好。命名、听者反应、视觉配对、游戏、社交、复杂听者反应、对话等项目与情感识别正确率显著相关，这些能力都是实验操作所涉及的基础能力。我们认为，这些基础能力而非情感感知缺陷是自闭症儿童在任务中的表现的主要限制，这也能够解释相关研究表现出复杂矛盾结果的原因，相关实验结果往往更依赖实验操作所涉及的自闭症儿童的相关任务执行能力。因此我们认为情感感知缺陷并非自闭症的核心缺陷，自闭症儿童与典型发展儿童在情感任务上的差异更多是非情感因素所造成的。

5. 小结

本研究比较了自闭症儿童和典型发展儿童在识别开心、生气、害怕、伤心四种感情语音的表现，并对自闭症儿童的基本任务执行能力和其情感感知能力相关性进行了分析。研究发现自闭症儿童在语音情感识别正确率上的表现显著弱于典型发展儿童，但在各种情感的混淆情况及识别偏向上与典型发展儿童趋势基本一致，我们认为自闭症儿童在语音情感感知能力上并没有缺陷。自闭症儿童在情感相关任务上表现更差可能是其基础能力弱，无法很好地执行实验任务而导致的。

VB-MAPP里程碑得分在情感任务上具有很好的预测性，这提示我们，自闭症儿童其他基础能力的训练极有可能提高儿童在情感感知任务上的表现，自闭症儿童和典型发展儿童在情感能力上不存在质的差异，而只是受限于其任务执行控制能力从而有表现上的差异。因此本研究结果支持了情感感知缺陷并非自闭症儿童的核心缺陷这一观点。本研究为相关研究带来了启示，对自闭症儿童进行实验时要注意实验任务设计，在得出结论时应谨慎，注意自闭症儿童任务执行能力对结果的影响。

本研究以简单的语音情感感知任务对自闭症儿童和典型发展儿童进行了对比研究并展开详细探讨，为自闭症情感感知的研究提供了参考，对自闭症儿童的能力促进以及语言韵律障碍研究也有一定的价值。研究仍存在可以改进的地方，如未能完全排除语义的干扰，部分材料带有少许情感倾向性；受控制组被试来源于社区图书馆，由于限制没有对被试进行智力测试从而实现语言心理年龄的匹配，若对实验加以改善，研究将更具参考性。实验中发现的一些问题可以深入探索，如在某些材料上受语义影响典型发展儿童表现出害怕的识别偏向，与自闭症儿童表现有差异，未来可以通过控制语义与韵律的情感倾向，观察线索矛盾时两类儿童的反应，探究不同线索如何影响自闭症和典型发展儿童进行语音情感的判断，从而进一步研究自闭症儿童的情感语音感知能力。

6. 致谢

感谢北京星希望孤独症康复中心、北京友善小课堂对数据采集工作提供协助。本研究得到国家社科基金项目“基于生理模型的语音量子理论研究”（18BYY189）和教育部重大项目“基于语音多模态的语言本体研究”（17JJD740001）的支持。

参考文献

American Psychiatric Association. (1994). Diagnostic and statistical manual of mental disorders: DSM-IV. *American Psychiatric Association*, Washington, DC. 4th edition.

American Psychiatric Association. (2013). Diagnostic and statistical manual of mental disorders: DSM-V. *American Psychiatric Association*, Washington, D. C. 5th edition.

Boucher, J., Lewis, V., & Collis, G. M. (2000). Voice processing abilities in children with autism, children with specific language impairments, and young typically developing children. *The Journal of Child Psychology and Psychiatry and Allied Disciplines 41*(7).

Brennand, R., Schepman, A., & Rodway, P. (2011). Vocal emotion perception in pseudo-sentences by secondary-school children with autism spectrum disorder. *Research in Autism Spectrum Disorders 5*(4).

Brooks, P. J., & Ploog, B. O. (2013). Attention to emotional tone of voice in speech perception in children with autism. *Research in Autism Spectrum Disorders 7*(7).

Hobson, R. P., Ouston, J., & Lee, A. (1988). Emotion recognition in autism: *Coordinating faces and voices. Psychological medicine 18*(4).

Kanner, L. (1943). Autistic disturbances of affective contact. *Nervous Child 2*.

Lindner, J. L., & Rosén, L. A. (2006). Decoding of

emotion through facial expression, prosody and verbal content in children and adolescents with Asperger's syndrome. *Journal of autism and developmental disorders 36*(6).

Ozonoff, S., Pennington, B. F., & Rogers, S. J. (1990). Are there emotion perception deficits in young autistic children? *Journal of Child Psychology and Psychiatry 31*(3).

Ploog, B. O., Brooks, P. J., Scharf, A., & Aum, S. (2014). Perception of the prosody and content of sentences in an unfamiliar language in children with autism spectrum disorders. *Research in Autism Spectrum Disorders 8*(7).

Shriberg, L. D., Paul, R., McSweeny, J. L., Klin, A., Cohen, D. J., Volkmar, F. R. (2001). Speech and prosody characteristics of adolescents and adults with high-functioning autism and Asperger syndrome. *Journal of Speech, Language, and Hearing Research 44*(5).

Sundberg, M. L. (2008). *Verbal behavior milestones assevsment and placement program: The VBMAPP protocol. Concord: AVB Press.*

Wang, J. E., & Tsao, F. M. (2015). Emotional prosody perception and its association with pragmatic language in school-aged children with high-function autism. *Research in developmental disabilities 37.*

黄蔚雯、任姝童、顾文涛:《汉语自闭症谱系障碍儿童对塞音送气和声调的范畴感知》,《中国语音学报》第15辑,2021年。

万璇:《汉语自闭症者对音乐和言语音高的加工》,硕士学位论文,上海师范大学,2014年。

祁 晶

北京大学中国语言文学系语言学实验室硕士在读。

Email: qijing1215@pku.edu.cn

吴西愉

博士,北京大学语言学实验室/北京大学中国语言文学系长聘副教授。本文通信作者。

Email: xiyuwu@pku.edu.cn

杨 洁

北京大学中国语言文学系语言学实验室博士在读。

Email: yangjie0630@pku.edu.cn

杜佳楣

北京信息科技大学副教授。

Email: 630358518@qq.com

俄语为母语的汉语学习者送气—不送气辅音的产出偏误研究

黄荷婷　沈慕芬　王　朕　王　玮

摘　要　辅音的送气性是二语者学习汉语语音的主要障碍之一。现有研究多关注日韩欧美的汉语学习者，其母语中的辅音多以清浊对立或松紧对立为主，而母语辅音中存在硬软对立特征的学习者习得汉语辅音送气特征的情况少有了解。本文考察了20位汉语水平不同的俄语背景学习者产出的共计6960个送气—不送气辅音。结果显示：（1）学习者对6对送气—不送气辅音的习得，不存在大的学习困难。（2）送气—不送气辅音的产出正确率随汉语水平提高而提高。（3）辅音/t/存在显著的腭化情况。

关键词　送气—不送气辅音，俄语母语者，送气音习得，腭化

A STUDY ON PRODUCTION ERRORS IN THE LEARNING OF CHINESE ASPIRATED AND UNASPIRATED CONSONANTS BY RUSSIAN NATIVE SPEAKERS

HUANG Heting, SHEN Mufen, WANG Zhen, WANG Wei

Abstract The aspiration of consonants is one of the main obstacles for second language learners learning Chinese pronunciation. Previous studies focus on Japanese, South Korean, European, and American learners of Chinese. In the native languages of these learners, consonants mainly contrasts in voicing or laxness and tenseness. However, there are few studies on the acquisition of Chinese aspirated and unaspirated consonants by Russian native speakers (whose native consonants have non – palatalized and palatalized contrasts). Based on this, this paper wants to answer three questions: (1) whether Russian learners have any special performance in acquiring Mandarin aspirated and unaspirated consonants compared to speakers of languages with voiced-voiceless (e. g., English) and lax-tense (e. g., Korean) contrasts? (2) In terms of production, is it difficult for Russian learners to learn all Mandarin aspirated and unaspirated consonants? (3) Will it be less difficult for Russian to acquire Mandarin aspirated and unaspirated consonants with their Chinese proficiency improved?

Based on BLCU-SAIT Chinese interlanguage corpus, we examined a total of 6960 aspirated and unaspirated tokens produced by 20 Russian learners. Taking two years of learning Chinese as the dividing line, we divided the learners into high level and low level groups according to their Chinese proficiency. We calculated the error rates of aspirated and unaspirated consonants in each proficiency level group, and extracted two acoustic parameters of the errors in consonant /t/: the voice onset time and the following vowel's onset segment frequencies of F1, F2, and F3. In order to eliminate the differences between individual speakers, we also converted the onset segment frequencies of F1, F2, and F3 in Hertz to semitone values.

By comparing whether there is a statistically significant difference in the production error rates of aspirated and unaspirated consonants between the two groups of learners and analyzing the two acoustic parameters in the articulation process, we found that (1) among the six pairs of aspirated and unaspirated consonants, /p/, /k/, $/k^{h}/$, /tɕ/, /tʂ/ are not too difficult to acquire, while the fossilization tends to occur in the acquisition of /t/, $/t^{h}/$, $/p^{h}/$, $/tɕ^{h}/$, $/tʂ^{h}/$. (2) The error rate of aspirated and unaspirated consonant produced by Russian learners decreased significantly with the improvement of their Chinese proficiency level. (3) There is a significant palatalization of the consonant /t/ when it is produced with the vowels starting with /i/ due to the native spelling and reading rules. We hypothesize that if a consonant similar to a Chinese consonant exists in the learner's native language, and if the native consonant is palatalized when produced before the high vowel /i/, then the learner is also

likely to produce this Chinese consonant palatalized before the finals starting with /i/.
Keywords Aspirated and unaspirated consonants, Russian native speakers, Aspirated sound learning, Palatalization

1. 引言

与印欧语系语言（如俄语、英语等）相比，汉语普通话音系中较为不同的一点是存在送气—不送气特征的对立，有六对辅音通过是否送气来区别意义，即/p/－/pʰ/、/t/－/tʰ/、/k/－/kʰ/、/ts/－/tsʰ/、/tɕ/－/tɕʰ/、/tʂ/－/tʂʰ/，其中送气音具有强送气的语音特征。就其音系地位来说，六对送气—不送气辅音数量占据了汉语普通话辅音数量的57%（陈亚川，1983）；从语音表现上看，不送气音与送气音除了气流、气压、嗓音启动时间（VOT）上的区别外，还存在声源的区别（吴宗济、林茂灿，1989）。以上特点决定了二语者在习得送气—不送气辅音时，会存在一定难度。在汉语语音习得研究领域，同样有很多实验（蔡整莹、曹文，2002；傅氏梅、张维佳，2004；倪伟曼、林明贤，2000；王韫佳、上官雪娜，2004；冉启斌、于爽，2019）都表明：无论是母语中没有送气音的二语者（如印度尼西亚母语者），还是母语中送气—不送气音只是同一音位不同变体的二语者（如日语母语者），汉语辅音的强送气性都是他们学习汉语语音的主要难点之一。此外，由于辅音发音方法会对基频造成影响（蔡德和，2004；Hombert，1977；吴宗济、林茂灿，1989），正确习得汉语辅音的强送气性，对声调的掌握也应有一定益处。

送气—不送气辅音在对外汉语教学界已受到一定关注，但大多仅限于韩、日、泰等邻近国家和欧美国家的学习者（高美淑，2001；张林军，2009；林奕高、王功平，2005；梅丽，2011），其语言特征主要表现为清浊对立（如英语）与松紧对立（如韩语）。而作为联合国六大工作语言之一的俄语，却较少受到关注（周小兵、王功平，2010）。

俄语中的辅音存在硬软对立的特征，即存在15对以有无舌面抬向硬腭的附加动作来区别意义的辅音音位。没有这一附加动作的是硬辅音，有则是相应的软辅音（王钢、虞春蕙，1986）。例如，俄语中硬辅音/t/、/d/对应的软辅音为/tʲ/、/dʲ/。这一点对以俄语为母语者习得汉语送气—不送气辅音是否会造成影响以及会造成怎样的影响，还有待深入研究。

在现有的以俄语母语者为考察对象的语音习得研究中，多以单音节或短文为阅读材料，关注整体声韵母及声调的发音偏误（贺桃，2009；刘俏等，2009；于红伟，2011）。虽然这些研究发现，把送气音读成不送气音是俄语背景留学生的典型语音偏误之一，但却很少对此项偏误进行深入研究。在仅有的针对性研究中，也大多是从感知层面入手（梁之安，1963；冉启斌等，2016），很少有从俄语母语者对汉语送气—不送气辅音产出的层面入手进行分析。此外，就现有的有关俄语母语者汉语普通话送气—不送气感知实验和研究来看，各研究的结果存在一定的矛盾。梁之安（1963）的研究表明，俄语母语者辨别辅音送气特性的能力较弱，但冉启斌（2016）的研究却显示，俄语母语者辨别/p/－/pʰ/这一组普通话双唇送气—不送气辅音音位范畴的水平与汉语母语者比较接近。

基于此，本研究关注的问题是：与清浊对立（如英语）、松紧对立（如韩语）的语言相比，母语为俄语的学习者习得普通话送气—不送气辅音有无特殊表现？在产出时，是否所有普通话中的送气—不送气辅音都是俄语背景留学生的学习难点？送气—不送气辅音难习得的情况，是否会因汉语水平的提高而得到改善？

2. 语料收集与标注

2.1 语料选择

本实验语料选自北京语言大学智能语音习得实验室的“汉语中介语语音语料库”双音节子库。该库的录音工作在专业录音室进行，语料运用WAV格式文件进行保存，采样率为16kHz，量化精度为16bit，信噪比控制在55dB左右。该双音节库实现了声母、韵母的全面覆盖，其中送气—不送气音的频次相对较高（王玮、张劲松，2019）。

实验选取了20位俄罗斯留学生的双音节语料共计6960个音节（348个送气—不送气音节×20位发音人）

2.2 发音人信息

20位发音人为就读于北京语言大学、北京交通大学、新疆大学等多所高校的中亚留学生，其中男女各10人，母语均为俄语，均无视听及言语障碍。

根据学习汉语时长，将其分为低水平与高水平两组，每组各10人。低水平组平均年龄为20.7岁，平均学习时间为10.4个月，HSK平均水平为1级；高水平组平均年龄为21.3岁，平均学习时间为33.8个月，HSK平均水平为4级。

2.3 语料标注

6960个音节的标注分两轮进行，第一轮由两位标注者分别独立完成，每人标出6对送气—不送气辅音的发音错误及对应的错误形式，标注使用汉语拼音符号，不包含送气不足等无法使用符号标注的错误。两人标注不一致的地方由经验更丰富的第三人进行第二轮标注，并形成最终结果。三位标注者专业均为汉语国际教育，其两两一致性分别为88.4%、89.6%和93.0%。

2.4 分析

使用SPSS26.0.0.2计算和比较各辅音错误率，利用praat语音分析软件提取各辅音嗓音起始时间和后接元音F1、F2、F3起始段频率两个声学参数，并将后接元音F1、F2、F3起始段频率进行时长和频率归一。详细介绍如下：

1）错误率：发音错误样本数占样本总数的百分比。公式为：

$$错误率 = \frac{发音错误样本数}{样本总数} \times 100\% \tag{1}$$

该指标用来初步了解各辅音习得情况和差异，并使用SPSS26.0.0.2进行非参数检验，进行统计学验证。

2）半音值：以10ms为间隔，利用praat自动提取错误组、正确组和母语组后接元音F1、F2、F3弯头处频率（如图1），手动检查修改各异常值。为便于比较，对时长归一，在F1、F2、F3弯头处等间距地各取10个点，形成时长归一的频率曲线。将频率由Hz值转化为半音（st）值（鲍怀翘，2004），公式为：

$$st = 12 \times \log_2(f/f_{ref}) \tag{2}$$

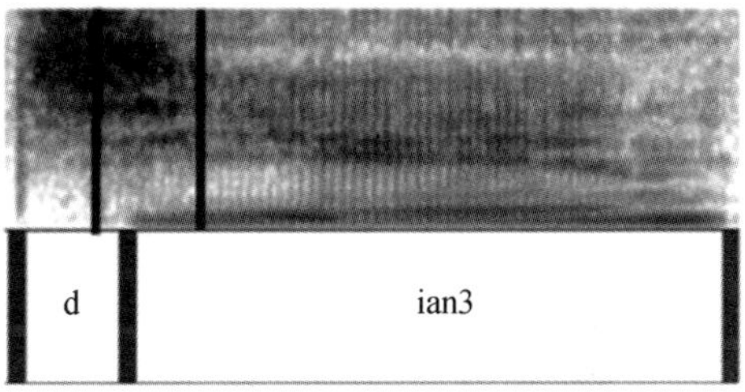

图1 错误组发音人RUF001“dian3”弯头处频率提取举例（语图上黑线范围为提取范围）

其中“f”表示需要转化的赫兹值，“f_{ref}”表示参考频率，以一般男性频率64赫兹为参考值。该指标用来分析辅音的调音部位和发音方法（吴宗济、林茂灿，1989）。

3）嗓音起始时间（VOT）：利用praat，选取塞音闭塞的释放到嗓音开始振动之间的时间距离（陈嘉猷、鲍怀翘，2003）。公式为：

$$VOT = (浊声初发时 - 爆发时) \times 1000 \tag{3}$$

单位为ms。VOT指标用来分析学习者对普通话送气—不送气辅音特征的区分（吴宗济、林茂灿，1989）。

3. 结果

3.1 高低水平组送气—不送气辅音产出错误率

高低水平组送气—不送气辅音产出错误率如图2所示。低水平组平均错误率为

4.7%，除/p/、/k/、/kʰ/、/tɕ/、/tʂ/外，其他辅音的错误率均低于平均水平，即其他辅音存在一定的学习困难；高水平组平均错误率为 1.9%，除/t/、/tʰ/、/pʰ/、/tɕʰ/、/tʂʰ/外，其余辅音错误率均低于平均水平，即/t/、/tʰ/、/pʰ/、/tɕʰ/、/tʂʰ/的习得出现了一定的僵化现象。

从两组发音人的错误率变化来看，与其他送气—不送气辅音的变化相比，/p/、/t/、/tʰ/、/k/、/kʰ/、/tɕ/、/tʂ/的错误率没有随学习者水平的提高而有明显降低。

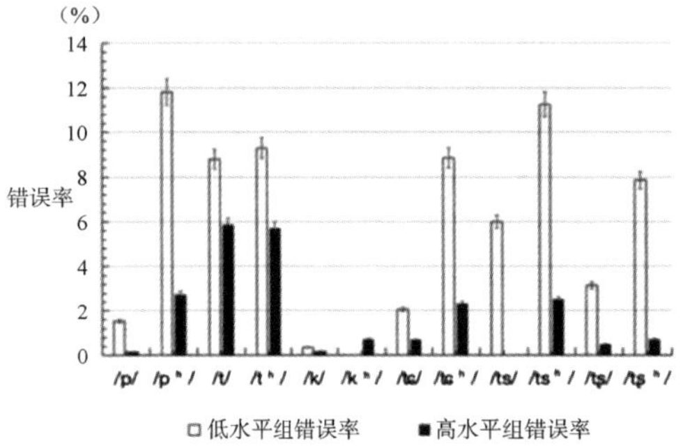

图 2　六对送气—不送气辅音错误率

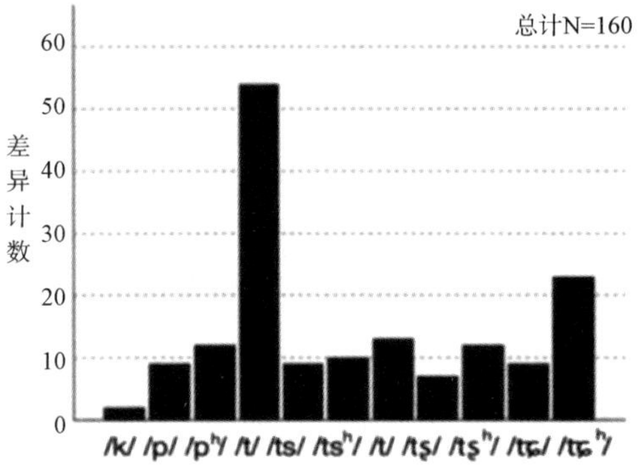

图 3　六对送气—不送气辅音错误率变化成对比较的分类字段信息计数

分类字段信息计数是指将一个分类字段视为响应字段，将另一个分类字段视为解释字段。对稀疏数据进行调整的卡方独立性检验，用于确定响应字段与解释字段之间是否存在差异。如果二者存在差异，则该解释字段计数一次。计数次数越多，则该解释字段与其他响应字段存在差异越多。由图 3 可见，/t/的差异计数最高，与其他送气—不送气辅音存在显著差异，该辅音错误率并未随学习者水平提高而得到明显改善。

3.2　/t/的错误情况与表现

为了解/t/并未随学习者水平提高而明显改善的原因，本文将两组发音人产出的 85 个/t/错误音节，按传统音韵学方法，分为/t/与开口呼韵母（13 个）、齐齿呼韵母（71 个）、合口呼韵母（1 个）相拼三类，以了解/t/与哪些韵母相拼时易出现错误。汇总情况如下：学习者将/t/发为颤音的错误次数是1 次，将/t/发为/tɕ/的错误次数是 7 次……，共计错误次数 85 次，如图 4 所示。

据图 4，/t/发为近似汉语/tɕ/音的情况最多，与齐齿呼相拼占其 97.2%；/t/发为近似汉语/tʰ/音的情况也较明显，与开口呼相拼占其 90.9%。/t/与齐齿呼相拼时易发为近似汉语/tɕ/的音，与开口呼相拼时易发为近似汉语/tʰ/的音，以上两种为/t/的主要错误情况与表现。下面我们将对这两种情况分别进行探讨。

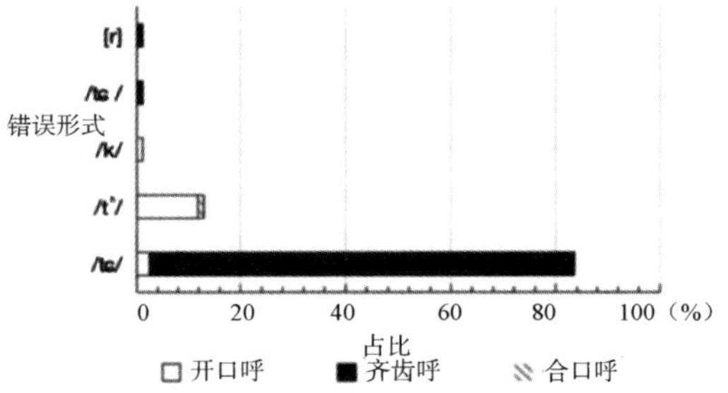

图 4　/t/的错误表现

3.2.1　/t/与齐齿呼相拼时的错误表现

首先是/t/与齐齿呼相拼时易发为近似汉语/tɕ/的音，那什么是类似/tɕ/的音？为进一步观察清楚，我们对/t/中类似/tɕ/的偏误发音进行了声学参数的提取。首先提取了/t/中 71 个类似/tɕ/发音偏误的后接元音 F1、F2、F3 的起始段频率（错误组），为便于比较，将所有起始段频率的时长进行了归一，将赫兹值转化为半音值，并计算其平均值。为达到比较效果，我们还提取了10位俄语母语者（正确组）和10位汉语母语者（母语组）/t/正确发音的后接元音F1、F2、F3起始段频率，并也将其进行了时长归一，将赫兹值转化为半音值，计算其平均值。其中F1起始段频率转化半音值结果为st1，F2起始段频率转化半音值结果为st2，F3起始段频率转化半音值结果为st3，如图5所示。

据前人研究，F2－F1值较小且F1较高，在发音过程表现为舌位后缩；F3降低接近F2的声学特征，则与翘舌化硬腭音密切相关（吴宗济、林茂灿，1989），据图5，与正确组和母语组相比，错误组发音人的F1较高，F2－F1值较小且F3降低更接近F2，即错误组在发音过程中，出现了舌位后缩，舌面、舌根翘舌化向后拱起的情况。这一发音过程会造成腭前部与舌腭接触面积减小，而中后部与舌腭接触面积增大（呼和，2005），舌腭整体接触面积也有所增加的腭化现象（李青云等，1999）。/t/与齐齿呼相拼时发为近似/tɕ/的音，从发音过程来看即出现了舌面抬向硬腭的腭化情况，物理上的声学参数也表现了这一情况。

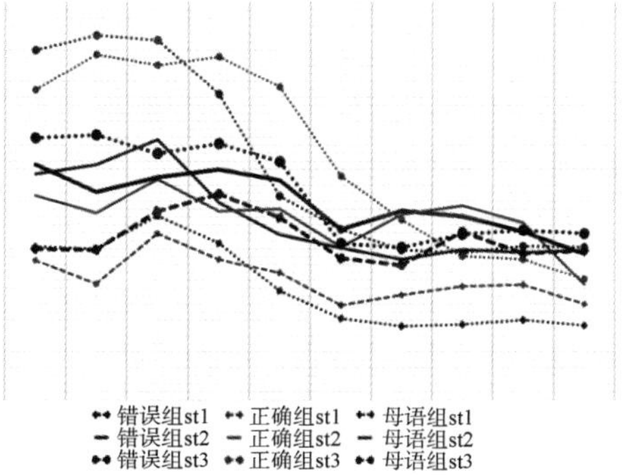

图5　/t/错误音节后接元音F1、F2、F3起始段频率平均值归一化结果

3.2.2　/t/与开口呼相拼时的错误表现

/t/与开口呼相拼时易发为近似汉语/tʰ/的音，即将不送气音发为了送气音，这是/t/的第二种主要错误情况。为进一步了解该错误情况，我们选出了学习者把/t/发为/tʰ/的错误音节文本，分别是/tA/、/tɑu/和/təŋ/，提取了相同文本，对错误组、正确组和母语组的VOT进行了分析，结果如表1所示。

表1　/t/与开口呼相拼时错误音节VOT对比　（单位：ms）

原始音节	/tA/	/tɑu/	/təŋ/
错误组	65.9	74.2	96.6
正确组	11.6	12.5	11.5
母语组	11.0	12.4	14.2

VOT的值在不同语言（方言）中与塞音的送气、清浊的关系比较复杂。通常情况下，当VOT近似0时，是不送气清塞音；当VOT大于0时，是送气清塞音的模式；当VOT小于0时，是浊塞音的模式（林宗济、吴茂灿，1989）。表1显示，错误组产出的不送气清塞音/t/的VOT都在65毫秒以上，大于正确组和母语组，更远大于0。由此可见，错误组的不送气清塞音/t/与开口呼相拼时，的确存在明显的送气现象。

4. 讨论

本研究计算和比较了6对送气—不送气辅音的产出错误率，利用praat语音分析软件提取了各送气—不送气辅音嗓音起始时间和后接元音F1、F2、F3起始段频率两个声学参数。就错误率的分布数量来看，无论是在高水平组还是在低水平组，/p/、/k/、/kʰ/、/tɕ/、/tʂ/的错误率都低于两水平组的平均错误率，这说明俄语背景学习者习得以上发音不存在较大困难。从错误率的变化情况来看，除/p/、/k/、/kʰ/、/tɕ/、/tʂ/、/t/、/tʰ/外，辅音/pʰ/、/tɕʰ/、/ts/、/tsh/、/tʂʰ/的错误率随发音人水平提高而明显下降，说明随着汉语学习水平的提高，俄语背景学习者习得汉语送气—不送气辅音的情况能够得到部分改善。从错误率变化的分类字段信息计数来看，/t/与其他送气—不送气辅音存在较大差异。/t/的错误表现主要是与齐齿呼相拼时发为近似汉语/tɕ/的音和与开口呼相拼时出现送气—不送气混淆。

其中送气—不送气相混淆的情况，在以往无论是针对其他清浊对立语言背景的二语者（林奕高、王功平，2005；王韫佳、上官雪娜，2004），还是俄语背景二语者的研究中都已发现（贺桃，2009；刘俏等，2009）。在俄语里，辅音字母在音节前部时可读作清音也可读作浊音，并不影响意义表达（贺桃，2009），因此当汉语送气—不送气辅音位于音节前部即充当声母时，俄语背景留学生很难读出送气—不送气辅音的区别，便易出现送气—不送气相混淆的现象。至于本文发现的，为何/t/与开口呼相拼时更易发为/tʰ/，我们猜测这是因为俄语元音 a/a/、o/o/、э/e/与汉语开口呼单韵母 a、o、e 在写法和读音上都较为相似，而俄语中重音一般都落在元音a/a/、o/o/、э/e/上，这时前面的辅音/t/就会相对被弱化，发为类似汉语/tʰ/的送气音。

/t/与齐齿呼相拼时发为近似汉语/tɕ/的音这一错误表现则较为少见。这一错误表现，从发音部位和声学上看，其实是明显的声母腭化现象。我们推测，这是受到了俄语的音系规则的影响：成对的硬音与/i/不相拼，即/i/前面的俄语辅音必须为软辅音（王钢、虞春蕙，1986）。舌面抬向硬腭的软化过程，舌位后缩，舌面舌根翘舌化向后拱起，造成了腭前部舌腭接触面积减小，而中后部舌腭接触面积增大（呼和，2005），舌腭整体接触面积因受到外来因素（音系拼合规则）的影响而有所增加（李青云等，1999）。因此，在俄语背景留学生发送气—不送气辅音与齐齿呼相拼的音时，便会受此影响，容易出现将舌面抬向硬腭的情况，将其发为近似/tɕ/的音。

那么还有没有其他送气—不送气声母也受到此拼读规则影响？为何/t/受拼读规则影响出现偏误表现得最为突出？

我们考察了高低水平组六对送气—不送气辅音与齐齿呼相拼时的全部错误形式和错误次数，发现除了/t/外，/ts/偏误为/tɕ/有7次（均为低水平组），/tʂ/和/tʂʰ/也有个别低水平发音人少量偏误成/tɕ/或/tɕʰ/，但并不具有显著性，且都为低水平组发音人，故不再考察和分析。而/tʰ/偏误为/tɕ/或/tɕʰ/的情况，则有18次（低水平组12次，高水平组6次），占其全部错误表现的90%。/t/受拼读规则影响出现偏误表现得最为突出，则跟其文本出现频次有一定关系。348个送气—不送气音节中，共包含58个含/t/音节，高于一般送气—不送气辅音的出现频次。

那为何仅/t/、/tʰ/最易受到拼读规则的影响呢？我们推测，这一现象与学习者母语负迁移有关。汉语六组送气—不送气辅音在俄语中的对应情况，大体可以分为三类：一是发音完全不同的差异音（/tʂ/－/tʂʰ/组和/tɕ/－/tɕʰ/组）；二是发音完全相同的对应音（/p/－/pʰ/组、/k/－/kʰ/组和/ts/－/tsʰ/组）；三则是发音类似的相似音（/t/－/tʰ/组）（田君，2011）。根据 PAM 理论（Best，1992、1995、2001）相似音的正确习得难度更高，而/t/、/tʰ/相较于其他送气—不送气辅音，无论是在错误率上出现的化石化现象，还是在错误形式和次数上，发为/tɕ/、/tɕʰ/的次数最多，都从侧面验证了PAM 理论。

前文提出，在产出时是否所有普通话中的送气—不送气辅音都是俄语背景留学生的学习难点，以及送气—不送气辅音难习得的情况是否会因汉语水平的提高而得到改善的问题，我们都已得到答案。那么与其他语言相比，本研究所发现的俄语背景学习者，受俄语音节拼读规则影响，在习得/t/和/tʰ/时易出现声母腭化的情况又是否独特呢？据刘苏乔和齐冲（2004）针对法国学生和呼和（2005）对蒙古语发音人的调查发现，法语背景和蒙古语背景学生在习得普通话时，也会因为其母语的音节拼读规则的影响，而出现辅音腭化，将部分辅音发为近似汉语/tɕ/、/tɕʰ/的情况。我们推测，若二语者母语背景中存在与汉语辅音近似的辅音，且该辅音与高元音/i/相拼时会产生相应音位变体而腭化，则该语言背景二语者习得汉语辅音时，该辅音对应的相似汉语辅音与齐齿呼相拼时也易出现腭化现象。

5. 结语

本文依托中介语语料库，考察了俄语背景留学生习得汉语送气—不送气辅音过程中的产出偏误，我们发现并不是所有送气—不送气辅音都是俄语背景留学生的学习难点，/p/、/k/、/kʰ/、/tʂ/、/tɕ/的习得，对俄语背景留学生来说，并不存在大的困难；送气—不送气辅音难习得的情况，会因汉语水平的提高而得到部分改善；除了较难区分辅音的强送气性，俄语背景留学生习得送气—不送气辅音时还存在明显的软化偏误。我们推断，若二语者母语背景中存在与汉语辅音近似的辅音，且该辅音与高元音/i/相拼时会产生相应音位变体而腭化，则该语言背景二语者习得汉语辅音时，该辅音对应的相似汉语辅音与齐齿呼相拼时也易出现腭化现象。

6. 致谢

本研究得到了新疆大学科研启动项目“中亚汉语学习者的声调习得规律研究”（BS202101）、新疆大学国家大学生创新训练计划项目“面向智能语音教学的俄语母语者汉语音段习得研究”（202110755031）、新疆大学自治区研究生科研创新项目“俄罗斯与哈萨克斯坦留学生汉语口音感知差异探究”（XJ2022G032）的经费支持。

参考文献

Best, C. T. (1995). A direct realist view of cross-language speech perception. *Speech Perception Linguistic Experience Issues in Cross Language Research*, Timonium. MD: York Press.

Best, C. T., Mcroberts, G. W., & Goodell, E. (2001). Discrimination of non-native consonant contrasts varying in perceptual assimilation to the listener's native phonological system. *The Journal of the Acoustical Society of America*, *109*(2).

Best, C. T., & Strange, W. (1992). Effects of phonological and phonetic factors on cross-language perception of approximants. *Journal of Phonetics*, *20*(3).

Hombert, J. M. (1977). A model of tone systems. *Journal of Phonetic*, *36*.

鲍怀翘：《普通话语音生理和声学分析简介（续1）》，《听力学及言语疾病杂志》2004 年第 4 期。

蔡德和：《清辅音对后接元音 F0 的扰动及该扰动对感知的影响》，《中国语言学会语音学分会 2004 年语音研究报告》，2004 年。

陈嘉猷、鲍怀翘：《基于 EPG 的普通话塞音、塞擦音发音过程研究》，《第六届全国现代语音学学术会议论文集（上）》，2003 年。

蔡整莹、曹文：《泰国学生汉语语音偏误分析》，《世界汉语教学》2002 年第 2 期。

傅氏梅、张维佳：《越南留学生的汉语声母偏误分析》，《世界汉语教学》2004 年第 2 期。

高美淑：《汉韩塞音、塞擦音的对比实验研究》《汉语学习》2001 年第 4 期。

贺桃：《俄罗斯及中亚留学生汉语语音偏误分析及对策研究》，硕士学位论文，新疆大学，2009 年。

呼和：《蒙古语辅音腭化问题研究》，《民族语文》2005 年第 2 期。

李青云、袁文化、王国民、蒋莉萍：《腭化语音构音机理的初步研究》，《口腔颌面外科杂志》1999 年第 2 期。

梁之安：《辅音的送气特性及其听觉辨认》，《生理学报》1963 年第 2 期。

林奕高、王功平：《印尼留学生习得汉语塞音和塞擦音实验研究》，《语言教学与研究》2005 年第 4 期。

刘俏、苏燕、关秋红：《对俄罗斯留学生进行汉语语音教学重点分析》，《齐齐哈尔大学学报》（哲学社会科学版）2009 年第 1 期。

刘苏乔、齐冲：《法国学生学习汉语辅音中的一些问题》，《语言文字应用》2004 年第 4 期。

梅丽：《泰国学习者汉语塞擦音的知觉同化与区分》，《世界汉语教学》2011 年第 2 期。

倪伟曼、林明贤：《关于印尼华裔学生汉语语音的调查及相应的教学对策》，《华侨大学学报》（哲学社会科学版）2000 年第 2 期。

冉启斌、杨盼盼、胡泽颖：《俄、中学生普通话双唇送气/不送气塞音感知对比分析》，《华文教学与研究》第 2016 年第 4 期。

冉启斌、于爽：《汉语语音偏误的特点与模式——基于 25 种母语背景学习者的偏误条目数据的分析》，《世界汉语教学》2019 年第 3 期。

田君：《现代俄语通论教程》，外语教学与研究出版社 2011 年版。

王钢、虞春蕙:《论俄语辅音的硬软对立》,《外语学刊》1986年第4期。
王玮、张劲松:《汉语中介语语音库的文本设计》,《世界汉语教学》2019年第1期。
王韫佳、上官雪娜:《日本学习者对汉语普通话不送气/送气辅音的加工》,《世界汉语教学》2004年第3期。
吴宗济、林茂灿:《实验语音学概要》,高等教育出版社1989年版。
于红伟:《俄罗斯留学生汉语正音问题研究》,硕士学位论文,黑龙江大学,2011年。
张林军:《知觉训练和日本留学生汉语辅音送气/不送气特征的习得》,《语言教学与研究》2009年第4期。
周小兵、王功平:《近三十年汉语作为二语的语音习得研究述评》,《汉语学习》2010年第1期。

黄荷婷
硕士,北京语言大学信息科学学院,主要研究领域为实验语音学。
Email:1294363142@ qq. com
沈慕芬
硕士,新疆大学国际文化交流学院,主要研究领域包括言语产出和实验语音学。
Email:285710776@ qq. com
王　朕
学士,新疆大学国际文化交流学院,主要研究领域为实验语音学。
Email:1252145427@ qq. com
王　玮
博士,新疆大学国际文化交流学院副教授,为本文通信作者,主要研究领域为汉语学习者语音语料库构建与标注、汉语作为第二语言的语音习得。
Email:wangwei_ xinjiang@ 126. com

书　　评

《人类语言的大脑之源》书评

杨玉芳

Angela D. Friederici 的著作 *Language in Our Brain: The Origins of a Uniquely Human Capacity*① 已由陈路遥等几位青年学者译成中文（中译本书名为《人类语言的大脑之源》），由科学出版社正式出版了。这对国内从事语言学和语言认知神经科学研究的学者和研究生而言，是一个值得关注的重要事件。

Angela D. Friederici 教授是国际著名的语言认知神经科学家，德国马普人类认知与脑科学研究所创始人兼神经心理学系主任、欧洲科学院院士。她从 20 世纪 80 年代开始研究语言加工的认知神经机制，特别是对语言的神经生物学基础和语言能力的获得与发展进行了系统深入的研究。在本书中，她对自己数十年的研究工作进行了梳理和总结，同时将世界各地相关研究领域的成果和进展做了简要的叙述，提出了人类语言加工的认知神经模型、脑网络、语言网络个体发育模型和语言演化的综合观。阅读本书，读者能够系统深入地了解语言认知神经科学领域的发展和学科前沿。Noam Chomsky 为本书的原著撰写了序言，杨亦鸣教授为中文译著撰写了序言。

全书由导论和四个部分（共八章）组成。在导论部分，作者提出三个重要的贯穿全书的观点：语言是一种人类独有的特征，是通过种系发生而演化出来的生物系统；语言加工系统作为一个特定的认知系统，其核心机能是句法加工，一种特定的、由规则和操作组成的认知系统；语言加工系统作为一个大脑系统，与语言相关的不同脑区以及由白质纤维束支持的信息交换，在语言的发展和演化中起到至关重要的作用。

在第一部分，作者提出了一个语言理解的认知神经模型，阐述了言语理解过程中声学—音系加工过程，句法、词汇语义信息和语义关系加工相关的脑区和加工的时间进程。言语信息加工从初级听觉皮层开始，在听觉皮层网络中进行声学分析，然后信息沿两个方向传递：向后到颞平面和颞上回后部，向前到颞极平面和颞上回前部。信息从颞平面进入高阶皮层区域。在颞叶皮层，特别是颞叶脑回、内侧颞叶和海马体通达词库及其词条编码的信息。句法分析包括三个子过程。颞上回前部和额叶岛盖支持两个语言元素的组合；额下回的腹侧部分支持初始短语结构的构建；句法复杂句的加工涉及 BA44 区的上部和颞上回/颞上沟后部；在句子加工过程中需要工作记忆时左侧颞—顶叶皮层就会发挥作用。这些脑区的共同协作达成了对复杂句子的理解。语义加工涉及多个脑区：颞叶前部、颞上回后部和颞中回、角回、额下回的 BA47/45 区。其中颞叶前部支持基本的语义构成，角回参与组合语义，而 BA47/45 区则参与控制性的语义加工过程。包括额下回和颞中回、颞上回的左侧额—颞的网络负责理解句子中“谁在对谁做什么”。韵律信息的加工主要涉及右半球，在言语加工过程中左右半球实时交互，将短语边界指定为成分的边界，这一

---

① Angela D. Friederici. (2017). Language in Our Brain: The Origins of A Uniquely Human Capacity. The MIT Press.

过程以连接两个大脑半球的白质结构——胼胝体为基础。

脑电数据揭示了上述言语理解各子过程的时间进程。声学过程和言语语音范畴化过程发生在100ms（N100）左右；初始短语结构构建发生在120—250ms（ELAN），而语义、题元和句法关系的加工发生在300—500ms（LAN，N400）；不同类型信息的整合发生在600ms左右（P600）。这些过程主要发生在左半球。此外，韵律加工过程涉及右半球，并依赖与左半球的互动来处理韵律短语边界，这反映在一个EEG的特异性成分CPS（终止正漂移）。在这一部分中，作者还简要讨论了语言理解与语言产生的关系，指出两个系统可能共享词汇概念和句法规则。还讨论了语言加工之外的脑区如何支持社会交际活动。

第二部分勾画了语言加工的大脑结构网络和功能网络，提出了整体的语言回路模型。语言加工脑区构成一个大网络，在网络内部各个脑区之间存在合作与信息交换。根据信息传递方式，分为结构网络和功能网络。语言结构网络通过白质纤维束连接构成，功能网络通过微观层面的神经递质和宏观层面的神经振荡同时激活而构成。在左半球，白质纤维束连接了额叶和颞叶皮层语言相关脑区。这些纤维束可分为两条背侧和两条腹侧通路，每条通路由一个以上的主纤维束组成。在腹侧通路中，一个纤维束连接BA45/47区与颞上回、颞中回，另一个纤维束连接眶额皮层（包括额叶岛盖）和颞叶皮层前部。前者支持语义加工，而后者可能支持组合加工。在背侧通路中，一个纤维束将颞叶皮层后部连接到前运动区，另一个纤维束将其连接到布洛卡区（Broca）的后部（BA44区）。前者支持感觉—运动映射，后者似乎与复杂句法的加工有关。在右半球，纤维束密度低于左半球，但也显示了连接颞叶和额叶脑区的腹侧和背侧通路。与左半球相似，右半球也有数个纤维束，一个通向前运动区，另一个通向额下回的BA44/45区。胼胝体是连接两半球的结构。在胼胝体内，特别是后1/3有连接两半球颞叶的纤维，对听觉语言加工至关重要。

根据这些研究结果，作者提出了语言的神经解剖通路模型。句子加工是基于神经解剖学定义的两个句法网络和至少一个语义网络。语义网络包括颞叶前部、额下皮层前部和颞—顶区后部，前两个脑区由腹侧通路连接。句法加工基于一个腹侧网络和一个背侧网络。腹侧网络支持相邻依存关系的组合，为短语结构构建加工提供基础，由通过腹侧通路连接的颞上回前部和额叶岛盖组成。背侧神经网络支持句法层级的加工，包括通过背侧通路连接布洛卡区（Broca）后部（BA44区）和颞上回后部。

语言功能网络在宏观上可以通过测量功能连接或者振荡激活进行分析，微观上可在神经递质水平上加以识别。信息从一个神经元传导到下一个神经元的过程中，神经递质起着关键作用。可以看到，较大的语言网络具有网络内部相似性，据此可以对不同的脑区加以区分。功能连接分析为不同脑区如何协同工作提供了信息，说明哪些脑区会协同工作，这些脑区之间的信息流向如何。而神经振荡使我们能够细化局部和较大神经回路激活的时域。

综合上述研究，作者提出了整体的皮层语言回路模型。把语言回路概念化为颞—额网络，起始于自下而上输入驱动的过程，结束于自上而下的控制过程。在早期，输入驱动的信息从听觉皮层沿着腹侧通路到达额叶皮层，进行自下而上的加工。语义信息抵达额下回前部，句法信息则到达额下回的后部。额下回前部可以自上而下调制受控的词汇—语义通达过程，并调制通过顶叶皮层至颞叶皮层后部的语义预期。额下回后部则支持短语与论元的层级化，也可能经由背侧通路来调制有关动词—论元的预期，该通路通向发生句法和语义信息整合的颞叶皮层后部。

第三部分阐述语言习得进程与大脑成熟程度的关系，提出语言网络的个体发育模型。关键期是一个严格的时间窗口，在此期间输入对正常的功能发展必不可少。神经生理和行为证据表明，语言学习存在关键期。从出生到3岁，第二语言学习在句法和语义方面都与母语相似；3岁以后的习得在语义方面与母语相似，但句法已不同于母语；青春期以后第二语言似乎不可能按照母语的方式习得。关于第二语言学习的神经生理学研究表明，在加工第二语言时，语言网络的激活强度取决于习得年龄、熟练度和语言之间的相似性。习得年龄主要影响双语者大脑的句法加工。有证据表明，关键期或敏感期既与大脑的功能和结构变化有关，也与大脑网络水平的功能和结构变化有关。白质成熟化的发育轨迹与行为上所反映出来的语言技能之间似乎存在着密切的联系。语言学习可能依赖灰质和白质髓鞘强度之间的相互作用。

语言习得进程遵循一个独立于语言输入模态“固定程序”。手语母语者在加工手语时与正常听力的人相比，其ERP模式和大脑激活模式均显示出很大的相似性；构成手语加工语言网络的脑区与加工一般语言的脑区大体相似；在学语前就失聪的手语者身上也发现了与听力正常人群一样的结构网络；这种结构网络可以在不同语言背景的人身上观测到。这些数据都指向了一个普遍的神经语言系统。它在很大程度上独立于输入模态，尽管会受到特定语言的终生使用过程的调节。

作者进一步探讨了语言习得的重要里程碑，在多大程度上是由特定大脑结构的成熟度决定的。研究数据证明，婴儿很早就能够从听觉输入中提取与语言相关的信息，识别与目标语语音相关的言语声，感知韵律线索，将输入的内容切分为短语，识别对句法至关重要的位置规则和依存关系。而联系学习使婴儿能够快速获得物体和动作的名称以及相互间的关系。这些过程主要涉及两半球的颞叶皮层，并且随着年龄增长逐渐形成的脑区激活的“左侧化”。电生理数据揭示了3岁以后的发展阶段中，句法加工过程的发展变化。磁共振成像数据显示，语言能力的全面发展依赖灰质和白质的成熟变化。虽然语言相关区域中的灰质随年龄的增长而减少，但这些区域之间的白质连接会随年龄的增长而增加。这些发现充分证明，只有大脑完全成熟后才能达到完全的语言能力。据此，作者提出语言网络的个体发育模型，认为存在两个主要发展阶段。第一阶段涵盖了生命的前3年，在此期间自下而上的加工过程主要基于颞叶皮层和腹侧语言网络在起作用；第二阶段是3岁至儿童晚期，其间作为背侧语言网络一部分的左侧额下回句法功能特异化及其功能连接增强，逐渐出现自上而下的加工过程。

在第四部分作者勾勒了语言网络的演化，提出了语言网络综合观。语言能力是否可以通过从非人类灵长类动物到人类的种系发生连续性来解释？这是语言演化理论的关键问题。作者认为，人类和非人类灵长类动物的区别在于其大脑结构，特别是白质纤维束连接相关脑区的方式。在语言的演化过程中，感觉—运动学习和加工层级结构这两种重要的能力必须得到演化。跨物种的比较研究揭示出，人类和非人类灵长类动物大脑在布洛卡区的细胞构筑及其与颞叶皮层连接等方面存在差异。人类额下回中的布洛卡区呈左侧化，但非人类灵长类中则没有；布洛卡区内的BA44区与颞上皮层之间的背侧连接，在人脑中比在非人类灵长类更强。这些结构支持了作为人类语言核心机能的句法加工能力。作者进一步从神经生理和演化两个维度对相关数据进行整合，通过对比人类和非人类灵长类动物以及灵长类动物之间大脑结构和功能的差异，提出语言网络综合观。

综上，在本书中作者根据自己的深厚积累以及对世界各地不同实验室的众多研究的概括和归纳，从语言各子成分加工脑区的空间定位与时间顺序、语言加工的结构与功能脑网络及其个体发育、二语习得和种系演化等视角，阐述了人类核心语言系统的认知神经基础，为“大脑如何运作以支持人类特有的语言能力”这一中心论题提出了一个综合的整体观。书中展示的翔实的实证研究数据和精致的图表，将成为语言认知神经科学研究的重要资源；作者开创性的理论和概念的建构将为未来研究提供丰富的想象空间。所有这些对脑科学时代的语言研究或者语言的认知神经科学研究，都具有重要的科学价值和引领作用。

作者在本书中论述的是一个极其重要的科学问题。可以看出，这是在Chomsky的普遍语法理论的指导下进行探讨，其结果又为该理论提供了神经生物学的支撑。应该看到，科学界对此问题存在着不同的理论和观点。首先，语言区别于其他认知系统的最重要成分是什么？本书作者认为，句法加工是人类语言的核心成分，具有领域特异性。但另有学者认为，句法是与其他认知系统共享的一种计算机制，在语言系统中只有词汇概念系统是语言特异的成分（Hagoort，2005，2017）。这种观点得到了大量实证研究的支持，已有研究发现句法计算的核心脑区BA44同时也是数学、音乐和事件加工等认知系统共享的核心脑区。再者，如果词汇概念系统是语言特异的成分，它源自哪里？认知语言学认为，概念语义系统的发生和发展是以身体经验为基础的。关于概念表征的认知神经科学研究进一步揭示出，概念表征系统是通过对广泛分布在大脑中的感觉、动作、语言和情感等各种信息资源之间的高阶关系的学习来编码概念知识的。这些理论和观点对于本书作者的立场和观点是极具挑战性，甚至可以说是颠覆性的。

此外，本书的结论存在一定的局限性。作者讨论和定义了人类语言的大脑结构和网络，主要是依据语言理解方面的研究成果而建构的。对语言系统的另一个重要方面——语言产生的过程和加工阶段，作者仅汇集了一部分实证研究的数据。并没有像语言理解那样，在句子水平上提出语言产生的大脑结构和网络，这是囿于目前尚不充分的实证研究数据。我们可以推测，语言产生涉及的大脑结构及其加工的时间进程、脑网络中各部分的结构和功能连接及其信息流向，与语言理解的不同之处可能不仅在于“相反的加工步骤”。而且如作者所言，语言理解和产生可能共享词汇概念系统和句法规则。这在神经层面是如何实现的？也是当前语言认知神经科学研究的一个重要课题。只有包含了语言理解、语言产生及其相互间的结构和功能连接，才可以称之为完整的人类语言的大脑结构和脑网络。

尽管存在一些局限性，本书依然可以作为语言认知神经科学领域的极其重要的著作之一。科学发现和理论的价值往往不仅在于其对科学问题的回应和解答的本身，还在于其激发人们从不同方面思考、发现新事实、产生新观点的精神力量。学者之间的理论分歧将激励我们对于语言这个人类最重要的认知功能的本质进行持久深入的探索。在这个过程中，本书将会成为一个重要的基础和出发点。

本书的翻译工作从整体看是十分出色的，语言准确、流畅，使国内读者更易于研读。本书的编辑、封面设计、图表和文字印刷也都值得称赞。从各方面来看，这是一本价值和颜值都很高的学术书籍，定会赢得读者的欢迎和赞誉。

参考文献

Hagoort P.（2005）. On Broca, brain, and binding: a new framework. *Trends in Cognitive Sciences*, *9*（9）.

Hagoort, P.（2017）. The core and beyond in the language-ready brain. *Neuroscience and Biobehavioral Reviews*, *81*（Pt B）.

杨玉芳

博士，中国科学院心理研究所研究员，主要研究领域为言语认知加工，特别是各种语言学结构（信息结构、句法和语义结构、音系结构等）及其相互间关系的认知加工。注重研究成果在语音合成与识别和语音理解系统中的应用。先后主持5项国家自然科学基金项目和1项973项目子课题，参加中科院学科前沿交叉项目1项。在EI和CSCD期刊及国际会议发表论文60余篇。

Email：yangyf@ psych. ac. cn